馬・車輪・言語 ㊤

文明はどこで誕生したのか

The Horse, The Wheel, and Language

How bronze-age riders from the Eurasian steppes shaped the modern world

デイヴィッド・W・アンソニー

東郷えりか＝訳

筑摩書房

馬・車輪・言語（上）

目次

I　言語と考古学

第11章　古ヨーロッパの終焉とステップの台頭　324

◎下巻目次

馬・車輪・言語（上）

THE HORSE, THE WHEEL, AND LANGUAGE
by
David W. Anthony

cover image: Triumph of Achilles in Corfu Achilleion by Franz Matsch
写真提供: Alamy / PPS 通信社

I

言語と考古学

第1章

母言語《マザータン》がもたらす期待と政治

祖先

鏡を覗くと、そこに自分の顔だけでなく博物館を見ることになる。自分の顔は、ある意味で自分のものだが、実際には両親や祖父母、曾祖父母など代々受け継がれてきた特徴のコラージュからなるものだ。悩みの種の、あるいはお気に入りの唇や目も、自分だけのものではなく、祖先の特徴なのだ。おそらく個々の人としてはとうの昔に死んでいるが、自分の一部としてまだしっかりと息づいている祖先だ。平衡感覚や音楽の才能、人見知りの度合い、あるいは病気への罹り易さといった複雑な資質ですら、かつて存在したものなのだ。私たちはいつでも過去を背負いつづけている。それもただ身体にだけではない。過去は、話し方を含め、自分たちの習慣のなかにも生きている。過去は私たちがつねに身につけている目に見えない一連のレンズなのであり、それらを通して人は世の中を知覚し、世の人びともそうしたレンズで私たちを見ている。祖先を見下そうが、認めようが、人はいつでも彼らの肩の上に立っているのだ。

　私たちの多くがいかにわずかな祖先しか認識できず、その名前すら知らないことに気づくと当惑させられる。誰にでも四人の曾祖母がいる。遺伝学的には充分に近い存在で、曾祖母たちの顔立ちや肌、髪の要素は、鏡に映った自分を見るたびに目にしている。彼女らにはそれぞれ旧姓があって、何千回となくその名で呼ばれてきたのに、おそらくどの曾祖母の旧姓も思いだせないのではなかろうか。家系図や書類で旧姓を見つけられる幸運な人もいるかもしれないが、戦争や移民、記録の消失などで、多くのアメリカ人にとってこれは叶わない。四人の曾祖母たちは人生を充分に生き、家庭をもち、きわめて個人的な資質の多くを後世に残してくれたのだが、私たちはこれらの祖先のことはまったく忘れ、その名前すら知らない。いまからわずか三代先の自分の子孫から、これほどすっかり忘れ去られ、何一つ——自分の名前すら——記憶してもらえない事態を想像できる人がどれだけいるだろう？

　昔ながらの社会で、まだ家族や親族、そして村を中心に暮らしが営まれている場所では、人びとは先祖の恩恵だけでなく、彼らの霊や霊魂の力ですら、強く意識していることが多い。マダガスカル島の奥地に暮らすザフィマニリ族の女性たちは、母親やおばたちから学んだ複雑な模様を帽子に織り込む。模様は村ごとに大きく異なる。ある村の女性たちは人類学者のモーリス・ブロックに、こうしたデザインは「祖先からの真珠」なのだと語った。[*1] ザフィマニリ族はごく普通の家屋でも、それを建てた人びとの霊魂を祀る神殿なのだと見なしている。かつて存在した人びとの力をこのようにつねに認識することは、現代の大半の消費文化の思考にはない。私たちが暮らす世界は、経済的に生き残るために、絶えず新しいものを採用し消費することに依存している。考古学、歴史学、系譜学、それに祈りが、先人にたいする思いを投げ込む引き出しとなってあふれ返っている。

考古学は人間性やかつて生きた人びとの重要性を、そして遠回しながら私たち自身の重要性を認識する一つの方法だ。考古学は、筆記によって記述されなかった過去の日々の暮らしを調べる、ただ一つの学問だ。実際には、それが人類の生きてきたほとんどの時代なのだ。考古学者は文字のなかった時代のもの言わぬ遺物から、驚くような私生活の細部までを探り当ててきたが、文字による記録を残さなかった人びとについて、彼らの考えや会話、あるいはその名前について知りうることには限界がある。

こうした限界を克服し、先史時代の人びとの実際の暮らしにとって重要だった価値観や信条を再び明らかにする方法はないのだろうか？　手がかりはほかの媒体にも残されていないのか？　多くの言語学者は残されていると考える。そして、その媒体は私たちが日々使う言語そのものなのだという。人間の言語には多くの優れた化石が含まれている。言語は、驚くほど昔の話し手たちの名残なのだ。こうした言語上の化石は、「不規則」な形として先生が教え、私たちはただ考えもせずにそれらを学ぶ。〔英語の〕過去形は通常、動詞に -t や -ed を加えてつくる（kick/kicked, miss/missed など）ことは誰もが知っているし、動詞によっては語幹《ステム》の中心にある母音を変化させる必要がある（run/ran, sing/sang など）こともわかっている。しかし、この母音変化がもともとの古い過去形のつくり方であったことは、総じて習わない。それどころか、動詞の語幹の母音を変化させることは、おそらく5000年ほど前には過去形をつくる通常の方法だったのだ。それでも、その当時、人びとが何を考えていたのかについて、このことからわかるものは少ない。

今日、私たちが使う言葉は、本当に5000年ほど前の人びとの語彙の化石なのだろうか？　語彙リストを作成すれば、過去の暗がりの多くの部分に光明を投じることになるだろう。言語学者のエドワード・サピアが述べたように、「一つの言語の完全な語彙というものは実際、その共同体が関心を注いだあらゆる考え、事柄、職業の完全な目録と見なせるかもしれない」[*2]。じつは、5000年ほど前に話されていた言語の一つに関して、相当な語彙リストが再構築されてきた。その言語は現代の英語の祖先であるだけでなく、ほかにも多数の古今の言語の祖先なのだ。この同じ母言語から枝分かれしたすべての言語は一つの家族、つまりインド・ヨーロッパ語族に属している。今日、これらの印欧諸語を話す人びとはおよそ30億人いて、ほかのどんな語族の言語を話す人びとよりも多い。「インド・ヨーロッパ祖語」〔Proto-Indo-European、略称はＰＩＥ、印欧祖語または基語〕と呼ばれるその母言語の語彙は約2000年にわたって研究され、その2世紀のあいだ印欧研究のほぼすべての側面に関して、意見の不一致が激しくつづいてきた。

しかし、不一致は熱を帯びると同時に、光も生みだす。本書は印欧祖語を取り巻く中心的な謎を、いまならば解くことが可能であると主張する。すなわち、誰が、いつ、どこでその言葉を話していたのかを。考古学者と言語学者は何世代ものあいだ「原郷」問題をめぐって激しい論争を繰り返してきた。多くの学者は、それを追究することすら賢明なのか疑いの目を向ける。過去には、ナショナリストや独裁者たちがその原郷が自国内にあり、自分たちの優れた「人種」に属するものだと主張した。しかし今日、印欧語学の言語学者たちはその手法を向上させ、数々の新しい発見をしている。彼らは印欧祖語の語彙から何千語もの基本形と意味を復元してきた。それ自体が驚くべき偉業だ。それらの単語を分析すれば、それを話した人びとの考えや価値観、懸念事項、家族関係、それに信仰を説明することができる。しかし、まずは彼らがいつ、どこに住んでいたのか見当をつけなければならない。印欧祖語の語彙を、一連の具体的な考古学的遺物と組み合わせられれば、通常の考古学の知識の限界を超え、これら特定の祖先についてははるかに豊かな知識を得られるかもしれない。

ほかの多くの研究者と同様に私も、印欧祖語の原郷は、今日のウクライナとロシアの南部に相当する黒海とカスピ海の北のステップにあったと考える。ステップを原郷とする主張は、一つにはステップで新たな考古学的発見が急速に増えているために、今日では勢いを得ている。ステップに印欧祖語の原郷があったことの重要性を理解するには、ステップ考古学の複雑で魅力的な世界へ飛び込む必要がある。ステップとは、農業国ロシアの言語では「荒地」を意味する。ステップは北米のプレーリーに似ていた。劇的に変化する広大な空の下にどこまでもつづく単調な草の海だ。帯状につづくステップは、西は東欧から(この帯状地帯はオデッサとブカレストのあいだで終わる)東は中国の万里の長城まで延びて、ユーラシア大陸の中心を7000キロにわたって横断する乾燥した回廊をなす。この広大な草原は何千年ものあいだアイデアや技術の伝播を妨げる事実上の障壁となっていた。北米のプレーリーのように、そこは徒歩で旅をする人間を寄せつけない環境だった。そして北米の場合と同様に、草原を開放した鍵は馬であり、ヨーロッパのステップではそれに家畜化された草食動物――羊と牛――を組み合わせ、草を加工〔消化〕させることで、人間に役立つ製品に変えるようになった。馬に乗って牛と羊を牧畜した人びとはやがて車輪を手に入れた。そうなると、彼らはほぼどこへでも群れのあとを追い、テントや備品は重い四輪荷車《ワゴン》を使って運ぶようになった。中国とヨーロッパの先史時代の孤立した社会は、馬が家畜化され、幌付きワゴンが発明されてからようやく、お互いの存在に漠然と気づくようになった。輸送に関するこれら二つの新技術が合わさったことで、ユーラシアのステップに住む人びとにとって、暮らしは予測可能で生産的なものになった。ステップの開放——人を拒む自然の障壁から、大陸をまたがる情報の回廊への変容——は、ユーラシアの歴史的発展の力学を恒久的に変えたのだ。そして、それが印欧語派の最初の拡大に重要な役割を担ったと、本書は主張する。

言語学者と自国至上主義者《ショーヴィニスト》

印欧問題を最初に定式化したのは、1786年にインドでイギリスの判事、サー・ウィリアム・ジョーンズが述べた有名な一文だった。ジョーンズはその発見をする前から、すでに広く名の知られた人物だった。それに先立つ15年前の1771年に彼が刊行した『ペルシャ語文法』が、ペルシャの王たちの言語に関して英語で書かれた最初の手引書となり、この著作物によって彼は25歳にして、ヨーロッパで最も尊敬される言語学者の一人であるという評判を確立した。彼が翻訳した中世ペルシャの詩は、バイロン、シェリー、それにヨーロッパのロマン主義運動に影響を与えた。ジョーンズはウェールズの評判のよい法廷弁護士から、イギリスを代表する人びとの文通相手で、家庭教師で、友人へと変貌を遂げた。37歳にして、彼は創設されたばかりのベンガル最高裁判所の三人の判事の一人に任命された。カルカッタ〔現コルカタ〕は当時のイギリス人にとっては神話の世界とも言えるほど異質な場所で、その地への彼の赴任は、活気はあるが無責任な商人たちの植民地を王政下に置くための布石となった。ジョーンズは、イギリス商人の行き過ぎと、インド人の権利と義務の双方を制限することになっていた。しかし、イギリスの商人は少なくとも彼の法的権威を認めたのにたいし、インド人はすでに機能しているヒンドゥー法にのっとって昔からつづいてきた現行の制度に従っていた。これはヒンドゥーの法学者、もしくは賢者《パンディット》（英語 pundit の語源）〔英単語の pundit は学識経験者や評論家を意味し、ヒンディー語本来の意味では pandit と綴る〕によって法廷でたびたび引き合いにだされるものだった。イギリスの判事は、賢者たちが引用する法律が本当に存在するのか判断しかねていた。二つの法制度を統合させるとすれば、新しい最高裁判事の誰かがサンスクリット語を学ばなければならない。それがジョーンズだった。

彼はナディヤの由緒あるヒンドゥーの大学に通い、休暇用のコテージを購入し、教授陣のなかから高名でかつ教える意欲のある法学者（ラーマロカーナ）を見つけて、ヒンドゥーの文献に没頭した。その一つがヴェーダだった。ヒンドゥー教の根底にある古代の宗教文献だ。ヴェーダの文献のうち最古の『リグ・ヴェーダ』は、釈迦が生きた時代よりも前につくられ〔当初は口碑〕、2000年以上昔のテキストだったが、制作された正確な年代は誰も知らなかった。サンスクリット語の文献に夢中になるうちに、ジョーンズは頭のなかでペルシャ語と英語だけでなく、18世紀の大学教育の中心であったラテン語とギリシャ語や、彼がやはり学んだことのあるドイツ語の最古の文語形式であるゴート語、さらには彼が少年時代に使っていて、まだ忘れていなかったケルト語派のウェールズ語とも比較していた。カルカッタに赴任して3年後の1786年に、ジョーンズは驚くべき結論に達し、赴任した際に創設したベンガル・アジア協会の第3回年次講演で発表した。その中心となった一文はいまでは、歴史言語学のあらゆる入門書に引用されている（句読点は筆者による〔訳文では数文に分かれている〕）。

サンスクリット語は、どれだけ古い言語であるかは別にして、素晴らしい構造をしている。ギリシャ語よりも完全で、ラテン語よりも語彙が豊富で、そのいずれよりも絶妙に洗練されている。それでいて双方の言語と、偶然の産物と考えうる以上に、動詞の語根《ルート》でも文法の形態においても強い類似性がある。実際あまりに似通っているので、学問好きであれば、その三つの言語のいずれをも調べて、何かしら共通の、おそらくはもはや存在しない起源からそれらが派生したと考えずにはいられないだろう〔語幹が語尾以外の部分を指すのにたいし、語根は語源をたどった場合の元の形を表わす。語幹が語根の単語もあれば、語根に接尾辞が付いて、または複数の語根が合わさって、そこに語尾が付く語もある〕。

ジョーンズは、サンスクリット語がギリシャ語とラテン語というヨーロッパ文明の古典的言語と同じ起源をもつと結論づけた。彼はペルシャ語、ケルト語、およびドイツ語もおそらく同じ語族に属するだろうと付け加えた。ヨーロッパの学者たちは驚愕した。インドの住民が、長年アジアの異国の人間そのものと見なされてきた人びとが、長らく行方知れずになっていた親戚であったのだ。ギリシャ語とラテン語、サンスクリット語が親戚同士であって、過去の同じ親言語から派生したのだとしたら、それはどんな言語だったのだろうか？　どこで話されていた言葉なのか？　そして誰によって？　歴史のなかのどんな状況によってそこから娘言語が生まれ、それがスコットランドからインドまでで話される主要な言語になったのか？

こうした疑問はドイツではとりわけ深く共感を呼んだ。ドイツでは、ドイツ語の歴史とドイツの伝統の根源にたいする民衆の関心が、ロマン主義運動へと発展していた。ロマン主義者は啓蒙主義の冷たい、うわべだけの論理を捨てて、実体験と共同体にもとづく簡素で本物の暮らしの根本に戻りたいと願っていた。トマス・マンはかつてロマン主義の哲学者（シュレーゲル）について、彼の思考はあまりにも理性によって毒されており、そのためロマン主義者としては劣っていると語ったことがある。ウィリアム・ジョーンズがこの運動を引き起こす手助けをしたのは、皮肉なことだった。彼自身の哲学はそれとはかなり異なるからだ。「人間という種族は……美徳なしには長いこと幸せではいられない。あるいは自由もなしにみずから美徳を実践することも、理性的な知識もなしに確実に自由でいることもできない」[*3]。しかし、ジョーンズが古代の言語研究を活性化させたのであり、古代の言語は本物の体験というロマン主義の理論で中心的な役割を演じた。1780年代にはJ・G・ヘルダーが、言語によって生みだされたカテゴリーや区分を通して、人間は世の中に意味を与えているのだという理論を生みだした。のちにフォン・フンボルトが発展させ、20世紀にヴィトゲンシュタインが敷衍《ふえん》した理論だ。したがって、個々の言語は閉じられた社会共同体、もしくは「民族《フォルク》」のなかで生まれるものであり、外部の人間にとってそれは根本的に無意味なのだった。言語は、ヘルダーやフォン・フンボルトからは共同体と民族・国民としての自己認識《ナショナル・アイデンティティ》を形成する器として見なされていた。グリム兄弟は「本物の」ドイツ民話を集めにでかけるとともに、ドイツ語を研究し、言語と民俗文化は深くかかわっているとするロマン主義の信念を追究した。こうした背景においては、謎の母言語である印欧祖語は、単に言語として見なされただけでなく、西洋文明のそもそもの発端が生まれた坩堝《るつぼ》として考えられていた。

　1859年にチャールズ・ダーウィンが『種の起源』を出版してからは、言語がナショナル・アイデンティティの決定的な要素だというロマン主義の信念が、進化や生物学に関する新たな考えと結びついた。自然選択が提供した科学理論は、ナショナリストによって乗っ取られ、一部の人種または「民族」がほかの人びとを支配する理由を正当化するために利用された。一部の者はそれ以外の人間よりも「適して」いるというものだ。ダーウィン自身は適応度と自然選択の理論を、人種や言語のような曖昧な存在に応用することはなかったのだが、それでも、非科学的な輩が便乗して、あまり「適して」いない人種は遺伝的な欠点を生みだす元凶となるため、より「適した」人種の優れた資質を汚染し、薄める蛮行の貯蔵庫と見なしうるなどと主張するのを防ぐにはいたらなかった。この偽科学とロマン主義が入り交じった有害な思想はすぐさま独自の新しいイデオロギーを生みだした。自画自賛的な研究を進める北ヨーロッパ人の優れた生物学的・精神的・言語学的本質を説明するために、言語、文化、それにダーウィン主義的な人種の解釈が一緒くたにまとめられたのだ。彼らの著作物や講義は人びとに、自分たちは長い伝統のある生物学的・言語学的な民族の一員なのだと考えるよう促し、そのためこうした考えはヨーロッパに新たに誕生した国民国家の新しい国民《ナショナル》の学校制度と国民《ナショナル》の新聞で、広く推奨されるようになった。ウェールズ人（サー・ウィリアム・ジョーンズを含め）には英語を、ブルターニュ人にはフランス語を話すよう強制した政策は、政治家がそれぞれの新しい国家で太古からの「純粋な」国民的伝統を必要としていた事情に根ざすものだった。印欧祖語の古代の話し手はたちまち、そうした画一的なイメージの人種、言語、国民の遠い祖先に祭りあげられた。[*4]

　印欧祖語《プロト・インドヨーロピアン》という言語学上の問題は、「原印欧人《プロト・インドヨーロピアン》」という独自の気質や個性をもった生物学的な集団になったのだ。「細身で背が高く、色白で金髪であり、ほかのどんな民族よりも優れており、性格は冷静で揺るぎなく、つねに努力を惜しまず、知的にも秀で、世の中や人生一般にたいしほぼ理想的な姿勢で臨む人種」[*5]である。アーリア人という名称がそうした人びとを指すようになり始めた。サンスクリット語とペルシャ語の最古の聖典、つまり『リグ・ヴェーダ』と『アヴェスター』の著者たちが、アーリア人を自称していたからだ。これらのアーリア人はイランから東のアフガニスタン、パキスタン、インドにいたるまでの地域に住んでいた。アーリア人という名称は、本来、印欧語族のなかの、インド・イラン語派の話し手だけに限定すべきものだ。しかし『ヴェーダ』は、19世紀には発見されたばかりの神秘的な魅力をもった起源であり、ヴィクトリア朝時代にアーリア人の名称は応接間での社交で、その本来の言語学的および地理的な範囲を超えてすぐに広まっていった。マディソン・グラントの『偉大な人種の消滅』[*6]（1916年）は、アメリカでベストセラーになった本で、アメリカの優れた「アーリア」の血（それによって著者は当初の13の植民地に入植したイギリス人、スコットランド人、アイルランド人、ドイツ人を意味していた）が、移民してきた「劣った人種」と混血することによって薄まることへの敵意に満ちた警告だった。グラントにとって劣った人種には、ポーランド人、チェコ人、イタリア人がユダヤ人とともに含まれていたが、それらの人びとはいずれも印欧諸語を話していた（イディッシュ語はその基本的な文法と形態においてはドイツ語の一種である）。

アーリア人という単語がイランとインド亜大陸からすり抜けた隙間は、『リグ・ヴェーダ』そのものに書かれていたものだった。『リグ・ヴェーダ』に、ヴェーダ語を話したアーリア人が侵略者として征服をつづけながらパンジャーブ〔インド北西部〕まで進んだことを描いたと思われる部分があるのを、一部の学者が発見したのだ[*7]。しかし、どこからきたのだろう？　「アーリア人の原郷」を探す熱を帯びた試みが始まった。サー・ウィリアム・ジョーンズはその場所をイランだと考えた。ヒマラヤ山脈という見解が19世紀初めは優勢だったが、やがてその他いくつもの候補が活発な議論の対象となった。素人も専門家もみな原郷探しに加わり、多くは自分の民族がアーリア人を誕生させたことを証明したいと考えていた。20世紀初めには、ドイツの学者グスタフ・コッシーナが考古学的な見地から、アーリア人の原郷は北ヨーロッパであることを、それどころかドイツであることを立証しようとした。コッシーナは有史以前に「インド・ゲルマン系」アーリア人が恰好のよい黒い矢を携えて移住し、彼の想定したアーリア人の原郷から東西、および南へと広がったのだと説明した。それから30年もたたないうちに、軍隊がこの先史学者のペンのあとにつづいた。*8

印欧人発祥の地の問題は、ほぼ最初から政治問題化された。これはナショナリストと自国至上主義者の大義に巻き込まれ、アーリア人の人種的優越性という殺意に満ちた幻想を育み、ナチス親衛隊に資金提供された考古学的発掘調査となって実際に追究されていた。今日も印欧人の過去は、政治理念や新興宗教によって利用されつづけている。女神運動の本（マリヤ・ギンブタスの『女神の文明』、リーアン・アイスラーの『聖杯と剣』など）では、古代の「印欧人」は考古学のドラマのなかで金髪の英雄としてではなく、家父長的で好戦的な侵略者として、女性中心の平和と美のユートピアであった先史時代の世界を破壊した人びととして描かれた。ロシアでは、現代のナショナリストの政治団体や復興異教主義《ネオペイガニズム》の運動が、スラヴ民族である自分たちと、古代の「アーリア人」には直接的なつながりがあると主張する。アメリカでは、白人至上主義の団体がアーリア人を自称している。歴史上、アーリア人は実際に存在した――『リグ・ヴェーダ』と『アヴェスター』の作者たち――が、彼らはイラン、アフガニスタン、およびインド亜大陸北部に青銅器時代に住んでいた部族なのだ。彼らが金髪碧眼であったかどうかはきわめて疑わしいし、現代の偏屈者の人種の優劣を競う幻想とは彼らはなんの関係もなかった。[*9]

言語学上の曖昧な謎が人種差別による大虐殺を引き起こすことになった間違いは、どうしようもなく単純なものであり、したがってそうした間違いは避けようと思えば、誰にでも避けられる。間違いは、人種を言語と同一視したことに、また一部の言語と人種集団を優秀だと見なしたことにある。著名な言語学者たちはつねに、そのどちらの考えにも反対してきた。マルティン・ハイデッガーが一部の言語――ドイツ語とギリシャ語――は優れた種類の思考を育む特殊な器だと主張したのにたいし、言語人類学者のフランツ・ボアズは、どんな言語も客観的な基準をもとに、他の言語より優れているとは言えないと反論した。早くも1872年には、偉大な言語学者のマックス・ミューラーが、アーリア人の頭骨などという概念は非科学的であるだけでなく、反科学的だと述べている。言語は白い肌でもなければ、長頭でもない。しかしそれなら、サンスクリット語はなんらかの頭骨タイプと関連付けられるのだろうか？　またアーリア人たちはみずからをどのように「アーリア人」として定義していたのか？　彼ら自身の文言によれば、彼らは「アーリア人らしさ」を宗教・言語のカテゴリーとして考えていた。『リグ・ヴェーダ』には、サンスクリット語を話す一部の首長だけでなく、バルブータやブリブのような、サンスクリット語ではない外国の名前をもつ詩人も登場する。これらの人びとは非アーリア人の出自だが、それでもアーリア人のあいだで指導者となっていた。つまり、『リグ・ヴェーダ』のアーリア人ですら、遺伝学的に「純粋」――それが何を意味するにせよ――ではなかったのだ。『リグ・ヴェーダ』は儀礼の聖典であり、人種の宣言ではなかったのである。正しい神々に正しい方法で犠牲を捧げるには、伝統に則って盛大な祈禱を伝統的な言語で行なう必要があったが、それができればアーリア人なのだった。さもなければ、アーリア人ではなかった。『リグ・ヴェーダ』

は儀礼と言語に関する制限は明確にしたが、そのために人種的な純潔さは必要ではなかったし、そんなことは期待すらしていなかった[*10]。

印欧問題を解こうとするどんな試みも、プロト・インド・ヨーロピアンという〔英語では言語と民族／人種の双方を指しうる〕名称が言語集団を指すことに気づくところから始め、その先へと進まなければならない。人種は実際、予測可能な方法では決して言語とは結びつけられないので、言語から人種を、あるいは人種から言語を研究することはできない。人種というのは、明確に定義できないものなのだ。人種の境界線は人の集団が異なれば違う定義がなされる。そして、こうした定義は文化的なものなので、科学者にはそれがどんな二つの人種のあいだでも「本物」の境界線として説明することはできない。また、考古学者には彼らなりの、まるで異なった人種の定義があり、それは生きている人間では通常は見えない頭骨や歯の特徴にもとづいているのだ。人種がどのように定義されようと、言語は一般に人種によって分類されることはない。どの人種集団もさまざまに異なる言語を話すものだ。したがって、頭骨の形は言語上の問題にはほとんど無関係なのだ。言語と遺伝子は例外的な状況でのみ相関しており、たいていは大きな山脈や海のように明白な地理的障壁がある場合なのだが、それですら相関していないことが多い[*11]。移住してくる集団は、たとえほぼ完全に一つの方言集団だけから移住者を募った場合でも、遺伝的に同質であるとは限らない。地理的な隔絶など、特殊な社会状況に言及することなく、言語と遺伝子のあいだに単純な関係があると想定する人は、最初から間違っているのである。

母言語の誘惑

印欧問題で大半の人びとを満足させることになった唯一の側面は、言語族《ランゲージファミリー》をどう定義付け、どの言語が印欧語族に属し、どれが属さないのかを決めたことだ。言語学という学問は、19世紀にこの問題を解決しようとした人びとによって創始された。彼らの主たる関心は、比較文法、音声システム、および統語法《シンタックス》で、それが言語を分類して、タイプごとに分ける根拠となり、さらに人類の言語間の関係を定義付けるものとなった。それ以前にこのような試みをした人は誰もいなかった。彼らは印欧語族を、12の主要な派に分類した（図1・1）。それぞれの語派の根本に見られ、その語派のすべての言語でも維持されている音韻体系《フォノロジー》（つまり発音）や、形態《モルフォロジー》（つまり単語の形）における革新的な発見によって見分けたのである。印欧語族の12の語派には、ヨーロッパのほとんどの言語が含まれていた（ただし、バスク語、フィンランド語、エストニア語、マジャール〔ハンガリー〕語を除く）。ほかにはイランのペルシャ語、サンスクリット語とその多くの近代の娘言語（なかでも重要なのはヒンディー語とウルドゥー語）、それにアナトリア（現代のトルコ）のヒッタイト語と新疆（中国北西部）の砂漠のトカラ語を含むいくつかの死語がある（図1・2）。現代の英語は、イディッシュ語やスウェーデン語と同様に、ゲルマン語派に分類された。19世紀の文献学者によって発明された分析方法が今日、世界的な言語の違いを説明、分類、解説するために利用されている。

歴史言語学は、静的分類を示しただけでなく、文字による証拠が何も残っていない絶滅した言語に

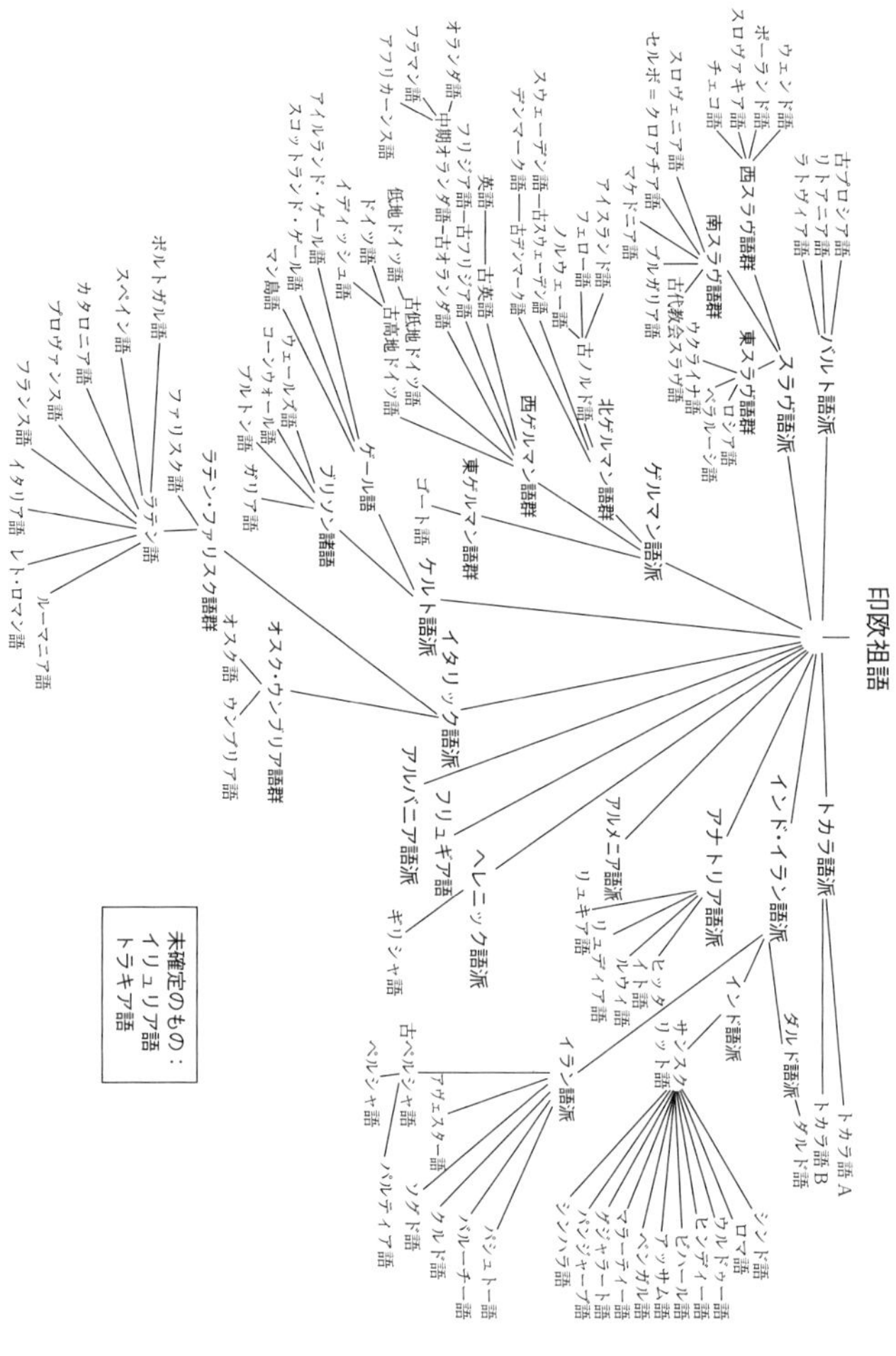

図1・1　印欧祖語族の12の語派。バルト語派とスラヴ語派は、インド・イラン語派のように一つの語派にまとめられることがあり、フリュギア語はイリュリア語やトラキア語と同様、あまりにもわずかな事柄しか判明していないため、除外される場合もある。この二つの変更を入れると、語派は10になるが、これは代案として許容範囲である。系統樹図は大まかな関係を描いたものであって、完全な歴史を表わすものではない。

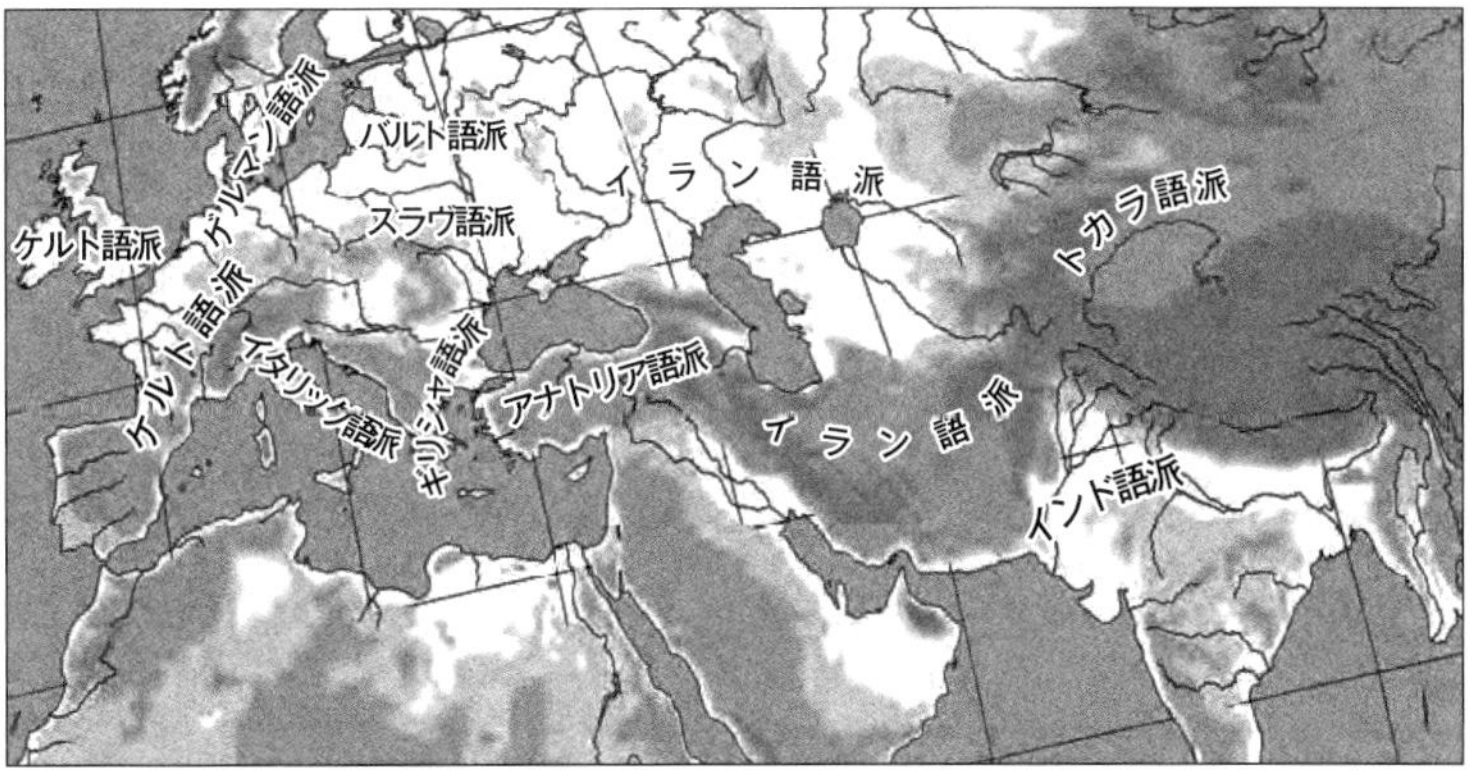

図1・2　紀元前400年ごろの主要な印欧語派のおよその地理的な位置

ついても、少なくとも部分的に再構築する能力を与えてくれた。これを可能にした手法は、人間の口内で音が変わる方法の規則性を利用するものだ。印欧語で「百」を意味する単語を、この語族のそれぞれの語派から集めて比較する。音の変化の数え切れないほどの法則を当てはめてみて、それらの単語がどれもすべての語派の根本にあった仮説上の祖先の単語から規則的な変化を経れば派生しうるかどうかを確かめられる。イタリック語派のラテン語で百を意味するケントゥムと、バルト〔・スラヴ〕語派であるリトアニア語で百を表わすシムタスとが発生的に関連のある同根語だということは、その祖先である語根 *k̥m̥tom を構築することで証明される〔復元した言葉であることを示すために*が単語の前に付く〕。その娘形の各単語は音同士で比較され、語派ごとにそれぞれの語のそれぞれの音を調べて、特有の音の並びとなってそれらがまとまり、知られている法則によってそのすべてに進化しうるかどうかが確認された（これがどのようになされるかは、次章で説明する）。その語根の音の並びは、それが見つけられれば、比較されている単語が発生的に関係のある同根語であることの証拠となる。再建された語根は、比較に成功した結果なのだ。

言語学者は1500語以上の印欧祖語の音を再構築してきた[*12]。復元された語の信頼度は、残された言語学的な証拠によるので、それぞれに異なる。一方、発掘調査によって発見されたヒッタイト語、ミケーネ・ギリシャ語、古代ゲルマン語の筆記に、それまで見たことのない単語であるにもかかわらず、比較言語学者によってすでに復元されていた音そのものが見つかった場合もある。言語学者が、のちに古代の筆記に見つかった音と文字の並びを正確に予測していたということは、彼らの復元がまったく理論上だけのものではなかったことを裏付ける。再建された印欧祖語を文字どおり「本物」と見なせなかったとしても、これは少なくとも先史時代の現実に非常に近いものではある。

印欧祖語の断片を復元させるだけでも、それが何千年も前の文字をもたない人びとによって話され、一度も書き記されなかったことを考えれば、目覚ましい功績だ。印欧祖語の文法と形態論は類型学的研究では最も重要ではあるが、考古学者にとって何よりも多くの見込みを示してくれるのは、再構築された語彙、もしくは用語集だ。復元された用語集は、印欧祖語の話し手がいた環境、社会生活、それに信仰を覗く窓なのだ。

たとえば、それなりの信頼度で復元された語彙からは、印欧祖語にカワウソ、ビーバー、オオカミ、オオヤマネコ、ヘラジカ、アカシカ、馬、ネズミ、ノウサギ、ハリネズミなどを表わす単語が野生動物では含まれ、鳥ではガン、ツル、カモ、ワシが、さらにミツバチと蜂蜜、そして家畜では牛（および乳牛、役牛、去勢牛）、羊（および羊毛と機織り）、豚（および牡豚、牝豚、子豚）、それに犬が含まれていた。印欧祖語を話していた人びとにとって、馬は明らかに知られていたが、馬が家畜化されていたかどうかを判断するには、語彙があるという証拠だけでは充分ではない。語彙的証拠はすべて考古学的遺物の裏付けを取り、比較することも可能かもしれない。そうすれば印欧祖語の世界の環境、経済、生態系を再構築することになるだろう。

しかし、祖語の語彙にはさらに多くものが含まれており、一連の単語からは印欧祖語の話し手のこんな姿が浮かびあがる。すなわち、彼らは父系の血筋によってのみ権利や義務を相続し（父系継嗣）、結婚後はたぶん夫の家族とともに暮らし（夫方居住婚）、保護者《パトロン》として、また被護者《クライアント》をもてなす主人として振る舞う首長の権威を認め、おそらくは戦士集団の正式な制度をもち、牛馬を供儀《くぎ》に付し、ワゴンを操縦し、空の男神を崇め、ひょっとすると祭祀上の理由からクマの名を口にすることを避け、神聖なものの二つの意味（「神聖さを身につけた者」と「禁じられた者」）を理解していたと考えられるのだ。こうした実践と信仰の多くは、考古学ではともかく復元しようがない。考古学的物証からは総じて得られない、日々の細々とした祭祀や習慣をいくらか再発見する希望を、祖語の語彙は与えてくれる。それこそ印欧問題の解決を、考古学者だけでなく、自分の祖先を少しでも知ることに関心をもつすべての人びとにとって、重要なものにしている。

古い問題に対処する新しい解決策

言語学者は200年近く印欧祖語を文化と語彙の双方から再構築しようと試みてきた。考古学者は少なくとも一世紀にわたって印欧祖語の共同体の考古学上のアイデンティティをめぐって議論してきたが、おそらく言語学者ほどの進展は見ていない。印欧起源の問題は、ヨーロッパの精神史や政治史と、一世紀をゆうに超えて絡み合っている。それならなぜ、考古学上と言語学上の証拠のあいだに、広く受け入れられる一致点が確立されてこなかったのだろうか?

その途上には、六つの大きな問題が立ちはだかっている。一つは近年の欧米の学界における風潮が、多くの真面目な人びとに祖語という考えそのものを疑問視させてきたことだ。現代の世界は、音楽ではますます多くの文化的融合を見てきたし(レディスミス・ブラック・マンバーゾとポール・サイモン、パヴァロッティとスティングの共演など)、芸術でも(ポストモダンの折衷主義)、情報提供分野でも(ニュースとゴシップ)、民族間の混合や(国際結婚は空前の多さだ)、言語(世界のほとんどの人びとはいまや二、三カ国語を話す)においても融合は見られた。1980年代には文化の収束現象への関心が増すにつれて、思慮深い学者はかつてそれぞれ別個の存在として解釈されてきた言語と文化を見直し始めた。標準語ですら、複数の起源をもつ言語が入り混じったクレオール言語と見なされだした。印欧研究では、この運動は語族という概念そのものや、それを表わした枝分かれする系統樹のモデルへの疑念を掻き立て、一部の学者はいかなる祖語の研究も妄想だと断言するようになった。印欧語族間の類似性は、別々の歴史的起源をもつ近隣の言語同士が収束したためであるとし、祖語などという一つの言語があったためしはないと示唆したのだ。[*13]

こうした見解の大半は独創的ではあるが、曖昧な憶測だった。言語学者はいまでは印欧諸語の相互の類似性は、クレオール化や収束によって生みだされる類似性ではないことを立証している。印欧の言語はいずれも、まるでクレオール語らしくはない。印欧の言語は、非印欧言語とクレオール化したというよりは、それらに取って代わってしまったに違いない。もちろん、言語間の借用はあったが、あらゆるクレオール語に見られる過剰なレベルの混合と構造の単純化にまで達することはなかった。

サー・ウィリアム・ジョーンズが印欧語族間に見いだした類似性は、共通の祖語から派生したことによってのみ生みだされうるものだ。その点については、大半の言語学者が同意する。したがって、再構築された印欧祖語の語彙は、その言葉がいつ、どこで話されていたかを知る手がかりの源泉として利用できるはずだ。しかしそこで、二つ目の問題が生じる。多くの考古学者はどうやら、印欧祖語の語彙のいかなる部分も、信頼に足る方法で復元できるとは考えていないのだ。再構築された語彙を、彼らは本物とは認めない。そうなると、印欧起源を探究する主たる理由と、研究するうえできわめて重要な道具が除外されることになる。次章で私は比較言語学を弁護し、それがどういうものかの概略を示し、復元された語彙の解釈の仕方を説明する。

三つ目の問題は、考古学者が印欧祖語の古さについて合意に達していないことだ。この言語は紀元前8000年に話されていたとする人もいれば、前2000年くらいの最近のことだったとする人もいるし、さらに言語学者の頭のなかにしか存在しない抽象的な概念と見なし、それゆえに時代は特定できないとする人もいる。もちろん、これでは特定の時代に注目することはできない。しかし、慢性的な意見の相違状態をつくりだす主要な原因は、大半の考古学者が言語学に多くの関心を払わないことにある。なかには、大多数の言語学的証拠と矛盾する解決策を提案していた人もいる。二番目の問題を解決して、信頼性の問題と現実を考慮すれば、三番目の問題――時代の特定――の解決に向けて大きく前進するだろう。第3章と第4章はそれに割かれている。

四つ目の問題は、考古学的手法が、ちょうど印欧起源の研究にとってきわめて重要な地域において未発達であることだ。ほとんどの考古学者は有史以前の言語集団を、考古学的人工物と同等とは見なせないと考えている。言語は物質文化に一貫した形で反映されたりしないからだ。異なった言語を話す人も、似たような家や壺を使うかもしれないし、同じ言語を話す人でも、異なった方式で壺や家を製造しうるからだ。しかし、言語と文化はある状況下では予測どおりに相関するように私には思われる。非常に明確な物質・文化の境界地帯――単に壺が違うだけでなく、家、墓、墓地、町の造り、象徴、食生活、衣服のデザインも異なる状況――が何百年、何千年にわたって恒常的に存続する場所を見れば、そこは言語上の境界地帯である場合が多い。こうした事例はどこにでも見られるわけではない。それどころか、そのような民族・言語の境界地帯はめったに生じないようだ。しかし、物質・文化の確固たる境界地帯が数百年どころか数千年ものあいだ存続する場所では、言語もそれに相関していることが多い。この見識があれば、純粋に考古学的文化の地図上に、少なくともなんらかの言語学的な境界地帯を見究めることができる。それが印欧祖語の原郷を探しだすのに欠かせない一歩なのだ。

現代の考古学理論のもう一つの弱点は、考古学者が総じて移住をよく理解していないことにある。だが、移住は言語の変化における重要なベクトルなのだ。むろん、それが唯一の原因ではないが、重要なものであることには変わりない。第二次世界大戦以前は、考古学者は移住を、先史時代の文化に見られるいかなる変化も単純に説明する口実として使っていた。第1層で見つかったA型の壺が、第2層ではB型に取って代わられていれば、それはB族の移住によってもたらされた変化とされた。その単純な仮定は、変化を引き起こす無数の内部のきっかけを見つけた戦後の考古学者によって、はなはだ不充分であることが証明された。人工物の型式の変化は、社交的な集まりの規模や複雑さの変化、経済の変動、工芸品の管理方法の改革、工芸品の社会的役割の変化、技術革新、新しい商売や消費財の交易の始まりなどによって引き起こされてきたことが証明されてきた。「壺は人ではない」が、1960年代から考古学を学ぶ欧米のすべての学生が教えられてきた法則だった。移住という論拠は、

1970年代、80年代の欧米の考古学者の解説からは完全に消えていた。しかし、移住は人間の非常に重要な行動であり、移住を無視したり、過去にはそれが些細な問題であったかのように取り繕ったりすれば、印欧問題を理解することはできない。先史時代の移住と、それが言語の変化にはたしたはずの役割と問題点を理解するために、私は現在の移住理論を使ってみた。この問題については第6章で論じる。

五つ目の問題は、本書が主張する特定の原郷、すなわちロシアとウクライナのステップの草原に関連するものだ。近年におけるステップの先史時代の考古学研究は、欧米の考古学者にはあまり馴染みのない言語で書かれ、有名でない雑誌や書物で発表されてきた。しかも、欧米の考古学者には50年前の古臭い「壺は人だ」式の考古学を思いださせる物語風の形式で書かれていた。私は25年間、こうした読み物を理解しようと試みてきたが、成果は限られていた。とはいえ、ソ連およびソ連崩壊後の考古学は、欧米の考古学の発展段階のただの繰り返しではないことは確信している。この地域の考古学には、それ自体の独特な歴史と指針となる仮説がある。本書の後半では、ロシア、ウクライナ、カザフスタンのステップ地帯の新石器、銅器、青銅器の各時代の考古学から、印欧諸語の初期の話し手たちの本質と正体に直接かかわるものを厳選し、必然的に不完全ではあるが、その合成結果を提示した。

馬は最後の、六つ目の問題を示すために早駆けして登場する。学者は100年以上前から、多くの記録が残る最古の印欧語――帝国ヒッタイト語、ミケーネ・ギリシャ語、サンスクリット語の最古の形態、つまり古インド語――が、軍事的社会で使われていたことに気づいていた。駿馬に引かせた二輪戦車《チャリオット》を操縦して、古代世界に突如として姿を現わしたかのような社会である。二輪戦車はおそらく印欧語の話し手が発明したのだろう。馬を最初に家畜化したのも、彼らだったのかもしれない。このことは、印欧諸語の当初の拡散を説明しうるだろうか？　二輪戦車は前1700年から前700年までほぼ1000年にわたって、ギリシャから中国まで、古代世界各地のファラオや王たちがとくに好んだ兵器だった。数多くの二輪戦車が、数十台どころか、数百台もの数で、宮殿の軍装備品の目録や、戦闘の描写、押収した戦利品の自慢話として言及されてきた。前800年以降、二輪戦車は徐々に廃れていった。統制のとれた騎馬の弓兵部隊、すなわち最初期の騎兵隊による新種の戦いでは、二輪戦車は攻撃を受けやすかったためだ。印欧語の話し手が最初に二輪戦車を手に入れたとすれば、彼らが早くから勢力を拡大できた理由が説明できる。彼らが最初に馬を家畜化したとすれば、古インドのアーリア人、ギリシャ人、ヒッタイト人など、印欧語の話し手たちの祭祀のなかで、武力と権力の象徴として馬が中心的な役割を担った理由がわかる。

　しかし、最近まで馬がいつ、どこで家畜化されたかを突き止めるのは、困難もしくは不可能なことだった。馬の骨格にも、初期の家畜化の痕跡はほとんど残されておらず、古代の馬について残されているものと言えば、その骨だけだったからだ。私は10年以上にわたってこの問題に、研究パートナーであり、妻でもあるドーカス・ブラウンと取り組んできた。そして、いまでは人びとがいつ、どこで家畜化した馬の群れを飼い始めたかは判明したと信じている。馬の背にまたがる騎乗は、二輪戦車が発明されるよりはるか以前にステップで始まったとも考えている。たとえ古代世界の組織だった国家や王国の戦争では、二輪戦車のほうが騎兵よりも先に出現したという事実があってもである。

言語の消滅と思考

印欧祖語を話していた人びとは、重大な時期に、要衝の地に暮らしていた。彼らは輸送手段の技術革新がもたらした恩恵をこうむれる場所にいた。なかでも重要なのは、馬の背に騎乗し始めたことと、車輪付きの乗り物の発明だった。彼らは近隣の民にくらべてなんら優れていたわけではない。それどころか、残された証拠からは、彼らの経済も、共同体内の技術も、社会組織も、西方や南方に住む民族のものよりは単純であったことが窺える。彼らの言語が広まったのは、一度の出来事ではなかったし、その原因が一つしかなかったわけでもない。

それでも、その言語は広まり、分化し、英語を含むその娘言語は、今日も拡大しつづけている。ほかの多くの語族は、印欧語族の広がりとともに消滅していった。その結果、言語の多様性が失われたために、現代世界の物事の捉え方が狭まり、同じ方向へ向かうようになった可能性はある。たとえば、すべての印欧語は行動について語るとき、時制と数に注意を払う。その動作が過去のことなのか、現在、あるいは未来のことなのか明確にしなければならないし、その主体となるものが単数か複数かもきちんと述べなければならない。印欧語の動詞を、これらのカテゴリーに分けずに使うことは不可能だ。そのため、印欧語の話し手は習慣的にすべての出来事を、それらがいつ起こって、そこに複数の主体がかかわっていたのかどうかという観点から組み立てる。ほかの多くの語族では、話者が動作について語る際にこうしたカテゴリーに言及する必要がないため、時制や数にはとくに触れずに済む。

一方、ほかの語族では現実の別の側面がつねに使われ、認識されなければならない。たとえばホピ語で、ある出来事や状況を説明する場合、自分自身でその出来事を目撃したのか、ほかの誰かから聞いたのか、それが不変の真実だと考えるのかを明確にする文法上の標識を使わなければならない。ホピ語の話し手は習慣的に、ホピの文法によって現実のあらゆる描写を、その情報の発信源と信頼性という観点から組み立てざるをえない。そうしたカテゴリーをつねに無意識に使用することによって、世界を認知し構築する習慣が生みだされるのであり、それはおそらく根本的に異なる文法を使う民族間では違うだろう。[*14] その意味では、印欧語の文法の波及は、人間の認知習慣の多様性を減らしたのかもしれない。それはまた、本書を執筆しながら筆者が、5000年以上昔にユーラシアのステップ西部に暮らした小さな集団の認知習慣とそのカテゴリーを踏襲する形で、自分の見解を組み立てる原因にもなったかもしれない。

第2章　死語をどう再構築するか

印欧祖語は、話し言葉としては少なくとも4500年前には廃れている。この言語を話していた人びとは文字をもたなかったので、銘文は何一つ残されていない。それでも、1868年に、アウグスト・シュライヒャーは再構築された印欧祖語で、「Avis akvasas ka」すなわち「羊と馬」と呼ばれる物語を語ることができた。1939年に発表されたヘルマン・ヒルトによる改訂版には、印欧祖語の音韻体系の新しい解釈が盛り込まれており、題名はOwis ekwoses-kʷeになった。1979年には、ウィンフレッド・レーマンとラディスラフ・ズグスタがOwis ekwoskʷeとして発表した版では、新たな変更はさほど多く示されなかった。言語学者は、こうした事例についてますます発音の細々とした点を議論するようになったが、大半の人は文字資料もなく消滅した言語について、何かを語れることに驚いている。驚きは、もちろん疑いとよく似たものだ。言語学者は幻想をめぐって論じ合っているのではないのか？　文献によって裏付けられた証拠もないのに、言語学者はどうやって再現された印欧祖語の正確さに確信がもてるのだろうか？[*1]

実在する物を掘りだすことに慣れている多くの考古学者は、仮定にもとづいた音素――「言語学上の先史」と呼ばれるもの――をただ復元する人びとを高く評価しない。この懐疑論には理由がある。考古学者も言語学者も、自分たち以外の人びとが入り込む余地のない難解な専門用語で話をするため、分野を超えてはほとんど意思疎通が図れない状態になっているのだ。どちらの分野も単純とは程遠く、どちらも解釈をめぐる多くの主要な問題において派閥争いをしている。おびただしい意見の不一致は、部外者にとっては混乱状態にも思われるが、筆者を含め、大半の考古学者は言語学においては部外者なのだ。歴史言語学は、考古学の大学院過程では一般に教えられないので、ほとんどの考古学者はこの学問についてごくわずかにしか知らない。その事実を言語学者にたいして、かなりあからさまに示すこともある。言語学の大学院生が考古学を教わることもない。言語学者がときおり考古学について述べることは、考古学者にしてみれば事情も知らずに、単純化した考えに聞こえ、歴史言語学という分野そのものが単純な思い込みで満ちているのではと疑わせるものになりうる。

本書の初めの数章の目的は、考古学と歴史言語学を隔てる無人地帯を越える道を切り開くことだ。私はこの作業にかなり不確かなまま乗りだしている。ほとんどの考古学者と変わらず、私も言語学の正規の訓練を受けたわけではないからだ。この道筋が印欧研究では、言語学者と考古学者の双方の資格をもつ、おそらく唯一の人であるジム・マロリーによってなかば付けられていたことは幸運だった。印欧起源をめぐる問題は、突き詰めれば、言語学による証拠に関するものだ。言語学で最も基本的な問題は、言語が時代とともにいかに変わるかを理解することだ。[*2]

言語の変化と時代

タイムマシンがあると想像してみよう。読者のあなたが私と似たタイプであれば、訪れてみたい時代と場所はたくさんあるだろう。だが、その大半では、英語を話す人は誰もいなかった。たとえば、古代エジプトへの6カ月間どっぷり旅行が叶わないとすれば、自分にわかる言葉が話されている場所と時代に限定せざるをえないだろう。イングランドへの旅などは、どうだろうか。どのくらい時代を遡っても、まだ言葉は通じるだろうか？　西暦1400年のロンドンに行くとしよう。

タイムマシンから降りたときに、最初に口にする言葉としてふさわしく、相手に安心感を与え、理解されやすいのは、主の祈りの最初の行かもしれない。現代標準英語の保守的で、旧式の版であれば、「Our Father, who is in heaven, blessed be your name」〔「天におられるわたしたちの父よ、御名が崇められますように」。『聖書』マタイによる福音書6章9節、新共同訳、日本聖書協会〕となるだろう。1400年にチョーサーが話していたような英語であれば、「Oure fadir that art in heuenes, halwid be thy name」と言うことになる。ダイヤルを回して、さらに400年昔の1000年に行けば、古英語、つまりアングロ・サクソン語でこう言うはずだ。「Fæder ure thu the eart on heofonum, si thin nama gehalgod」。アルフレッド大王〔9世紀のウェセックス王〕とのお喋りなどとうてい無理だ。

1000年の歳月を経るうちに、通常の大半の話し言葉は相当な変化を遂げるので、1000年を挟んだ両端にいる人同士が会話をしようと試みれば、互いを理解するのに苦労するだろう。教会ラテン語や古インド語（サンスクリット語の最古の形態）のように、儀式のなかで凍りついたままの言語が、1000年以上昔に生きた人びとと事実上、対話できる唯一の望みとなるだろう。アイスランド語は、1000年間ほとんど変わらなかった話し言葉の例としてよく取りあげられるが、これは北大西洋の孤島で話されていた言語であり、その話し手は自分たちの古い物語《サガ》や詩にたいし、宗教的畏敬の念に近いものをいだいてきた人びとだ。大半の言語は二つの理由から、1000年よりはるかに短い年月で、アイスランド語よりもずっと大きく変化する。第一に、二人の人間がまったく同じ言葉を話すことはない。第二に、ほとんどの人はアイスランド人よりもずっと多くの、違う言葉を話す人びとに出会うからだ。ほかの言語から多くの単語や句を借りる言語は、借用率の低い言語にくらべてずっと早く変化する。アイスランド語は世界でもきわめて借用語の少ない言語だ。[*3] いくつもの異なる喋り方に接すれば、自分たちの話し方も急速に変わりやすい。しかし、幸いなことに、言語が変化する際の速度はかなり変わりやすいものの、言語が変化する仕組みと順番はそうではない。

言語の変化はでたらめには生じない。むしろ、大勢の人びとが好み、真似るアクセントや語句の方向へと流れる。目標とすべきアクセントが選ばれると、話者の本来の話し方からその目標に移行する音の変化の仕組みは、規則によって支配されている。この同じ規則はどうやら私たちすべての頭のなかにも、口や耳にも存在するようだ。ただ、言語学者が最初にそのことに気づいたのだ。発音にもたらされた一定の新しい変化が、以前の話し方にどう影響を与えるかが規則で定められていれば——音の推移が予測可能であれば——それを後戻りさせて、いわば古い形態の言語を聞くことができるはずだ。これがおおよそ、印欧祖語が再構築されたやり方だ。

音の変化でじつに驚くべきことは、その規則性であり、誰もが意識して知っているわけではない規則に従っていることだ。中世フランス語では、「百」を意味するツェントゥムが、ラテン語の「百」であるケントゥムの一つの方言として聞こえていた時代もおそらくあっただろう。両者の発音の違いは「異音」、つまり同義でありながら音が異なるものだった。しかし、ラテン語の話し方に生じたその他の変化のせいで、〈ts〉音はしだいに違う音、すなわち〈k〉音とは異なる音素に聞こえ始め、言葉の意味も変わる可能性がでてきた。そうなると、人びとはケントゥムを〈k〉音で発音すべきか、〈ts〉音にすべきか決めなければならなかった。フランス語を話す人びとが〈ts〉音を使うことに決めたとき、彼らはケントゥムという単語だけでなく、ラテン語でeなどの母音の前にkがくるすべての語についても、その変更を当てはめたのだ。そしてこうした変化がいったん生じると、〈ts〉は語頭の〈s〉音と混同されるようになり、人びとは再びツェントゥムを〈ts〉音で発音すべきか、〈s〉音にすべきか決めなければならなくなった。彼らは〈s〉音を選んだ。こうした推移の順序は意識下に潜り込み、すべての前《プレ》フランス語の単語で同様の音の推移がウイルスのように広がった。フテン語の「蠟」ceraは、ケラと発音するが、フランス語の発音はcire、シールになる。ラテン語の「共同体」civitasの発音はキウィタスだが、フランス語のcitéはシテと発音する。ほかにも音の変化は生じたが、いずれも言外の、無意識のうちの規則に従っていた。音の推移はいくつかの単語に特有であったり、限られていたりするわけではない。むしろ、一つの言語内で似たようなすべての音に系統的に波及する。人間の耳は言葉が類推される結果に当てはまるのか、当てはまらないのかは非常に鋭く聞き分けることができたのだ。ラテン語でkのあとにoのような後舌母音がくる、costaコスタ〔側面〕などの単語では、フランス語もcôteコート〔海の側面、海岸〕のようにk音がそのまま残った。

音の変化が規則に支配されるのは、おそらくどんな人間も本能的に言語に何かしら秩序を求めるためなのだろう。私たちはこれを委員会や辞書もなく、それどころか文字すら読めなくてもやってのけ、しかも自分たちが変化させていることを意識してはいない（言語学者であれば別だが）。人間の言語は規則で定められているのだ。規則が文の構造（統語法）や、単語の音と音の関係（音韻論と形態論）、およびその意味を左右する。こうした規則を学ぶことは、私たちの意識を乳児のころの意識から、人間という種族のなかで生きる一員としての自覚に変える。言語は人間の進化、文化、社会への帰属意識に中心的役割をはたすので、この種族のメンバーにはそれぞれ、言語体系に生じた新たな変化を互いに協力して通常のものに変える能力が生物学的に備わっている。[*4]

歴史言語学は19世紀に学問の分野として確立された。このとき初めて、人間が言葉を話し、聞くときに従っている規則に学者が気づき、分析するようになった。私はこうした規則を充分に知っている素振りをするつもりはないし、たとえ知っていても、そのすべての説明を試みはしない。私が望むのは、一般論として、こうした規則の一部がいかに働くかを伝え、印欧祖語の「再構築された語彙」を、その可能性と限界を知りながら、いかに利用できるかを示すことだ。

まずは音韻論から始めよう。どんな言語も互いに組み合わさり、それぞれに一連の規則をもったいくつかの体系に分けることができる。語彙、もしくは語彙集《レキシコン》が一つの体系をなす。統語法《シンタックス》、つまり語順、および構文は別の体系をつくる。形態論《モルフォロジー》、すなわち語形は、「文法」と呼ばれるものの大半を含め三つ目の体系となる。さらに音韻論《フォノロジー》、つまりどの音なら受け入れられて、意味をなすのかに関する規則は四つ目となる。それぞれの体系には独特の傾向があるが、一つが（たとえば、音韻体系）が変化すれば、別の体系（たとえば、形態体系）にも変化を引き起こす。[*5] 本書では音韻体系と語彙について、最も詳しく見ることにする。これらは印欧祖語の語彙がどのように再構築されたかを理解するうえで最も重要だからだ。

失われた音をどう再構築するか？

音韻論、すなわち言語の音声の研究は、歴史言語学の主要な道具の一つだ。音韻論が歴史的道具として役立つのは、人びとが口にしていた音声は時代とともに、あちこちの方向へではなく、一定の方向へ変化しやすいものだからだ。

音声変化の方向は、二種類の制約によって支配される。大半の言語に当てはまる一般的な制約と、一つの言語、もしくは関連する言語集団に特有のものだ。一般的な制約は、人間の発声器官の物理的な限界と、聞き手が区別し、理解できる音声をだす必要性、および発音しづらい音の組み合わせを簡素化する傾向によって課されるものだ。それぞれの言語内の制約は、その言語で受け入れられ、意味をなす音声の制限範囲によって課される。こうした音は各々の言語に特有で、すぐにそれとわかる場合が多い。コメディアンは、たとえばフランス語やイタリア語の特徴的な音韻体系にもとづいてでたらめなことを喋ってみせて、客を笑わせることができる。音声変化の方向における一般的な傾向と、特定の言語集団内に固有の音声上の慣習という双方の知識を備えれば、言語学者はどの音声異形が古い発音で、どれがあとに生じたものかについて、信頼性のある結論に達することができる。これが言語の音韻史を再現するための最初の一歩だ。

フランス語が歴史のなかで、ローマ帝国の衰退期である西暦300−400年ごろにガリア地方

（現代のフランス）で話されていたラテン語の方言から発達したことはわかっている。１５００年代になってもなお、現地語であるフランス語は、ラテン語が訛った言葉に過ぎないと考えられていたため、学者のあいだでは重視されていなかった。その歴史について何も知らなくても、ラテン語のcentum〔ケントゥムと発音〕と、フランス語のcent〔サンと発音〕がどちらも「百」を意味することは調べられる。また、ラテン語の発音のほうが古い形で、現代フランス語の形は判明している音の変化の規則に従って発達していて、現代の形が登場する前にその中間的な発音、ツァントがおそらく存在したということも言え、その予想は当たっているだろう。

◎言語の変化のいくつかの基本法則――音韻論と類推

二つの一般的な音声規則が、こうした判断を下すうえで役に立つ。一つは、語頭にくるk音や〔ガ行の〕g音のような強い子音〔筋肉を緊張させた硬音〕は、変化が起こるとすれば、sやshなどの軟音の方向へ変わりやすく、その逆のs音からk音への変化は一般には珍しい。もう一つは、口の奥で閉鎖音〔破裂音〕として発音する子音〈k〉は、とりわけ、口の前方で発音する母音〈e〉〔エと発音〕があとにつづく言葉では、口の前方の子音〈tやs〉に変わりやすい。k音とs音をだして、自分の舌の位置を確かめてみよう。k音は舌の奥を使って発音しているが、eとsは舌のなかほどか先端で発声している。そのため、seという分節はkeよりも発音しやすくなる。〈e〉のような前舌母音の前では、〈k〉は前方へと移動して〈ts〉になり、さらに〈s〉になる可能性があるが、逆方向には変化しないだろうと予想される。

これは同化《アシミレーション》と呼ばれる一般的な音声傾向だ。一つの音は、必要とされた動きを単純化させて、同じ単語内の近くの音に同化する傾向がある。ここで見られる特定の同化は、口蓋音化と呼ばれる。後舌子音（kなど）のあとに前舌母音（eなど）がつづくと、フランス語では口蓋の前方へと同化して、〈k〉が〈s〉に変化する。ラテン語の〈k〉（舌の奥を使って口蓋の奥で発音）と、現代フランス語の〈s〉（舌の先で口蓋の前方で発音）のあいだには、中間的な発音の〈ts〉（舌の中央で口蓋の中央で発音）があったはずだ。そのような順序から、歴史言語学者は言語の進化のなかで記録されていない中間段階を再現できるようになる。口蓋音化はフランス語からラテン語への発達では系統的なものだった。それがフランス語に特有な音韻体系のほとんどの原因となっている。

同化は通常は音の質を変えるが、ときには二つの音を一緒くたに発音することで、単語から音を省くこともある。その反対のプロセスは、新しい音を単語に追加することだ。この種の新用法の好例は、英語の athlete という単語の発音がまちまちである状況からわかる。英語を話す人の多くは、この言葉の真ん中に〈uh〉音を入れて、ア・サ・リートと発音するが、大半は自分がそうしていることに気づいていない〔一般にはアス・リートと二音節で発音する〕。挿入される音節はかならず、まったく同じように〈uh〉と発音されるが、これは次の〈l〉を発音するために必要な舌の位置と同化するからだ。話し手のなかには〈thl〉のような難しい子音がつづく場合に母音を挿入する人がいて（語中音添加と呼ばれる現象）、athlete で挿入される母音は、同化の規則ゆえにつねに〈uh〉と発音されるだろうと、言語学者には予測できるのだ。

別の種類の変化としては類推的変化があるが、これはかなり直接的に文法に影響をおよぼす傾向がある。たとえば、英語の名詞の複数をつくる語尾の〈s〉や〈es〉はもともと古英語の一部の種類の名詞に限られたものだった。たとえば、stone はもともと stān（主格単数）であり、stones は stānas

（主格複数）だった。しかし、一連の音の変化（註5を参照）によって、かつては別種の名詞を区別していた音素が失われると、語尾の〈s〉が一般的に複数を表わすものとして再解釈されるようになり、すべての名詞につくようになった。複数形が語尾の〈n〉によってつくられたり（oxenなど）、変化しなかったり（sheep）、語幹の母音が変化したり（women）する語も、古英語の遺物として残っているが、〈s〉への推移はこうした「不規則」な形を駆逐しており、すでに800年間ほどそれをつづけているのである。同様の類推的変化が、動詞にも影響をおよぼしてきた。語尾に〈ed〉が付くのが過去形の一般的な語尾として再解釈されると、古英語ではhelp/holpであった活用が、help/helpedになり、かつては母音の変化で過去形をつくっていた数多くの力強い動詞が減っていった。類推的変化は、古い言葉や語形との類推から、新しい言葉や語形を生みだすこともできる。英語には、-ableや-scapeが付く言葉が非常に多数ある。こうした語尾はもとは特定の言葉（measurable、landscapeなど）と結びついていたが、接尾辞として再解釈されて切り離され、どんな語幹にもくっつけられるようになった（touchable、moonscapeなど）。

音韻と類推による変化は、新しい形が言語のなかに取り入れられる内部の仕組みだ。過去のいくつかの異なった時代から選んだ、一つの言語系統内の文献——たとえば古典ラテン語、後期俗ラテン語、前期中世フランス語、後期中世フランス語、現代フランス語で書かれた碑文など——を順番に調べることによって、言語学者はラテン語からのフランス語の進化における、ほぼあらゆる音の変化と類推的推移を特定してきた。別の言語のさまざまな言語変化の状況にも当てはまる、規則的で系統的な規則が、こうした移行の大半を説明する。しかし、言語学者はこうした推移をどのように「過去へ」再現して、現代の言語の起源を発見するのだろうか？　印欧祖語のように、文字が発明される前に話されていた言葉で、文献は何一つない言語の音を、どうすれば再現できるのか？

◎「百」――音声再構築の一例

印欧祖語の言葉は、印欧祖語の語彙の辞書をつくる目的で再構築されたのではない。その語彙集はじつに役に立ちはするのだが。復元する本来の目的は、一連の「娘」単語が、同じ「母」単語から派生した同根語であることを証明することだ。「母」単語の復元は、比較作業の副産物であり、すべての「娘」単語のすべての音が共通の親にあった音から派生しうることの証拠なのだ。最初のステップは、娘ではないかと思われる単語を集めることだ。印欧語のなかに見つかるすべての異形の単語リストを作成しなければならない（表2・1）。この作業ですらうまくこなすには、音韻変化の規則を知る必要がある。異形語のなかには、音がまるで変わってしまった単語もあるだろうからだ。ただ候補となる語を見つけて、まともなリストをつくるだけでも難題となりうる。この作業を、印欧語で「百」を意味する単語で試してみよう。印欧語で数を表わす言葉のルーツ、とりわけ一、十、百、千は、印欧語のほぼすべての娘言語において残っている。

作成したリストには、ラテン語のケントゥム（centum）、アヴェスター語のサテム（satəm）、リトアニア語のシムタス（šimtas）、古代ゴート語のフンダ（hunda）が含まれる（hundaによく似た語根が英語のhundredハンドレッド〔百〕に進化した）。印欧語で「百」を意味するこれ以外の似たような言葉も加えるべきだし、フランス語のサン（cent）についてはすでに言及した。ただし、ここでは簡素化するために四つの言葉だけを使うことにする。私が選んだ四語は、印欧語の四つの語派、すなわちイタリック語派、インド・イラン語派、バルト語派、ゲルマン語派からの単語だ。

語派	言語	単語	意味
ケルト	ウェールズ語	cant	百
	古アイルランド語	cēt	百
イタリック	ラテン語	centum	百
トカラ	トカラ語A方言	känt	百
	トカラ語B方言	kante	百
ギリシャ	ギリシャ語	*ἑκατόν*	百
ゲルマン	古英語	hund	百
	古高地ドイツ語	hunt	百
	ゴート語	hunda	100, 120
	古サクソン語	hunderod	120（10ダース）
バルト	リトアニア語	šimtas	百
	ラトヴィア語	simts	百
スラヴ	古代教会スラヴ語	sŭto	百
	ブルガリア語	sto	百
アナトリア	リュキア語	sñta	10の集まり、または100
インド・イラン	アヴェスター語	satəm	百
	古インド語	śatám	百

表2・1　「百」を表わす印欧語の同根語

答えをださねばならない疑問は次のようなものだ。これらの言葉は音声学的に一つの親となる単語から変容した娘語なのか？　その答えがイエスならば、これらは同根語になる。同根語同士であることを証明するには、判明している規則を使って、文字による記録のあるすべての娘語の音に発展することが可能な、音素の祖先型配列を再現できなければならない。まずはこの言葉の最初の音から始めよう。

ラテン語のケントゥムの語頭の音素〈k〉は、親語もまた〈k〉音から始まっていれば説明が付くだろう。アヴェスター語のサテム、リトアニア語のシムタスに見られる最初の軟音（s、sh）は、ラテン語のケントゥムのように、硬音の〈k〉から始まる印欧祖語から発達した可能性がある。硬音は、もし変化するとすれば、一般には軟音へと推移しがちだからだ。逆の発展（sやshからk）はあまり起こりえないだろう。また、語頭の硬音の口蓋音化と歯擦音化（sやsh音への推移）は、ヴェーダ・サンスクリット語を含むインド語派でも、リトアニア語を含むバルト語派でも予測される。音の変化の一般的な方向と、それぞれの語派特有の慣習から、これらの三語すべてに発展した印欧祖語の単語は、〈k〉から始まったはずだと言うことができる。

では〔古ゴート語の〕フンダについてはどうなのか？　これはかなり違う言葉に見えるが、実際には〈h〉音は想定内だ。これはゲルマン語派ですべての語頭の〈k〉音に影響をおよぼした規則に従うものだ。この推移はkだけでなく、前《プレ》ゲルマン語のほかの八つの子音にもおよんでいた。[*6] 子音推移は前ゲルマン語を話す共同体一帯に広がって、新しいゲルマン祖語の音韻体系を生みだし、この体系はのちのゲルマン語派のすべての言語に受け継がれ、英語も最終的にそこに含まれることになる。この子音推移はヤーコプ・グリム（童話を収集したグリムと同一人物）によって説明され、命名されたため、グリムの法則と呼ばれている。グリムの法則で説明された子音推移の一つは、ほとんどの音声環境で古体印欧語の〈k〉音がゲルマン語の〈h〉音に推移したことだった。ラテン語のケントゥムに残されていた印欧語のk音は、古ゴート語のフンダではh音に推移していた。ラテン語のカプト（caput）「頭」に見られる語頭のk音は、古英語のハフド（hafud）「頭、head」では、h音に変わった、という具合に語彙全体に推移していた（caput → hafud では、pater → fater のように、p音もまたf音に変わったことがわかる）。したがって、非常に違って見えるが、フンダも規則に準じているのだ。この単語の頭子音は、グリムの法則によってk音から派生しうるのである。

印欧祖語で「百」を表わした言葉は、おそらくkから始まっただろう（最初のk音は、ほかの印欧語で「百」を意味する同根語でも矛盾しない）。[*7] 二番目の音は母音のはずだが、どの母音だろうか？

二番目の音は、英語には存在しない母音だった。印欧祖語では共鳴音《レゾナント》を母音として使うことができた。口語で fish'n' フィッシンと発音するときの共鳴音に似た音だ（Bob's gone fish'n' と言うときのように）。二番目の音は*m̥または*n̥のいずれかの共鳴音で、どちらも比較した娘語のあいだにも見られる（復元された語は、直接的証拠がないため、その前に＊印が付けられる）。〈m〉はリトアニア語の同根語シムタス（šimtas）で裏付けられる。印欧祖語の親語のmは、リトアニア語の単語にmがある理由を説明できるだろう。古インド語、ゲルマン語などの系統では、次にくるtやdと同化してnに変化したかもしれない。なぜなら、nとtはどちらも歯に舌を付けて音を発するからだ（古スペイン語のsenda「道」は、現代スペイン語のsendaに同じ理由から変わった）。もとはmであった音が、tの前ではnに変わることは説明が付くが、もともとのnがmに推移することはあまりないだろう。そのため、当初の二番目の音はたぶんm̥だろう。この子音はサンスクリット語のサタム（satam）では、完全同化と呼ばれるまた別の同化傾向によってすっかり消えたのかもしれない。つまり、mがnに変わって*santamとなったあと、nは完全に次のtと同化したというわけだ。同じプロセスが、ラテン語のoctoから現代イタリア語のotto「8」への推移で、〈k〉音が失われた原因となった。

　私はこの祖先語である*k̑m̥-までで、印欧祖語にあったケントゥムの祖先に関する議論は終わりにする。現存するすべての同根語で裏付けられる音素を通して分析はつづけて、原型となる語根として受け入れられるものを再構築すべきだろう。そのような規則をすべての同根語に当てはめることで、言語学者は印欧祖語の音素の配列、*k̑m̥tomを再構築することができた。この並びならば、立証されたすべての娘語に含まれる、立証されたすべての音素に発展できただろう。印欧祖語の語根、*k̑m̥tomは、成功に終わった比較作業のあとの残留物であり、比較されたそれぞれの娘語が確かに同根語であることの証拠である。これはまた、印欧祖語の少なくともいくつかの方言でこの言葉が発音されていた方法と、おおよそ似通っていそうだ。

◎再構築の限界と長所

比較研究法は、原型となる語根の音を生みだして、音の変化規則に従って一定の方向に進化した同根語の集団とのみ親縁関係を裏付けることになるだろう。比較分析の結果は、かりにすべての同根語のすべての音素が、相互に認められる親側の音素から派生しうるとすれば、類縁的関連があることの証明となり、さもなければ証明できる関係は何もないことになる。多くの場合、音は近隣の言語から借用されてくるかもしれず、そうした音が予測された推移に取って代わる可能性もある。比較研究法は、不規則な音が並ぶ場合は、規則的に再構築させることはできない。印欧祖語の語彙の多く、おそらくその大半は決して復元されないだろう。規則的な同根語の集まりから、「扉」を意味する印欧祖語の語根を復元させられても、「壁」はわからないし、「雨」が再現できても「川」にはならないし、「足」はわかっても「脚」にはならない。印欧祖語には確かにこうした言葉はあったのだろうが、それらがどう発音されていたかを、安心して再構築することはできないのだ。

比較研究法は二つの単語が関連していないことは証明できないが、関連している証拠を示すこともできない。たとえば、ギリシャの神ウラノスとインドの神ヴァルナは、驚くほど似通った神話上の属性をもつし、二神の名前もどこかしら似ている。ウラノスとヴァルナはもっと古い印欧祖語族の神の名前の発達形だと、考えうるのだろうか。可能性はある。だが、二つの名前はギリシャ語と古インド語のあいだで生じたと判明している音変化の規則では、共通の親語から発生することはない。同様に、ラテン語のデウス（deus）「神」とギリシャ語のテオス（theós）「神」は明らかに同根語に見えるが、比較研究法からはラテン語の deus が共通の起源をもつのは、実際にはギリシャ語の Zeús ゼウスであることが示されている。[*8] ギリシャ語の theós の同根語がラテン語にあるとすれば、〈f〉音から始まるはずだ（festus「祝祭の」という語が候補に上がっているが、この比較ではほかのいくつかの音に問題が生じる）。歴史的には deus がなんらかの不規則な方法で関係していた可能性はあるが、それを証明することはできない。

　つまるところ、比較研究法で言語の音韻史における文献のない時代を正確に復元できるのだと、どうやって確信をもてるのか？　言語学者自身は、言葉を再構築する「現実性」の問題について意見が分かれている。[*9] 八つの印欧語派からの同根語にもとづく、*ḱṃtom のような復元であれば、わずか二つの語派の同根語をもとにした場合にくらべてずっと信頼性があり、おそらくより「本物」だろう。古い語派（アナトリア、ギリシャ、アヴェスター・イラン、古インド、ラテンの各語派と、ケルト語派の一部）を含む、少なくとも三つの語派からの同根語であれば、信頼性のある再構築ができるはずだ。しかし、どのくらい信頼できるだろうか？　一つのテスト方法が、ロバート・A・ホールによって考案されている。彼は音の変化の規則だけを使って、ロマンス諸語の共通の親語を再建し、その結果をラテン語と比較した。ロマンス諸語の実際の親言語は、複数の俗ラテン語方言であって、テストに使用されたラテン語はキケロとカエサルの古典ラテン語だという事実を考慮すれば、その結果は心強いものだった。ホールは、現代の娘言語にはまったく残されていない二種類の母音間の違いまで再現することができた。二種類の母音を長さで区別する特徴は突き止められなかった——ラテン語には長母音と短母音があるが、娘言語であるロマンス諸語にはいずれもこの区別はなくなっている——が、対照的な二種類の母音や、ラテン語の形態体系のうち明らかな側面や、統語法、語彙など、ほかにも多くの面で一つの体系を再建することができたのだ。そのような器用な試みは別とすれば、再構築の現実性が最もよく証明されるのは、言語学者がこのような音の並びになるはずだと考えた再建語にたいし、考古学者がのちにそれが正しかったことを証明する銘文を見つけたような場合だ。[*10]

たとえば、ゲルマン語派で客人（guest）を意味する言葉の同根語（ゴート語の gasts、古ノルド語の gestr、古高地ドイツ語の gast）は、後期印欧祖語の*ghos-ti-（これは host〔主人〕と guest〔客人〕の双方を意味するものであり、そのためどちらかの役割を表わす以上に、見知らぬ者同士がもてなし合う関係を示したのだろう）から派生し、*gastiz として再構築されたゲルマン祖語の形を経由したのだと考えられている。後期ゲルマン語派の言語で知られていた単語では、末子音の前に i がくる形はなかったが、音の変化の規則からゲルマン祖語では理論上そこに i があったはずだと予測された。その後、デンマークの墓から掘りだされた黄金の角から古体ゲルマン語の銘文が見つかった。銘文は ek hlewagastiz holitijaz（または holitingaz）horna tawido と刻まれており、「私、ホルト（またはホルティング）のフレワガスティスがこの角をつくった」と翻訳されている。ここには二つの語幹、Hlewa-「名声」と gastiz「客人」からなる個人名フレワガスティスが含まれていた。言語学者は、この角が美しい黄金の工芸品であるからではなく、この語幹に予測された i が含まれていたことに興奮した。それによって再構築されたゲルマン祖語の形も、後期印欧祖語の元となる言葉も正確であったことが証明されたからだ。言語学的な再構築が、現実世界のテストに合格したのだ。

ギリシャ語の発達を研究してきた言語学者も同様に、印欧祖語の唇口蓋音の*k^w（〈クウー〉と発音する）が、（前舌母音の前では）ギリシャ語の t または（後舌母音の前では）p に発展した音素の原型ではないかと考えた。つまり、*k^w を再構築することは、古典ギリシャ語の子音が印欧祖語の祖先型とどう関連しているかという問題を、合理的とはいえ複雑に解決する方法だったのだ。これはミケーネ線文字Bの粘土板が発見され解読されるまで、完全に理論上のものだった。この粘土板は、ギリシャ語の最古の形であるミケーネ語に、予測されていたk^wがあるのにたいし、のちのギリシャ語では前舌および後舌母音の前ではそれぞれtまたはpになったことを明らかにした。[*11] こうした事例は、歴史言語学による再構築の作業が単なる抽象概念以上のものであることを裏付けていた。

　再現された単語はもちろん、音声上の理想化した形だ。再構築した印欧祖語は、その言語を人びとが口にしていたおそらく1000年間以上の歳月に存在していたはずの多様な方言の発音まで捉えることはできない。それでも、今日、私たちが紀元前2500年より昔に新石器時代の人びとが話していた言語の何千語もの単語を、たとえぎこちなくにせよ、発音できるということは、目覚ましい勝利だ。

忘れ去られた意味をどう再現するか?

　印欧祖語の単語の音を再現させたあと、それが何を意味していたのかどうすればわかるだろうか? 考古学者のなかには、再現された印欧祖語の信頼性を疑ってきた人もいる。再構築された単語の元の意味は、決して確実にはわからないと考えたからだ。[*12] しかし、印欧祖語の再現された多くの単語には、確かな意味を当てはめることができる。そして、これらの言葉の意味に、私たちは印欧祖語の話し手たちの物質文化や生態環境、社会的関係、信仰に関する最善の証拠を見いだすことができる。どの意味も、それだけの苦労を払う価値がある。

三つの一般的な規則に沿って、意味は当てはめられる。第一は、見つかる限り最も古い意味を探すことだ。その目標が、印欧祖語の元の言葉の意味を取り戻すことならば、現代の意味を古代の同根語で記録に残る意味と照らし合せてみるべきだ。

第二は、すべての語派の同根語に、私が例として挙げた「百」の事例のように、一貫して一つの意味が付されていれば、明らかにそれが印欧祖語の語根に最も難なく付与できる意味となる。その意味が、原型となる語根にあった意味でなければ、すべての同根語がその意味をもつようになりえた理由は想像が付きにくい。

第三に、単語が提起されたものと同じ意味を示す語根にまで分解できるならば、その意味は二重に可能性がある。たとえば、印欧祖語の*k̑m̥tom は、*dek̑m̥tom の短縮形だったのだろう。印欧祖語の語根*dek̑m̥、つまり「十」を含む言葉だ。この*dek̑m̥ 内の音の並びは、ten〔十〕の同根語を使って別個に再構築されているため、ten と hundred の再現された語根が意味でも音でも結びついているという事実は、双方の再建形の信頼性を裏付ける傾向にある。語根の*k̑m̥tom は実際には、印欧祖語の音素が勝手に連なっただけでなく、意味のある複合語、「十の（集まり）」だったのである。このことは、印欧祖語の話し手が私たちと同様に十進法を使い、十ずつの単位で百まで数えていたことも教えてくれる。

大半の場合、印欧祖語の言葉の意味は、それを使っていたさまざまな言語社会が分離し、時代が過ぎて、娘言語が進化するにつれて変わり、離れていった。言葉と意味のあいだの関係は任意のものなので、意味の変化には、音の変化ほどの規則的な方向性はない（一部の意味の推移はほかよりも起こりやすいが）。それでも、一般的な意味は取り戻すことができる。よい例は、「ウィール」〔車輪など、回転する輪〕を表わす言葉だ。

◎「ウィール」――意味再構築の例

ウィール（wheel）という現代英語の単語は、$*k^{w}\acute{e}k^{w}los$ または$*k^{w}ek^{w}l\acute{o}s$ のような音の印欧祖語の語根から派生したものだ。しかし、印欧祖語で$*k^{w}\acute{e}k^{w}los$ は正確には何を意味したのだろうか？ この語根 $*k^{w}\acute{e}k^{w}los$ の音素の並びは、五つの語派を代表する、八つの古い印欧語から選んだ同根語を比較してつなぎ合わせたものだ。この単語の発達形は（インド・イラン語派の）古インド語とアヴェスター語、（ゲルマン語派の）古ノルド語と古英語、ギリシャ語、フリュギア語、トカラ語A方言とB方言〔亀茲《きじ》語〕に残されていた。「ウィール」の意味は、サンスクリット語、アヴェスター語、古ノルド語、古英語の同根語では確認された。ギリシャ語の同根語の意味は、単数では「円」に変わっているが、複数ではまだ「車輪」を意味していた。トカラ語とフリュギア語では、同根語が「四輪荷車《ワゴン》」もしくは「乗り物」を意味していた。元来の意味はなんだったのだろうか？（表2・2）

八つの$*k^{w}\acute{e}k^{w}los$ の同根語のうち五つは、単複双方の「車輪」が意味として証明されており、意味が「車輪」から離れていった言語（フリュギア語、ギリシャ語、トカラ語A・B方言）でも、その意味はさほど乖離していなかった（「円」、「ワゴン」または「乗り物」）。そのうえ、「車輪」の意味を保ちつづけた同根語は、地理的に互いに大きく離れた言語からも見つかる（古インド語とアヴェスター語は隣接していたが、どちらも古ノルド語とも古英語とも接点があったことは知られていない）。「車輪」という意味を古インド語から古ノルド語が借用したり、その逆であったりした可能性は低い。

意味の推移は一部のものでは生じにくく、その他では頻繁に起こる。最も特徴的な部分の一つ

印欧祖語の語根	ワゴンの部分	娘言語
$*k^w ék^w los$	（車輪）	古ノルド語 hvēl「車輪」、古英語 hweohl「車輪」、中期オランダ語 wiel「車輪」、アヴェスター・イラン語 čaxtra-「車輪」、古インド語 cakrá「車輪、日輪」、ギリシャ語 kuklos「円」と kukla（複数）「複数の車輪」、トカラ語A kukal「ワゴン」、トカラ語B kokale「ワゴン」
$*rot\text{-}eh_2\text{-}$	（車輪）	古アイルランド語 roth「車輪」、ウェールズ語 rhod「車輪」、ラテン語 rota「車輪」、古高地ドイツ語 rad「車輪」、リトアニア語 rātas「車輪」、ラトヴィア語 rats「車輪」と rati（複数）「ワゴン」、アルバニア語 rreth「環、フープ、馬車のタイヤ」、アヴェスター・イラン語 ratha「二輪戦車、ワゴン」、古インド語 rátha「二輪戦車、ワゴン」
*aks- または $*h_2eks\text{-}$	（車軸）	ラテン語 axis「車軸、軸線」、古英語 eax「車軸」、古高地ドイツ語 $*h_aek*s\text{-}ahsa$「車軸」、古プロイセン語 assis「車軸」、リトアニア語 ašís「車軸」、古代教会スラヴ語 osĭ「車軸」、ミケーネ・ギリシャ語 a-ko-so-ne「車軸」、古インド語 áks*a「車軸」
*ei-/*oi- または $*h_2ih_3s\text{-}$	（轅）	古英語 ār-「オール」、ロシア語 vojë「柄」、スロヴェニア語 oje「柄」、ヒッタイト語 $*h_2ih_3s$ または hišša-「ポール、柄を付ける」、ギリシャ語 oisioi*「舵柄、舵柱」、アヴェスター・イラン語 aēša「2本の柄、プラウの柄」、古インド語 is*a「ポール、柄」
*wégheti-	（乗る）	ウェールズ語 amwain「乗回す」、ラテン語 vehō「重荷を担う、運ぶ」、古ノルド語 vega「もってくる、動かす」、古高地ドイツ語 wegan「動かす、計る」、リトアニア語 vežù「運転する」、古代教会スラヴ語 vezǫ「運転する」、アヴェスター・イラン語 vazaiti「輸送、動物をつなぐ紐」、古インド語 váhati「輸送、運搬」、派生名詞ではギリシャ語、ウェールズ語、高地ドイツ語、古ノルド語で「ワゴン」の意味がある。

表2・2　ワゴンの部分を表わす印欧祖語の単語の語根

（「車輪」）が、全体（「乗り物」、「ワゴン」）を指すようになるのは一般的で、フリュギア語とトカラ語ではそれが起きたようだ。現代英語のスラングでも、誰かの車を「ウィールズ」と呼んだり、服を「スレッズ」〔糸の複数形〕と言ったりして、同様のことをしている。意味が逆の方向へ推移すること、つまりもともと全体を意味していた言葉が、その部分の一つを意味する（ワゴンという言葉で車輪《ウィール》を指す）可能性はずっと低い。

「ウィール」の意味は、*kṃtom の語根のように、この言葉に印欧語源があることからも、さらなる裏付けが得られる。この言葉は別の印欧語根から生みだされていたのだ。その語根は、「回る」を意味する$^*k^wel$-という動詞だった。したがって、$^*k^w\acute{e}k^wlos$は「ウィール」の同根語から再構築された音素をただでたらめに並べただけでなく、「回転するもの」を意味していたのだ。このことは、「円」や「乗り物」よりも「車輪」を意味していたことを保証する可能性があるだけでなく、印欧祖語の話し手が車輪を表わす言葉を独自につくりあげたことも示している。彼らが別の人びとから車輪の発明について学んだとしても、彼らはそれにたいする外来語を採用しなかったのだ。そうなると、その移行が生じた社会状況は短く、社会としては遠く離れた状態の民族間におけるものだったろう。一方、車輪が印欧祖語の共同体内部で発明されたという事態は、考古学や歴史上の理由からは考えにくいが、その可能性は残っている（第4章参照）。

再構築された意味を確かめるには、もう一つの規則も役に立つ。その意味が一つの意味領域内に収まって、そこに再構築された意味と関係の深いほかの語根が含まれれば、そのような単語が印欧祖語に存在したであろうと、少なくともかなり確信をもてるようになる。「ウィール」は、「四輪荷車《ワゴン》または二輪荷車《カート》の部分を表わす言葉」（表2・2）を構成する意味領域に含まれている。幸い、ほかに少なくとも四つの同様の単語が印欧祖語から以下のように再現できる。

1　*rot-eh_2-は「車輪」を表わすもう一つの言葉で、同根語としては「二輪戦車《チャリオット》」を意味する言葉が古インド語とアヴェスター語にあり、「車輪」を意味する同根語がラテン語、古アイルランド語、ウェールズ語、古高地ドイツ語、そしてリトアニア語にある。

2　*aks-（または*h_2eks-）は同根語から「車軸《アクスル》」と裏付けられる言葉で、その意味が何千年も変わらず、古インド語、ギリシャ語、ラテン語、古ノルド語、古英語、古高地ドイツ語、リトアニア語、古代教会スラヴ語でもまだ「車軸」を意味していた。

3　*h₂ih₃s-「轅《ながえ》」（thill、荷車を引く棒）は、ヒッタイト語と古インド語で「轅」を意味した同根語によって確認された。

4　*wégheti は「乗り物で運ぶ、行く」を意味する動詞で、この意味をもつ古インド語、アヴェスター語、ラテン語、古英語、および古代教会スラヴ語の同根語によって確認されたほか、同根語から派生した語尾が*-no- となる名詞で、古アイルランド語、古英語、古高地ドイツ語、古ノルド語でワゴンを意味した言葉によって裏付けられた。

これら四つの追加の単語は、記録がよく残された意味領域（車輪、車軸、轅、ワゴン、または乗り物で運ぶという動詞）に相当するので、*kʷékʷlos の意味として「車輪」という意味を復元することへの確信が高められる。この意味領域に当てはまる五つの単語のうち、thill（轅）を除けばすべて、語源が印欧語であることが、再構築された語根から明らかになっている。印欧祖語の話し手は、車輪やワゴンに慣れ親しんでおり、自分たちでつくった言葉を使って、それについて話していたのだ。

印欧祖語の詩を豊かにしていた細かい分類、微妙な意味の違い、言葉から連想されるものなどは永久に失われてしまったかもしれないが、「十」を表わす*dek̑m̥- など、印欧祖語の少なくとも150の語根と、そこから派生する*k̑m̥tom「百」などさらに数千語については、おおよその意味を復元できる。こうした意味が、印欧祖語の話し手の暮らしと考えを覗く窓を提供してくれるのだ。

失われた言語の形

さまざまな印欧語間の文法的なつながりについての説明を、本書で詳細にわたって試みるつもりはない。私たちの目的にとって最も重要なのは、再構築された語彙だ。しかし、文法は言語を分類する基盤であり、どの語派に属するかを決めて、言語間の関係を決めるためのいちばんの証拠となる。文法には二つの側面がある。統語法《シンタックス》、つまり文のなかの語順を決める規則と、形態論、つまり特定の方法で使用されるために言葉が取らなければならない形を支配する規則だ。

印欧祖語の文法は、すべての印欧語に程度の差こそあれ、その痕跡を残している。印欧語派の言語ではいずれも、名詞が格変化する。すなわち、名詞は文のなかでどう使われるかしだいで形を変える。英語は、アングロ・サクソン語〔古英語〕から進化する過程で、こうした格変化のほとんどを失ったが、ゲルマン語派のその他の言語には残っているし、英語にも使用法に左右される代名詞〔男性代名詞 he, his, him／女性代名詞 she, her, her〕はいくらかある。そのうえ、印欧語の名詞の大半は、発生的に同語源である語尾を伴って同じように格変化し、しかも同じ形式体系の格〔主格、属格、与格など〕が、同じ三種類の性別分類〔男性、女性、中性〕と同じように〔格変化表の縦横軸として〕交差し、名詞が特徴的に格変化する同様の語形変化、つまり曲用となる。印欧語のさまざまな動詞も同様の活用をし〔一人称、二人称または親称、三人称または敬称、単数、複数、過去形、現在形など〕、同様の語幹変化〔run/ran、give/gave など〕と、同様の語尾を取る。こうした特定の形式上の分類、構造、変形、語尾の集まりは、人間の言語にとってなんら必要なわけでもなければ、普遍的に見られるものでもない。これは一つの体系として特異なものであって、印欧諸語にしか見られない。この文法体系を共有する言語は確かに、一つの言語からの娘言語であり、そこからその体系は受け継がれたのだ。

印欧語がこれらの文法構造をでたらめの偶然によって共有した可能性がいかに少ないかは、一つの事例が示している。動詞の to be は、一人称単数に一つの形（[I] am）があり、三人称単数は別の形（[he/she/it] is）を取る。英語の動詞は古体ゲルマン語の形 im と ist に由来するものだ。ゲルマン語の形は、古インド語の ásmi と ásti、ギリシャ語の eimí と estí、古代教会スラヴ語の jesmĭ と jestŭ という、証明された確かな同根語がある。これらの言葉はすべて印欧祖語として再構築しうる二つの形、*$h_1$ésmi と *$h_1$ésti から派生した。これらの言語にみな同じような動詞の分類システム（一人称、二人称または親称、三人称）があり、同じ基本的な語根と語尾を使ってその分類を識別していることは、これらの言語が互いに親縁関係にあることを証明する。

死語を甦らせる

印欧祖語を使った研究は、この先もつねに困難を伴うだろう。これまでに再構築されてきたものも、細々とした形態規則の多くは不確かだし、音声面では理想化され、かつ断片的で、識別は難しいものになりうる。一部の単語の意味は決して完全に理解されることはないだろうし、その他の言葉も大雑把な定義しか可能ではない。それでも再現された印欧祖語は、かつて実際に存在した言語の主要な部分を捉えている。

再構築された印欧祖語など、仮説以外の何物でもないと顧みない人もいる。しかし、印欧祖語の限界は、古代エジプトとメソポタミアの書き言葉にも同じように当てはまるが、これらの古代言語は広く一般に古代世界の貴重な宝として見なされている。アッシリア語の文献を管理するキュレーターは誰一人として、ニネヴェの宮殿の古文書は不完全だから無視すべきだなどと主張することはないだろう。あるいは、正確な発音や多くの単語の意味がわからないとか、宮廷内の書き言葉が市井の人びとが話していた「本物」の言語とどう関連するのか不確かだという理由で、それらの古文書を放棄する専門家もいないだろう。それでも、こうした同じ問題点ゆえに、多くの考古学者は、印欧祖語の研究など、何かしらの歴史的価値を生むには憶測に満ちていると信じ込んできたのだ。

再構築された印欧祖語は、なんら文献を残さなかった人びとが日常の言語のなかで使っていた言葉の、断片的ながら長いリストになっている。だからこそ重要なのだ。だが、このリストはそれがどこからもたらされたかを見極めて初めて、役立つものになる。そのためには、印欧祖語の原郷を探しださなければならない。しかし、印欧祖語の原郷の場所を特定するには、まず印欧祖語がいつの時代のものかを突き止めなければならない。いつ話されていたのかを知らなければならないのだ。それがわかれば、場所を言い当てることが可能になる。

第3章 印欧祖語の最後の話し手【言語と時代1】

時代はすべてを変える。わが家の幼い子供たちに読み聞かせをしながら、私は自分が子供のころに好きだった物語のなかで不意に古めかしく思われた単語を、文の途中で編集して言い換えている自分に気づいた。ロバート・ルイス・スティーヴンソンやジュール・ヴェルヌの言葉は、いまでは驚くほど堅苦しく、古臭いものに思われ、シェイクスピアの英語にいたっては――誰もが用語集が必要になる。現代の言語について言えることは、有史以前の言語にも当てはまった。時代とともに、言語は変わったのだ。では、印欧祖語とは何を意味するのだろうか？　時代とともに変わったのであれば、その言語は動く標的ではないのか？　いかに印欧祖語を定義しようと、どのくらいの年月、その言葉は話されていたのか？　何より重要なことに、それはいつ話されていたのか？　一つの銘文も残さず、一度も文字に書かれることなく失われた言語について、どうやって時代を特定するのか？　どんな問題でもいくつかの部分に分けることは役立つが、この場合、問題は簡単に二つに分けられる。誕生した年代と消滅した年代だ。

本章は死語となった年代に焦点を絞る。それ以降は、印欧祖語がもはや存在しなくなったに違いない時代だ。しかし、それに先立って、おそらくどのくらいの歳月が流れたのかを考えることから始めるのは有益だ。印欧祖語の誕生と消滅のあいだの時代が無限にはありえないとすれば、正確に言ってその期間はどれくらいだったのか？　生きていて、変化するものである言語には、寿命があるのだろうか？

時代区分の長さ——言語はどのくらい永続するか？

前章で述べたように、かりに1000年前に生きていた英語の話し手と魔法の力で会話することができたとしても、互いに意思の疎通はできないだろう。自然言語、つまり家庭で学び、話される言語で、1000年後も「同じ言語」だと見なされるくらい充分に不変の状態を保つ言葉はほとんどないだろう。変化の度合いはどのように測れるのだろうか？　言語には通常、方言——地方ごとのアクセント——があり、どんな地域においても、革新的な社会部門（芸人、兵士、交易商人）と、保守的な部門（富裕層と極貧層）がある。どんな人間であるかによって、その人の言語はきわめて急速に変わりもすれば、非常にゆっくりと変化することもある。不安定な状況——侵攻、飢饉、かつての有力集団の没落と新興集団の台頭——は、変化の割合を早める。言語の一部は早くから急速に変わるし、別の部分は変わるまいとする。この最後の所見から、言語学者のモリス・スワデシュは、最も安定した語彙から選んだ標準的な言葉のリストをつくりあげた。世界の大半の言語で、たとえ侵略され征服されても、取って代わられることなく残ることの多い一群の言葉だ。長期にわたって、安定したこれらの語彙が入れ替わる平均的割合は、言語変化の速度を測るうえで信頼性のある標準化した計測方法になるのではないかと、彼は考えた。言語年代学とスワデシュが名付けた手法だ。[*1]

1950年から52年にかけて、スワデシュは100語および200語からなる基礎語彙、つまり変化しにくい言葉の標準化されたリストを発表した。どの言語も特定の意味を表わす言葉には、自分たち本来の言葉を残しておく傾向があると、彼は述べた。身体の部分（血や足）、少ない数（1、2、3）、一部の親族名称（母、父）、基本的な欲求（食べる、寝る）、基本的な自然物（太陽、月、雨、川）、一部の植物と動物（木、家畜）、いくつかの代名詞（これ、それ、彼、彼女）、接続詞（そして、また、もし）などである。このリストの中身はそれぞれの言語に合わせて変更可能であり、変更されてもきた。実際のところ、英語で選ばれた200の意味リストには、215語が含まれている。英語の基礎語彙は、きわめて変化に抗っていることが証明されたのだ。英語は一般的な語彙の50％以上を、フランス語を主としたロマンス諸語（アングロ・サクソンのイングランドがフランス語を話すノルマン人に征服されたのを反映して）とラテン語（技術的、専門的語彙の訓練は何世紀間も宮廷、教会、学校でつづけられた）から借用しているが、英語の基礎語彙では4％しかロマンス諸語からの借用語はない。英語は基礎語彙では、ローマ帝国崩壊後に北ヨーロッパからブリテン島に移住してきたアングロ・サクソン族の言葉という起源に忠実に、ゲルマン語でありつづけている。

数多くの歴史的文献（古英語／現代英語、中期エジプト語／コプト語、古代中国語／現代標準中国語、後期ラテン語／現代フランス語、その他九つの言語の組合せ）から、新旧の語句のあいだで基礎語彙を比較し、スワデシュは平均すると100語のリストでは1000年ごとに14%の割合で、200語のリストでは1000年ごとに19%が入れ替わると計算した。どんな言語でも19%は許容できる平均値(通常は概算で20%とする)だろうと述べた。その数値が意味する度合いを例示するとすれば、イタリア語とフランス語間では200語リスト中の23%が、相互に関連のない独自の単語となっており、スペイン語とポルトガル語ではその差は15%になる。原則として、二つの方言のあいだで基礎語彙の10%以上が異なると、互いに理解できないか、それぞれが別個の言語か新興の言語だという状況に近づきつつある。したがって平均すると、基礎語彙が1000年間で14―19%の割合で置き換えられるとすれば、大半の言語は――いま使用している言語を含め――いまから1000年後の自分たちの子孫には理解不能なものになると考えるべきだ。

スワデシュは基礎語彙の置換率を、文字に書かれなかった言語において分離や分岐が起こった年代を確定するための標準化された時計として利用したいと考えた。彼自身の研究には、先史時代の北アメリカにいた先住民諸語のあいだの分岐が含まれていた。これらの言語は、それ以外の方法では年代を特定しようがないものだった。しかし、彼の標準置換率の信頼性は批判にさらされた。アイスランド語(きわめて変化が遅く、1000年間でわずか3―4%の割合)や英語(きわめて早く、1000年間で26%の置換率)のような極端な例が、「平均」率の有用性に難題を突きつけたのだ。[*2] 一つの意味にたいして複数の単語がリスト上にある言語では、計算に支障をきたした。言語年代学によって得られた多くの言語の分岐年代は、判明している歴史的年代と矛盾し、総じて予測された年代は〔実際の分岐よりも〕ずっと遅い時代を示している。こうした方向の誤差が生じるということは、現実の言語はスワデシュのモデルが示すよりもゆっくりと変化し、1000年間に19%未満である場合が多いことを示唆する。スワデシュの数学は1962年にクレティエンによって徹底的に批判され、言語年代学の心臓部に杭が打ち込まれたかのようだった。

しかし、クレティエンの批判そのものが不正確であったことが1972年に証明され、1980年代からサンコフとエンブルトンが臨界値として借用率、他の言語との地理的境界の数、および比較した言語間の類似度指数（似た言語同士は、似ていない言語同士よりも簡単に基礎語彙への借用があるため）を含む方程式を導入した。複数の同義語は、それぞれ分数で評価すればよい。こうした改良方法を取り入れた研究は、判明している言語間の分岐年代を、歴史的事実にも即した形で、より正確に推定していた。より重要な点は、ほとんどの印欧語間の比較では、基礎語彙の置換率がまだ1000年間に10—20%前後となっていたことだ。95種類の印欧語の基礎語彙を比較したクラスカルとブラックは、印欧祖語が最初に分岐した時代として最も頻繁に考えられるのは、紀元前3000年ごろであることを発見した。この推定値は絶対的なものとして信頼することはできないが、この年代はおよその範囲には入っていて、まったく無視すべきではないだろう。*3

こうした議論から、ある単純な要点が引きだせる。もし印欧祖語の基礎語彙が1000年ごとに10%以上の割合で変化したとすれば、つまりその予測される範囲の低いほうの数値であったとしても、印欧祖語は同じ文法と語彙集をもつ一つの言語として、1000年ものあいだ存続してはいなかったことになる。印欧祖語の文法と語彙は、1000年間にかなり大きく変化したはずなのだ。それでも、言語学者によって再構築された印欧祖語の文法は、形態論的にも音韻学的にも驚くほど同質である。印欧祖語の名詞と代名詞には、一連の共通する格、性別、および曲用があり、それが数十の音韻的に同語源の語尾となって見られる。動詞には共通する時制と相があり、やはり共通する母音の音韻変化

(run/ran) と語尾によって区別されていた。文法構造と音韻論的なラベル付けというこの共通体系からは、これらの言葉が一つの言語を構成していたと思われる。そこからは、再構築された印欧祖語が、おそらく1000年未満の言語変化しか経ていないことが示唆される。俗ラテン語がロマンス語の七つの言語に進化するには1000年もかからなかった。そして印欧祖語は内部に七つの別個の文法を併存させるほど、文法的多様性があったとはとうてい言えなかった。

しかし、印欧祖語が断片的な再現結果であって、実際の言語ではないことを考えれば、私たちの知識の隙間を補うために、もう少し時間の余裕をもたせてしかるべきだろう（第5章で詳述する）。まずは再構築された印欧祖語によって表わされる言語史の一時期には、寿命とでも呼ぶべき2000年の時代があったことにしよう。英語の歴史で言えば、2000年はゲルマン祖語を独立させた音の推移が生じた時代まで遡らせることになり、そこにはフレワガスティスのホルトから、ヒップホップで有名なパフ・ダディが話す言葉まで、これまで話されてきたすべてのゲルマン諸語のすべての派生の言語が含まれるだろう。印欧祖語にはそれほどの派生形は含まれていないようなので、2000年はたぶん長過ぎるだろう。しかし、考古学的な目的からすれば、私たちが突き止めようとするその時代区分が2000年間しかないと言えることは、かなり役に立つ。

その2000年という時代区分の終わりはいつなのか？

印欧祖語の末日——母言語から娘言語へ

再構築された印欧祖語の末日——それ以降はこの言語が過去の遺物となった時代——は、そのいちばん古い娘言語が生まれた時代に近いはずだ。印欧祖語はすべての印欧娘言語を系統的に比較した土台から再構築された。母言語は、娘言語よりもあとにくるわけにはいかない。もちろん、「長女」言語が離れて独立したのちも、母言語は生き残っただろうが、時代を経るにつれて、その娘方言が印欧祖語を話す共同体から隔離されつづければ、双方はそれぞれ独自の新用法を発展させただろう。各娘言語を通じて母言語が保たれているというイメージは、その娘語派が分離する前の形態だ。したがって、それぞれの娘言語は母言語とはいくらか異なったイメージを残している。

言語学者はこうした事実や、内部の変異のもろもろの側面を利用して、印欧祖語内の編年上の位相《フェーズ》を突き止めていった。言語学者が定義付ける位相の数は、3段階（初期、中期、後期）から6段階まで人によって異なる。[*4] しかし、印欧祖語をすべての印欧娘言語の祖先である言語として定義するならば、それが再構築できる最古の形態であり、最初期の段階の印欧祖語について論じていることになる。のちの娘言語はこの印欧祖語の早期の形態から直接進化したのではなく、のちに進化した一連の印欧語で、母言語の特色を残し、それを受け継いでいた、なんらかの中間的な言語から発展していった。

となれば、いちばん古い娘言語が分離したのはいつだったのか？　その疑問への答えは、文字として銘文がたまたま残されているかどうかに大きく左右される。そして文献に残されたものとしては最も古いこの長女言語はきわめて特殊なので、おそらくは次に古いいくつかの娘言語のなかに残された母言語のイメージを頼りにするほうが安全だろう。この長女言語はどこが問題なのか？

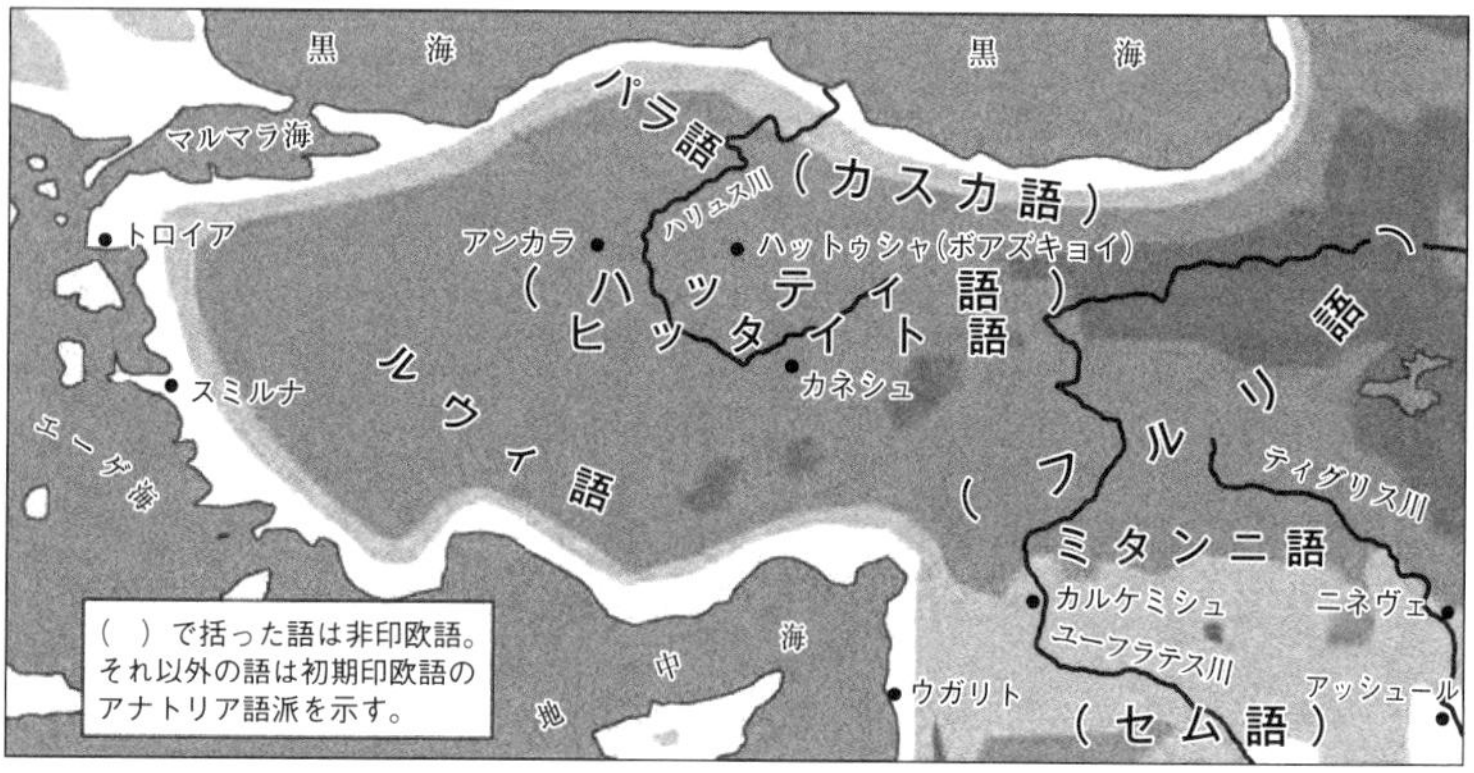

図3・1　前1500年ごろアナトリア半島に分布していた古代の言語

最も年長で最も奇妙な娘（あるいは従姉妹か？）
——アナトリア語

文字に書かれた最古の印欧語は、アナトリア語派のものだ。アナトリア語派には、ヒッタイト語、ルウィ語、パラ語という早期に分かれた三つの幹がある。[*5] 三つの言語はいずれも廃れているが、かつては古代アナトリア半島の広い地域で、つまり現代のトルコで話されていた（図3・1）。三つのなかではヒッタイト語が断然よく知られている。この言葉は、ヒッタイト帝国の宮廷で使われた公用語だったからだ。

文字記録からは、アナトリア半島にヒッタイト語の話し手が紀元前1900年にはすでにいたことがわかるが、帝国は前1650—1600年ごろにようやく建国された。このころ、ヒッタイトの軍閥がアナトリア中部の、現代のカイセリ付近にいたハッティ族のいくつかの独立王国を征服して統合した。ヒッタイトという名称は、エジプトとシリアの書記によってつけられた。書記たちには、ヒッタイトの王と、彼らが征服したハッティ族の区別がつかなかったのだ。ヒッタイトは自分たちが政権を掌握したアナトリアの都市カネシュに因んで、ネシャイト〔ネシュ人〕と自称していた。しかしカネシュは、それ以前はハッティ族の都市だった。ハッティ語を話す人びとは、ヒッタイト帝国の首都になった都市に、ハットゥシャという名称もつけていた。ハッティ語は印欧語ではなく、おそらくカフカース〔コーカサス〕諸語の遠縁に当たるだろう。ヒッタイト人は、王座、主人、王、女王、皇太后、確かな後継者、祭司、および宮廷の役人と宗教指導者を意味する多くの語を、ハッティ語から借用した。パラ語はアナトリアの中央北部の、アンカラの北に位置していたと思われる、パラという都市で使われていた。ハッティ語の地名と、パラ語やヒッタイト語にハッティ語からの借用語があることから、ハッティ語はヒッタイト語やパラ語がアナトリア中部で話される以前から、この地方全体で広く使われていたようだ。ヒッタイト語とパラ語の初期の話し手は、ハッティ語を話す人びとが住み着いていたアナトリア中部の非印欧語の地域に侵入したのだ。当時、この一帯にはすでに都市が築かれ、読み書きのできる官僚もいて、王国を築き、宮殿が信仰の対象となっていた。[★6]

　ヒッタイト語の話し手はハッティの王位を奪ったあと、アッシリアとの交易によって豊かになり、繁栄の時代を迎えた。だがその後、敗北を喫することになり、のちにそれはおぼろげな苦い思い出となった。彼らはしばらくアナトリア高原の中心部に留まっていたが、前１６５０年ごろになるとヒッタイト軍は近東の大国に立ち向かうだけの武力を充分に蓄えるようになり、帝国時代が始まった。ヒッタイト人はバビロンで略奪を働き、アッシリア人からそのほかの都市も奪い、前１２８６年にはエジプトのファラオのラムセス2世と戦って、シリアのオロンテス川岸のカデシュで古代世界最大の二輪戦車の戦闘を繰り広げたものの、膠着状態に陥った。ヒッタイトの王女の一人はエジプトのファラオに嫁いだ。ヒッタイトの王たちはトロイアの支配者のことも知っていて、交渉をしていた。ヒッタイトの古文書のなかで険しいウィルシャ（イリオス）と呼ばれていた場所が、おそらくトロイアだろう。[*7] ヒッタイトの首都ハットゥシャは一帯におよんだ動乱のなかで焦土と化し、ヒッタイトの王とその軍は打倒され、彼らの都市はいずれも前1180年ごろには崩壊した。ヒッタイト語はそのあと急速に失われた。どうやら支配者のエリート層だけがこの言葉を話していたようだ。

アナトリアの言語で三つ目に古いルウィ語は、より広い地域で、より多くの人によって話されていたため、帝国が消滅したのちも使われつづけた。ヒッタイト帝国の後期には、ヒッタイトの王宮ですらルウィ語が主要な言語として話されていた。ルウィ語にはハッティ語からの借用がないので、もとはアナトリア西部の、ハッティ語の中心地域外で話されていたのかもしれない。ことによると、トロイア第6層から出土した印章にルウィ語の銘文が刻まれているのが見つかっているので、トロイアにいた可能性すらある。トロイア戦争のあのトロイアだ。一方、ルウィ語は正体不明の非印欧の言語からは借用している。ヒッタイト語とルウィ語の文献は、前1650年から前1180年の帝国時代のものが豊富にある。これらは印欧語のなかで最も古い完全な文献である。しかし、ヒッタイト語とルウィ語の個々の単語ならば、帝国になる以前の古い時代のものも残っている。[*8]

ヒッタイト語とルウィ語の最も古い名前と単語は、カネシュの城壁外にあったカルムと呼ばれる商業地区に住んでいたアッシリア商人の記録に登場する。カネシュは、最初にヒッタイトの王が誕生した土地として後世のヒッタイト人がたたえた都市だ。アナトリア中部のハリュス〔クズルウルマク〕川岸のこの地で行なわれた発掘調査から、アッシリア時代のカルムとは、カネシュの城壁外の32ヘクタール以上の地域にまたがる外国人居留地で、およそ前1920―1850年まで（第2層）利用されたのち火事で焼失し、再建されて、前1750年まで再利用された（第1b層）が、そこでまた火事に遭ったことが判明した。その後、アッシリア人がアナトリアにおけるカルムの制度をやめたため、カネシュのカルムは前1920年から前1750年までに限定された考古遺物を含む層となっている。カネシュのカルムは、読み書きのできるアッシリア人交易商のネットワークの中枢部であり、彼らがアッシリアの国家と、後期青銅器時代のアナトリアで反目し合う諸王国との交易を監督していた。アッシリアがカネシュを自国の流通センターとして位置付けたおかげで、そこに暮らすヒッタイト語やルウィ語を話す住民は大いに力を増すことになった。

カネシュのカルムの文書に交易商たちが記録した地元民の名前は、大半がヒッタイト人かルウィ人の名前で、その最も古い記録は前1900年前後からあった。ハッティ人もまだ多数いた。しかし、アッシリアのカルムとの商売はヒッタイト語を話す人びとが牛耳っていたようだ。アッシリアの交易商たちはヒッタイト語の話し手との取引に慣れていたので、私信のなかでも「契約」や「宿泊」を意味するヒッタイト語を使っていた。アナトリア語派のもう一つの言語であるパラ語は、カネシュの記録には見つからない。パラ語は前1500年より前に消滅したのだろう。この言語はカルム時代にアナトリア半島で話されてはいたが、カネシュでは使われていなかったと思われる。

ヒッタイト語、ルウィ語、パラ語は前1900年にはすでにそれぞれの言語に進化していた。このことは、印欧祖語の時代を突き止めるための試みでは、きわめて重要な情報となる。三つの言語はいずれも、アナトリア祖語という同じ祖先の言語から派生した。言語学者のクレイグ・メルチャートは、帝国時代である前1400年ごろのルウィ語とヒッタイト語を、20世紀のウェールズ語とアイルランド語くらい異なった姉妹語だと表現した。[*9] ウェールズ語とアイルランド語にはおそらく2000年ほど前に、共通の起源があった。ルウィ語とヒッタイト語が前1400年より2000年前に、アナトリア祖語から分離したとすれば、アナトリア祖語は前３４００年ごろの言葉として位置付けられるはずだ。では、さらにその祖先はどうなのか？　アナトリア語派の祖先が母体となる印欧祖語から分かれたのは、いつの時代なのか？

◎アナトリア祖語の年代推定——祖語および前語

言語学者は一貫した方法で「プロト」（「最初の」を表わす接頭語 proto-）という用語を使用していないので、プロト・アナトリアン（以下、アナトリア祖語と訳す）という言葉で私が何を意味しているのか、明確にしておくべきだろう。アナトリア祖語は、アナトリア語派で知られている三つの娘言語の直接の祖先に当たる言語のことだ。アナトリア祖語については、ヒッタイト語、ルウィ語、パラ語に共通する特徴を根拠に、かなり正確に説明することができる。しかし、アナトリア祖語は、印欧祖語とこの言語のあいだに生じたに違いない言語変化の、記録のない時代の後期部分を占めるに過ぎない。あいだに存在した仮説上の言語段階は、前《プレ》アナトリア語と呼べる。アナトリア祖語は、判明している娘言語に密接に関連した、かなり具体的な言語学上の存在だ。しかし前アナトリア語は進化途上の時代を表わしている。前アナトリア語は、一方の端をアナトリア祖語によって、もう一方を印欧祖語によって区切られた位相なのだ。前アナトリア語が印欧祖語から分岐した年代は、どうすれば突き止められるだろうか？

アナトリア語派の最終的な成立年代は、一部には客観的な外部の証拠（年代が判明しているカネシュの文献）を基準にして、一部には言語が時代とともにこうむる推定上の変化をもとに、さらに一部はアナトリア語派内の証拠によって推定される。アナトリア諸語は、知られているその他の印欧語の娘言語のいずれからも、音韻面でも文法面でもかなり異なっている。あまりにも異質なので、アナトリア語派は実際には、その他の娘言語との関連がないと多くの専門家は考える。

アナトリア語独自の特徴の多くは、印欧祖語のきわめて初期の段階に存在したと考えられる古風な語法や特質であるようだ。たとえば、ヒッタイト語には印欧語の言語学者のあいだで有名になった種類の子音（そう、子音も有名になれるのだ）、h_2がある。これは喉を使った音、つまり喉頭音だ。さまざまな印欧語間の母音の発音には、一見すると不規則に異なって見えるものがいくつかあるが、かりにこれらの母音の発音が、どの印欧語にももはや残っていない「失われた」子音の影響を受けていたと仮定すれば、説明の付く一つの規則のもとで括れることに、1879年にスイスの言語学者フェルディナン・ド・ソシュールが気づいたのだ。そのような失われた音が印欧祖語にあったのではないかと、ソシュールは問題提起した。このとき言語学者は初めて、どんな印欧語にももはや存在しない印欧祖語の一つの特徴を大胆にも再建するようになったのだ。それから40年後にヒッタイト語が発見され解読されたことで、ソシュールが正しかったことが証明された。比較言語学者の予測能力を驚くような方法で裏付けるように、ヒッタイト語の喉頭音のh_2（およびそれとわずかに異なる喉頭音のh_3の痕跡）がヒッタイトの碑文のなかで、ちょうどソシュールが「失われた」子音があるはずだと予測した位置に現われたのだ。大半の印欧語学者はいまでは、古体《アルカイック》印欧祖語には喉頭音（おそらく三種類の音があり、通常は$*h_1$、$*h_2$、$*h_3$と書き写される）があって、それらがアナトリア語派にだけはまだ明らかに残されていたことを認める。[*10] アナトリア語に喉頭音がある理由を最もよく説明するのは、前アナトリア語の話し手が印欧祖語の社会から非常に古い時代に分離し、その当時は喉頭音の多い音韻体系がまだ初期の印欧祖語の特徴であったというものだ。しかし、そうなると古体《アルカイック》というのは何を意味するのだろうか？　前アナトリア語は、正確には何から分離したのか？

◎インド・ヒッタイト語仮説

アナトリア語派は、その他すべての印欧語派に存在した別の特徴も失ったか、一度も備えることはなかった。たとえば、動詞では、アナトリア諸語には現在と過去の二つの時制しかないが、古代のほかの印欧語には六つもの時制があった。名詞では、アナトリア語にはただ有生か中性〔生き物か無生物〕かの区別しかない。女性名詞などはないのだ。ほかの古い印欧語には女性名詞、男性名詞、中性名詞があった。アナトリア語には、二つで対になる目や耳などを指すためにほかの古い印欧語で使われていた「両数」という形式も存在しなかった（たとえばサンスクリット語では、dēvas は「一神」だが、dēvau は「両神」になる）。アレグザンダー・レーマンは、前アナトリア語が分岐したあと、印欧祖語に生じた変革と思われるそのような特徴を10種類突き止めている[*11]。

一部の印欧語学者はこれらの特徴を、アナトリア語派が印欧祖語から発達したわけではまったくなく、むしろさらに古い前《プレ》印欧祖語という祖先から進化した言語であることを示すものだと考える。この祖先の言語は、ウィリアム・スターティヴァントによってインド・ヒッタイト語と呼ばれた。インド・ヒッタイト語仮説によれば、アナトリア語は印欧祖語から発達しなかったため、広義においてしか印欧語ではないとされる。しかし、双方が進化した初期の言語社会の特徴を、アナトリア語は独自に残していたというものだ。本書では、アナトリア語の分類をめぐるこの論争を解決することはできない。もっとも、印欧祖語もまたさらに古い言語社会から進化したに違いないことは明らかだし、インド・ヒッタイト語をその仮説上の古い段階を指すうえで利用はできる。印欧祖語の社会は、地理的にも年代的にも異なるさまざまな方言の連なりだったのだ。アナトリア語派は印欧祖語の進化において、編年的に古い段階で分岐したようだ。そしてこの言葉は地理的に異なる方言からおそらく分離したのだろうが、私はこれをインド・ヒッタイト語ではなく、古体《アルカイック》印欧祖語と呼ぶことにする。[12]

前アナトリア語の段階には、かなり長い時代が必要だ。クレイグ・メルチャートとアレグザンダー・レーマンは、前アナトリア語と古体印欧祖語の言語社会のあいだの分離を前4000年ごろとするのが理にかなっていそうだという点で同意した。前4000年ごろの1000年間ほど、すなわち前4500年から前3500年が、前アナトリア語が分離した可能性のある最末期の時代区分となる。あいにく印欧祖語のこの長女言語はあまりにも風変わりで、従姉妹などではなく娘なのか確信がもてない。前アナトリア語は、印欧祖語からではなく、インド・ヒッタイト語から派生した可能性もある。したがって、アナトリア語の誕生時にもとづいて、確信をもって印欧祖語の消滅した時期を決めることはできない。

次に古い銘文――ギリシャ語と古インド語

幸いなことに、ヒッタイト帝国と同時代の別の二つの印欧語にも、年代のはっきりした銘文が残されている。一つはギリシャ語で、宮殿を中心にした青銅器時代の戦士である王たちの言語だ。彼らは、前1650年ごろからギリシャのミケーネ、ピュロスなどの要塞を支配した。ミケーネ文明は、前1650年ごろにやや唐突にミケーネに王家の見事な竪穴墓を建設して歴史に登場した。これはアナトリア半島にヒッタイト帝国が勃興したのとほぼ同時期だ。黄金のデスマスク、剣、槍、二輪戦車に乗る男たちの絵図などが発見されたこの竪穴墓は、前例のない莫大な富を蓄えた、ギリシャ語を話す新しい王朝が興隆したことを物語っていた。この国の経済力は、遠隔地との海上交易に依存するものだった。ミケーネの王国は、前１１５０年ごろにヒッタイト帝国を消滅させたのと同じ混乱と略奪の時代に破壊された。ミケーネ・ギリシャ語、つまり線文字Ｂの粘土板に記録されていた宮廷の行政言語は、前１４５０年には明らかにギリシャ祖語ではなく、ギリシャ語になっていた。これが〔ギリシャ語では〕現存する最古の銘文の年代だ。この言葉を話していた人びとが、ネストールとアガメムノーンのモデルとなり、その行ないはおぼろげに記憶され、高められて叙事詩となり、何世紀ものちにホメーロスによって『イーリアス』と『オデュッセイア』でたたえられた。ギリシャ語を話す人びとがいつギリシャに姿を現わしたのかはわからないが、遅くとも前１６５０年より前だった。アナトリア語の場合と同様に、ミケーネ・ギリシャ語がミケーネ時代よりも前から話されていたことを示唆するものは多数ある。[13] ミケーネ人はまず間違いなく、そう遠くない宮殿で、別の印欧語が使われていたことには気づいていなかった。

古インド語、つまり『リグ・ヴェーダ』の言語は、前１５００年以降のまもない時期に銘文となって記録されたが、困惑させられるような場所においてだった。大半のヴェーダ語の専門家は、『リグ・ヴェーダ』の１０２８篇の讃歌がインド北西部のパンジャーブとパキスタンで、おそらく前１５００年から前１３００年のあいだに、のちに聖典となるものに編纂されたということでは一致を見ている。しかし、『リグ・ヴェーダ』の神々や道徳概念、それに古インド語が最初に文献として登場したのは、インドではなく、シリア北部なのだ。[14]

今日のシリア北部は、前1500年から前1350年までミタンニ王朝が支配していた。ミタンニの王たちは通常、非印欧語であるフルリ語を話していた。当時、シリア北部とトルコ東部の大半では、フルリ語が土地の人びとの主要言語だった。ハッティ語と同様に、フルリ語はアナトリア高原の土着の言語で、カフカース語と関連があった。しかし、ミタンニの王は初代から最後の王までいずれも、王座に就く前はフルリ語の名前であっても、即位名は古インド語だった。トゥシュラッタ1世は古インド語で「攻撃する二輪戦車をもつ」という意味の Tvesa-ratha であり、アルタタマ1世は「リタを住処とする」を意味する Ṛta-dhaaman であり、アルタッシュマラは「リタを覚えている」という Ṛta-smara で、シャットゥアラ1世は「戦士」を意味する Satvar だった。[*15] ミタンニの首都の名称、ワシュカンニは、古インド語の vasu-khani で、文字どおりの意味は「富・鉱床」である。ミタンニは二輪戦車を操ることで知られており、世界で現存する最古の馬の訓練マニュアルのなかで、キックリ（フルリ語の名前）というミタンニの調教師が、馬の毛色や周回数など、細かい専門用語に多くの古インド語を使っている。ミタンニの軍人貴族はマリヤナー（maryanna）と呼ばれる二輪戦車で戦う戦士で構成されていた。これはおそらく「若者」を意味する古インド語の「márya」からくる言葉で、『リグ・ヴェーダ』ではインドラの周囲に集まる天の戦闘集団を表わすために用いられていた。ミタンニの王族の名前に、古インド語で「宇宙の秩序と真実」を意味したリタ（ṛta）を含む人が数人いる。リタは『リグ・ヴェーダ』の中心となる道徳概念だ。ミタンニのクルティワザ王は、古インドの四神（インドラ、ヴァルナ、ミトラ、ナーサティヤ〔アシュヴィン双神の別名〕）の名を、多くの土着のフルリの神々とともにわざわざ明記して、前1380年ごろにヒッタイトの王との条約に署名している。これらの神々のうちの三神──インドラ、ヴァルナ、ナーサティヤもしくは双神──は、

『リグ・ヴェーダ』のなかで最も重要な三神だった。となると、ミタンニの文献は古インド語が前1500年には存在していたことを証明するだけでなく、『リグ・ヴェーダ』で祀られている信仰の中心の神々と道徳的信条が、同じくらい古い時代から存在していたことも明らかにしていたのだ。

シリアにいたフルリ語を話す王が、なぜ古インド語の名前や単語、宗教用語をこんな風に使っていたのだろうか？　ミタンニ王国は古インド語を話す傭兵によって創設された、というのが妥当な推測だろう。思うに彼らは二輪戦車の御者で、同時代にはるか東方で『リグ・ヴェーダ』の編纂者たちによって集められたような讃歌や祈りを、頻繁に暗唱していたのだろう。フルリの王によって雇われていた彼らは、前1500年ごろに王位を簒奪して王朝を創設した。近東やイランの王朝史では非常によくあるパターンだ。王朝はたちまち、ほぼあらゆる観点からフルリ式になったが、その創始者が歴史に埋もれていったずっとのちも、古インドの王名や、一部のヴェーダの神々の名や、二輪戦車に関連した専門用語を使う伝統には固執しつづけたのだろう。これはもちろん推測に過ぎないが、ミタンニ人のあいだで古インド語が普及し使用されていたことを説明するには、それに似た状況はほとんど必須であったと思われる。

ミタンニの銘文は、古インド語が近東で前1500年より前に話されていたことを証明する。前1500年には、印欧祖語は少なくとも古インド語、ミケーネ・ギリシャ語、アナトリア祖語の知られている三つの娘言語とは分離していた。このことは、印欧祖語が消滅した年代について何を示唆するのだろうか？

親族を数えあげる——前1500年にはいくつあったのか?

この疑問に答えるには、まずはギリシャ語と古インド語が印欧語族の判明している語派のなかで、どこに位置するのかを理解しなければならない。ミケーネ・ギリシャ語はギリシャ語派で記録された最古の言語だ。これは孤立した言語だった。記録に残る近縁または姉妹言語は存在しない。記録にはない姉妹は存在しただろうが、いずれも文字資料には残されていない。前1650年ごろの竪穴墓に埋葬された王族の出現が、ギリシャにギリシャ語を話す人びとが到来した可能性のある最も新しい年代を示している。竪穴墓の王族はおそらく、すでにギリシャ語の初期の形態であるギリシャ祖語を話していただろう。前1450年ごろのものと判明しているその子孫言語の、記録上最古の銘文は、ギリシャ語で書かれていたからだ。ギリシャ祖語の最終年代は前2000年ごろから前1650年のあいだかもしれない。ギリシャ祖語に先立つ、前ギリシャ語の位相は、後期印欧祖語の方言として、ミケーネ・ギリシャ語の登場よりも少なくとも500年から700年は前に始まり、可能性としてはそれよりも早く、範囲を絞れば前2400年から前2200年には始まっただろう。印欧祖語の消滅年代は、ギリシャ語派の観点からすれば、前2400年から前2200年と——これよりあとの年代にはなりえないだろう——定めることができる。古インド語ではどうだろうか?

ミケーネ・ギリシャ語とは異なり、古インド語にはアヴェスター・イラン語という判明している姉妹言語があり、これについては考慮する必要がある。アヴェスター語はイラン諸語の最も古い形で、これらの言語はのちにペルシャの皇帝やスキタイの遊牧民などによって話され、今日ではイランとタジキスタンで使われている。アヴェスター・イラン語は、ゾロアスター教の聖典『アヴェスター』の言語だった。『アヴェスター』の最古の部分、「ガーサー」（韻文讃歌）は、ゾロアスターすなわちザラスシュトラ（前者はギリシャ語名、後者は本来のイラン語の名前）自身によってつくられたと考えられている。ザラスシュトラはイラン東部に住んでいた宗教改革者で、彼が名付けた場所から考えれば、おそらく前1200年から前1000年ごろの人だろう。[*16] 彼の神学はある意味では、『リグ・ヴェーダ』の詩人たちによる戦争と血の犠牲の賛美にたいする反動だった。最古のガーサーの一つは「牛の嘆き」（ヤスナ29章）で、牛の視点から牛泥棒行為に抗議するものだった。しかし、『アヴェスター』と『リグ・ヴェーダ』は、言語のうえでも思想面でも密接に関連し合っていた。どちらも同じ神々の名前を使用し（ただし、古インドの神々は『アヴェスター』では悪魔とされていたが）、同じ詩の慣用表現を使い、特定の儀礼を共有していた。たとえば、生贄の前に臨席する神の座に藁を撒く儀式を意味する同根語を使っていた（ヴェーダ語はbarhis、アヴェスター語はbaresman）ほか、どちらの伝統でも敬虔な人は「藁を撒く人」と呼ばれていた。双方は多くの細かい点で、これらがインド・イラン共通の過去において親縁関係にあったことを明らかにしていた。アヴェスター・イラン語と古インド語の双方の言語は、共通の親言語であるインド・イラン語から発達したのだが、この言語は文字で記録されていない。

ミタンニの銘文は、古インド語が前1500年には独立した言語として存在していたことを証明している。となると、インド・イラン共通語はそれ以前のものでなければならない。この言語は少なくとも前1700年には遡るものだろう。インド・イラン祖語――インド・イラン語となる一部の新用法は導入されているが、まだそのすべてではない方言——は、さらに前の時代、すなわち前2000年か、それ以前に位置付けなければならない。前インド・イラン語は印欧祖語の東部の一方言で、いちばん遅くとも前2500年から前2300年ごろには存在していたに違いない。ギリシャ語の場合と同様、前2500年から前2300年の時代は、数世紀の誤差はあったとしても、印欧祖語から前インド・イラン語が分離するのにかかった最短の期間だ。

したがって、印欧祖語の消滅年代——それ以降は、この言語の再建形が時代遅れとなる時代——は、ギリシャ語と古インド語の観点から、おおよそ前2500年ごろと位置付けられることになる。この時期は一、二世紀は前後に延びるかもしれないが、双方の言語に関する限り、前2500年よりずっとのち——たとえば、前2000年くらい——に消滅したとは考えられない。そして、もちろん、アナトリア語派は前2500年よりはるか以前に分離したに違いない。前2500年ごろには、印欧祖語は変化して分裂し、後世のさまざまな方言や娘言語になっていった。そのなかには少なくとも、アナトリアの諸言語、前ギリシャ語、前インド・イラン語が含まれる。ほかの娘言語も同じ時代のものと言えるのだろうか？　前2500年までにほかにいくつの娘言語が存在したのだろうか？

◎ほかの娘たちからの手がかり——なかでも最古の言語はどれなのか？

実際には、ほかの娘言語の一部もこれほど古い時代に位置付けられるだけでなく、そうでなければならない。ここでもやはり、その理由を理解するためには、ギリシャ語と古インド語が、印欧語族の判明している語派のどこに位置づけられるのか、理解しなければならない。両者は文字となって残されたなかでは最古の娘言語だが（アナトリア語派とともに）、それは歴史の偶然なのだ（表3・1）。

語派	最古の文献または銘文	当時の語派内の構成	各語派の祖語の最終年代	近縁の語派
アナトリア	前1920年	密接に関連した3つの言語	前2800-2300年	近縁の姉妹語派はない
インド・イラン	前1450年	きわめて密接に関連した2つの言語	前2000-1500年	ギリシャ、バルト・スラヴ
ギリシャ	前1450年	記録されているのは1方言だが、ほかにもおそらく存在	前2000-1500年	インド・イラン、アルメニア
フリュギア	前750年	記録がほとんどない	前1200-800年	ギリシャ？　イタリック・ケルト？
イタリック	前600-400年	4つの言語が2つのかなり異なる下位集団に分かれる	前1600-1100年	ケルト
ケルト	前600-300年	3つの大まかな集団だが、統語法（SVOの語順）が異なる	前1350-850年	イタリック
ゲルマン	0-200年	多様性は少ない。ゲルマン語派を特徴付ける新用法はおそらく新しいもので、前ゲルマン語派の言語集団内にまだ普及中だったのだろう	前500-0年	バルト・スラヴ
アルメニア	400年	記録されているのは1方言だが、アルメニアは前500年ごろペルシャの属州だったのでほかの方言もおそらく400年には存在した	前500-0年？	ギリシャ、フリュギア？
トカラ	500年	2つ（おそらく3つ）のかなり異なった言語	前500-0年	近縁の姉妹語派はない
スラヴ	865年	1つの方言（OCS）のみ記録されているが、西、南、および東スラヴ語派もすでに存在していたはずだ	0-500年	バルト
バルト	1400年	3つの言語	0-500年	スラヴ
アルバニア	1480年	2つの方言	0-500年	ダキア・トラキア？　近縁の姉妹言語はない

表3・1　印欧語の12語派の文字資料が登場した年代

歴史言語学の観点からすれば、古インド語とギリシャ語は後期印欧娘言語として分類されなければならない。なぜなのか？

言語学者は、それぞれに共通する新用法と古風な語法をもとに、古い娘語派を新しい語派と区別する。古い語派は、のちの語派に特徴的な新用法が見られないので早い時代に分離したと思われ、また古風な特徴も残している。アナトリア語派はその好例だ。この言語には明らかに古風な音声的特質（喉頭音）が残っているほか、新用法と思われるその他の特徴は見られない。

一方、インド・イラン語には、後期の語派として認められる三つの新用法が見られる。インド・イラン語には、言語学者がサテム語（satəm/satem）グループと呼ぶ一連の言語集団、すなわちインド・イラン語、スラヴ語、バルト語、アルバニア語、アルメニア語、それにおそらくフリュギア語とも、共通する新用法が一つある。サテム語のなかでは、印欧祖語の前舌母音の前の*k-（*ḱm̥tom、「百」など）音は、つねにś-またはs-（アヴェスター・イラン語のsatəmなど）音に推移していた。この同じ言語集団はもう一つ別の新用法も共有していた。印欧祖語の*kʷ-（唇口蓋音と呼ばれ、queenの最初の音のようにクィと発音する音）がk-に変わっていたのだ。三つ目の新用法はサテム語のなかの下位集団であるインド・イラン語、バルト語、スラヴ語にのみ共通していた。これはルキ（ＲＵＫＩ）の法則と呼ばれ、印欧祖語の本来の音［*-s］音が子音のｒ、ｕ、ｋとｉのあとでは［*-sh］音に変わっていた。これらの新用法が見られない語派は分離して、その変化が起きる以前にサテム語やルキのグループとの定期的な接触が失われていたと考えられる。

ケルト語派とイタリック語派には、サテムの新用法もルキの法則も見られない。どちらも多くの古風な特徴が見られ、若干の新用法を共有する。ケルト諸語は、今日ではイギリス諸島と近くのフランス沿岸部に限られているが、ケルト語の最古の記録が見つかった前６００─３００年ごろには、オーストリアからスペインまで、ヨーロッパ中部と西部の大半で話されていた。イタリック諸語は前６００─５００年ごろイタリア半島で使われていたが、今日ではもちろん、ラテン語に多くの娘言語が、つまりロマンス諸語がある。印欧語の大半の比較研究で、イタリック語派とケルト語派は大元の幹から早期に分岐した枝の一部として位置付けられるだろう。前ケルト語と前イタリック語を話した人びとは、サテムとルキの新用法が生みだされる前に印欧祖語の東部と北部の集団とは、接点を失っていた。これらの言語学的な地域の境界線がどこにあったのかはまだ論じられないが、前イタリック語と前ケルト語が離脱して西部の地域・編年的ブロックを構成したのにたいし、インド・イラン語、バルト語、スラヴ語、アルメニア語の祖先はあとに残って、のちの一連の新用法を共有するようになった。印欧語で最東部に位置していたトカラ語は、中国北西部のタリム盆地にあったシルクロードの隊商都市で話されていた言語で、やはりサテムとルキの新用法は見られないので、同じくらい初期に分離して、東部の語派を形成したようだ。

ギリシャ語は、インド・イラン諸語と独自に一連の言語学的特徴を共有しているが、サテムの新用法もルキの法則も採用しなかった。[*17] 前ギリシャ語と前インド・イラン語は近接した地域で発達したに違いないが、前ギリシャ語の話し手はサテムやルキの新用法が登場する前に分岐したのだ。共通する特徴には形態面の新用法、英雄詩の慣習、語彙などが含まれる。形態面では、ギリシャ語とインド・イラン語は二つの重要な新用法を共有している。過去形の前に接頭辞のe-という加音（ただし、ギリシャ、インド・イラン諸語の最古の形態でははっきりと証明されていないので、加音は後世にそれぞれの語派で独自に発達したかもしれない）、および接尾辞の-i-がついた中動受動態の動詞である。武器の語彙では、双方の語派は「弓」（*taksos）、「矢」（*eis-）、「弦」（*jya-）、「棍棒」または「cudgel」（*uágros）、すなわちインドラとそれに相当するギリシャ神話の英雄ヘラクレスとくに関連づけられた武器〔日本の鬼がもつ金砕棒に似た武器〕に共通の単語がある。祭祀においては、どちらの語派もヘカトンベ、つまり牛百頭の生贄と呼ばれた特別な儀式を意味する特別な言葉を共有していた。どちらもまた神々を、富をもたらす者という共通の添え名で表わしていた。少なくとも三神については共通の同根語の名前が使われていた。（1）エリーニュス／サランユー（Erinys/Saraṇyū）はどちらの伝統でも馬の女神で、原始の創造神とギリシャでは翼のある馬の母から生まれ、インド・イランでは馬として描かれことも多い双神から誕生した。(2)ケルベロス/サルヴァラ(Kérberos/Śárvara)は冥界の入口を守る多頭の犬で、(3)パーン/プーシャン(Pan/Pūṣán)は群れを守る牧畜の神であり、どちらの語派でも象徴的にヤギと関連付けられていた。どちらの伝統でも、ヤギの臓物は葬儀に際して地獄の番犬のケルベロス/サルヴァラに捧げる特別な供物となった。詩においては、古代ギリシャ語でもインド・イラン語と同様に、二種類の韻文がつくられた。一つは一行が12音節からなるもの(サッポー/アルカイオス詩節)で、もう一つは一行8音節のものだった。印欧語のその他の言語で、双方の詩体を共有する詩の伝統のある言語はない。どちらもまた英雄に用いられる「永遠の名声」を意味する特定の枕詞を共有しており、『リグ・ヴェーダ』とホメーロスにおいてのみ、ちょうどこの形で見いだすことができる。ギリシャとインド・イランの言語はいずれも、過去の出来事を語る詩的物語のなかで、動詞の特定の時制である半過去を使っていた。[*18]

これほど共通する数多くの新用法や語彙、詩の形式が、二つの語派で別々に発生したというのはありえそうにない。したがって、前ギリシャ語と前インド・イラン語はどちらもまず間違いなく後期印欧語の近隣の方言で、互いに話ができるくらい近くで使われていたため、戦争や儀礼、神や女神の名、それに詩の形式などに関する言葉が共有されたのだろう。ギリシャ語派はルキの法則もサテムの推移も取り入れなかったので、ここには二つの時代区分が見られる。古い時代には前ギリシャ語と前インド・イラン語は結びついているが、のちの時代ではギリシャ祖語はインド・イラン祖語から分離している。

◎娘言語の出生順と母言語の死

ルキの法則、ケントゥム／サテムの分離、およびそれ以外の17の形態的・音韻的特徴に見られる63通りの考えうる異形態がドン・リンジ、タンディ・ワーナウ、それにペンシルヴェニア大学の同僚たちによって数学的に解析され、何千通りもの考えうる語派の系統図がつくりだされた。[*19] 彼らが使用した分岐解析方法は進化生物学から借用したものだが、発生的系統よりも、言語学的新用法を比較できるように手を加えてある。あるプログラムは、考えうるすべての系統樹のなかから最も頻繁に出現した木々を選択した。この方法で特定された系統樹は、伝統的な根拠にもとづいて提案された分岐図とよく合致していた。最も古い時代に分離したのは、なんら疑いなく前アナトリア語だった（図3・2）。前トカラ語が次に分かれたのだろうが、この分派はいくつかの後世の特徴も残している。次の枝分かれ現象によって前ケルト語と前イタリック語が、いまだ進化をつづける幹から分離した。ゲルマン語派は、前ケルト語と前イタリック語と同じころにまず分離したが、この語派はのちにケルト、バルト、スラヴの諸語からの借用語に強く影響を受けているので、分岐した正確な時代はわからない。前ギリシャ語は前イタリック語と前ケルト語のあとに分離し、インド・イランがそれにつづいた。インド・イラン語派で発達した新用法は、ヨーロッパ南東部（前アルメニア語、前アルバニア語、前フリュギア語の一部）とヨーロッパ北東部の森（前バルト語と前スラヴ語）のいくつかの言語集団とも（おそらく後世に）共有されていた。忘れてはならないのは、インド・イラン共通語は遅くとも前1700年ごろであると判明していることだ。リンジとワーナウの分岐図は、アナトリア、トカラ、イタリック、ケルト、ゲルマン、ギリシャの各語派の分岐をこれより以前としている。アナトリア語派

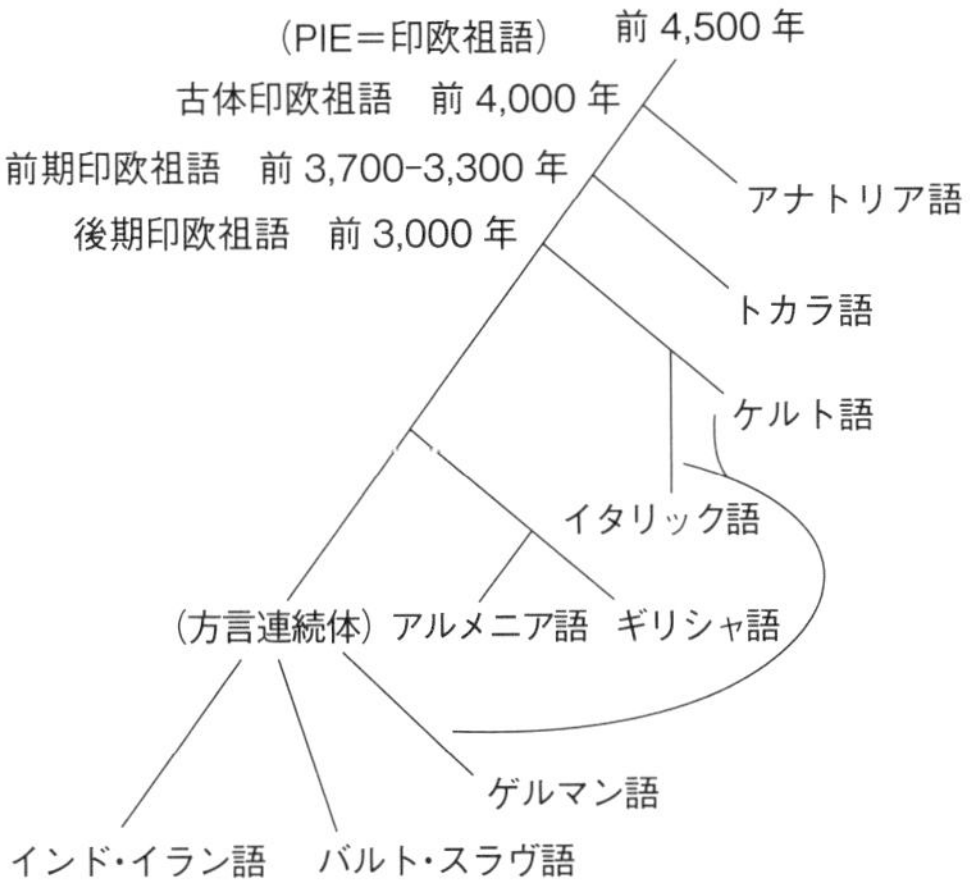

図3・2　リンジ＝ワーナウ＝テイラー（2002）の分岐解析方法による最良の分岐図と、本章で述べた最低限の分離年代。ゲルマン語の特徴には古風なものと借用が混じっているため、その位置は不確かである。イタリックとケルトの樹根と同じころに分岐した可能性はあるが、ゲルマン語は前バルトと前スラヴと多くの特徴を共有してもいるため、ここではもっと後年に分岐した形になっている。

は前3500年以前に分岐しただろうし、イタリックとケルトは前2500年以前、ギリシャは前2500年以降、そしてインド・イラン祖語は前2000年には分離していた。これらは厳密な年代を意味するものではないが、その順序は正しく、三つの場所で発見された銘文の年代と関連付けられており（ギリシャ、アナトリア、古インド）、つじつまが合う。

前2500年には、印欧祖語として再建された言語は別の形態のものに、より正確に言えば、さまざまな言語に進化していたのだ。前ギリシャ語、前インド・イラン語など、こうしたのちの方言は、別々の場所で、別々の方法で多様化しつづけた。前2500年以降進化した印欧語は、印欧祖語からじかに発達したわけではなく、母言語のさまざまな側面を残し、伝えていった中間的な印欧諸語から発展していった。前2500年には、印欧祖語は死語になっていた。

第4章　羊毛、車輪、印欧祖語【言語と時代2】

印欧祖語は紀元前2500年には話し言葉としては死に絶えていたとすれば、この言語はいつ生まれたのだろうか？　これ以降は印欧祖語が話されていたに違いない時代があるのだろうか？　この疑問には、驚くような正確さで答えがだせる。二つの語彙群が、印欧祖語が話され始めたはずの年代を特定している。毛織物に関連する言葉と、車輪および四輪荷車《ワゴン》に関するものだ。毛織物も車輪付きの乗り物も、前4000年ごろより以前には存在していなかった。どちらも前3500年ごろまで存在しなかった可能性がある。それでも印欧祖語の話し手は車輪付きの乗り物と、なんらかの獣毛の布〔フェルトなど〕について、つねに語っていた。この語彙から、印欧祖語は前4000年から前3500年以降に話されていたことが窺える。車輪付き乗り物に関する印欧祖語の語彙については、第2章ですでに述べたので、本章では羊毛に関する印欧祖語の単語から始めよう。

羊毛の語彙

毛織物は、野生の羊には生えない長いタイプの繊維からつくられる。毛の長い羊は、ただその特徴ゆえに繁殖させられた遺伝的突然変異体なのだ。印欧祖語に明らかに織物である羊毛製品を指す言葉があるとすれば、それらの言葉は〔羊毛の採れる〕巻毛種の羊（ウールシープ）が開発されたのちに印欧祖語に入ったのだろう。しかし、羊毛に関する語彙を年代測定の道具として使うとすれば、再構築された語根の正確な意味と、最初に巻毛羊《ウールシープ》が登場した年代を知る必要がある。どちらの問題も容易には解決しない。

印欧祖語には「羊（sheep）」、「牝羊（ewe）」、「牡羊（ram）」、それに「子羊（lamb）」を意味する語根があった。家畜化された羊をよく知っていたことを示す、発達した語彙だ。印欧祖語には、その娘言語のほとんどの同根語で「羊毛《ウール》」を意味する言葉があった。語根 *HwlHn- は、ウェールズ語からインド語派まで、ヒッタイト語を含めたほぼすべての語派の同根語を根拠に再建したものなので、これはアナトリア語派が分離する以前の、古体印欧祖語にまで遡るものだ。しかし、語幹は珍しく長く、シカゴ大学のビル・ダーデンに言わせれば、これは借用語であるか、または古い短い語根に接尾辞の -n- を加えたものに由来するという。より短い語根として、最初期の形態は、*Hwel- または *Hwol- だった〔*Hw(e/o)l と転写される〕のではないかと彼は述べた。バルト、スラヴ、ギリシャ、ゲルマン、アルメニアの各語派における同根語は、「フェルト」、「巻く」、「打つ」、「押しつぶす」という意味だった。「フェルト」はそれらをまとめる意味のようだった。これらの動詞はフェルトの製造作業を表わすものだからだ。フェルトは羊毛繊維を、おおよそマット状に延びるまで打つか押しつぶしてつくられる。このマットをそのあと巻きあげ、押しつぶし、また広げてから濡らし、再び丸めて押して、という作業を繰り返して、マットの目が詰まるまでつづける。羊毛の繊維は縮れていて、この圧縮工程のあいだに絡まり合う。こうしてできたフェルト布はかなり暖かい。ユーラシアの遊牧民の冬用テントとロシアの農民の冬用ブーツ（通常の靴の上に履けるようにつくられた）は、伝統的にフェルトからできていた。ダーデンが正しいとすれば、前《プレ》印欧祖語の「羊毛」の語根 *Hw(e/o)l は、フェルトと関連していた。そこから派生した語幹 *HwlHn- で、アナトリア語派にも最盛期《クラシック》の印欧祖語にも残された語根では、「羊毛」か羊毛でできた物を意味していたが、それが毛織物を指していたかどうかは確証を得られない。これは野生の羊に生える短い自然の羊毛を指していたかもしれないし、毛足の短い羊毛でつくったフェルト布の一種だったかもしれない。[*1]

ムフロン（*Ovis orientalis*）〔羊の野生種〕は前８０００—７５００年の時代にアナトリア半島東部とイラン西部で、飼育下にある肉の供給源として家畜化されたが、牧羊が始まった最初の約４０００年間は人びとが利用したのはその肉だけだった。羊は羊毛に包まれていたが、それは死毛《ケンプ》と呼ばれる長い硬い毛だった。こうした羊では、羊毛《ウール》は非常に短い繊維の、断熱効果のある下毛として生えており、繊維の専門家であるエリザベス・バーバーの言葉を借りれば、「構造的に紡げない[*2]」ものだった。この「野生」の短い羊毛は冬の終わりに生え変わった。実際には、羊が自分の湿った抜け毛の上に寝ることで、毎年抜け替わる短い野生の羊毛が最初の粗雑な（および悪臭のする）フェルトになったのかもしれない。次の段階としては、抜け落ちる直前に、毛が緩んできたときに意図的に引き抜いたのだろう。しかし、毛織物にするには毛糸が必要だった。

毛糸は不自然に長い羊毛繊維からのみつくることができた。そのためには繊維が引っ張りだしたときに、互いに絡み合うくらい長くなければならなかったからだ。羊毛の紡ぎ手は、毛足の長い羊毛の塊から繊維の束を引きだし、くるくる回る錘《おもり》付きの棒、つまり紡錘（紡ぎ車はずっと後世の発明）に手で毛の房を送り込むことで、撚《よ》って糸にする。紡錘は宙吊りにして、手首の動きで回転させつづけた。紡錘に付ける錘《おもり》は紡錘車《スピンドルワール》 spindle whorl と呼ばれ、これが古代の毛糸作りから残されたほぼ唯一の証拠となっている。もっとも、毛糸をつくるのに使われた紡錘車と、亜麻糸をつくるためのものとを見分けるのは難しい。亜麻糸は、どうやら人間が最初につくった種類の糸のようだ。亜麻からつくったリネンは、最古の織物だった。亜麻などの植物繊維の紡ぎ手たちが、突然変異による巻毛羊から毛足の長い繊維を入手するようになって初めて、毛糸は発明された。この遺伝子変化はいつ生じたのだろうか？　定説では、巻毛羊は前4000─3500年ごろ登場した。

都市を中心とした最初の文明が誕生した南部メソポタミアと西部イランでは、毛織物は当初の都市経済の重要な一部をなしていた。羊毛はリネンよりも染料をよく吸収したので、毛織物はずっと色彩豊かになったし、布地の表面に型押しする（これが最古の布地の装飾方法のようだ）のではなく、別々の色に染めた糸を織り込むことができた。しかし、羊毛生産の証拠はほぼすべて、後期ウルクの時代もしくはそれ以後の、前3350年ごろ以降に出土する。[*3] 羊毛そのものが保存されることはほとんどないので、証拠は獣骨からとなる。羊が羊毛のために飼育されている場合、その殺処理パターンには三つの特徴が見られるはずだ。（1）羊かヤギ（違いは数カ所の骨しかない）またはその双方が、飼われていた動物の大半を占め、（2）羊毛の採れるヒツジが、最もよく乳をだすヤギよりも数が大

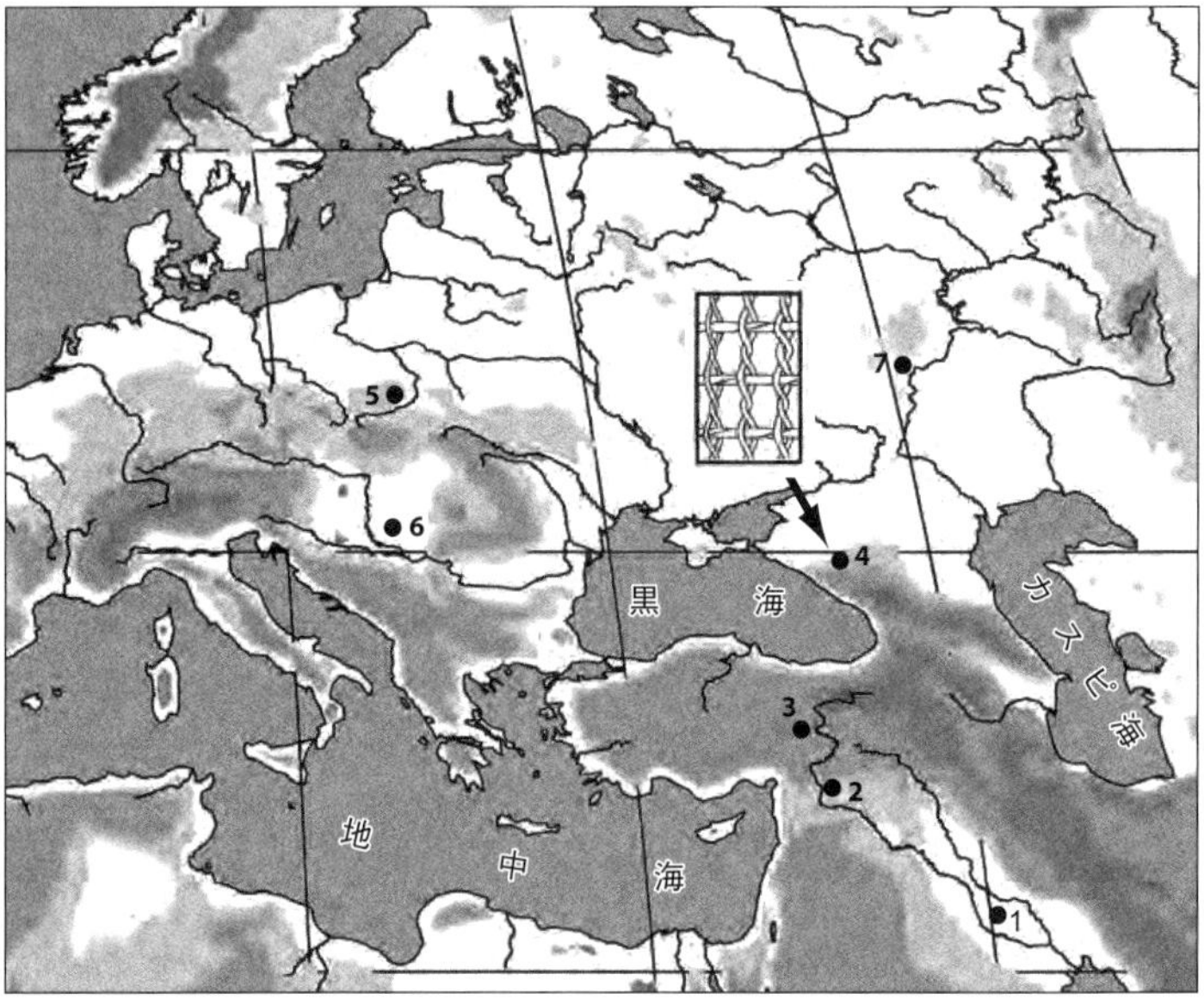

図4・1　早期に巻毛羊がいた証拠のある場所。挿絵は知られるなかで最古の毛織物の顕微鏡画像から描き、N. シシュリナが発表したもの。(1) ウルク、(2) ハシネビ、(3) アルスランテペ、(4) ノヴォスヴォボドナヤ、(5) ブロノチツェ、(6) ケーテジュハーザ、(7) フヴァリンスク。出典：Shishlina 1999

きく上回り、（3）畜殺されるのは、羊毛を何年も刈られ、年齢を重ねてからだったはずだ。メソポタミア南部と北部、およびイラン西部のウルク期の8カ所の遺構の動物相データをまとめたスーザン・ポロックの総説論文は、都市国家の中心地では後期ウルク期以前には巻毛羊の殺処理パターンへの移行は見られず、前3350年以降であったことを示していた（図4・1）。初期から中期ウルクの羊（前4000－3350年）には、巻毛羊の殺処理パターンは見られなかった。このメソポタミア／イラン西部の巻毛羊の年代は、アナトリア半島東部のユーフラテス川上流沿いにあるアルスランテペで確認された。ここでは、家畜の群れは前3350年（Ⅶ相）まで牛とヤギが中心だったが、次の相（Ⅵa）では後期ウルクの土器が出土し、突如として羊が第1位に躍りでて、しかもその半数以上は成獣になるまで生き残っていた。[*4]

近東からの獣骨の証拠は、巻毛羊が前3400年ごろ以降に出現したことを示している。羊はヨーロッパの原産ではない。そのためヨーロッパへは家畜化された近東の羊がまず、前6500年ごろアナトリア半島から移住した最初の農民によってもち込まれた。しかし、毛足の長い羊毛になる突然変異は、家畜化された羊が北部の気候に接したのちに、寒い冬への適応として出現したのかもしれない。したがって、毛足の長い最初の羊がヨーロッパで飼育されていたとしても、驚くべきことではない。ロシアのヴォルガ川中流にある前4600―4200年ごろの墓地、フヴァリンスクでは、羊が供儀に付される主要な動物となった。その大半は成獣で、羊毛か乳を得るために生かされつづけたかのようだった。しかし、生贄に選ばれた個体は、祭祀上の理由から飼われつづけたのかもしれない。現在のロシア南部、北カフカースの山麓地帯にある農業集落スヴォボドノエでは、前4300年から前3700年の期間に、羊が主要な家畜となっており、羊の数のほうがヤギよりも5対1で多かった。これは典型的な巻毛羊の飼育パターンだ。しかし、同時代の北カフカースの別の集落では、このパターンは踏襲されていない。前3600―3200年ごろのチェルナヴォダⅢ＝ボレラーズ時代には、ハンガリー東部ケーテジュハーザで、新しい大型の品種の羊が登場した。アナトリア半島とメソポタミアからこの品種は導入されたと、シャーンドル・ベケニーは示唆した。ポーランド南部のブロノチツエでは、同時代と測定された層から羊のほうがヤギよりも20対1と大幅に多く出土した。しかし、こうした心をそそられる事例のほかには、ヨーロッパでは前3300―3100年以降まで羊が大規模に、または広範囲に飼われていた痕跡、もしくは羊毛のための殺処理パターンが見られることはなかった。これは近東でそうした状況が始まったのと同じ時代だ。[*5]

毛織物の現物が確実に年代測定されているのは前3000年以降のことだが、前2800年になると毛織物は幅広く普及していた。前3000年以前のものの可能性がある毛織物の断片は、北カフカース山脈の、おそらくノヴォスヴォボドナヤ文化のものと思われる墓で見つかっている（ただし、来歴については若干曖昧な点がある）。この羊毛繊維は焦げ茶色とベージュに染められており、完成した布地には赤い染料が塗られていた。ノヴォスヴォボドナヤ文化は前3400年から前3100年のものだが、この布地そのものは年代測定されていない。イラン東部中央にある青銅器時代の準都市部の交易拠点、シャフリ・ソフタでは、前2800―2500年と年代測定された層から見つかる繊維類は毛織物だけだった。フランスのクレルヴォー・レ・ラックの三合目で発見された毛織物の断片は、前2900年と測定されているので、巻毛羊と毛織物は前2900―2500年には、フランスからイラン中部まで知られていたことになる。[*6]

これだけ多数の証拠は、毛織物は近東と同様にヨーロッパでも前3300年には出現していたことを示唆するが、巻毛羊はこれより早く、前4000年ごろには北カフカース山脈に生息していたかもしれず、ステップにすらいたかもしれない。しかし、語根の*HwlHn-が「野生種」の羊の短い下毛を指していたとすれば、この言葉は前4000年より前から存在した可能性がある。意味がこのように不確かであることは、印欧祖語の年代を確定するうえで羊毛の語彙の信頼性を揺るがせる。その点、車輪付き乗り物の語彙は異なる。これらは非常に限定されたもの（車輪、車軸など）を指すものであり、最古の車輪付き乗り物の年代は、非常に明確に判明しているからだ。羊毛製品とは異なり、ワゴンには複雑な金属製の道具（のみや斧）が必要であり、それらはよく保存されているうえに、ワゴンの絵図は分類するのも簡単で、ワゴンそのものも布地よりは保存されやすい。

車輪の語彙

印欧祖語には車輪付き乗り物――四輪のワゴン、二輪のカート、もしくはその双方――を表わす一連の単語がある。車輪付き乗り物が、前4000年以降になるまで発明されなかったことは、大いに確信をもって言える。現存する証拠からは、前3500年に近い年代が浮かびあがる。前4000年以前には、語るべき車輪もワゴンもなかった。

印欧祖語には、第2章で述べたように、少なくとも車輪とワゴンに関連した五つの言葉があった。車輪を表わす二つの単語（おそらく種類の違う車輪）、車軸を表わす言葉、轅《ながえ》を表わす言葉（輓獣につなぐ棒）、それに「乗り物で行く、運ぶ」を意味する動詞だ。これらの用語の同根語は、印欧語の主要な語派すべてに、西はケルト語から、東はヴェーダ・サンスクリット語やトカラ語まで、北はバルト語から南はギリシャ語まで見つかる（図4・2）。これらの語の大半は、印欧祖語の発展の後期の段階であることを示すo語幹と呼ばれる一種の母音構造をしている。「車軸」axleは、「肩」を意味する言葉から派生した古いn語幹だった。o語幹は重要だ。これは印欧祖語の末期になって初めて出現したものだからだ。ほぼどの言葉も印欧祖語の語根に由来するので、ワゴンと車輪の語彙は外部からもちこまれたのではなく、印欧祖語の言語社会のなかで生みだされていた。[*7]

車輪付き乗り物を指すと確信できる語彙がない可能性のある唯一の語派は、ビル・ダーデンが指摘

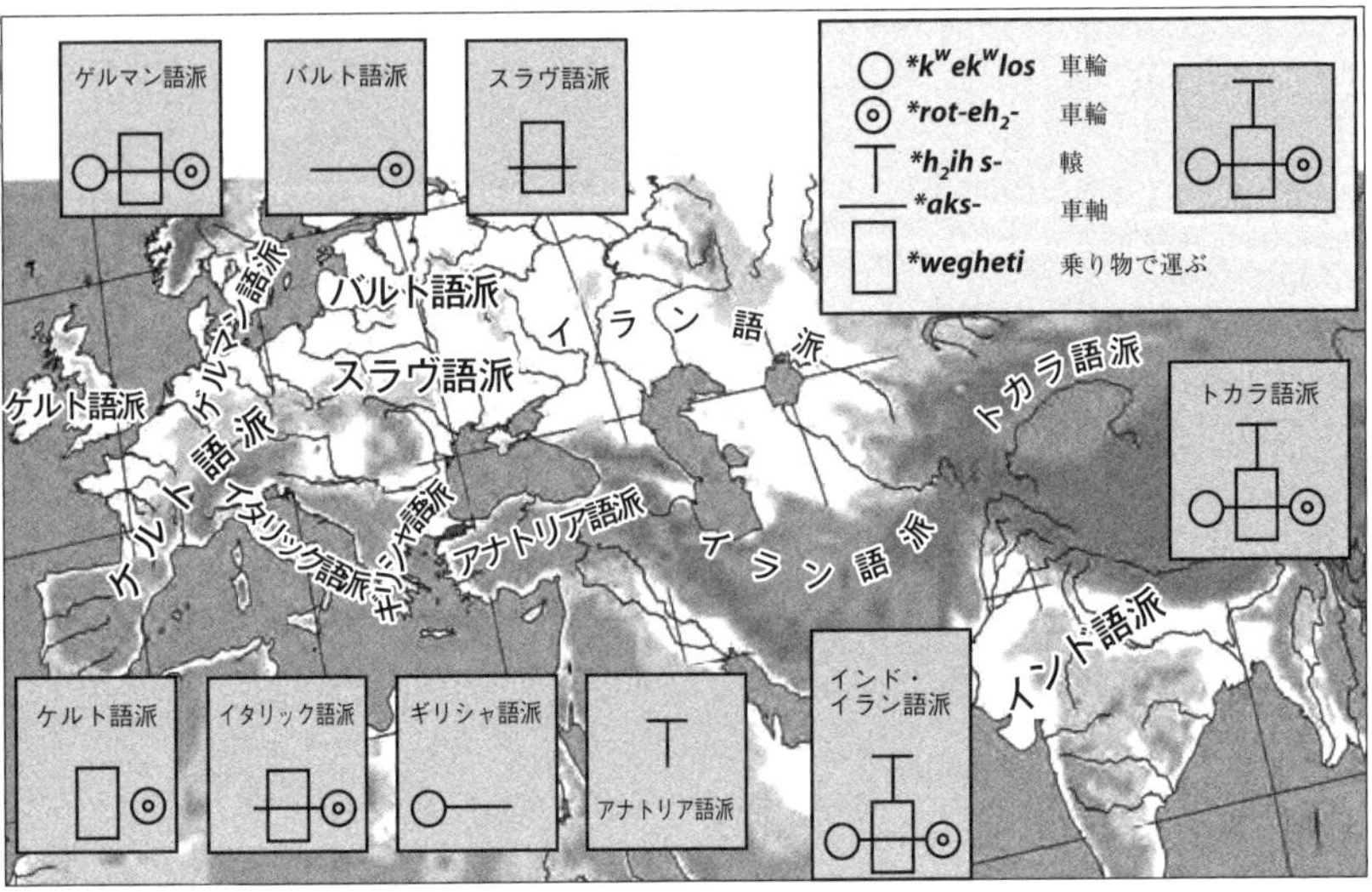

図4・2　印欧語の車輪・ワゴンの語彙の地理的分布

したようにアナトリア語派だ。印欧祖語からの車輪付き乗り物の可能性がある二つの語根は、アナトリア語派でも残されている。一つ（hurki-「車輪」）は印欧祖語の語根に由来すると考えられている。同じ語根がトカラ語A方言のwärkäntと、トカラ語B方言のyerkwantoを生んだかもしれず、これらはどちらも「車輪」を意味する言葉だった。トカラ語は死滅した印欧語派の一つで、A・B方言（およびおそらくC方言）と呼ばれる二つの言語からなり、中国北西部のタリム盆地にある砂漠の隊商都市に、仏教僧が西暦500－700年ごろに残した文書に記録されていた。しかし、トカラ語の専門家ドン・リンジは、どちらのトカラ語の単語もアナトリア語のhurki-の元となった同じ語根から派生したと考えるには重大な難点があるとし、トカラ語とアナトリア語の単語は無関係であり、それゆえ印欧祖語の一つの語根からではないはずだと述べた[*8]。乗り物関連のもう一方のアナトリア語の単語（hiššā-「轅《ながえ》」つまり「引き具の棒」）には、印欧語の確かな語源、

*ei-/*oi-、おそらくは*h_2ih_3s- があるが、その当初の意味はワゴンの柄ではなく、犂の柄を指していたかもしれない。したがって、アナトリア諸語に部分的に残されている古体印欧祖語に、車輪付き乗り物の語彙があったかどうかは確かにはわからない。しかし、それ以降の印欧祖語にはあった。

車輪はいつ発明されたか？

車輪付き乗り物が前4000年まで存在しなかったことは、どうすればわかるだろうか？　まず、車輪付き乗り物には車輪だけでなく、車体を支えるための車軸も必要だ。車輪と車軸、車体が一緒になって、荷を運ぶ可動部品の複雑な組み合わせができあがる。最古のワゴンは材木からかんなとのみで丸彫りされ、可動部品はぴったりと合わせなければならなかった。車軸が固定され、車輪だけが回転する（最古のタイプと思われる）ワゴンでは、車軸先端部分《アーム》（車輪の中心を抜けた車軸の先端）は轂《こしき》（nave）の穴、つまりハブにきちんと入らなければならなかったが、ぴったり過ぎてはならなかった。緩くはまっていれば、車輪は回りながらよろめいただろう。きつ過ぎれば、回転する車輪に余計な引きずり〔空転トルク〕が生じる。

さらに牽引量の問題もあった。輓獣のチームが引っ張る際の、引きずりトルクを伴う全重量だ。橇であれば柔軟な革紐や綱からなる曳き綱でも引っ張ることができたが、ワゴンやカートは硬い牽引用の棒、つまり轅と、硬い軛《くびき》を使わなければならなかった。こうした用具の重さが、全体の牽引量を増した。牽引量を減らす一つの方法は、車軸の先端部分の直径を減らして細くし、車輪の小さめの穴にも入るようにすることだ。径の大きい車軸は丈夫だが、先端部分《アーム》と回転する車輪のあいだの摩擦は大きくなった。車軸の先端部分の径が小さければ、引きずりが少なくなるが、ワゴンの横幅を非常に狭くしない限り、折れやすい。最初のワゴン大工たちは引きずりトルク、車軸の直径／丈夫さ、車軸の長さ・硬さ、および荷台の幅の関係を計算しなければならなかった。重荷を運ぶための荷車では、車軸が短く、先端部分の径が小さく、荷台の幅が狭いほうが工学的には理に適っていたし、実際に最古のワゴンはこのような形状で、荷台は横幅がわずか1メートルほどしかなかった。牽引量を減らすもう一つの方法は、車輪の数を四つから二つに減らすことで、要するにワゴンをカートにすることだった。現代の二輪カートの引きずりトルクは、同じ重量の四輪ワゴンとくらべると40％は少なく、古代のカートでもほぼ同じ規模の利点はあったと考えられる。カートのほうが軽く、引っ張るのも楽なので、でこぼこの地面にはまって動けなくなることも少なかっただろう。それでも大量の荷物はワゴンで運ぶ必要があったに違いないが、カートは少量の場合は役に立ったはずだ。[*9]

前3400年ごろを境に、車輪付き乗り物に関する考古学的な証拠も銘文も広範囲に見つかるようになる。確かな証拠ではないが、ドイツ北部のフリントベクの墳墓の下に残っていた轍《わだち》は、前3600年にも遡るものかもしれない。車輪付き乗り物は、前3400年から前3000年のあいだに四つの異なる媒体に登場した。ワゴンを意味する手書きの記号、ワゴンとカートの二次元の絵図、ワゴンの三次元模型、それに保存された木製車輪とワゴンの部品そのものである。これら四つの別々の物証は、前3400年から前3000年のあいだの古代世界の各地からのものだ。巻毛羊と同じころのものであり、車輪付き乗り物が普及した年代を明らかに示すものだ。この先の四つの節では、これら四つの証拠について論ずる。[*10]

◎メソポタミアのワゴン——最古の手書きの証拠

「ワゴン」の記号が押し付けられた粘土板が、人類によってつくられた最古の都市の一つ、ウルクのエアンナ神殿の敷地内で発見されている。後期ウルクの最後であるⅣa層からは、約3900枚の粘土板が発掘された。これらの文書は、世界最古の部類の文献であり、絵文字（図4・3・f）はなんらかの幌か上部構造のある四輪のワゴンを示している。「ワゴン」の絵文字は3900の文献中、わずか3度しか見られないが、「橇」の絵文字——似たような運搬手段だが、車輪で転がすのではなく滑走部を使って引きずるもの——は38回出現していた。ワゴンはまだ珍しいものだったのだ。

エアンナ神殿からの粘土板は、C神殿の内部にあって火事で焼けたものだった。C神殿の屋根の木材の炭を使って放射性炭素年代を測定すると、平均で前3500—3370年ごろの四つの測定値が得られた。放射性炭素年代は測定された素材、この場合は木が切り倒されて死んだときを示しているのであって、火災に遭った年代ではない。どんな木でもその中心部分は実際には死んでおり（このことに気づいている人は少ない）、樹皮の外側部分とそのすぐ下の樹液の多い木材だけが生きている。C神殿の木材に大木の芯材が使われていれば、その部分の木材は建物が焼け落ちるより一、二世紀は前に死んでいたかもしれないので、C神殿の粘土板の実際の年代は放射性炭素年代の測定値よりも新しく、前3300—3100年ごろだろう。その時代にウルク市では、まだ橇のほうがワゴンよりもはるかに普及していた。牛が引く幌付きの橇は、交通手段として（パレードや行列、収穫の儀式など）同市の役人たちが使用していた。

車輪の模型であるかもしれない円形の土器は、おそらく小さな土器のワゴン模型に付いていたもの

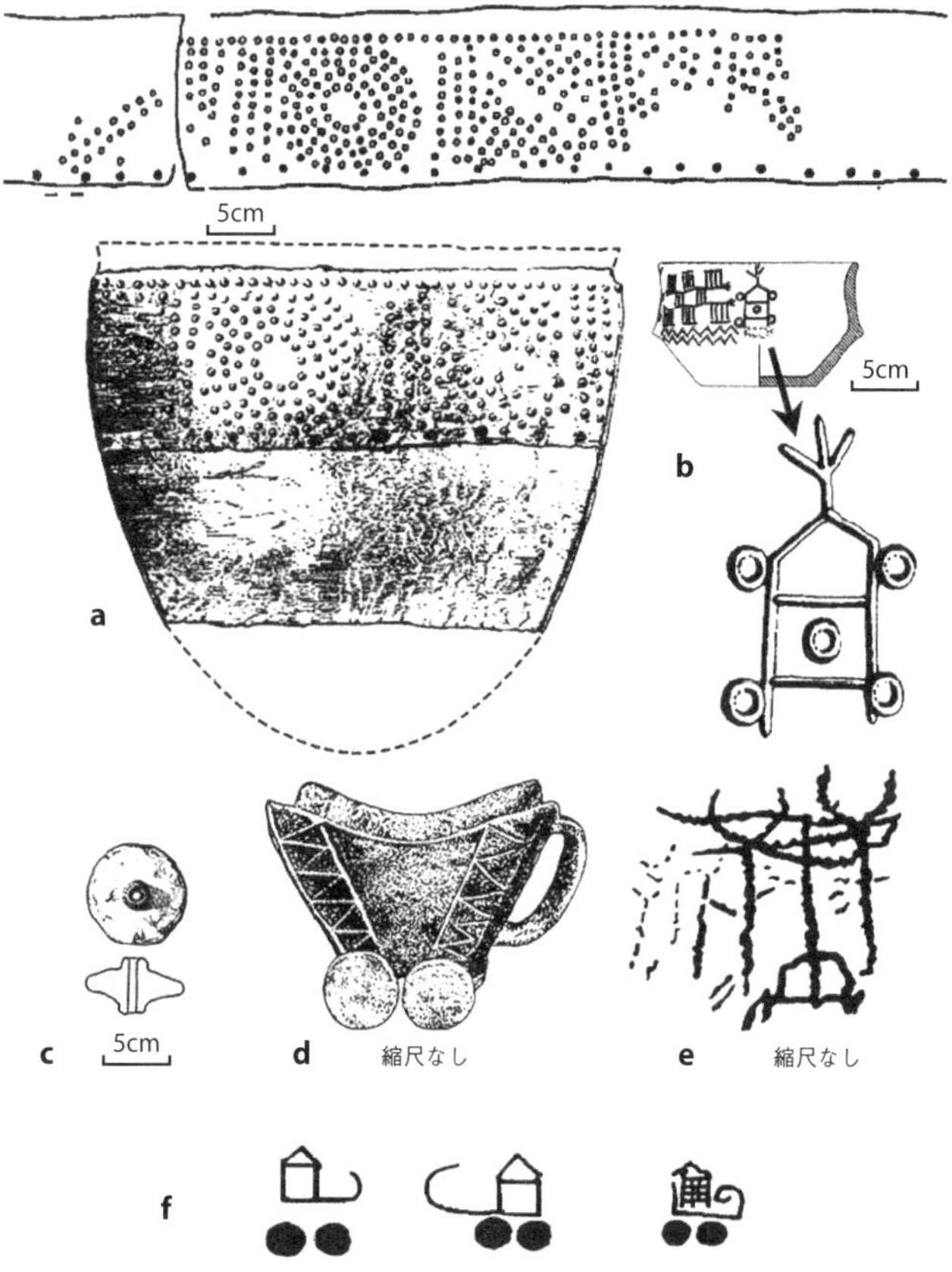

図4・3　ワゴンと車輪を表わした最古の絵図と模型。(a) ロシアのヴォルガ川下流、エヴジク・クルガンからの青銅製湯釜。模様は左から、軛、カート、車輪、筋交いのある荷台、動物の頭部を表わしている可能性がある。(b) ポーランド南部のブロノチツェから出土した土器に描かれた四輪ワゴンの図。(c) アナトリア東部アルスランテペからの土器の車輪（土器模型からか）。(d) ハンガリーのブダカラースにあるバーデン177号墓からの土器のワゴン模型。(e) 石に刻まれた、二頭の牛が引くカートの図。ドイツ中部ヘッセンのローン・チューシェンの墓から出土。(f) イラク南部のウルクⅣa層から出土した粘土板に書かれた最古のワゴンの絵文字。出典：(a) Shilov and Bagautdinov 1998; (b, d, e) Milisauskas 2002; (c, f) Bakker et al. 1999

で、やはり前３４００—３１００年と年代測定されたトルコ東部のアルスランテペの神殿と宮殿の廃墟のⅥａ層から見つかった（図４・３・ｃ）。アルスランテペは、アナトリア半島東部のユーフラテス川上流沿いにあった土着民の一連の拠点の一つで、後期ウルク期に遠方のウルクと密接な関係を築くようになった。ユーフラテス川流域を遡った北部への「ウルクの拡大」の陰にあった動きは知られていないが（下巻第12章参照）、アルスランテペの車輪の土器模型は、後期ウルクの影響を受けた時代に、アナトリア半島東部でワゴンが使われていたことを示すのかもしれない。

◎ライン川からヴォルガ川までのワゴンとカート——最古の絵文字の証拠

四輪のワゴンと轅《ながえ》、軛《くびき》を描いたと思われる二次元の図柄が、前３５００—３３５０年ごろのポーランド南部、ブロノチツェの集落で見つかった漏斗状ビーカー（ＴＲＢ）文化の文様付き土器の表面に刻まれていた（図４・３・ｂ）。ＴＲＢ文化は、特徴的な土器の形状と墓によって見分けられており、現代のポーランド、ドイツ東部、デンマーク南部までの広い地域にまたがっている。ＴＲＢ文化の人びとの大半は単純な農耕民で小さな農村に暮らしていたが、ブロノチツェの定住地は珍しく大きく、52ヘクタールの面積におよぶＴＲＢ文化の町を形成していた。表面にワゴンの図柄が刻まれていた杯もしくはマグが、獣骨、五つの土器からの破片、燧石《フリント》の道具とともに、ごみ捨て場の穴から見つかった。この杯にのみワゴンの絵が描かれていた。そのデザインはＴＲＢ文化の土器では見慣れないもので、通常の装飾モチーフが偶然に組み合わされたものではない。杯の年代はちょっとした論争の的となっている。同じごみ捨て場で見つかった牛の骨は、平均すると前３５００年ごろのもので、この穴の周辺にある集落から得られた七つの放射性炭素年代のうち六つは、平均すると１５０年後の前３３

50年ごろのものだった。発掘者はこれらの結果にまたがる時代区分として、約前3500─3350年のものだと考えている。ブロノチツェのワゴンの絵は、年代が特定された世界最古の車輪付き乗り物の図柄なのである。

ほかにも、同じ時代のものの可能性がある絵図が二つあるが、これらはおそらくやや後世のものだ。二輪のカートにも見える荷車を引く、大きな角のある二頭の牛の絵が、ドイツ中部ヘッセン州のローン・チューシェンにあるヴァルトベルク文化の〔巨大な〕石造りの墓の壁面に線描きされていた（図4・3・e）。この墓所は前3400年から前2800年という長い期間にわたって再利用されていたため、この絵はその期間のどの時点で刻まれたとしてもおかしくない。はるか東方では、ヴォルガ川の河口近くのエヴジク・クルガンで出土した金属製の大鍋に、軛、車輪、カートおよび輓獣である可能性のある図が打ち出し技法で描かれていた。この大鍋は、前3500年から前3100年とされるノヴォスヴォボドナヤ文化の品々とともに墓所で見つかった（図4・3・a）。カートやワゴンのこれらの絵や彫像は、ドイツ中部からポーランド南部、ロシアのステップまで広く分散している。

◎ハンガリーのワゴン──最古の土器模型

バーデン文化はその土器によって見分けられ、特徴的な銅器、武器、装飾物によってもある程度は判別できる。この文化はハンガリーに前3500年ごろに出現し、その特徴となる様式はその後、シベリア北部、ルーマニア西部、スロヴァキア、モラヴィア、ポーランド南部へと広まった。バーデン様式の溝の彫られた磨研土器のマグや小さな壺は、前3500─3000年ごろヨーロッパ南東部一帯で使われていた。バーデン土器と、トロイア第1層以前のアナトリア北西部の土器に類似が見られるということは、メソポタミアとヨーロッパのあいだで車輪付きの乗り物が伝播したルートの一つがそこに存在したことを示唆する。四輪のワゴンをかたどった三次元の土器模型（図4・3・d）は、ハンガリー中部のブダカラース（177号墓）とシーゲトセントマールトンで見つかった前3300―3100年ごろの後期バーデン（ペーツェル）文化の二カ所の墓に関連した副葬品に含まれていた。ほぼ間違いなく二頭立てのチームを組んでいたはずの一対の牛が、ブダカラースの3号墓やハンガリーのほかの後期バーデン文化の墓で犠牲獣として発見された。対になった牛は、ポーランド中部と南部の、一部時代が重なる球状アンフォラ文化（前3200―2700年）の墓からも見つかった。バーデン文化のワゴン模型は、年代が判明している車輪付き乗り物の三次元模型では最古のものである。

◎ステップと高層湿原の乗り物――最古の実物のワゴン

ロシアとウクライナのステップの草原からは、前3000―2000年ごろのものと年代測定された、およそ250台のワゴンとカートの残骸が墳丘、すなわちクルガン〔古墳〕の下から発見されている（図4・4と4・5）。車輪の直径は50センチから80センチだった。一部の車輪は、木の幹を木目に沿って（サラミのように輪切りではなく）垂直に切った1枚の厚板でできていた。しかし、ステップの車輪の大半は、弓形に切り抜いた2枚ないし3枚の厚板をほぞ接ぎで接合して〔円にして〕あった。真ん中には轂《こしき》（ハブ）があり、根本の中心部分は直径20ないし30センチほどあって、細く先細りになった部分は車輪の両側にそれぞれ10ないし20センチほど突きだしていた。轂は車軸に輪止め《リンチピン》を差すことでその先端部《アーム》分から外れてしまわないようになっており、両者によって〔厚みのある轂とリンチピンで〕車輪がよろめくのを防いでいた。車軸には車輪を取りつけるために丸くした先端部《アーム》分があ

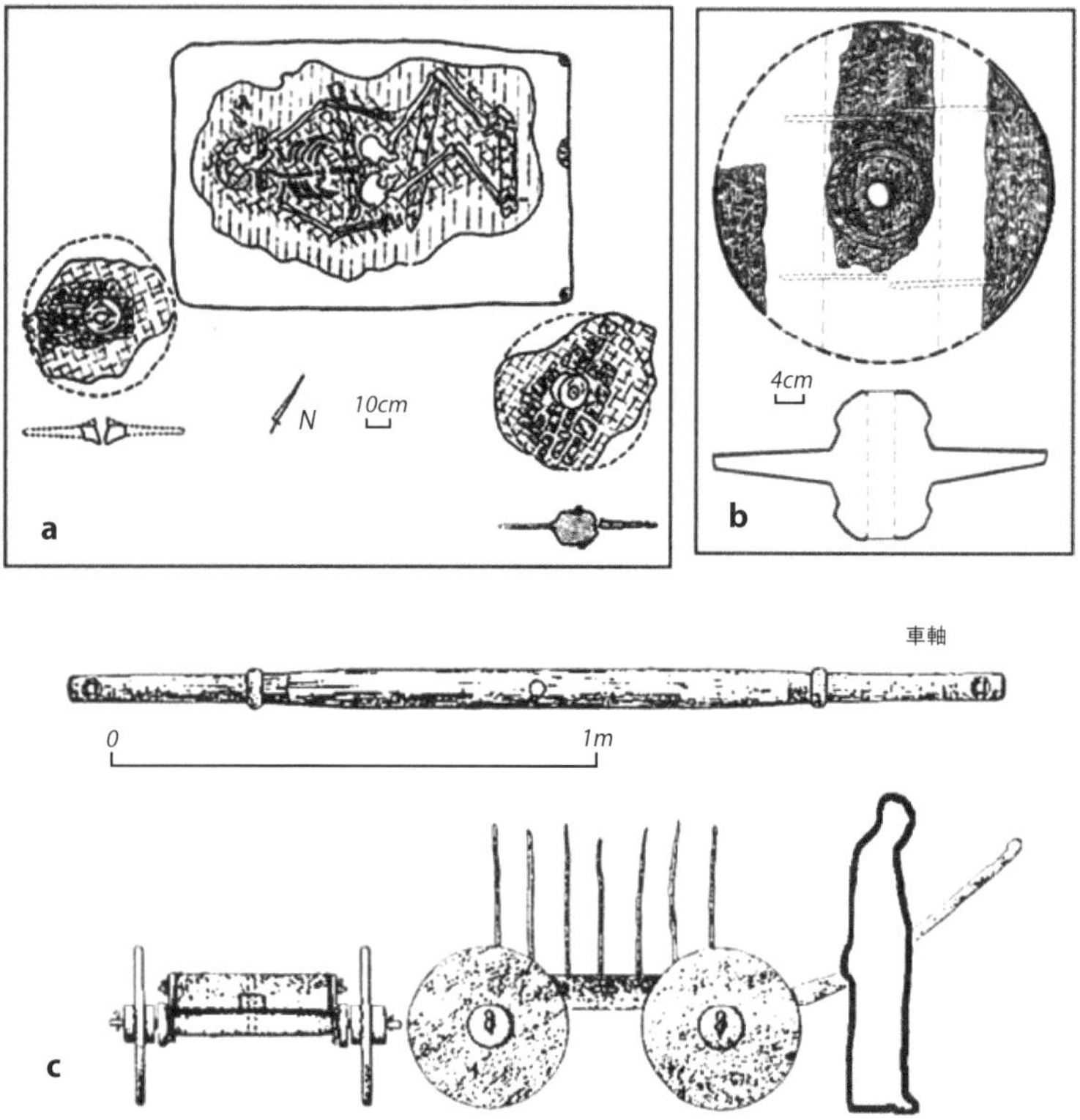

図4・4　保存されていたワゴンの部分と車輪。(a) ウクライナのバルキ・クルガン、57号墓の隅にあった、放射性炭素年代で前3330-2900年と測定された二つの木製円盤状車輪。(b) おそらく前2600-2200年ごろの横穴墓文化の、だぼで接合された三つの部分からなる車輪。(c) ドイツ北西部とデンマークの高層湿原の堆積物内から見つかった前3000-2800年ごろのさまざまな車輪とワゴンの部分からの復元図と、残っていた車軸。出典：(a) Lyashko and Otroshchenko 1988; (b) Korpusova and Lyashko 1990; (c) Hayen 1989

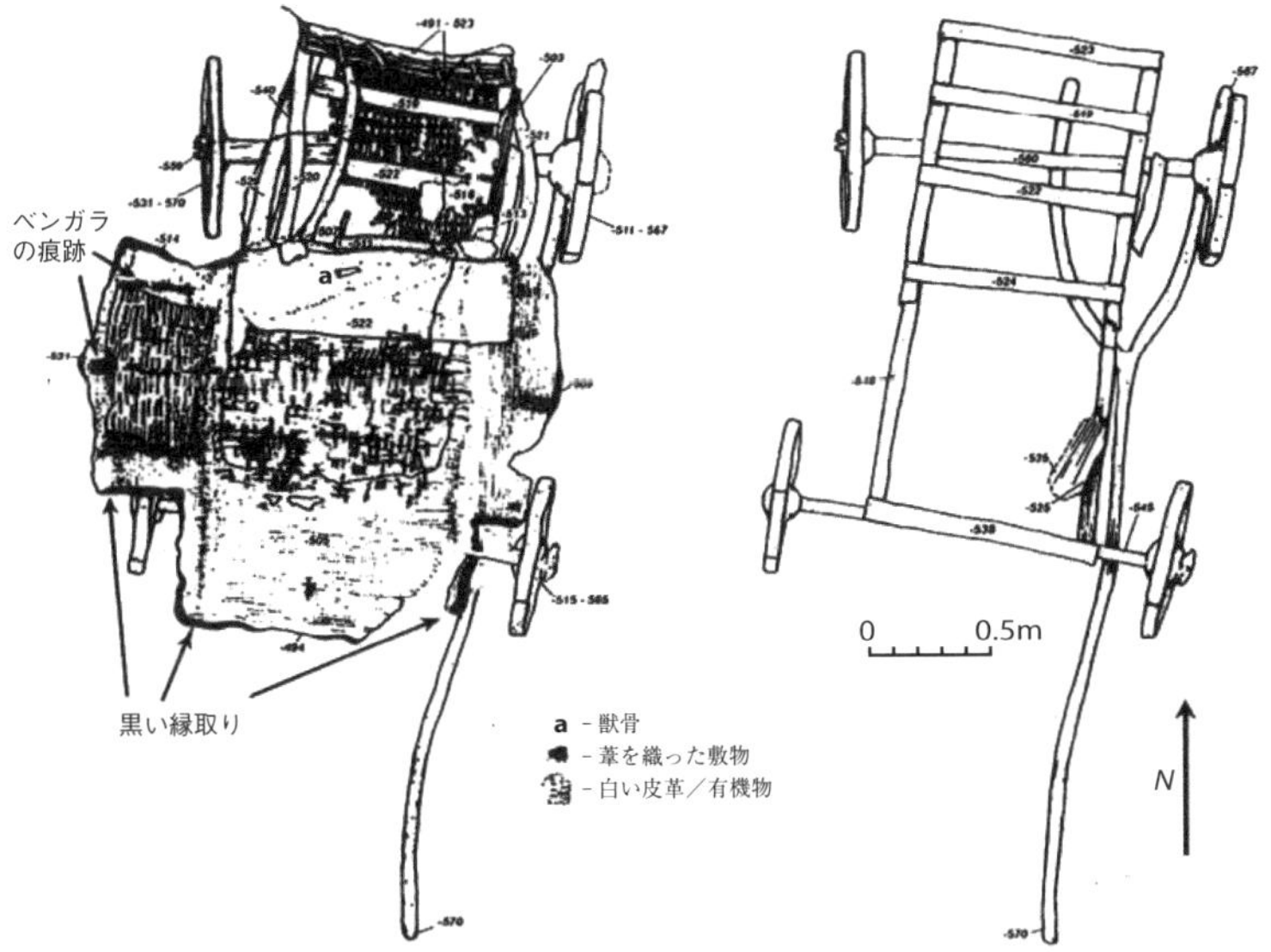

図4・5　ステップで最も保存状態の良いワゴン葬墓はロシア南部のクバーニ川流域にある。このワゴンはオスタンニイ第1クルガンに埋められていた。放射性炭素年代で約前3300-2900年と測定されたワゴンの上部からの図が左側に、下部からの図が右側にある。出典：Gei 2000：図53

り、全長はおよそ2メートルある。ワゴンそのものは幅約1メートル、長さ約2メートルだった。ステップのワゴンに使われた木材の放射性炭素年代は最も古くて、平均値がおよそ前3300―2800年の範囲だった。ドニエプル川下流のバルキ・クルガン（57号墓）で見つかったワゴンまたはカートを使った墓は、年代が4370±120BP、もしくは前3330―2880年と測定された（BP年については下巻補遺参照）。クバーニ川のオスタンニイ第1クルガン（160号墓）に埋まっていたワゴンの木材は、4440±40BP、つまり前3320―2930年と測定された。双方の年代とも圧倒的に前3000年以前である確率が高いので、どちらの乗り物もおそらく前3000年以前のものだろう。しかし、これらの埋葬儀礼用の乗り物が、ステップで使われた最初のワゴンであった可能性はまずない。

ほかにもヨーロッパ中部や北部の高層湿原や湖から木製車輪や車軸の現物が発見されている。スイスとドイツ南西部の山岳地帯では、ワゴン大工が車軸の先端部分を四角くつくり、車輪に空けた四角い穴に差し込んでいた。車軸の中心部分は円形に削られ、ワゴンの下で回転していた。車軸を回転させるこの設計では、車輪だけが回転する設計にくらべて引きずりが多く発生し、効率が悪かったが、この方法なら木を削って大きな轂をつくる必要がなかったので、アルプス地方の車輪ははるかに製造しやすかった。チューリッヒの近くにある、ホルゲン文化の水没した集落（プレッセハウス遺跡）で見つかった車輪は、関連した年輪年代法から前３２００年ごろのものであることが判明している。プレッセハウスの車輪は、ヨーロッパでは前３２００年以前にもう、地域ごとに別々の車輪造りの伝統が存在していたことを物語っている。木製の車輪と車軸は、オランダとデンマークの高層湿原でも見つかっており、初期のワゴンの構造細部に関して重要な証拠になっているが、いずれも前３０００年以降のものだ。これらのワゴンでは、ステップやヨーロッパ中部のものと同様に、車軸は固定しており、車輪が回転していた。

車輪の意義

最初の車輪付き運搬手段がもたらした社会・経済上の重要性は、いくら誇張しても足りない。車輪付きの乗り物が発明されるまでは、本当に重いものは水上で、艀《はしけ》や筏《いかだ》を使って、あるいは陸上で荷を引く大人数の集団を組織することでのみ、効率よく動かすことができた。先史時代に温帯にいたヨーロッパの農耕民が陸上でつねに引きずらなければならなかった荷は、収穫した穀物、飼い葉、肥やし、薪、建材、土器をつくるための粘土、皮革、人などだった。新石器時代のヨーロッパ北部と西部には、巨石を動かして、巨石共同墓地やストーンヘンジを築くことで、自分たちの運搬能力をたたえる共同体もあった。土を引きずって、巨大な土塁を築く集落もあった。こうした建設工事は、それをなし遂げた社会の団結力と威力を、目に見える恒久的な方法で表わしていたが、その多くは人力で引きずる能力に頼るものだった。集団による運搬手段としての村社会の重要性と意義は、ワゴンが導入されることで根底から変わった。それによって運搬の重労働は動物と機械に受け渡されたのであり、以来その状態がつづいている。

初期のワゴンは不恰好でのろく、特別に訓練した数頭の牛が必要だっただろうが、それによって一家族だけで畑に肥やしを運び、薪、生活必需品、作物、それに人を乗せて戻ってくることができるようになった。こうして集落による共同作業の必要性が減り、家族経営の農場でも生存が可能になった。おそらくワゴンは〔家が密集する〕大きな集村を消滅させ、前3500年ごろ以降、ヨーロッパの各地に農耕人口の多くを分散させることに寄与しただろう。ワゴンはステップの開けた草原では別の意味で役に立った。経済が農耕よりも牧畜に依存していた場所だ。こうした地域では、ワゴンはそれまで決して大量に運べなかったもの――テント、水、食糧など――を運べるようにした。つねに森林地帯の河川流域で暮らし、ステップの周辺部で恐る恐る群れに草を食ませていた牧畜民は、このころにはテントと水、食糧をもって、川の流域から遠く離れた牧草地まででかけられるようになった。ワゴンは、牧畜民が草原の奥地まで家畜のあとを追い、開けた場所で暮らすことを可能にしたトレーラーハウスだったのだ。このこともまた共同体を分散させることになったが、この場合はそれまで経済的にはほとんど使い道のなかったステップの奥地へと入り込ませることになった。広い牧草地に分散した大きな群れからは、相当な富と権力を引きだすことができた。

　アンドルー・シェラットは車輪の発明を、犂、巻毛羊、酪農、および馬を使った移動の始まりと結びつけ、前３５００―３０００年ごろにヨーロッパ社会で起こった一連の抜本的な変化を説明した。シェラットが１９８１年に、二次産物《セコンダリー・プロダクツ》革命（いまはＳＰＲと略称で使われることが多い）と呼んだものは、定住パターン、経済、祭祀、工芸において広く波及した変化を経済面から説明したもので、その多くは古い世代の考古学者によって印欧人の移住に帰するものとされていた（「二次産物」とは、肉、血、骨、皮などの「一次産物」にたいし、羊毛、乳、畜力のように動物を殺さずに繰り返し得られるものを指す）。ＳＰＲをめぐる議論で取りあげられた問題のほとんど――ワゴン、騎馬、巻毛羊などの拡散――は印欧人の拡大をめぐる議論でも中心的なものだが、シェラットの見解では、そのいずれもが印欧人からではなく、むしろ近東の文明からの拡散に端を発するものとされた。印欧諸語は、この議論ではもはや中心にはなく、それどころか必要でもなくなり、多くの考古学者を安堵させることになった。しかし、こうした革新的な動きがいずれも近東から生じて、ヨーロッパにほぼ同時にもたらされたのではないかとするシェラットの提案は、たちまち崩れ去った。スクラッチ・プラウ〔撥土板のない最も原始的な犂〕と酪農はヨーロッパでは前３５００年よりずっと昔に登場していたし、馬の家畜化はステップで起きた事象だった。ＳＰＲ論でまだ残っている重要な断片は、前３５００年から前３０００年にかけて、巻毛羊とワゴンが古代の近東とヨーロッパの大半に、一緒になって拡散したことだが、この革新的な動きのどちらについても、どこで始まったのかはわかっていない。*11

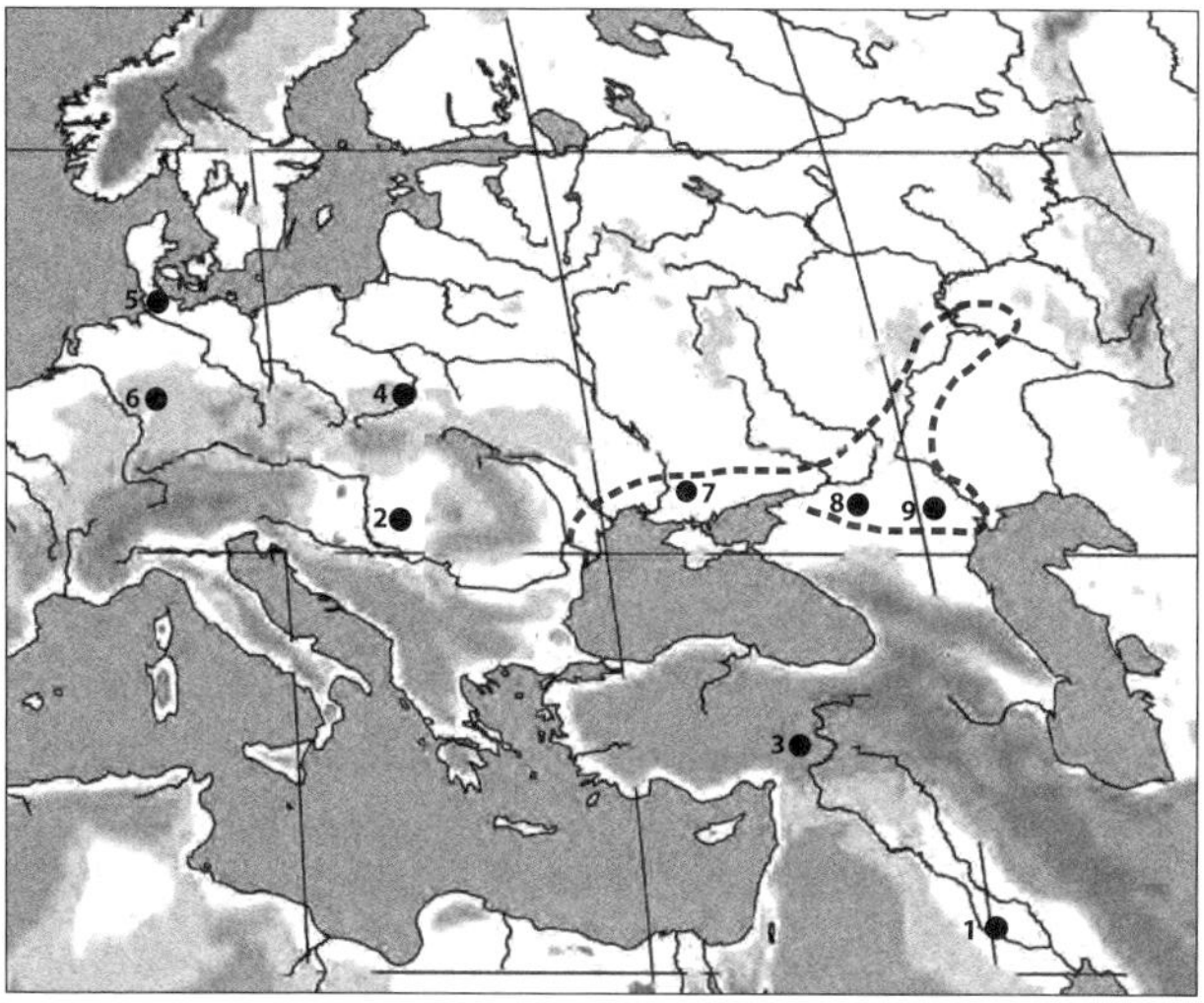

図4・6　車輪またはワゴンの早期の証拠が発見された場所。(1) ウルク、(2) ブダカラース、(3) アルスランテペ、(4) ブロノチツェ、(5) フリントベク、(6) ローン・チューシェンI、(7) バルキ・クルガン、(8) オスタンニイ・クルガン、(9) エヴジク・クルガン。点線はポントス・カスピ海ステップで約250基のワゴン葬墓が分布している地域を示す。

車輪がもたらした影響力の最も明らかな証拠は、ワゴンの技術が広まった速度だ（図4・6）。実際、あまりにも急速で、車輪と車軸の原理がどこで発明されたかすら明言することはできない。ほとんどの専門家は、都市であるがゆえに、ヨーロッパの部族社会よりも洗練されていたメソポタミアで、最古のワゴンはつくられたと推測している。それどころか、メソポタミアにはその原型の役割をはたした橇があった。しかし、実際にはわかっていない。ヨーロッパには中石器および新石器時代に曲げ木をほぞで巧みに接合した橇という、別の原型が存在した。ヨーロッパ東部の大半の地域では実際、20世紀にいたるまで、冬季にはワゴンや馬車は納屋に留め置いて、雪上や氷上ではずっと効果を発揮する橇を利用するほうが理に適っていた。曲げ木の橇は少なくとも有史以前のヨーロッパでも、メソポタミアと同じくらい役に立つものであり、北ヨーロッパには早くも中石器時代には登場し始めていた。したがって、車輪と車軸をつくるのに必要な技能は、ヨーロッパと近東のどちらにも存在していたのだ。[*12]

　車輪と車軸の原理がどこで発明されたにしろ、その技術はヨーロッパと近東の大半に、前3400年から前3000年のあいだに急速に広まった。印欧祖語の話し手は、印欧語の語根からつくられた独自の単語を使いながらワゴンと車輪について語っていた。これらの語の大半はo語幹で、印欧祖語の音韻体系では、比較的遅くに発達したものだ。ワゴン関連の語彙は後期印欧祖語が確かに話されていたのが前4000年以降であったことを示しており、おそらくそれは前3500年以降のことだったろう。車輪付き乗り物の語彙が存在したかどうかが疑わしい印欧語の初期の主要な語派は、アナトリア語派しかない。ビル・ダーデンが述べたように、前アナトリア語は印欧祖語の原郷にワゴンが登場する以前に、古体印欧祖語の方言から分岐してしまったのだろう。前アナトリア語は前4000年以前に話されていたのかもしれない。後期印欧祖語は、ワゴンに関するすべての語彙を含め、前3500年以降に話されていたのだろう。

ワゴンとアナトリア原郷仮説

　ワゴンの語彙は印欧祖語の原郷の場所と時代に関する論争を解決するうえで鍵となる。前4000—3500年のステップを原郷とする説への主要な対抗馬は、前7000—6500年のアナトリア半島とエーゲ海を原郷とする説だ。コリン・レンフルーはインド・ヒッタイト語（前《プレ》印欧祖語）がまずアナトリア半島南部と西部の農耕民によって前7000年ごろに、チャタル・ホユクなどの地で話されていたのではないかと主張した。彼の描いたシナリオでは、インド・ヒッタイト語の一方言が、アナトリアからの開拓農耕民によって最初の農耕経済とともに、前6700－6500年ごろにギリシャへと伝わった。ギリシャで、この初期農耕民の言語は印欧祖語に発展し、ヨーロッパと地中海沿岸地方に最初期の農耕経済の拡大とともに広まった。印欧諸語の分散と最初の農耕経済の波及を結びつけることで、レンフルーは印欧諸語の起源の問題に魅力にあふれる優雅な解決策を示したのだった。1987年以降、レンフルーをはじめとする研究者は、古代の多くの言語を世界各地に広めた主要な影響力の一つが、初期農耕民の移住だったことを説得力に満ちた方法で示した。そのため、「初期農耕／言語拡散」仮説は多くの考古学者に支持された。しかし、そのためには親言語であるインド・ヒッタイト語と印欧祖語の最初の分岐が、アナトリアの農耕民が最初にギリシャへ移住した前6700－6500年ごろには始まらなければならない。そうだとすれば、ヨーロッパのワゴンの最古の年代である前3500年には、印欧語族はすでに枝葉が生い茂って分岐し、3000年は経た諸言語だったはずであり、なんであれ共通の語彙をもつ時代はとうに過ぎていただろう。*13

アナトリアを起源とする仮説からは、ほかの問題も生じる。新石器時代のアナトリアの最初の農耕民は、シリア北部からそこへ移住したと考えられているが、レンフルーの初期農耕／言語拡散仮説によれば、それはシリア北部の新石器時代の言語が拡散した結果であったはずになる（図4・7）。シリア北部の土着の言語は、セム語や近東低地の大半の言語のように、アフロ・アジア語族に属する言葉だっただろう。アナトリアの最初の農耕民がアフロ・アジアの言語を話していたとすれば、印欧祖語ではなく、その言語がギリシャへ伝わったはずだ。*14 アナトリアで文字として残された最初期の印欧

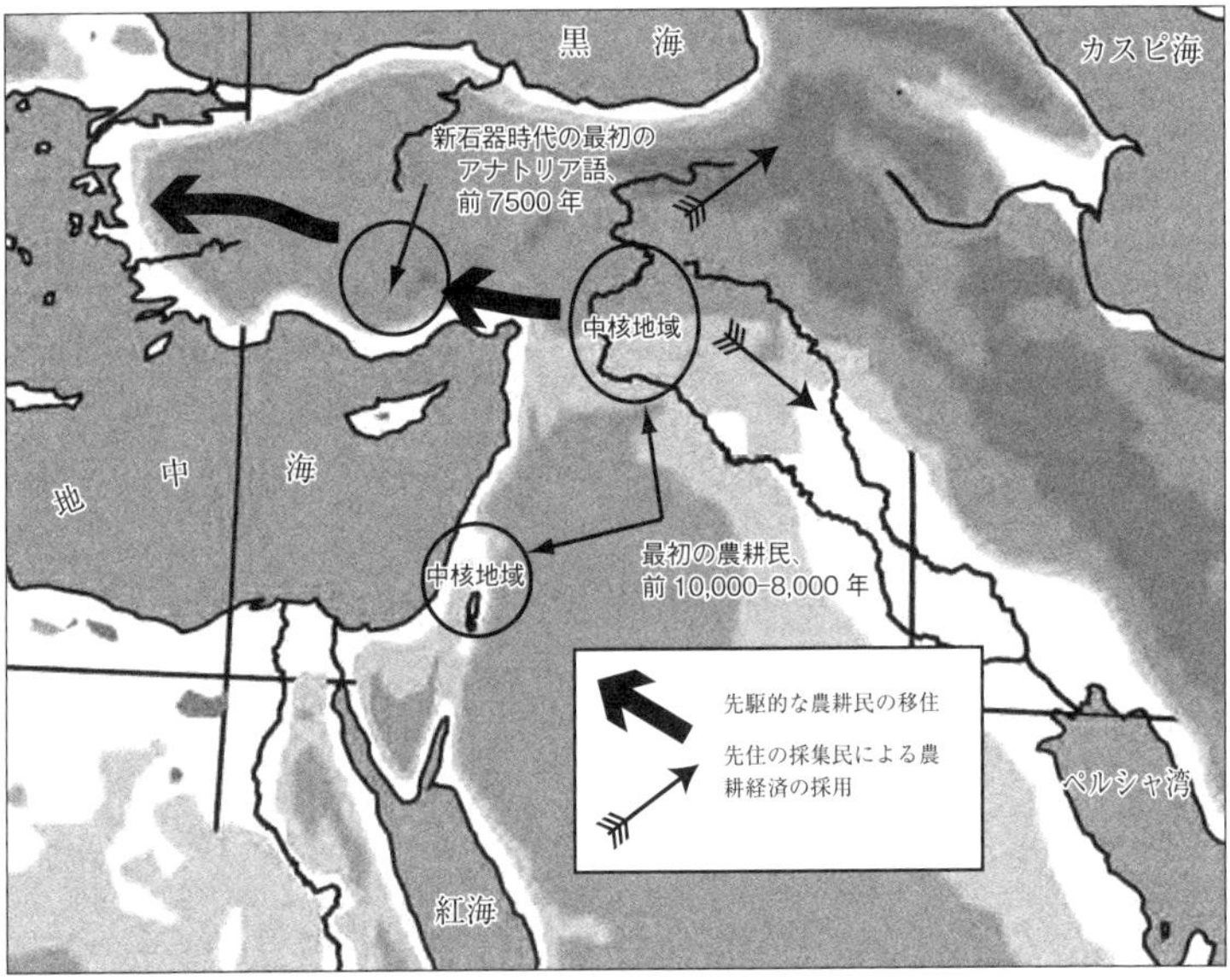

図 4・7　おそらく前 7500 年ごろシリア北部の中核地域からの移住によって、アナトリア半島へ最初の農耕経済が波及した。最初の開拓農耕民はアフロ・アジア言語を話していただろう。出典：Bar-Yosef 2002

語——ヒッタイト語、パラ語、ルウィ語——はほとんど多様化しておらず、前1500年にはルウィ語を話す人びとだけが、それなりの数で残っていた。三つの言語はいずれも、非印欧語（ハッティ語やフルリ語だけでなく、おそらくはその他の言語）から幅広く借用していた。これらの言語のほうが古くて、格調が高く、より広く話されていたものと思われる。アナトリア半島の印欧語は、その話し手として確固たる人口基盤をもたず、新石器時代からそこで進化したのだとすれば予測される多様性にも欠ける。

◎印欧祖語の年代を突き止めるための系統発生的アプローチ

それでも、アナトリア起源仮説は系統発生的な言語学の新手法から支持されている。生物学から借用した分岐手法は二つの目的のために使われてきた。印欧諸語が枝分かれした時期を編年順に〔前後関係を推測して〕並べる（前章で論じたもの）こと、および二つのいずれかの語派間の分離年代を推測すること、もしくはすべての語派の語根の年代を推測することで、これはさらに危険に満ちた作業になる。生物学的な変化にもとづく進化モデルを使って、言語の語派の年代を推定する作業は、せいぜい不確かな手法としか言いようがない。人はいつの時代にも意図的に話し言葉をつくり変えるが、遺伝子であれば意図的につくり変えられない。言語社会のなかで言語の新用法が生みだされる方法は、繁殖集団のなかで突然変異が生じる方法とはかなり異なっている。言語の分岐と再結合の形態はずっと複雑だし、言語が分岐する速度もはるかに変化に富んでいる。遺伝子は遺伝子群全体で広がるが、言語の伝播はつねにモジュール単位のプロセスであり、一部のモジュール（文法と音韻体系）はその他（単語）にくらべて借用や伝播の影響を受けにくい。

　ラッセル・グレイとクウェンティン・アトキンソンは、分岐論と言語学の手法を織り交ぜたものをコンピューター・プログラムで処理することによって、これらの問題を解き明かそうと試みた。彼らは、前アナトリア語はその他の印欧語社会から前６７００年ごろ（±１２００年）分かれたのではないかと主張した。前トカラ語は次に分離し（前５９００年ごろ）、さらに前ギリシャ／アルメニア語が（前５３００年ごろ）、そして前インド・イラン／アルバニア語（前４９００年ごろ）がつづいた。最終的に、前バルト・スラヴ語と、前イタリック・ケルト・ゲルマン語の祖先を含む超分岐群が前４５００年ごろに分離した。考古学からは、前６７００―６５００年が最初の開拓農耕民がアナトリア半島をでて、ギリシャに入植したおよその年代であることが示されている。考古学と系統発生学の年代がこれほどよく合致することはまずない。[*15] しかし、印欧祖語にあるワゴンの語彙の存在は、どうすれば前6500年の最初の分散と同時代の出来事になりうるだろうか？

◎緩やかな進化仮説

ワゴンの語彙は、印欧祖語が失われて、娘言語に差異が生じてきたあとに生みだされたはずはない。ワゴン／車輪を表わす言葉には、のちの娘言語で造語され、他の言語に借用されたと考えられる音は含まれておらず、その一方で、印欧祖語から娘の語派に受け継がれたとすれば予想しうる音は含まれている。ワゴンの語彙が印欧祖語起源であることは、典型的な再構築例が少なくとも五つは見つかるので、否定できない。これらが実際に間違っていたとすれば、比較言語の中心となる方法──「発生的」関連性を見極めるもの──があまりにも信頼できず、無益なものとなり、印欧起源の問題は意味のないものとなるだろう。

しかし、ワゴン／車輪の語彙が同じ印欧祖語の語根から、別々に生みだされた可能性はあるだろうか？　*k^{w}ék^{w}los「車輪」を例にすると、グレイは（彼のホームページのコメント欄で）*kwel-「回転する」という動詞から、「回るもの」という名詞、つまり「車輪」に意味上で発展するのはごく自然なことで、それぞれの語派で独自に繰り返されたのだろうと述べた。ここには一つ難点がある。印欧祖語では「回転する」、「転がる」、または「回る」を意味する少なくとも四つの異なる動詞が再構築されているので、*kwel-がそれぞれの言語で繰り返し選ばれたと考えるのは都合が悪い[*16]。より重大な難点は、印欧祖語における*kwel-などのワゴン用語の発音が、時代を経ても変わらず残ることはありえなかったという点だ。それらの言葉が印欧祖語の音声形式のまま凍結されて残り、何千年もかけて別々の時代に発生し、9ないし10の語派の話し手に受け継がれたりはしないだろう。通常、そ

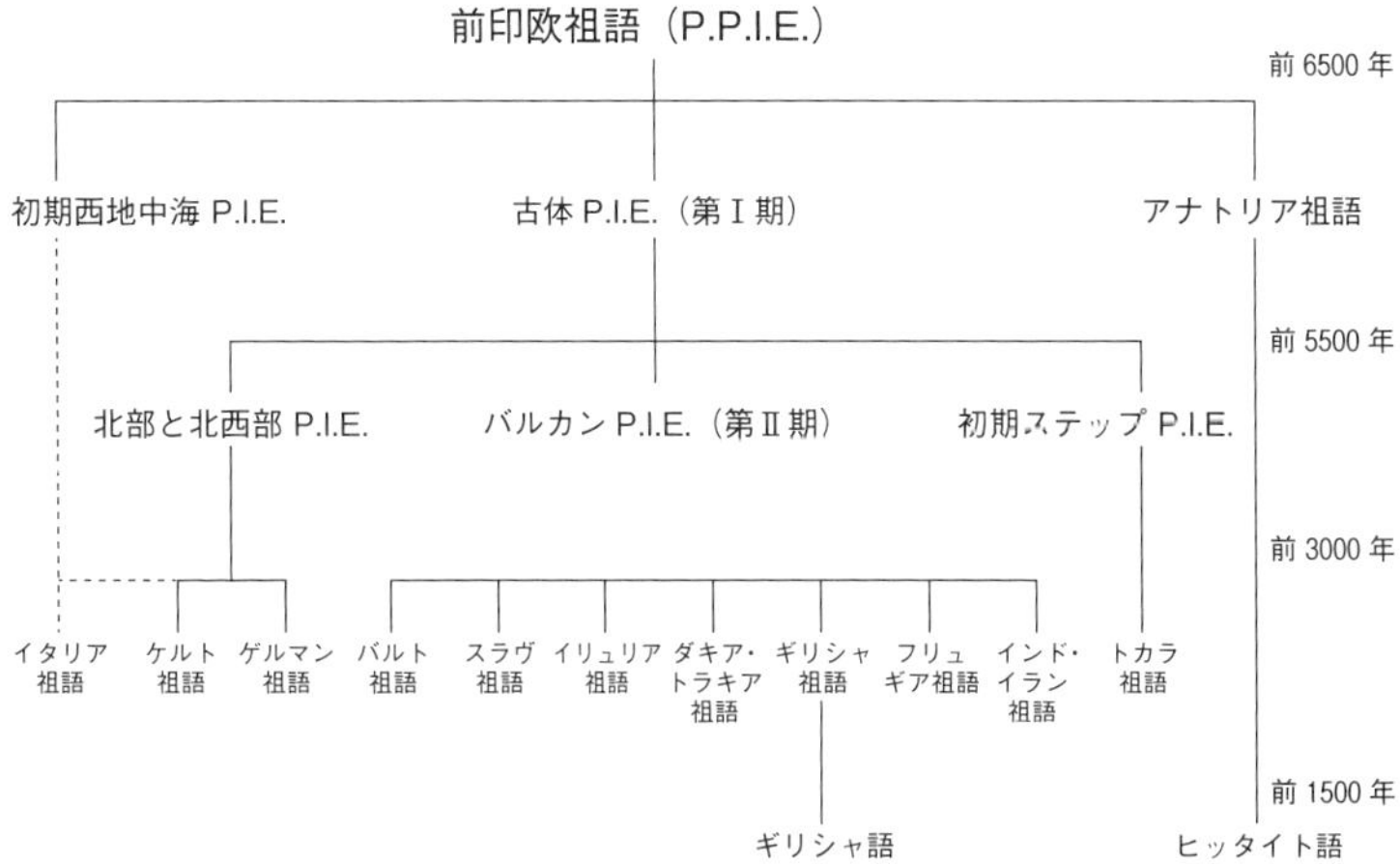

図4・8　印欧祖語が前6500–5000年ごろ最初の農耕民とともにヨーロッパ各地に広まったとすれば、この言語は車輪の語彙が登場した前3500年ごろまでほとんど変化せずにいなければならない。この図では、3,000年間にわずかに3つの方言への分岐が示されている。出典：Renfrew 2001

の他の語彙は時代とともに変わるのに、車輪に関する語彙は音声的発達が見られなかったと想定するわけにはいかないのだ。しかし、その他の語彙もまた非常にゆっくりと変化したとすればどうだろうか？

　レンフルーが提示した解決策は次のようなものだった（図4・8）。ワゴン／車輪の語彙を、初期農耕／言語拡散仮説と時代を合わせるとすれば、印欧祖語は3500年という非常に長期にわたって話されていなければならず、その間、印欧祖語はほとんど変化しなかったと考えなければならない。前印欧祖語、つまりインド・ヒッタイト語は、アナトリアで前6500年より以前に話されていた。古体印欧祖語は、前6500－6000年ごろギリシャの開拓農耕民の言語として発展した。彼らの子孫が北部や西部へ移住して、ブルガリアからハンガリーまで広い地域に点在した新石器時代の共同体を築くあいだも、彼らが携えていった言語は、古体印欧祖語という一つの言語でありつづけた。彼らの子孫は数百年間そこに留まり、それから第二次の開拓者の移住が始まった。そして、前5500年から前5000年のあいだにカルパティア山脈を越えて、線帯《リニア》文土器文化の農耕民とともに北ヨーロッパ平原へ突き進んだ、というものだ。こうした農耕民の移住が、レンフルーの言う印欧祖語の第1期を生みだし、前6500年から前5000年のあいだにライン川からドニエプル川まで、さらにドイツからギリシャまで、ヨーロッパのほとんどの地域で話されるようになった。前5000年から前3000年にかけてのレンフルーの印欧祖語の第2期には、古体印欧祖語は牧畜経済を採用することでステップへと広まった。後期印欧祖語の方言ごとの特徴が発達し、ワゴン／車輪に関するすべての単語に見られるo語幹のような、「幹母音」の屈折も登場するようになった。これら後世の特徴は、先史時代のヨーロッパの三分の二にまたがる、印欧祖語を話す地域一帯で共通していたものだった。ワゴンの語彙は第2期の末期に登場し、ライン川からヴォルガ川まで採用されるようになった、という考え方だ。[*17]

印欧祖語のこうした概念には、三つの致命的な欠陥があると私には思われる。まず、印欧祖語が前6500年から前3000年まで、3500年以上にわたって統一された一連の方言でありつづけるには、そのすべての方言が同じ割合で変化し、その変化の度合いはきわめてゆっくりでなければならない。新石器時代のヨーロッパの大半で、均質な変化率が見られたというのは、非常に考えにくい。言語変化の速度は、シーラ・エンブルトンが示したように、各地の多数の要因に影響されるものであり、そうした要因は地域ごとに変わったはずだからだ。そして、印欧祖語がその最古の形態から後世の形態まで進化するだけで3500年かかったとすれば、新石器／金石併用時代に言語変化の速度がほぼ停滞状態になければならず、まるで非現実的な要求をすることになる。しかも、新石器時代のヨーロッパは信じがたいほどの物質文化の多様性を見せているのだ。「この啞然とするほどの多様性」と、V・ゴードン・チャイルドが表現したものは、「学生を当惑させ、地図上ではまごつかせるものだが、それでもこれがヨーロッパの先史時代のパターンに見られる顕著な特徴なのだ」[18]。外部の影響を受けることなく、長い伝統に培われた部族の言語でも、部族の物質文化よりは多様となる傾向がある（第6章参照）。そのため、新石器／金石併用時代のヨーロッパの言語上の多様性は、物質文化の多様性よりももっと啞然とするものであったはずで、それ以下ではないと推測され、多様性が顕著に少ないということは明らかにないと思われる。

　つまるところこの広大な地域は、一つの言語が部族的な経済と政治のもとで、陸上の交通手段としては足で歩くほかなかった時代に存続するには、あまりにも広過ぎたのだ。ジム・マロリーと私が、新石器／金石併用時代のヨーロッパにおける部族言語がどの程度の領域であったかについて論じたほか、ダニエル・ネトルズは西アフリカにおける部族言語の地理について詳述している[19]。西アフリカでは部族単位で暮らす耕作者の大半は、1万平方キロに満たない地域で使われている言語を話していた。世界各地の採集民《フォレジャー》（本書では狩猟採集民と同義でこの用語が使われている）は一般に、農民よりもずっと広い言語領域で暮らしているし、痩せた環境で移動農業によって暮らす人は、豊かな環境で集約農業を営む人にくらべて、言語領域も広かった。部族で暮らす農民のあいだで記録されている言語の語族――各言語ではなく、印欧語族、ウラル語族のような語族――の占める面積は、通常、20万平方キロを大幅に下回っていた。マロリーは新石器時代ヨーロッパの語族に、平均で25万から50万平方キロという数値を当てはめ、関連するもろもろの不確実性を最大限に許容できるようにした。それでも、新石器時代のヨーロッパには20から40の語族が存在したはずだという結果になった。

前３５００年のヨーロッパに存在した語族の実数は、おそらくそれよりも少ない。農耕経済は、前６５００年ごろに始まった一連の移動を通じて新石器時代のヨーロッパに導入されていたからだ。長距離移動の力学が、とりわけ開拓農耕民の移動が、数世紀のあいだに非常に均質な言語を、非常に広範囲に急速に拡大させる事態へつながった可能性はあるが（第6章参照）、それでも土地ごとの差異は生じたはずだ。新石器時代のヨーロッパには、募集された人びとがさまざまな集団から流れ込み、別々の場所へと向かうようないくつかの独自の移住集団があり、彼らはそこで中石器時代の〔社会にまだ暮らし〕採集生活をしていた違う言語集団とも交流するようになった。それによって前６０００―５５００年までの、５００―１０００年間に移住してきた農耕民のあいだに、初期の言語上の差異が生じていたに違いない。比較を試みるとすれば、アフリカの中部および南部におけるバンツー語を話す牧牛民の移住は２０００年ほど前に起こり、バンツー祖語はそれ以来、５００以上の現代のバンツー諸語へと多様化し、19の語派に分類されているが、今日もなお非バンツー語族に属する飛び地がそのなかに点在している。前３５００年のヨーロッパは、最初の農耕民の移住からは２０００年から３０００年を経ており、少なくとも現代のアフリカ中部や南部ほどの言語の多様性は見られただろう。当初の新石器時代の農耕民の言語から派生した数百の言語が、新石器時代以前の多様な種類の語派と混在する状況だ。ギリシャに最初に移住した人びとの言語は、その話し手たちがいくつもの気候帯にまたがる何百万平方キロにわたって分散したのちに、３０００年間も一つの言語でありつづけたはずはない。部族社会の農耕民のあいだで、そのように安定した広い言語領域があった事例は、民族誌的研究でも歴史上でもとにかく存在はしない。

印欧祖語の話し手にはワゴンがあったが、ワゴンの語彙からは前６５００年のような早い時代の分散はうまく説明が付かない。ワゴンの語彙は初期農耕／言語拡散仮説とは相容れないのだ。印欧祖語は新石器時代のギリシャで話されていたはずはなく、ワゴンが発明された3000年後にはまだ存在していたのだ。したがって、印欧祖語は農耕経済とともに拡散したのではない。この言語の最初の拡散はもっと後世の、前4000年以降のことであり、数百の異なる言語を話していた人びとがすでに密集していたヨーロッパがその舞台となったのだろう。

印欧祖語の誕生と死

　歴史的に知られている初期の印欧語が、印欧祖語の一つの年代的限界、すなわちそれ以降はありえない年代下限を設定し、また羊毛と車輪に関連して再構築された語彙がもう一つの限界である年代上限を定めている。印欧祖語について考えうる最も新しい年代は、前2500年（第3章）ごろと定められる。羊毛とワゴン／車輪の語彙による証拠から、後期印欧祖語は前4000―3500年ごろ以降に話されていたことが立証されており、とくに前3500年以降であった可能性が高い。車輪付き乗り物の語彙が確実には記録されていない、アナトリア諸語的な初期段階の終わった時代と、前2500年ごろに最終的な分散が始まった時期に話されていた方言までを、印欧祖語の定義に含めるとすれば、最大の時代区分は前4500年ごろから前2500年ごろにまで広がる。この2000年間という目標が、明確に定義された考古学的な時代に私たちを導いてくれるのだ。

　この時代枠であれば、印欧語の原郷の考古学は以下の物事の順番と一致するだろうし、それはまた従来の語派の研究とも分岐論の観点からもつじつまが合うだろう。古体印欧祖語（アナトリア語派にのみ部分的に残されたもの）はおそらく前4000年以前に話されていた。初期印欧祖語（トカラ語に部分的に残されたもの）は、前4000年から前3500年まで話されており、後期印欧祖語（ワゴン／車輪の語彙とともにイタリック・ケルト語派の元となる）は前3500—3000年ごろ話されていた。前ゲルマン語は、前3300年ごろ後期印欧祖語の方言の西端から分離し、前ギリシャ語は前2500年ごろ、別の一連の方言から分かれたのだろう。前バルト語は前スラヴ語など、北西部の方言から前2500年ごろに分岐した。前インド・イラン語は前2500年から前2200年のあいだに北東部の一連の方言から発展した。

これで、時代に関しては目標が定まったので、印欧祖語がどこで話されていたのかという、昔からの辛辣な論争に答えをだすことができる。

第5章　印欧祖語の原郷の場所【言語と場所】

印欧祖語の原郷は、アメリカ西部の伝説である「ダッチマンの失われた金鉱」のように、ほぼあらゆる場所で発見されているが、そのいずれも確証がない。本当の場所を知っていると主張する人はみな、いくらか風変わりなのだと――もしくはそれ以下だと――考えられている。印欧人の原郷は、インド、パキスタン、ヒマラヤ山脈、アルタイ山脈、カザフスタン、ロシア、ウクライナ、バルカン半島、トルコ、アルメニア、北カフカース、シリア／レバノン、ドイツ、スカンディナヴィア、北極、それに（もちろん）アトランティスであるとされてきた。一部の原郷は、特権や領土をめぐる国粋主義や人種差別主義の主張に、歴史的先例を与えるためだけに推進されてきたようだ。異様なほど熱を帯びた主張もある。論争は面白みに欠けた学術的なものにもなれば、滑稽なまでにばかげたものや、あからさまに政治色を帯びたものまであり、２００年近くつづいている。[*1]

本章は印欧祖語の原郷の場所について、言語学的な証拠を挙げてゆく。この証拠は私たちを、踏みならされた道を通って馴染み深い目的地へと連れてゆくだろう。今日のウクライナとロシア南部に相当する黒海とカスピ海の北にある草原であり、ポントス・カスピ海ステップとしても知られている場所だ（図5・1）。マリヤ・ギンブタスやジム・マロリーをはじめとする一部の学者は、過去30年にわたってここを原郷とする説得力のある主張をしてきた。それぞれいくつかの重要な細部が異なる基準を用いているが、多くの点では同じ根拠から同じ結論に達している。[*2] 近年の発見は黒海・カスピ海仮説をいちじるしく強化してきたので、ここが原郷であるという仮説は無理なく推し進められる、と私は考える。

「原郷」という概念の問題点

最初に、いくつかの根本的な問題点を認めておくべきだろう。私の研究者仲間の多くは、印欧祖語のいかなる原郷も突き止めるのは不可能だと信じており、以下に述べる三点がそのうちで最も深刻な彼らの懸念事項だ。

問題その1。再構築された印欧祖語は言語学的な仮説に過ぎず、仮説に原郷はない。

この批判は、再構築された印欧祖語の「実在性」に関するものだが、言語学者はそれについては賛成しない。再構築された印欧祖語が実際にどこかで話されていたなどと、想像すべきではないと、私たちに釘を刺す人びともいる。R・M・W・ディクソンは、再建された言語の文法の種類について、

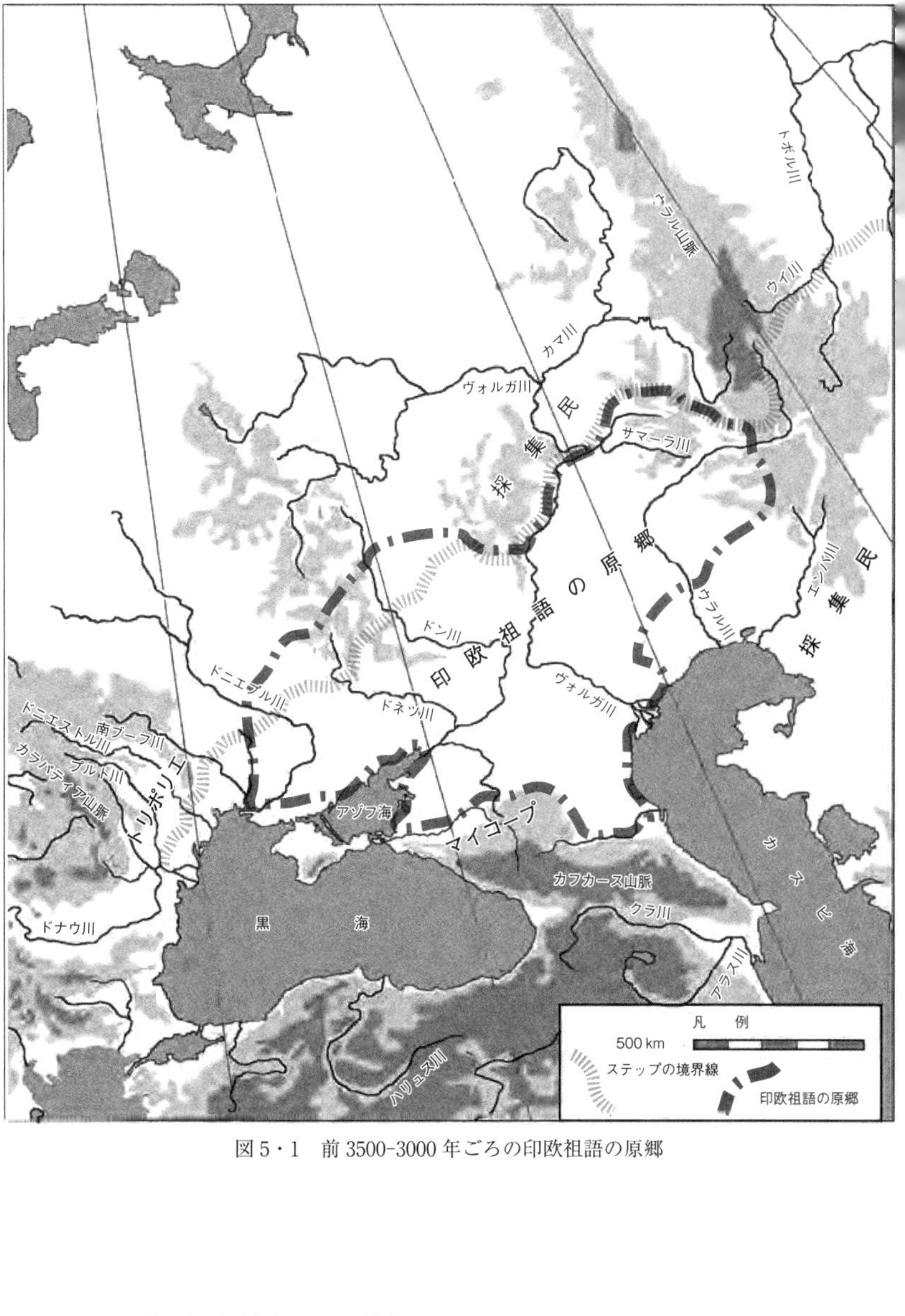

図5・1　前3500-3000年ごろの印欧祖語の原郷

「絶対的に確信」できない限り、「推定上の再構築のすべての細部」には疑念が生じると述べた[*3]。しかし、これは極端な要求だ。絶対的な確信を見いだせる唯一の分野は宗教だ。それ以外のすべての活動では、私たちは提起できる最良（つまり最も単純かつ最もデータを含むもの）の解釈で満足しなければならない。データが現在意味するようなものであればだが。宗教以外のすべての探究ではこれが真実であることを認めたあとは、印欧祖語が「実在」のものと考えられるかどうかの問題は、三つのより鋭い批判にたいする議論に要約される。

a　再構築された印欧祖語は断片的である（この言語の大半は決して判明しないだろう）。

b　再構築された部分は均質化されていて、比較研究法によって個々の方言特有の音の多くは除外されている（再建された印欧祖語では、いくつかの方言の証拠も残っているのだが）。

c　印欧祖語は時代のなかのある瞬間のスナップショットではなく、むしろ「時代を超越」したものだ。これは何百年どころか何千年にもわたる発展を平均化するものだ。その意味では、これは言語史のいつの時代の正確な図でもない。

これらは深刻な批判に思われる。しかし、それによる影響が印欧祖語を単なる幻想にすることならば、メリアム＝ウェブスターの辞書に表わされるような英語という言語も幻想になる。私の辞書にはオンバーという英単語（17、18世紀に人気のあったカードゲーム、オンブルのこと）も、ハードディスク（1978年版に初めて登場した語句）も含まれている。ということは、この辞書の語彙は少なくとも300年にわたる言語を平均化しているのだ。その音韻体系、つまりそれが表現する「正式な」発音はかなり制限されている。ハードディスクでは発音は一つしか示されておらず、それはボストン子のいう「ハアド」ではない。メリアム＝ウェブスターの英語は、誰か一人の人間がそのすべてを話していたような言語であったためしはない。それでも、私たちはこの辞書が実際に話されている英語の手引書として役に立つと考えている。再構築された印欧祖語も同様で、一つの言語の辞書のようなものだ。それ自体は本当の言語ではないが、明らかに一つの言語を参照している。そして、シュメールの楔形文字の文献やエジプトのヒエログリフも、再建された印欧祖語とまったく同じ問題を突きつけていることを、忘れてはならない。書かれた文字は、すべての音声を明らかに示すわけではないため、その音韻体系は不確かだ。そこには王族や祭司の使う方言だけが含まれ、それは教会ラテン語のように、古めかしい言語形態を残しているかもしれない。書かれた文字そのものは、本物の言語ではない。ただ本物の言語を参照するだけだ。再構築された印欧祖語は楔形文字で書かれたシュメール語とさほど変わらないのである。

　印欧祖語が辞書のようなものだとすれば、それが「時代を超越した」存在にはなりえない。辞書はいちばん新しい言葉の追加によって、容易に年代が見極められる。ハードディスクという語を含む辞書は1978年以降の年代のもので、それはちょうど印欧祖語のワゴン関連用語が紀元前4000―3500年以降と年代が定められるのと同じだ。年代測定の道具として情報の欠如を利用するほうがより危険だ。印欧祖語に実際に存在した多くの単語は決して再構築されることはないからだ。ただし、印欧祖語には輻《や》（スポーク）、鉄、綿、二輪戦車《チャリオット》、ガラス、コーヒーなどの用語の語根は含まれていないことは、少なくとも興味深い。これらは娘言語が進化して分散したのちに、いまのたとえを使えば、辞書が印刷されたのちに、発明されたものなのだ。

もちろん、再建された印欧祖語の辞書は、私のメリアム＝ウェブスターの辞書よりもずっとボロボロだ。多くのページは破られ、残されたページも年月の経過によって字がかすれている。失われたページがある問題が、一部の言語学者には大きな懸念となっている。再建された祖語は、多くの骨が見つからず、残っている骨の配置が専門家のあいだで議論される期待はずれの骨格標本のようにも見える。骨格がかつて支えていた完全な言語というものは、明らかに理論上の構造物だ。恐竜の想像図も然りだ。とはいえ、古生物学者のように、私は断片的な骨格があるだけでも嬉しい。印欧祖語はなかば文法であり、なかば非常に古い辞書のもはや使われなくなった部分に付随していた発音規則のようなものだと私は考える。一部の言語学者にとって、それは「実在」の言語にはなりえないかもしれない。しかし、考古学者にとっては、部屋いっぱいの土器や陶器の破片よりもずっと価値がある。

問題その2。「再構築した印欧祖語」という概念全体が幻想である。印欧諸語間の類似点は、非常に異なる起源をもつ言語同士が何千年もかけて徐々に収束することによって生じた可能性も、同じくらい充分にある。

これは最初の批判よりもずっと根本的なものだ。比較研究法がその結果として自動的に祖語を生みだすいかさまゲームだと主張しているのだ。比較研究法は、言語間の借用と収束に由来する言語の変化を顧みていないと言われている。当初は多様であった言語間が徐々に収束したことで、印欧諸語間の類似性は生じたかもしれないと、これらの学者は主張する。[*4] これが本当だとすれば、もしくはありうるとするだけでも、実際のところ印欧諸語の一つの親言語を探し求める理由はなくなるだろう。しかし、こうした方向の疑問をかきたてたロシアの言語学者ニコライ・S・トルベツコイは、1930

年代の研究者であり、意表を突いた彼の問題提起に言語学者がまだ本格的に取り組む道具をもつ以前のことだ。

それ以来、相当数の言語学者が言語間の収束の問題を取りあげてきた。収束がどのように生じ、言語学的にどんな影響があったかに関する私たちの理解を、彼らは大幅に増してくれた。いくつかの問題では、言語学者は互いにひどく意見が食い違っているが、収束に関する近年の研究はすべて、印欧諸語がその本質的な類似点を共通の祖先の言語から受け継いでおり、収束によるものではないという点は受け入れている。[*5] もちろん、隣り合わせの印欧諸語間ではなんらかの収束は生じてきた――これはすべて収束か、まったく違うかの問題ではない――が、専門家は印欧語族を定義付ける基本的な構造は、一つの母言語から共通して受け継いだことによってのみ説明が付くという点で合意を見ている。

この意見の一致には三つの理由がある。第一に、印欧諸語は世界で最も徹底的に研究されてきた言語だということだ。要するに、それについて私たちは多くのことを知っているのだ。第二に、印欧諸語間に見られるようなまとまった類似性が、もともと別々の言語間で借用と収束によってもたらされた事例を、言語学者は知らない。最後に、クレオール言語――二つ以上のもともと別の言語間における収束の結果である言語――の典型として知られる特徴は、印欧諸語には見られない。クレオール語には名詞と代名詞の屈折の大幅な減少（格変化せず、単数・複数の区別も付けない）、動詞の前に不変化詞を置いて時制の代わりにする（“we got”と〔getを過去形に〕せずに〔不変化詞のbinを付けて〕“we bin get”とする）、全般的に動詞に時制、性別、人称による屈折が見られない、前置詞の数が大幅に少ない、および副詞や形容詞を強調するために反復形を用いるといった特徴がある。こうしたそれぞれの特徴において、印欧祖語は典型的なクレオール語とは対極にある。印欧祖語は、クレオール語に通常当てはめられるいかなる基準からしても、クレオール語として分類することはできない。[6]
印欧の娘諸言語もやはり、クレオール語の明らかな特徴を示してはいない。これはつまり、印欧語の語彙と文法は競合する言語と混交したのではなく、むしろそれらに取って代わったことを意味する。もちろん、なんらかの言葉の貸し借りは生じた――言語同士の接触ではつねに起こることだ――が、表面的な借用と混交はまるで異なるものだ。収束説ではともかく、印欧諸語間の類似性は説明できないのである。母言語を放棄すれば、印欧語族を定義付ける音声、形態、意味に見られる規則的な一致について、なんら説明もなく取り残されることになる。

問題その3。印欧祖語が話されていた原郷があったとしても、再構築された語彙は時代錯誤もはなはだしく、印欧祖語には存在しなかった言葉なので、その語彙を使って原郷を見つけることはできない。

この批判は、その前のものと同様に、近年の言語間の借用にたいする懸念を反映するものだが、ここではただ語彙に焦点を絞っている。もちろん、多くの借用語は印欧娘言語を通じて、祖語の時代のあともずっと広まりつづけた。近年の例ではコーヒー（アラビア語からトルコ語を介して借用したもの）や、タバコ（カリブから）がある。こうした品々を指す言葉は似たような音になり、別々の印欧語でも同じ意味をもつが、それらを古代から受け継がれた語だと間違える言語学者はまずいない。これらの語の音声体系は印欧語のものではなく、娘語派に見られるその形は、受け継がれてきた語根から予測されるようなものではない。[7] コーヒーのような言葉は、重大な汚染源ではないのだ。
歴史言語学者も言語間の借用をないがしろにはしない。借用への理解はきわめて重要だ。たとえば、ゲルマン、ギリシャ、ケルトなどの言語内に深く根付いたわずかな矛盾、つまり語頭の［kn-］（knob、ノブなど）のような一瞬だけの音は、印欧語の音声としては典型的なものではない。絶滅した非印欧語からのこうした断片は、ひとえにそれらが借用されたがために残されている。こうした音は前《プレ》印欧祖語の地名の地図をつくるうえで役に立ちうる。例を挙げると、語尾が［-ssos］や［-nthos］で終わる地名（コリントス、クノッソス、パルナッソスなど）はギリシャ語によって借用され、エーゲ海地域とアナトリア半島西部の前ギリシャ（諸）言語の地理的分布を表わしていると考えられている。借用した非印欧語の音は、絶滅して久しいヨーロッパ北部や東部の非印欧諸語の一部を再構築するうえでも用いられた。これらの言語から残されたものは、それに取って代わった印欧諸語にときたま残る単語や音だけなのだ。それでも、数千年前に借用した言葉に、その断片を認めることができる。[*8]

借用がつねに利用されるもう一つの例は、言語連合のような「地域」特徴の研究だ。言語連合はいくつかの異なる言語が、さまざまな状況で交互に話されている地域で、それが多様な特徴を借用することにつながった。最もよく知られる言語連合は、ヨーロッパ南東部にあり、アルバニア語、ブルガリア語、セルビア・クロアチア語、ギリシャ語が多くの特徴を共有し、おそらくはギリシャ正教会との関連から、ギリシャ語が主要な要素となっている。さらにもう一つ、借用は「発生的」な関係を調べるいかなる研究においても、つねに欠かせない要因である。二つの娘言語にある同根語が同じ言葉から由来したものかどうかを見極めようとする際、言語学者がつねに除外しなければならない別の可能性が、一つの言語が別の言語から借用した単語だ。比較言語学の多くの手法は、借用された単語、音、形態を正確に見極められるかどうかにかかっている。

広域にまたがって互いに分断された印欧諸語（古代の一言語を含む）に、似たような音と似たような意味の語根が見つかるとき、またその語形を音韻比較すると一つの祖先の語根が判明する場合、その語根はそれなりの確信をもって印欧祖語の語彙に加えることができる。再構築された語根はいずれも、印欧祖語の文化に関する複雑な理論の根拠にすべきではないが、一つの語根だけを扱う必要はない。関連する意味をもつ語群があるからだ。印欧祖語だけにある語根は、少なくとも１５００語は再構築されており、これら固有の語根の多くは再建された印欧祖語の複数の言葉に見つかるので、再建された印欧祖語の単語の総数は１５００語よりはるかに多くなる。借用は再構築された特定の語根に影響をおよぼす特定の問題だが、そのために何千語も含む再構築された語彙の有用性を失わせるものではない。

印欧祖語の原郷は、人種差別主義者の神話でもなければ、机上の空論でもない。どんな辞書の裏にも実在の言語があるように、再構築された印欧祖語の裏には実在の言語がある。そして、その言語は前４５００年から前２５００年のあいだに、限定された地域に暮らしていた実在の人びとの思考や関心事、物質文化を知る手引きなのだ。だが、その地域はどこにあるのだろうか？

原郷を探す——生態学と環境

印欧祖語の問題をめぐる調査は、それがどこに行き着こうが、同じ方法で始まる。手始めは、再建された印欧祖語の語彙のなかで、特定の時代に特定の場所でのみ存在していた動植物の種もしくは技術に関する語根を見極めることだ。語彙そのものが、少なくとも大まかな範囲で原郷を指し示すはずだ。たとえば、日常の話し言葉に言語学者が次のような言葉を記録していたという情報だけをもとに、ある集団の故郷を突き止めるように頼まれたと想像してみよう。

アルマジロ	ヤマヨモギ	サボテン
群れの暴走《スタンピード》	若い去勢雄牛《ステイア》	未経産の若い雌牛《ヘファー》
子牛《カーフ》	焼印	炊事車《チャック・ワゴン》
家畜置場《ストックヤード》	鉄道線路の末端《レイルヘッド》	6連発拳銃《シックスガン》
鞍	投げ縄《ラッソ》	馬

かなりの確信をもって、これらの人びとがアメリカ南西部に、おそらくは19世紀末か20世紀初めに住んでいたと特定できるだろう（六連発銃があって、トラック、自動車、ハイウェイなどの言葉がないことが、最良の年代指標となる）。彼らはおそらくカウボーイか、そのふりをした人びとだろう。さらによく調べると、アルマジロとヤマヨモギ、サボテンの組み合わせから、この集団はテキサス西部、ニューメキシコ、またはアリゾナに限定されるだろう。

言語学者は長年、印欧祖語の語彙に世界の一地域だけに生息する動植物の種名を探そうと試みてきた。再建された印欧祖語でサケを表わす *lók*s- はかつて、「アーリア人」の原郷が北ヨーロッパにあったことの明らかな証拠として有名だった。しかし、動植物の名前はその意味が容易に狭まりもすれば広まりもするようだ。人びとが新しい環境に移動した場合には、それらが再び使われ、リサイクルされることすらある。イングランドからの入植者がアメリカの鳥に「ロビン」と名づけたようなものだ。実際には、イングランドのロビンとは種が違うのだが〔イギリスのロビンはヒタキ科のヨーロッパコマドリで、アメリカのロビンはツグミ科のコマツグミ〕。再建語である*lók*s- に付与された特定の意味として、現在、言語学者が最も確信をもっているのは、「トラウトのような魚」というものだ〔トラウトはサケ科のうち日本でマス類と呼ばれるイワナなどを指す総称〕。これはユーラシア大陸北部のほとんどの川に生息するような魚で、黒海とカスピ海に流れ込む川もそこに含まれる。ブナを意味する再建された印欧祖語の語根も、似たような歴史をたどってきた。ヨーロッパブナ（*Fagus sylvatica*）はポーランドより東には分布していないため、印欧祖語の語根 *bháǵo- はかつて、ヨーロッパ北部または西部を原郷とする説を裏付けるのに使われていた。しかし、一部の印欧語では、同じ語根が別種の木（ナラやニワトコ）を意味しているし、いずれにせよカフカースブナ（*Fagus orientalis*）ならばカフカース地方にも生えるので、この言葉の本来の意味は不明だ。ほとんどの言語学者は、再構築された語彙が示す動物相と植物相は温帯種（カバノキ、カワウソ、オオヤマネコ、クマ、馬）であって、地中海地方（イトスギ、オリーブ、月桂樹はない）や、熱帯（サル、ゾウ、ヤシ、パピルスはない）ではないという点では、少なくとも意見の一致を見ている。馬やミツバチの語根はなかでも役に立つ。

　ミツバチと蜂蜜は、ほとんどの印欧諸語の同根語にもとづいて再構築されたとりわけ有力な再建語だ。蜂蜜を意味する言葉の派生語、*medhu- は、人を酔わせる飲料である蜂蜜酒《ミード》にも使われていたが、この酒はおそらく原印欧人の祭祀で大きな役割をはたしていただろう。ミツバチはシベリアのウラル山脈より東側には分布していなかった。野生のミツバチが巣作りの場所として好む広葉樹（とりわけシナノキやナラなど）はウラル山脈以東では珍しく、分布しない場所もあるからだ。ミツバチと蜂蜜がシベリアに存在していなかったとすれば、原郷がそこにあったはずはない。そうなると、カザフスタンの中央アジアのステップを含め、シベリアとユーラシア北東部の大半はこの論争から外れる。馬を意味する *ek*wo- は確実に再構築されており、印欧祖語の話し手にとって、聖なる力を表わす強力な象徴でもあったようだ。〔野生の〕馬は先史時代のヨーロッパ、カフカース山脈、アナトリア半島のそれぞれ孤立した狭い地域に、前4500年から前2500年にかけて生息していたが、近東、イラン、およびインド亜大陸にはわずかにしか、あるいはまったく分布していなかった。馬はユーラシアのステップにのみ数多く生息していて、経済的に重要な存在でもあった。馬を表わす言葉からは、近東、イラン、インド亜大陸は重要な論争からは省かれ、ユーラシアのステップに関心を向けるべきであることがわかる。そうなると、ウラル山脈以西のステップを含む温帯ヨーロッパと、アナトリア半島とカフカース地方山脈の温帯地域が残る。*9

原郷を見つける――社会・経済的状況

印欧祖語の話し手は農耕民であり畜産民だった。牡牛《ブル》、牝牛《カウ》、役牛《オックス》、牡羊《ラム》、牝羊《ユー》、子羊《ラム》、豚《ピッグ》、子豚《ピグレット》を表わす言葉は再建することができる。乳や乳製品に関する用語も多数あり、酸乳《サワーミルク》、乳清《ホエー》、凝乳《カード》などがそこには含まれる。牛や羊を牧場《フィールド》へ連れだすときは、彼らは忠実な犬《ドッグ》を伴っていった。羊毛《ウール》の刈《シア》り方を知っていたし、それを使って（おそらく水平腰機で）布を織《ウィーヴ》っていた。彼らは土地をスクラッチ・プラウ（アードとも呼ばれる）で耕して（もしくは耕す人びとを知って）おり、それを役牛《オックス》に軛《ヨーク》をつけて引かせていた。穀物《グレイン》や籾殻《チャフ》に関する言葉もあったし、畝間《ファロー》を表わす用語もあったと思われる。彼らは穀物を竪杵《ペスル》で突いて挽《グラインド》き、土器の鍋《ポット》で食べ物を調理した〔語根は実際にはcauldron〔大鍋〕を指すが、英語のこの言葉は狭義に金属製の調理器具を表わすようになってしまった〕。彼らは自分たちの所有物を二つに、つまり動産と不動産に分類していた。動産の語根（*peku-、pecuniary「金銭の」という英語の形容詞などの祖先となる語）は、一般に群れ《ハード》を表わす単語となった。[*10] 最終的には、彼らは自分の群れを増やすためなら、隣人を犠牲にすることも厭わなかった。ケルト、イタリック、インド・イランの各語派で、牛泥棒または牛を盗むことに使われた、「牛を追う」（rustling）という意味の動詞を再構築することができる。

社会生活はどんなものだったのだろうか？ 印欧祖語の話し手は部族政治と、血縁関係と婚姻によって結ばれた社会集団からなる世界で暮らしていた。彼らは一族または複数の家族（*ǵénh$_1$es-）からなる氏族（*weiḱ-）を形成して家庭（*dómh$_a$）で暮らしており、氏族の指導者つまり首長（*weiḱ-potis）がその集団を率いていた。彼らには「都市」を意味する言葉はなかった。世帯は男性中心であったようだ。再建した親族名称から判断すると、重要な名前を付けられた親族は圧倒的に父方にあり、父方居住婚であったことが示唆される〔嫁が夫の家で暮らすようになった〕。氏族の上の段階で人びとが帰属意識をいだいた集団は部族《トライヴ》（*h$_4$erós）だろう。インド・イラン語派のアーリア語のなかに発展した語根だ。[*11]

原印欧人の社会における基本的な区分の最も有名な定義は、ジョルジュ・デュメジルによる三機能構造だった。デュメジルは、祭祀を執り行なう祭司、戦士、一般の畜産者／耕作者からなる三つの根本的な区分が存在しただろうと述べた。これら三つの役割には、それぞれ色が関連付けられていたかもしれない。白は祭司を、赤は戦士を、黒または青が畜産者／耕作者を表わし、各々の役割には特定の儀式的／法的な処刑方法が定められていた可能性がある。祭司なら絞殺、戦士なら斬殺／突殺、畜産・耕作者なら溺殺という具合に。これら三種類の身分にはほかにも多様な法的・儀式的な区別がなされていたようだ。デュメジルの三区分が、限定された資格をもつ集団であった可能性は低い。むしろさほど明確に定められていない区分で、すべての男子が通過するはずの年齢ごとの三つの区分であったかもしれない。おそらく東アフリカのマサイ族に見られるような、牧童（少年）、戦士（青年・壮年）、そして一族の長老／祭祀の指導者（老年）のようなものだろう。戦士の区分はかなり両義的に見なされており、守護者になったかと思うと、自分の父親を殺す荒くれ者の人物にもなって神話にはよく描かれた（ヘラクレス、インドラ、〔北欧神話の〕トールなど）。詩人には社会的に尊重された別の地位が与えられていた。口にした言葉は、詩であれ誓約であれ、とてつもない力をもつものと考えられていた。詩人によってたたえられることが、死を免れない人間が不朽の名声を得られる唯一の望みだった。

印欧祖語の話し手は部族単位の農耕民であり、牧畜民だった。このような社会は前6000年以降、ヨーロッパの大半とアナトリア半島、およびカフカース山脈の各地に存在していた。しかし、狩猟採集経済が前2500年以降もつづいた地域は、原郷からはできる限り除外する。印欧祖語は前2500年には死語となっていたからだ。ヨーロッパ北部の温帯の森とシベリアは、前2500年以前から牧畜民という条件から外れるので除外され、それによってまた地図の一部が削除される。ウラル山脈以東のカザフのステップもやはり省かれる。実際には、熱帯地域を除外することと、ミツバチの生息地であることを合わせれば、この条件からウラル山脈以東はどんな場所も原郷とは考えにくくなるだろう。

原郷を突きとめる――ウラルとカフカースとの関連

近隣にどんな民族がいたかを突き止めれば、考えうる原郷の場所はさらに狭められる。印欧祖語の話し手の隣人がどんな民族であったかは、印欧祖語とほかの語族のあいだで借用された単語と形態体系から割りだすことができる。再建された祖語間の借用について議論するのは少々危険が伴う。まず、それぞれの祖語の音韻体系を再構築しなければならず、そのあとで似たような形と意味の語根を双方の祖語で見極め、さらに一方の祖語の語根が、もう一方から借用した語根から予測されるすべての条件に見合うかどうかを調べなければならないからだ。近隣の祖語同士に同じ語根があって、それぞれに再構築されていて、一つの語根がもう一方の語根からの借用として予測されることが説明できれば、借用であると確信をもてる事例となる。では、印欧祖語からは誰が言葉を借りて、誰が言葉を貸したのだろうか？　どの語族が印欧祖語と古い時代に接触をもち、交流していた証拠を示しているのか？

◎ウラル語との接点

最も強い結びつきは、断然ウラル語とのあいだに見いだせるだろう。ウラル諸語は今日、ヨーロッパとシベリアの北部で話されているが、一つだけ南方に分派がある。ハンガリーのマジャール語で、ここは10世紀にマジャール語を話す侵略者によって征服されている。印欧語と同様にウラル語も広範囲にまたがる語族で、その娘言語はシベリア北東部の太平洋岸（ツンドラのトナカイ牧畜民が話すガナサン語）から、大西洋とバルト海沿岸（フィンランド語、エストニア語、サーミ語、カレリア語、ヴェプス語、ヴォート語）まで、ユーラシア大陸の北の森林一帯で話されている。大半の言語学者は、この語族を根本から、フィン・ウゴル語派（西部派）とサモエード語派（東部派）の二つの大きな分派に分類する。もっとも、タパーニ・サルミネンはこのような二分化は確かな言語学的証拠ではなく、むしろ伝統にもとづくものだと主張している。彼の代案はこの語派を「一律に」九つの語派に分割するもので、そうなるとサモエード語派は九つのうちの一つに過ぎない。[*12]

ウラル祖語の原郷はおそらくウラル山脈の南麓を中心とした森林地帯にあっただろう。ウラル山脈の西側が原郷だと主張する人が多いが、東側だとする人もいて、それでもウラル語の言語学者とウラル地域の考古学者はほぼ全員が、ウラル祖語は西側ではオカ川（現代のニジニー・ノヴゴロド周辺）から東側はイルティシュ川（現代のオムスク周辺）のあいだのカバとマツの森のどこかで話されていたということに同意するだろう。今日、この中核地域で話されているウラル諸語は、西から東の順に挙げると、モルドヴィン語、マリ語、ウドムルト語、コミ語、マンシ語などがあり、そのうちの二つ（ウドムルト語とコミ語）は同じ語派（ペルム諸語）から分岐した幹である。言語学者のなかには、ウラル語の原郷はさらに東方（エニセイ川）にあった、あるいはもっと西方（バルト海）にあったと主張する人もいるが、こうした極端な場所については多くの人を納得させるだけの証拠がない。[*13]

再構築されたウラル祖語の語彙からは、その話し手たちが海から遠く離れた森の環境で暮らしていたことが示唆される。彼らは狩猟や漁労を営む採集民だったが、犬のほかには家畜もなく、植物を栽培することもなかった。この点については考古学的証拠ともうまく関連し合っている。オカ川とウラル山脈のあいだの地域では、リヤロヴォ文化が森林地帯の採集民文化同士の、文化的影響と交流の中心となり、異文化間のつながりがバルト海からウラル山脈東麓まで、ほぼ同じ時代である前4500年から前3000年にかけて広がっていた。

ウラル諸語には、印欧諸語と非常に早い時代から接触していた痕跡が見られる。その接触をどう解釈するかは議論の的となっている。基本的には三つの立場がある。第一のインド・ウラル語仮説は、この二つの語派のあいだでは形態的結びつきが非常に深く（代名詞を共有する）、共有する語彙の種類がじつに基本的なもの（水と名前を意味する語）であるため、印欧祖語とウラル祖語はこれらの共通する要素をきわめて古い共通の言語学的親——「祖母言語」とでも呼ぶべきものだろうか——から受け継いだに違いないと述べる。第二の立場は「早期借用」仮説で、ウラル祖語と印欧祖語の両方の語彙において再構築された、名前や水を表わすような祖語の語根に共通する形が、それほど古代からの継承を反映したにしては似過ぎていると主張する。受け継がれてきた語根ならば長い時代を経るなかで、それぞれに発展する語派のなかで音が推移していったはずだが、これらの語根はあまりにも似通っているので、ともかく一方の祖語から別の祖語へ借用されたとしか説明しようがない。そして、あらゆる場合において、借用は印欧祖語からウラル祖語へとなされた、というものだ。[*14] 三つ目の立場は「後期借用」仮説で、一般向け書物で最もよく見かけるものだろう。それぞれの祖語まで時代を遡っても、借用があったことを示す確かな証拠はほとんどないと主張するものだ。代わりに、記録に残る最古の借用は、印欧祖語の時代からずっと後世の、インド・イラン語派と後期ウラル祖語間の接触と見なすべきだという。インド・イラン諸語との接点は、〔地理上の制約から〕印欧祖語の原郷を突き止めるには利用できなかった。

１９９９年にヘルシンキ大学で開かれ、これらのテーマに特化した会議では、後期借用仮説を証明する説を強く主張できる言語学者は一人もいなかった。早期借用に関する近年の研究は、少なくとも祖語の段階くらい遡る、早い時代の接触説を裏付けてきた。これは語彙の借用のなかによく反映されている。ヨルマ・コイヴレフトは印欧祖語（ＰＩＥ）からウラル祖語（Ｐ－Ｕ）に借用されたと思われる少なくとも13語について以下のように論じた。

1 「与える」または「売る」を意味するＰ－Ｕの*mexe は、ＰＩＥの*$h_2$mey-g^w-「変える」、「交換する」から借用。

2 「もってくる、率いる、引っ張る」を意味するＰ－Ｕの*wetä- は、ＰＩＥの*wed^h-e/o「率いる」、「結婚する」から借用。

3 「洗う」を意味するＰ－Ｕの*mośke- は、ＰＩＥの*mozg-eye/o-「洗う」、「沈める」から借用。

4 「恐れる」を意味するＰ－Ｕの*pele- は、ＰＩＥの*pelh_1-「揺する」、「震わせる」から借用。

5 「編む」または「紡ぐ」を意味するＰ－Ｕの*puna- は、ＰＩＥの*pn.H-e/o「編む」、「紡ぐ」から借用。

6 「歩く」、「さまよう」、「行く」を意味するＰ－Ｕの*kulke- は、ＰＩＥの*k^{w}elH-e/o-「それ／彼／彼女が歩き回る」、「さまよう」から借用。

7 「穴を開ける」または「穿つ」を意味するＰ－Ｕの*pura- は、ＰＩＥの*bhr̥H-「穿つ」、「穴を開ける」から借用。

8　〔助動詞の〕「〜するものとする」、「〜しなければならない」を意味するP‐Uの*kelke-は、PIEの*skelH-「有罪の」、「〜するものとする」、「〜しなければならない」から借用。
9　「細長い棒」を意味するP‐Uの*śalka-は、PIEの*$g^{h}alg^{h}o$-「井戸の棒」、「絞首台」、「竿」から借用。
10　「商品」、「値段」を意味するP‐Uの*wosaは、PIEの*wosā「商品」、「買う」から借用。
11　「水」を意味するP‐Uの*weteは、PIEの*wed-er/en「水」、「川」から借用。
12　「腱」を意味するP‐Uの*sōneは、PIEの*sneH(u)‐「腱」から借用。
13　「名前」を意味するP‐Uの*nime-は、PIEの*h_3neh_3mn-「名前」から借用。

ほかにもさらに36語が、分化した印欧娘言語からウラル語の初期形態へ借用された。これはインド・イラン語派の分化が始まる前のことで、遅くとも前1700−1500年より前のことだった。これらの後期の言葉には、「パン」、「練り粉」、「〔籾殻を〕あおぎ分ける」、「ビール」、それに「子豚」などが含まれていたが、これらはウラル諸語の話し手が近隣の印欧語を話す農耕民や牧畜民から、農業を取り入れ始めた時代に借用した言葉かもしれない。しかし、祖語間の借用は印欧祖語の原郷の場所に関係する重要なものだ。そして、それらの言葉の形態がこれほど似ているということは、非常に古い共通の祖先から受け継いだものというよりは、借用であったことを示唆する。

だからと言って、古い時代に共通の祖先があった証拠が何もないわけではない。共通の代名詞の形態や一部の名詞の語尾に反映される、受け継がれた類似性は、そのような共通の祖先から保ちつづけられたものかもしれない。印欧語とウラル語に共通する代名詞と屈折は以下のとおりである。

ウラル祖語		印欧祖語
*te-nä	(thou)	*ti (?)
*te	(you)	*ti (かならずほかの語と結びつく接語的与格)
*me-nä	(I)	*mi
*tä-/to-	(this/that)	*te-/to-
*ke-, ku-	(who, what)	*kʷe/o-
*-m	(単数対格の屈折)	*-m
*-n	(複数所有格の屈折)	*-om

これらの対比は、印欧祖語とウラル祖語には二種類の結びつきがある可能性を示している。[15] 一つ目は、代名詞、名詞の語尾、および共通する基本的語彙に現われているもので、祖先から受け継いだもの の可能性がある。双方の祖語にはかなり古い共通の祖先があって、おそらくは最終氷河期の終わりにカラパティア山脈とウラル山脈のあいだを転々としていた狩猟者が話していた、大まかに関連し合った中間段階的な一連の方言であったかもしれない。しかし、互いに非常にかけ離れた関係であったため、ほとんど痕跡は見つからない。ジョアンナ・ニコルズはこの種の非常に古い時代に、親縁関係にあったと思われる結びつきを「擬似語族」と呼んだ。[16] ジョゼフ・グリーンバーグは、印欧祖語とウラル祖語は、彼が「ユーラシア大語族」と呼んだそのような語族の大まかな集まり内で、とりわけ近親の関係にあったと考えた。

印欧祖語とウラル祖語の別のつながりは、文化面であったようだ。印欧祖語のいくつかの言葉は、ウラル祖語の話し手に借用されている。借用するにしては奇妙な言葉に思われるが、「洗う」、「値段」、「与える、または売る」に相当する語は、ウラル祖語と印欧祖語の話し手同士で使われた交易用語を通じて、借用されたのかもしれない。こうした二種類の言語学的関係――共通の祖先である語源の可能性と、言語間の借用――は、印欧祖語の原郷が南ウラル山脈周辺の、ウラル祖語の原郷の近くにあったことを示唆する。印欧祖語の話し手が農耕と牧畜を営み、その言語が前2500年には消滅していたこともこれまでに見てきた。ウラル山脈の東に住む人びとは、前2500年以降まで家畜を飼うようにはならなかった。したがって、印欧祖語はウラル山脈の南と西のどこかで話されていたに違いない。ウラル山脈に近い地域で、前2500年以前から農耕と牧畜が日常的に営まれていた場所だ。

◎カフカース語との接点とアナトリアの原郷

印欧祖語はカフカース山脈一帯の言語とも接点があった。主として今日、南カフカース語族またはカルトヴェリ語族として分類されるもので、現代のグルジア語を生んだ語族だ。こうしたつながりから、印欧祖語の原郷はアルメニアに近いカフカース地方か、ことによるとその近くのアナトリア半島東部にあったとすべきだと考える人もいた。印欧祖語とカルトヴェリ語族間の結びつきは、その音声にも語彙にも現われていると言われるが、音声上の結びつきについては議論の余地がある。これは言語学者のT・ガムクレリッゼとV・イヴァノフが提案した声門化音説〔喉頭化音説〕という、画期的ながら、まだ問題の多い印欧祖語の音韻体系の改定版によるものだ。[*17] 声門化音説に従うと、印欧祖語の音韻はややカルトヴェリ語族のものと似通ってきて、古代近東のセム語族の言語（アッシリア語、へブライ語、アラブ語）にすら似てくる。こうなると、印欧祖語、カルトヴェリ祖語、セム祖語はなんらかの地域的な音韻特徴を共有する地域で発達した可能性がでてきた。しかし、声門化音の音韻論そのものは、たとえそれが受け入れられたとしても、カフカースに原郷があったことを証明はできない。また、声門化音説はまだ多くの印欧語言語学者を説得できてはいない。[*18]

ガムクレリッゼとイヴァノフはまた、印欧祖語にはヒョウ、ライオン、ゾウ、および南方種の樹木を表わす言葉があったとも主張した。これらの動植物は、原郷が北方にあった可能性を除外するために使えるだろう。彼らはまた、カルトヴェリ祖語とセム諸語から借用して印欧祖語に入ったと二人が考える借用語の驚くべきリストも編纂した。こうした関係は彼らにしてみれば、印欧祖語がセム諸語と南カフカース諸語の双方と密接にかかわった場所で発達したことを示唆していた。印欧祖語の原郷として最も考えうる場所はアルメニアだろうと、彼らは主張した。何人かの考古学者は、なかでもとくにコリン・レンフルーとロバート・ドルーズは彼らが示す全般的な方向に従い、言語学上の議論の一部は取り入れたが、印欧祖語の原郷はもう少しだけ西の、アナトリア中部または西部であるとした。

しかし、カフカースにしろアナトリアにしろ、原郷の場所であることを示す証拠は少ない。セム語から印欧祖語への借用語だとされた言葉の多くは、ほかの言語学者には否定されている。セム語から印欧祖語への借用語として広く受け入れられている言葉はほとんどなく、銀や牡牛を表わす用語は、セム人の近東の原郷からは遠く離れた、交易や移住の経路沿いに伝わった言葉なのかもしれない。ヨアンナ・ニコルズは借用語の音韻体系から、印欧祖語とカルトヴェリ祖語／セム祖語間の接触は間接的だったことを示した。すべての借用語は、判明している三つの言語間を、未知の媒介言語を通じて受け渡されたというものだ。一つの媒介言語は年代的に必要なものだ。カルトヴェリ祖語は、印欧祖語とセム祖語よりも後世に存在したと一般に考えられているからだ。[*19]

したがって、カルトヴェリ語族を介して印欧祖語に借用されたセム語とカフカース語の語彙には、カフカース地方の前カルトヴェリ語またはカルトヴェリ祖語の言語に属していた語根が含まれている。この言語は、記録されていない媒介言語を通じて、かたや印欧祖語と、もう一方にはセム祖語と関係があったのだ。これは語彙的にとくに近い関係ではない。カルトヴェリ祖語は北カフカース山脈の南麓で使用されていた可能性が高そうだが、そうだとすれば、前3500―2200年ごろとされる前期トランス・カフカース文化（クラ＝アラス文化とも呼ばれる）と関連した人びとによって話されていたのかもしれない。彼らは北カフカース地方のマイコープ文化を介して、印欧祖語の話し手と間接的に接していた可能性がある。印欧祖語がカルトヴェリ諸語の祖先になる言語と一部の特徴を共有していたことについては多くの専門家が同意するが、かならずしも直接に対面したつながりではなかった。ウラル祖語の話し手との関係のほうが近かったのだ。

となると、近隣の民は誰だったのだろうか？　印欧祖語にはウラル祖語との強い結びつきと、カルトヴェリ語族の祖先の言語との弱いつながりが見られる。印欧祖語の話し手はカフカース山脈とウラル山脈のあいだのどこかに住んでいたが、ウラル山脈周辺に住んでいた人びとと言語上でより深い関係があったことになる。

印欧祖語の原郷の場所

印欧祖語の話し手は穀物を栽培する農耕民で、牛と羊を飼い、ミツバチから蜂蜜を集め、ワゴンを操縦して、毛織物またはフェルト布をつくり、少なくともときおりは畑を耕していたか、または耕作する民を知っており、困惑するほどの数の空の神々のために羊、牛、馬を生贄にし、代わりに神々からの寵愛を受けることを完全に期待していた。こうした特徴をたどると、特定の物質文化に行き着く。ワゴンを利用し、羊と牛を家畜とし、穀物を栽培し、供儀に付された羊、牛、馬の骨が見つかる文化だ。特定の種類のイデオロギーも探しだすべきだろう。保護者である神々と、被護者の人間とのあいだで、供物と寵愛を相互にやりとりする際に、人間は群れの一部を生贄として差しだし、よく練りあげた讃美の詩を添えた。そして神々はそれに応えて疾病や不幸から人びとを守り、権力と繁栄という恵みを与えた。このような保護者と被護者の相互関係は、首長制社会ではよく見られるものだ。つまり、名誉と権力における格差が制度化された社会で、一部の氏族や一族が、通常は神聖さか、特定の勢力圏における歴史的優位を根拠に、その他の人びとを保護する権利を主張するものだ。

物質文化の具体的な品目リストと、権力の差異が制度化された社会を探しているのだとわかることは、印欧祖語の原郷を突き止めるうえで大いに役立つ。前2500年まで狩猟採集の経済が存続していた地域はすべて、除外することができる。それによってユーラシア北部の森林地帯とウラル山脈以東のカザフのステップは除外される。ウラルの東部にはミツバチがいないので、シベリアはどこも対象外となる。再建された語彙に見られる温帯の植物相と動物相、および地中海や熱帯の動植物とは共通する語根がないことから、熱帯、地中海沿岸と近東は除かれる。印欧祖語はウラル諸語とのあいだに、非常に古くからのつながりを示しており、そこに印欧祖語からウラル祖語に借用された、より新しい語彙が重なっている。印欧祖語には前カルトヴェリ語またはカルトヴェリ祖語とのあいだには、さほど明確でないつながりが見られる。こうした要件はすべて、印欧祖語の原郷がウラルとカフカースの両山脈のあいだで、ウクライナ東部とロシアのステップにあり、ウラル山脈以西にあったと考えれば見合うことになる。再構築された印欧祖語内部の一貫性——文法と音韻体系の根本的な変異が内部にあったことを示す証拠がないこと——は、この言葉が反映する言語史の期間は2000年未満であることを、おそらくは1000年に満たないことを示している。印欧祖語の時代の中心は、前4000年から前3000年のあいだであり、その初期段階は前4500年まで遡り、後期段階は前2500年までに終わったのかもしれない。

考古学からは、カフカースとウラルの両山脈のあいだの、黒海とカスピ海北部のこの時代のステップ地域に関して何がわかるだろうか？　まず、考古学からは再建された語彙のすべての要件を満たす一連の文化があることが明らかになる。そこにいた人びとは家畜化した馬、牛、羊を生贄にし、穀類を少なくともときおり栽培し、ワゴンを利用し、葬送儀礼では制度化された身分格差を表わした。彼らは世界のなかでもひときわ、空が景観の最も印象的で壮大な部分を占める地域——ステップ——を占有していた。自分たちの最も重要な神々はみな空に住んでいると信じていた人びとに、ふさわしい環境だ。この地域から東西の近隣地域へ人びとが移住した証拠は、考古学的によく立証されている。こうした動きの順序と方向は、印欧諸語の言語学と地理が示唆する順序と方向に合致する（図5・2）。ポントス・カスピ海ステップからの移住として最初に認められるものは、前4200—3900年ごろの西への移動であり、これは前アナトリア語派の分離を表わすものかもしれない。車輪付きの乗り物がステップに導入される以前のことだ（第4章参照）。これにつづいたのが東への移動（前3700—3300年ごろ）で、トカラ語派の分離を表わすものかもしれない。ステップからの次の

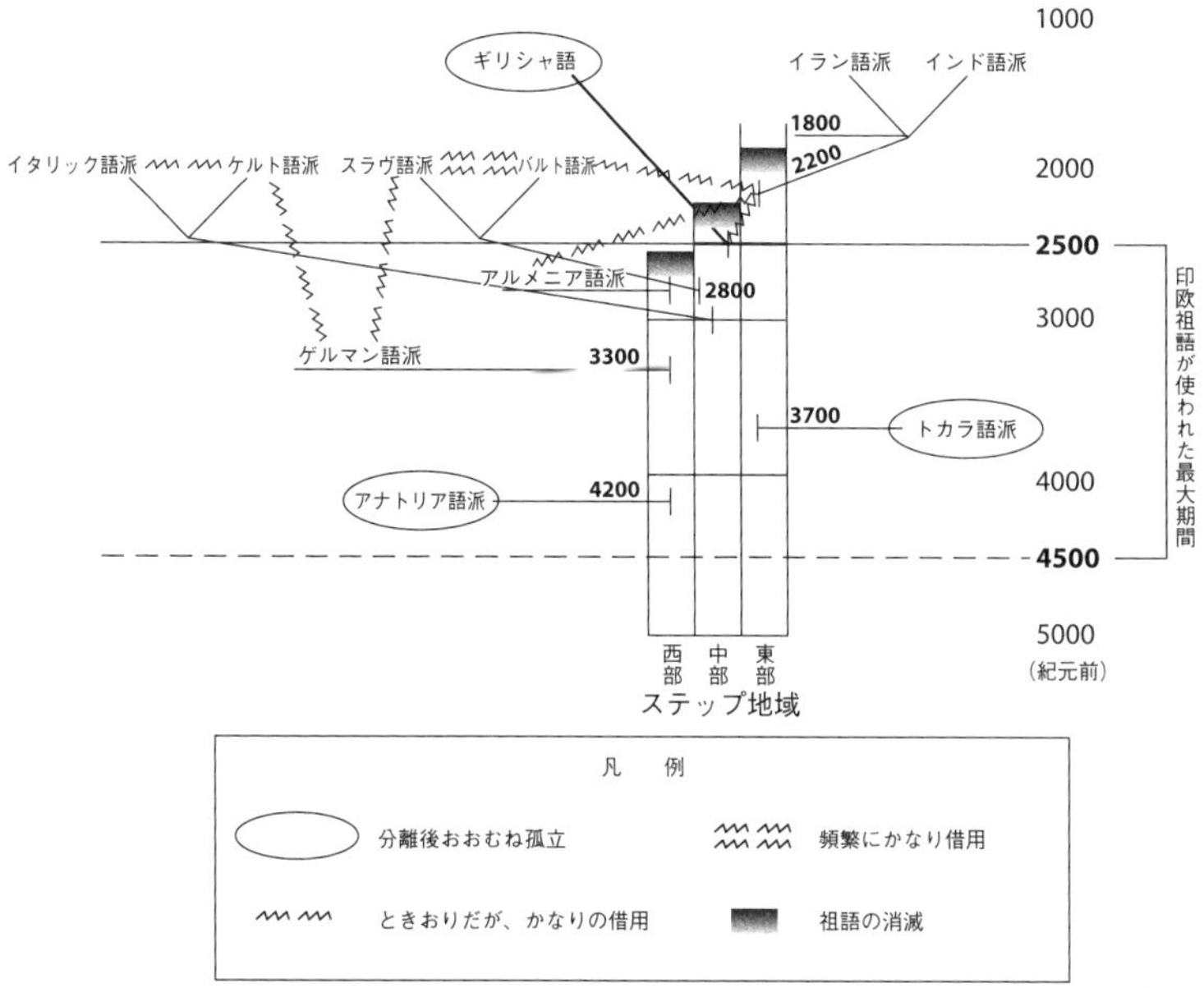

図5・2　本書が提示する初期の印欧諸語の分岐の順序とおおよその年代を示した図で、印欧祖語の最大の時代区分は点線で表わされている。分岐の年代は、第11章（アナトリア諸語）から下巻第16章（イラン・インド諸語）で述べる考古学上の出来事による。

目に付く移動は西への流れだった。その最初期の段階は前ゲルマン語派を分離させたかもしれず、のちのより目に見える段階では前イタリック語と前ケルト語方言が分岐したのだろう。そのあとには、北部と東部への移動がつづき、それがおそらくバルト・スラヴ語派とインド・イラン語派を確立させたのだろう。考古学的に記録されたステップからの移動パターンと、言語学から予想された状況との驚くべき一致は魅力的だ。ただし、そのためにあまりにも長きにわたって印欧諸語の起源をめぐる考古学に向けられた関心と議論の大半が吸い尽くされてきた。考古学はまた、印欧祖語の話し手に関する私たちの文化的、経済的理解も大いに深めている。言語学的証拠から原郷の場所が突き止められると、その地域の考古学はまるで新たな種類の情報を提供する。印欧祖語を話した人びとの暮らしと、この言語が確立して拡散し始めた過程を知るための新たな窓となるのだ。

　しかし、考古学に足を踏み入れる前に、いったん立ち止まって飛び越えようとしている隙間について、一瞬考えてみるべきだろう。言語学と考古学のあいだの空間であり、欧米のほとんどの考古学者が越えられないと感じる隔たりだ。言語と物質文化はまったく無関係であるか、あまりにも変化しやすい複雑な方法でかかわっているために、物質文化を利用して言語集団やその境界を見極めるのは不可能だと多くの人は言うだろう。それが本当だとすれば、再建された語彙を使って印欧祖語の原郷の場所と時代を突き止められるとしても、それを考古学と結びつけるのは不可能になる。物質文化とはなんの相関関係も予測できなくなるのだ。だが、そんな悲観主義をはたして正当化できるのだろうか？　言語と物質文化のあいだには、予測可能な恒常的な結びつきはなんらないのか？

第6章　言語の考古学

言語の原郷というものは、なんらかの囲まれた空間を示唆する。こうした囲いを、どのように定義できるだろうか？　古代の言語学的な境界地帯は、考古学においても見極められるのか？

まずは用語を定義しておこう。人類学者が地理学で使われるのと同じ語彙を使っていれば、ありがたいのだが。地理学者によれば、境界《ボーダー》という言葉はあやふやなものだ。これにはなんら特別な、または制限的な意味もない。境界地帯《フロンティア》は特定の種類の境界で、多少の幅のある移行領域で、境界を越えて移動できる隙間だらけのものであり、かなりの可能性で動的に揺らいでいるものだ。フロンティアは北米のヨーロッパ人居留地の西部の境界地帯のように、文化的なものにもなれば、生態系の違いにもなる。移行帯《エコトーン》は、生態系の境界地帯だ。移行帯のなかには気づかないほど小規模のもの――郊外の庭には何十もの小さい移行帯がある――もあれば、ユーラシア大陸中部を東西に走るステップと森林のあいだの境界のように、非常に大規模なものもある。最後に、なんらかの方法で動きを制限する、明確に定義された境界は、境界線《バウンダリー》である。たとえば、現代の国家の政治的境界はバウンダリーだ。しかし、国家のような政治的および言語学的な境界は、紀元前4500年から前2500年までの黒海・カスピ海地域では知られていない。いま関心を向けている文化は、部族社会のものだ[*1]。

　近代以前の部族間の境界に関する考古学の解釈は、この40年間に変わってきた。国家が登場する以前の部族間の境界のほとんどは、隙間だらけで動的だと考えられている。つまり、境界線ではなく、境界地帯なのだ。より重要なことに、その大半はつかの間しか存在しなかったと考えられている。アフリカ、南アジア、太平洋諸島、南北アメリカでの植民地事業でヨーロッパ人が遭遇した部族は、当初、長い時代にわたって存在していたものと考えられていた。しかし、多くの部族は、歴史のなかの一時期に一時的に形成された政治的共同体であったと、いまでは考えられている。領土協定を結ぶための交渉を容易にするために、まとまった集団と取引をしたがったヨーロッパの代理人と接触した結果、ようやく結束されたオジブワ族のような部族もあったかもしれない。そして、ヨーロッパ史においても、部族領土の境界にたいしては同じ批判的な見方が当てはまる。古代ヨーロッパの部族自己認識《アイデンティティ》——ケルト、スキタイ、キンブリ、テュートン、ピクト——は、いまではカメレオンのごとき政治同盟のための都合のいい名称で、本格的な民族のアイデンティティはもたない存在だったと、往々に見なされている。あるいはなんらかの時代を通して存続することのできなかった短命の民族的現象であるか、さもなくば後世に創りだされたまったくの想像の産物だとすら考えられている[*2]。

　国家以前の言語の境界も同じように流動的で、明確な囲いというよりはむしろ、場所ごとの段階的な方言によって特徴付けられるものだったと考えられている。言語と物質文化の様式（住居型式、町のタイプ、経済、衣服など）が実際に地理的に合致していて、民族言語学的な境界地帯が部族間に生みだされている場所でも、そうした状況は長くつづかなかったはずと考えるべきだ。言語と物質文化は別々の速度で、別々の理由から変わりうるものなので、容易にかけ離れてゆくものと考えられている。エリック・ホブズボームからアンソニー・ギデンズまで、歴史家や社会学者は、18世紀末に、フランス革命によって国民国家《ネイションステイト》の時代が到来するまで、ヨーロッパには本当の意味で安定した明確な民族言語学的な境界は存在しなかっただろうと述べている。こうした過去に関する見解によれば、国家だけが、民族言語学的なアイデンティティを歪ませて安定した恒常的な現象に、つまり国家そのもののような存在に変える必要性と権力の双方を与えられている。となると、前3500年につかの間だけ存在した言語の境界地帯を見極めることなど、どうすれば望めるだろうか？　その境界地帯は、そもそも考古学的に目に見える形になるほど、充分に長期に存在したのか？[*3]

あいにく、この問題は考古学的手法が不足しているために、さらに難題となっている。部族間の民族言語学的な境界地帯などは、たとえそれらが安定的なものであったとしても、その見分け方ははっきりとはわからないという見解に、大半の考古学者は同意するだろう。第二次世界大戦前の考古学者は、土器の様式ならば社会的アイデンティティの指標になるとよく想定していた。しかし、土器の様式と民族性にはなんら単純な結びつきは存在しないことが、いまではわかっている。第1章で述べたように、考古学を学ぶ現代の学生は誰でも、「壺は人ではない」ことを知っている。同じ問題は、別の種類の物質文化にも当てはまる。鏃《やじり》の型式は、南アフリカのサン族の狩猟採集民のあいだでは語族と相関関係があるように思われた。しかし、アメリカ北東部におけるヨーロッパ人との接触期の先住民のあいだでは、「マジソン」型の鏃はイロコイ語とアルゴンキン語の双方の話し手によって使われていた。この鏃の分布は、言語とは関係がなかったのだ。ほぼどんな遺物でも、言語学的なアイデンティティを示す証拠とも、そうでないとも言いうる。考古学者はそのため、言語と物質文化がなんらかの予測可能な、または見分けのつく方法で相関するという可能性を否定してきた。[*4]

しかし、言語と物質文化は少なくとも二つの方法で関連していると思われる。一つは、長期にわたって定住してきた地域では、部族単位の言語は部族の物質文化よりも、おおむねその数が多くなることだ。S・シルヴァーとW・ミラーは1997年に、大概の部族地域では物質文化よりも言語の数のほうが多いことに気づいた。グレートベースン〔ロッキー山脈とシエラネヴァダ山脈のあいだの広大な乾燥地域〕に住むワショー族とショショーニ族は、それぞれ別の語族に属するまるで異なった言語を話すが、物質文化は似ている。プエブロ族には物質文化よりも言語の数のほうが多い。中央アメリカの先住民には、様式ごとの集団よりも多くの言語がある。また、中央アマゾンの先住民は言語学的に驚くほど変化に富みながら、物質文化はほぼ似ていることでよく知られる。シカゴのフィールド自然史博物館が実施したニューギニア北部の言語と物質文化に関する研究は、この種の研究では最も詳細なもので、物質文化によって定義される地域には、物質面からは区別の付かない多数の言語の境界が縦横に走っていたことを裏付けていた。[*5]しかし、逆のパターンは珍しいようだ。部族社会で同じ言語が使われていながら、物質文化が非常に明確に二分していることはまずない。この規則性からすると、先史時代の多くの言語境界は考古学的に見分けられるはずがないことになり、残念にも思えるが、一つの言語が銅器時代ヨーロッパの多様な物質文化のすべてを網羅しえたのか（おそらく無理だろう。第4章参照）、といった疑問を解決するには確かに役立つ。

二つ目の規則性はより重要だ。非常に長期におよぶ明確な物質文化の境界では、言語と物質文化は相関していたのだ。

恒常的な境界地帯

恒常的な文化の境界地帯が顧みられてこなかったのは、理論上の根拠から退けられてきたからだと、私は考える。[*6] 国家以前の部族間の境界は、今日では短命で不安定なものとして解釈されているので、そのようなものは存在するはずはなかったのだ。しかし、考古学者は驚くほど長期にわたってつづいた先史時代の物質文化の境界地帯を、人びとが部族単位で暮らしていたに違いない環境でいくつも記録してきた。ハドソン川流域沿いには、イロコイ語とアルゴンキン語の話し手たちを分離させる確固たる恒常的な境界地帯があった。両者が吸うパイプの様式は異なり、土器の違いはわずかだが、家や集落のタイプはかなり異なり、経済活動は多様で、ヨーロッパ人と接触する以前に少なくとも三世紀にわたって非常に異なる言語が使われていた。同様に、線帯文土器文化／レンギェル文化の農耕民もまた、自分たちと新石器時代のヨーロッパ北部にいた土着の採集民とのあいだに、物質文化の確固たる境界地帯を設けていた。移動するこの境界は、少なくとも1000年間は存続した。クリシュ文化／トリポリエ〔トリーピッリャ〕文化は、ドニエプル＝ドネツ文化とはまったく異なっていた。後者はウクライナのドニエストル川とドニエプル川のあいだの動く境界地帯上に、新石器時代から金石併用時代までの2500年間は存在した文化だ。また、ヤストルフ文化とハルシュタット文化は鉄器時代にライン川下流の両岸で、別個のアイデンティティを保ちつづけた。[*7] こうしたそれぞれの状況で、文化の規範は変わった。どちらの側でも家屋の設計や装飾美学や宗教儀式は、一つの形態のまま凍りついてはいなかった。境界地帯を定めていたのは、なんらかの人工物の型式ではなく、むしろ対立しつづけたいくつもの習慣だった。

恒常的な境界地帯は、地理的に一定である必要はない。ローマ・ケルト／アングロ・サクソンの物質文化の境界地帯が西暦400年から700年のあいだにブリテン島一帯で移動していったように、あるいは前5400年から前5000年のあいだにヨーロッパ北部で線帯文土器文化／採集民の境界地帯が動いたように、移動できるのだ。物質文化の境界地帯のなかにはこの先述べるように、ただ部族政治によって統治された国家以前の世界で、国境警備も全国紙もないまま、何千年間も存続したものもあった。なかでも明確な事例がポントス・カスピ海ステップの周辺部を西側（トリポリエ／ドニエプル川）、北側（ロシアの森林の採集民／ステップの牧畜民）、東側（ヴォルガ＝ウラル・ステップの牧畜民／カザフのステップの牧畜民）それぞれに定めていた。これがおそらく印欧祖語の原郷であった地域の境界だろう。もし古代の民族性など一時的なもので、それらのあいだの境界は短命であったのだとすれば、近代以前の部族間で、何千年ものあいだ存在しつづけた物質文化の境界地帯については、どう理解すればよいのだろう？　そして言語はそれに関連しうるのだろうか？

その答えは、イエスだと私は考える。言語は、対立するいくつもの習慣によって定められた物質文化の恒常的な境界地帯、すなわち私が確固たる境界地帯と呼ぶものと、強く関連し合っている。[*8] 西ヨーロッパでローマ帝国の崩壊後に起こった大移動と境界地帯の形成過程は、この関連を調べるうえで最も適した状況を提供してくれる。文献や地名から、移住者の言語学的な素性や、新たに形成された境界地帯の位置がわかるだけでなく、中央集権的な国家政府が弱体であるか存在しない政治的背景のなかでは、何世紀ものあいだそうした境界地帯が存続したことが明らかになるからだ。たとえば、ウェールズ語（ケルト語派）と英語（ゲルマン語派）のあいだの文化的境界地帯は、6世紀にローマ系ケルト人のブリタニアをアングロ・サクソンが征服して以来ずっと存続している。1277年以降、ノルマン系イングランド人の封建領主によってさらに征服され、境界地帯はランドスカーまで押し戻された。ケルト系ウェールズ語の話し手とゲルマン系英語の話し手のあいだの、よく知られ、はっきりと認識された民族言語学的な境界地帯が今日まで残っていたのだ。彼らは異なった言語を話し（ウェールズ語／英語）、異なった種類の教会を建て（ケルト式／アングロ・ノルマン式）、別の農耕具を使って別の方法で農業を営み、多様な検地のシステムを用い、司法の基準も似てはおらず、衣服、食べ物、習慣に関して幅広い差異を残していた。何世紀ものあいだ人びとがこの境界を越えて結婚することはまずなく、現代のウェールズ人とイングランド人の男性（女性ではわからないが）では男性のY染色体に見られるこの特徴に、遺伝的な違いが保たれている。

ローマ帝国後のほかの民族言語学的な境界地帯も同じパターンを踏襲した。ローマ帝国崩壊後、ゲルマン語を話す人びとがスイス北部の州に移り住み、ブルゴーニュのガリア人の王国がガリア系ローマ人の住むスイス西部を占領した。彼らのあいだの境界地帯は、生態学的には似た一つの現代国家内をいまなお分断しており、そこでは言語も（ドイツ語とフランス語）、宗教も（プロテスタントとカトリック）、建築も、土地所有の広さも形態も、農業経済の性質も異なっている。ローマ帝国後の民族の移動はほかにも、400―600年ごろアングロ・サクソンから逃れてブリテン島西部からローマ系ケルト人がブルターニュ半島に移住したのち、同半島の付け根周辺にブルトン人／フランス人の境界地帯を生みだした。1500年以上のあいだ、ケルト語を話すブルトン人はフランス語を話す隣人たちとは、祭祀、衣服、音楽、料理のいずれの面でも独自性を保ちつづけた。さらに、900―1

000年ごろの民族の移動はドイツ語を話す人びとを今日のイタリア北東部に移住させた。イタリア内部でドイツ語とロマンス語の話し手のあいだにある恒常的な境界地帯については、1960年代にエリック・ウルフとジョン・コールが研究している。この場合、どちらの文化もカトリックのキリスト教徒ではあるが、1000年を経ても彼らはまだ別の言語を話しつづけ、住居型式も、定住地の組織も、借地権や相続制度も、権威や協力にたいする態度も異なったままで、互いにかなり悪感情のこもった画一的な見方で相手を見ている。これらの事例ではいずれも、文献や碑文は民族言語学的な対立が近年のもの、あるいはつくりだされたものではなく、歴史をはるかに遡って持続してきた現象であることを示している。[*9]

これらの事例は、最も長つづきする物質文化の確固たる境界地帯は民族言語学的なものであったことを示唆する。物質文化の確固たる恒常的な境界地帯はどこにでも見つかるわけではないので、例外的な言語の境界地帯しか見極めることはできない。しかし、それでも当然ながら、何もないよりはマシなのだ。

◎恒常的な境界地帯を越えた民族の移動

ウェールズとイングランドの人びととは異なり、大半の人びとは恒常的な境界地帯を越えて易々と行き来していた。安定した民族言語学的な境界地帯に関するきわめて興味深い事実は、これらがかならずしも生物学的なものではない点だ。人びとはそうした境界地帯を頻繁に越えて移動していたにもかかわらず、とてつもなく長期にわたってそれらは存続してきた。ウォレン・ドゥボアが、アマゾン川流域西部で先住民の陶器の様式を研究したなかで述べたように、「ウカヤリ川〔アマゾン川の支流〕流域における民族的な境界線は、肉体面ではきわめて透過性が高いが、様式に関しては不可侵と言えるほどだ」[*10]。実際、出入りする人間の動きが、現代の境界地帯の研究における主たる焦点であることがほとんどだ。境界そのものの持続性は研究されないままであり、それはおそらく現代の国民国家はすべての国境が永続的で不可侵なものだと主張するからであり、多くの国民国家はその国境を自然なものにしようと試み、大昔から存続したと主張しようとしてきたからだろう。人類学者も歴史家も、こうした考えは絵空事だとして片づける。私がこれまでたびたび論じてきた境界は、現代の国民国家の国境線に即したものというよりは、その内部に存続することが多い。しかし、民族の境界は不可侵な境界線でなければならないとか、逆にそんなものは実際には存在しないと主張することで、現代の国民国家の基本的な前提を受け入れてしまっている自分に気づき損ねているのだと、私は考える。

民族言語学的な境界地帯を人びとが自由に行き来するとすれば、人類学ではその境界地帯はしばしば、ある意味で、架空のものとして描かれる。それは単にこれが現代の国家の国境のように境界線ではなかったためだろうか? エリック・ウルフはまさしくこの議論を用いて、北米のイロコイ族は植民地時代には明確な部族としては存在しなかったと主張した。彼はそれを多民族的な交易会社と呼んだ。なぜなのか? 彼らの共同体には捕虜となって、帰化した非イロコイ族が大勢いたからだ。しかし、もし生物学的な事象が言語や文化から切り離されているとすれば、デラウェア族とナンティコーク族の生身の人間がイロコイの町にただ移動することは、イロコイ文化の弱体化を意味するはずはない。問題となるのは、移民がどう行動したかだ。イロコイ族に帰化した人びとはイロコイの一員として振る舞うことを求められ、従わなければ殺されていただろう。イロコイの文化的アイデンティティは明確なものでありつづけ、長い伝統をもって存続していた。北部イロコイ族を形成していた五つの部族連合《ネイション》または部族《トライブ》が、考古学的にはヨーロッパ人と接触する250年以上昔の1300年まで遡って伝統的な五つの部族勢力圏に暮らしていた事実を考えれば、ヨーロッパの国民国家が、ヨーロッパ人の思い描くようなイロコイの「ネイション」を創生したという考えは、とりわけ皮肉なものだ。当初の北部イロコイの五つのネイションは、16世紀末にはヨーロッパの多くの国民国家《ネイションステイト》よりも確実に古かったと、イロコイ族なら主張したかもしれない。[*11]

　ヨーロッパにおける言語間の境界地帯は、一般にはさほど強く遺伝子的な境界地帯と関連し合ってはいない。しかし、恒常的な民族言語学的な境界地帯はおそらく、比較的少数の人びとだけが近隣間の婚姻と移住のネットワーク内で移動した場所に端を発していたのだろう。方言の境界は通常、社会経済的「機能ゾーン」と言語学者が呼ぶ領域間の境界と相関している。これは、内部の移住と社会経済的な相互依存からなる強いネットワークによって線引きされた領域だ（都市は総じて、いくつかの明確な社会経済学・言語学的な機能ゾーンに分かれている）。たとえば、ウィリアム・ラボフはペンシルヴェニア州中部の方言の境界が、機能ゾーンの境界で越境する交通量の減少と相関性があることを証明した。ウェールズ語と英語の境界のような場所では、越境する人びとの流れは充分にわずかで、遺伝子プールに差異がでるほど遺伝学的にも現われているが、その他の恒常的な境界地帯ではかなり越境の動きがあり、遺伝子上の違いは曖昧になっている。となると、何が境界地帯そのものを、つまり持続する差異感を維持したのだろうか？[*12]

　近代以前に存続していた確固たる民族言語学的な境界地帯は、二つの状況下のどちらか、もしくは双方のもとで残ったようだ。すなわち、大規模な移行帯（森林／ステップ、砂漠／サバンナ、山／川床、山／海岸）と長距離移動してきた人びとが移住を止め、文化的境界地帯を形成した場所（イングランド／ウェールズ、ブルターニュ半島／フランス、ドイツ語圏スイス／フランス語圏スイス）である。恒常的なアイデンティティは一部には他者と対峙しつづける状態によって維持され、フレデリック・バースが述べたように、この種の境界にはつきものの現象だ。しかし、そうしたアイデンティティはまた境界の向こうにある故郷の文化にも依存しており、エリック・ウルフがイタリアで見いだしたように、両者の違いを際立たせつづける想像上の伝統の源泉にも左右される[*13]。ここで互いに作用し合って、恒常的な境界地帯を生みだし、保ちつづける要因を簡単に検討しよう。まずは長距離移動によってつくりだされた境界から始めることにする。

移住がもたらす物質文化の変容

1970年代から80年代には、民族の移動という概念そのものが欧米の考古学者からは避けられてきた。民族の移動は、民族性、言語、および物質文化がしっかりと結束した社会のなかに詰め込まれていて、それがあたかも、否定的なたとえとしてよく知られる自給式ビリヤード・ボールのごとく、景観一帯に猛進するという疑わしい見解を煎じ詰めた結果を表わすかのようだった。この時代には、あらゆる社会変化の内因――生産と生産手段、気候、経済、富と名誉の獲得手段、政治機構、および信仰の変動――が、考古学者によってじっくりと研究されてきた。考古学者は移住には目を向けずにいたが、現代の人口統計学者は現代の移住の波のさまざまな原因、移住募集パターン、流動の過程とその目的地を分析するのに長けるようになった。移動のモデルは、ビリヤード・ボールの比喩をはるかに超えたものとなった。1990年代にアメリカ南西部の考古学と、北東部のイロコイ族の考古学で、現代の移動モデルが採用されたことによって、アナサジ／プエブロ族とイロコイ族の社会の解釈に新たな見方が加わったが、世界のほとんどの地域では、考古学のデータベースは、現代の移動理論によるきわめて具体的な行動予測を試せるほど詳しい内容ではなかった。[*14] 一方、歴史学には過去の非常に詳細にわたる記録があるため、現代の歴史学者のあいだでは、移動は恒常的な文化的境界地帯を生む原因として受け入れられている。

英語を話す人びとの北米への入植は、移住と民族言語学的な境界地帯の形成とのあいだの歴史的つながりが、よく研究された顕著な一例となっている。何十年にもおよぶ歴史研究からは、ヨーロッパ人とアメリカ先住民を分離する境界はもちろん重要ではあるが、驚くべきことに、イギリスの多様な文化を分離していた境界もまた同じくらい大きな意味をもっていたことが示されている。北米東部の植民地は、イギリス諸島の四つの別々の地域からの、四つの異なった移動の流れによって築かれた。北米東部にやってくると、彼らは1620年ごろから1750年まで明確に四つに区切られた民族言語学的な地域を築いた。ニューイングランドではヤンキー方言が話されていた。この地域には独特な形態の住宅建築――塩入れ型の下見板張りの家屋（二階建ての前面から急傾斜の屋根が裏側の一階建て部分につづく様式）――があったほか、独自の納屋と教会建築、独特な町のタイプ（共有の牧草地の周囲に家々が並ぶ）、一風変わった料理（ボストンのベイクド・ビーンズのように、通常はオーブンで蒸し焼きしたもの）、特徴的な服装、よく知られた墓石の様式、さらに政治と権力にたいして法律尊重主義を貫く点なども見られる。これらの特徴にもとづいて民俗学者によって引かれた、ニューイングランドの民俗文化地域の地理的な境界線は、言語学者によって引かれたヤンキー方言の地域とほぼぴっ

植民地地域	出身地	宗教
ニューイングランド	イーストアングリア／ケント	ピューリタン
大西洋岸中部	イングランド中部地方／南ドイツ	クエーカー／ドイツ・プロテスタント
ヴァージニア＝カロライナ・タイドウォーター	サマセット／ウェセックス	英国教会
アパラチア山脈南部	スコットランド・アイルランドの境界地帯	カルヴァン派／ケルト教会

表6・1　植民地時代の北米への移住の波

たりと一致する。ヤンキー方言はイーストアングリアの方言の一種で、初期に移住したピルグリム・ファーザーズの大半はこの地域の出身だった。ニューイングランドの民俗文化は、イーストアングリアの民俗文化を簡略化したものだったのだ。ほかの三つの地域もまた、家や納屋の型式、柵の型式、町が形成される頻度とその組織、食べ物の好み、衣服の様式、宗教などによって定義される民俗文化と方言とのあいだに、強い相関関係が見られた。そのうちの一つは、大西洋岸中部地域（イングランド中部地方からのペンシルヴェニアのクエーカー教徒）で、二番目はヴァージニアの沿岸地帯（イングランド南部からの、主としてサマセットとウェセックスからの王党派英国教会〔聖公会〕のタバコ農園主）、そして最後がアパラチア山脈奥地（境界地帯に住むスコットランド系アイルランド人〔スコティッシュ・ボーダーズからアイルランドへ移民し、さらにアメリカへ渡った人びと〕）である。いずれの場合も方言と民俗文化の双方を、ヨーロッパから最初の実質的な入植者がやってきたイギリス諸島の、特定の地域までたどることができる。*15

植民地時代の北米東部の四つの民族言語学的地域は、別々の民族言語学的アイデンティティをもつ人びとを、四つの異なった地域へ移住させた四度にわたる別個の移住の波によって生みだされた。こうした地域では、それぞれの本来の言語学上および物質的違いを単純化した形態が何世紀ものあいだに確立され、磨かれ、持続してきた（表6・1）。現代の大統領選挙の投票パターンを含め、これら四つの地域の名残はある意味では今日もなお見られる。しかし、現代の移住パターンは過去に応用できるのだろうか？　それとも、現代の移住にはただ現代の原因があるのだろうか？

◎移住の原因

現代の移住はおもに人口過剰と現代の国民国家に特異な境界線によって煽られたものだが、先史時代にはそのいずれも影響をおよぼすことはなかったので、現代の移住の研究は総じて有史以前の社会には無縁であったと、多くの考古学者は考える。[*16] しかし、国境内で移住を引き起こす原因にも、人口過剰以外にさまざまなものがある。今日の混み合った世界ですら、ただ祖国に人が多過ぎるという理由から人が移住することはない。混み合っていることは、現代の人口統計学者であれば「プッシュ」要因、つまり故郷が好ましくない状況にあることだと呼ぶだろう。しかし、「プッシュ」要因はほかにもある。戦争、疾病、不作、気候変動、常態化した略奪目的の侵略、高い婚資、長子相続制、宗教的不寛容、国外追放、恥辱、あるいは単に隣人への苛立ちもあっただろう。今日の移住を引き起こす原因の多くも、過去における原因も、人口統計学的なものではなく、社会的なものだった。古代ローマや封建時代のヨーロッパ、あるいは現代のアフリカの多くの場所では、相続法によって兄弟のうち年長の者が優遇され、年下の者は自分で土地や顧客を探すことを強いられたため、それが移住の強い動機となった。[*17]「プッシュ」をかける要因はもっと微妙なものにもなりうる。植民地時代以前の東アフリカのヌエル族で、領土外への移住と征服がつづいたのは、レイモンド・ケリーによれば、ヌエルの土地内部で人口過剰になったからではなく、婚資規則の文化制度ゆえに、社会的に望ましい花嫁を娶ることがヌエル族の若者にとって非常に高く付いたからだった。婚資は婿方が嫁の家族に、彼女の労働力を失うことの埋め合わせとして支払うものだった。婚資が増大するにつれて、ヌエルの男たちは非ヌエルの隣人を襲撃して牛（および牛を飼育するための牧草地）を奪うようになった。社会的地位の高い結婚をするべく値の吊りあがった婚資を払うために、その牛を利用したのだ。生産性の低い乾燥地の環境で、高い婚資に後押しされた部族内の地位競争が、外部への移住につながり、ヌエル族の領土を急速に拡大させることになった。[*18] 牧畜を営む部族による草原では、資源の完全な不足以外の多くの事情に、移住は「プッシュ」されうるのだ。

「プッシュ」がどう定義されようと、どんな移住も「プッシュ」だけでは充分に説明が付かない。どんな移住も同じくらい「プル」要因（本当であるにせよ、ないにせよ、目的地の魅力とされるもの）や、移住希望者に情報をもたらす通信網や、交通費の影響も受けるからだ。これらのいずれの要因に変化が生じても、移住が魅力ある選択肢となるための敷居を上下することになる。移住者はこうした力学を検討する。なぜなら、人口過剰にたいする本能的な反応とはまるで異なり、移住は地位や富をめぐって競争するなかで、移住者の立場を改善するための意識的な社会戦略であることが多いからだ。移住者は可能であれば、故郷の人びとから顧客や同行者を募り、一緒に移住するよう説得する。スイスからガリアへの移住に先立って、ヘルウェティイ族の首長が同行者を募る演説をした旨を、ユリウス・カエサルが書き残している。移住を計画している者か、すでに国を離れた移住者による祖国での募集活動は、イゴール・コピトフが指摘したように、西アフリカの氏族と血統の拡大と子孫の繁栄において継続的に見られるパターンとなってきた。人類が進化して以来、同様の社会的な損得勘定が移住を引き起こしてきたと信じる理由はいくらでもある。

◎影響――古代の移住に関する考古学的な確証

大規模で、継続的な移住は、とりわけ一つの文化的環境から、非常に異なった環境へ長距離を移動し、民族の大移動になった場合には、考古学的な確証が得られる。エミール・ハウリーは1950年代にアリゾナ州で発掘調査をしていたころすでに、何を探すべきかを知っていた。（1）先例や原型が何もない土地での新しい物質文化の突然の登場、（2）それと同時に生じた骨格型の変化（生物学）、（3）侵入した文化がかつて発展していた近隣の地域、（4）（ハウリーは認識していなかった兆候だが）新しい製造方法と、新しい技術様式の導入である。これらは今日では装飾様式よりも（言語学の基礎語彙のように）、「根本的」な手がかりであることが判明している。

専門家、傭兵、熟練職人などが少人数で移住した痕跡は、なかなか見極められない。これは一部には、考古学者がいま述べた四つの単純な基準を調べるだけに留まり、民族の大移動に関してですら、それを引き起こす内部の仕組みの分析を怠ってきたからだ。民族の大移動がなぜ、どのように生じたのかを理解し、小規模の移住を突き止める何がしかの望みをもつために、考古学者は規模の大小にかかわらず、長距離の移住の波を引き起こす内部構造を研究しなければならない。移住集団の組織は、以下の条件に左右される。偵察者（目的地を選ぶ人）の自己認識《アイデンティティ》と人間関係、情報を共有する社会組織（誰が偵察者の情報を得られるかを決定するもの）、輸送技術（費用のかからない効果的な輸送手段ならば移住は容易になる）、目的地を絞ること（その数が多かれ少なかれ）、最初の実質的な入植者のアイデンティティ（「創設集団」とも呼ばれる）、帰還移住（大半の移住には祖国へ逆流する波もある）、およびのちに波に加わった移住者の目的とアイデンティティにおける変化である。これらすべての要因を探れば、移住がなぜ、どのように起きたかをもっと理解できる。なかでも、新たな土地に定住しようとする開拓者によって移住が持続した場合は、非常に長期にわたる持続する民族言語学的な境界地帯地がつくりだされることになる。

◎長距離移住者に見られる方言と文化の簡略化

偵察者からの情報を得られるかどうかが、移住者の予備軍の規模や性質を決める。研究からは、一つの地域への新たな移住者の最初の一割によって、その後につづく集団の社会的構成が正確に予測できることが判明している。情報の出処におけるこの制限は、二つの共通する行動を生みだす。一足飛びと連鎖移住だ。一足飛びでは、移住者はよいことがあると聞いた場所にのみ向かい、それ以外に可能性のある土地には目もくれず、ときには長距離を一気に移動する。連鎖移住では、移住者は親族や共同生活者のあとを追って、社会的支援を得ながら馴染みのある場所へ移り、客観的に「最良の」場所へ行くわけではない。彼らは知り合いに頼れる場所へ、一地点から目的地まで飛び移るのだ。移住者を募る範囲は比較的制限されているのが一般的で、話し言葉からもそれは明らかにわかる。

入植者の話し言葉は、彼らがあとにした祖国の言語よりも一様であることが多い。方言による違いも、本国のイギリス諸島にくらべて、北米の植民地時代の英語の話し手のあいだでは少なかった。植民地時代の南米のスペイン語の方言は、大半の初期入植者たちの出身地であるスペイン南部の方言よりも均質だった。言語学的な簡略化が生じる理由は三つある。一つは連鎖移住で、入植者が自分の出身地の同じ社会集団から、家族や友人を呼び寄せがちだからだ。簡略化はまた、目的地で方言同士が接する状況で混ざり合ったことによる、言語学的に通常見られる結果でもある。[*19] さらに、簡略化は創設集団が社会的影響をおよぼすことによって、遠方からの移住者間で推奨されるからでもある。

新しい土地に実現可能な社会制度を築く最初の集団は創設集団、もしくは最初の実質的な入植者と呼ばれる。[*20] 彼らは総じて最良の土地を手に入れる。中米のマヤ族や、北米南西部のプエブロ族で見られるように、こうした人びとは最高位の儀式を執り行なう権利を主張したかもしれない。たとえば、清教徒時代のニューイングランドの場合は、参加を許可されるのが誰であるかは評議会で選ばれていた。創設集団はアメリカ南西部のヒスパニック系移住者のあいだでは、彼らがそれぞれの地で名声を獲得し、構造的地位を占めるようになるために、先端一族《エイペックス・ファミリー》と呼ばれていた。遅れてきた多くの移住者たちは創設集団に恩義をこうむるか、依存しており、新しい集団のアイデンティティの文化的資本は、創設集団の方言と物質文化によって提供されていた。のちの世代は、少なくとも表向きは創設集団の行動を真似るので、創設集団は後世の人びとに途方もない文化的刷り込みを与えることになる。このことは19世紀のオハイオ州で、のちの移民の圧倒的多数がドイツ人であったにもかかわらず、英語とイギリス式の住居形態、イギリス式の集落タイプが維持されていた理由を説明する。これはまた、のちに大半の移民がイギリスのその他の地域やアイルランドからやってくるようになっても、ごく初期の清教徒移民の典型であったイーストアングリアのイギリス人の特徴が、ニューイングランド方言の話し言葉と住宅建築の典型でありつづけた原因も説明する。新しい土地での伝統と成功の源泉として、創設集団はのちの世代にたいし、一種の歴史的・文化的な支配権を行使する。しかし、彼らの遺伝子はのちの移住者によって容易に圧倒されうる。だからこそ、特定の言語と関連した遺伝的特徴を追い求めても、往々にして無駄に終わるのだ。

祖国の移住予備軍を制限する連鎖移住と、目的地における調和を推進する創設集団の影響力があいまって、多くの入植者のあいだで差異の平準化が進んだ。簡略化（故郷で見られるより変異形が少ない）と平準化（標準的形態になる傾向）が方言および物質文化の双方に影響をおよぼした。物質文化では、住宅建築と集落組織――家屋の外観と建築様式および集落の設計――がとりわけ標準化されやすかった。どんな社会的景観においても、これらが最も目に見えてアイデンティティを発信する特徴となったからだ[*21]。主流文化の一員であることを宣言したい者は、それに即した住宅形態の外観を採用し、昔ながらの家と納屋の様式を守り抜いた者（オハイオ州の一部のドイツ人のように）は政治面だけでなく、建築と言語においても少数派となった。遠方からの移住者のあいだで言語と文化が均質になると、部外者は画一化して見るようになり、移住者のあいだでは出身と利害を共有する仲間だという幻想が強化された。

生態学的境界地帯――生計を立てるさまざまな方法

アメリカの人類学の父、フランツ・ボアズは、アメリカ先住民の部族間の境界が地理的境界と相互に関連していることを発見した。ボアズは境界を越えて文化的アイデアや習慣が拡散する様子を研究することにした。しかし、生態系と文化のあいだに一定の一致が見られるのは、農耕民と牧畜民のあいだであれば、なんら驚くべきことではない。ところが、ボアズが研究した北米の部族は、総じて牧畜は営んでいなかった。霜の降りない生育期間の長さ、降水量、土壌の肥沃さ、そして地形は、農耕民の日常生活や習慣の多くの側面に影響をおよぼす。牧畜の制度、穀物の栽培、家屋型式、集落の大きさや配置、好みの食べ物、神聖な食べ物、余剰食糧の多さ、公衆のための大宴会を催す時期とその豪華さなどだ。大規模な移行帯では、経済組織、食生活、社会生活におけるこれらの違いは相対する民族アイデンティティになる可能性もあり、ときにはそれが補完して助け合うものにもなるが、場合によっては敵対することもあり、通常はその双方となる。フレデリック・バースはイランとアフガニスタンの社会で研究したのちに、民族アイデンティティは遺伝子に刻まれていたり、ただ祖先から受け継いだりするのではなく、境界地帯でつねに生みだされ、ときにつくりあげられることもあると主張した最初の人類学者の一人だった。相対する政治は、自分たちが誰であるかは定かでなくても、誰でないかは具体化するため、民族アイデンティティを定義するうえで大きな役割を担う。移行帯では、政治と経済の実践方法に構造的な違いがあるため、対立するアイデンティティが長期にわたって再生産され、維持される可能性が高い[*22]。

　移行帯は多くの場所で、民族言語学的な境界地帯と一致している。フランスでは、南部の地中海沿岸地方と北部の大西洋岸地方は少なくとも800年以上にわたって、民族言語学的な境界によって分断されてきた。それについて言及した最も古い文献は1284年に遡る。南部の瓦葺きの平屋根はオック語を話す人びとを守ってきたし、北部の急傾斜の屋根はオイル語を話す人びととの家屋となった。両者は作付体系が異なり、法体系も異なるため、しまいに双方とも全仏的な法的基準に従わざるをえなくなった。ケニアでは、乾燥した平原や高原では、ナイル諸語を話すマサイの遊牧民が純粋に牛の牧畜経済だけを維持してきた（あるいは少なくともそれが理想とされた）が、バントゥー語を話す農民は森林に覆われた山の斜面や低湿地のような、湿度の高い環境を占有してきた。おそらく、この種の人類学的事例で最も有名なものは、サー・エドマンド・リーチが古典的作品、『高地ビルマの政治体系』で述べたものだろう。ビルマの丘陵地の森に住むカチン族の農民は、言語面で異なっていただけでなく、祭祀や物質文化の多くの面で、河川流域の豊かな沖積層低地に住み、タイ語〔に近いシャン語〕を話すシャン族とは違っていた。カチン族の指導者のなかには、ときにはシャン族のように振る舞い、双方の制度を行き来する人もいた。しかし、カチンとシャンの文化間の大きな差異、すなわち生態系の違いに根ざした差異は残りつづけた。たとえば、余剰穀物にどれだけ頼れ、どれだけ予測できるかの違いや、その結果、余剰の富が生じる可能性の差、あるいは高地の森と低地の水田に必要とされる社会組織の違いなどである。生態系の違いに根ざした文化の境界地帯は、人びとが定期的にそこを行き来しても、長期にわたって残りつづける可能性があるのだ。[*23]

◎言語の分布と移行帯

なぜ一部の言語の境界地帯は、生態系の境界に沿っているのだろうか？　言語はただ経済に便乗しているのか？　それとも生態系と人びとの話し方には、独自の関係があるのだろうか？　1996年にオックスフォード大学のダニエル・ネトルと、アリゾナ大学のジェイン・ヒルという二人の言語学者が（別々に、もしくは少なくとも引用し合うことなく）、言語の地理は、その裏にある社会的関係の生態系を反映するだろうと主張した。[*24]

社会的な絆を築いて維持するには、遠距離間であればとくに、多くの努力を要する。人はそれを必要だと思わない限り、そのようなエネルギーを費やしはしないだろう。自給自足できて、経済的将来をかなり楽観している人は、通常、自分とよく似たごく少人数の人びとと強い社会的絆を保つ傾向にある。ジェイン・ヒルはこれを、地元型戦略《ローカリスト》と呼ぶ。自分が育ってきた母語である言語で、必要なことはすべて賄えるので、彼らはその言語だけを話すようになりがちだ。しかも、その言語の一つの方言だけになる場合が多い（大学教育を受けた北米人の大半はこのカテゴリーにちょうど当てはまる）。こうした安定した人びとは、自然の生態系の生産性が高い土地に暮らしているか、少なくとも生産性の高い地域に出入りできることが多い。ネトルは西アフリカの言語集団の平均人口は、農業の生産性と反比例することを示した。農地が豊かで生産性が高いほど、言語領域は狭くなるのだ。これは、新石器時代にヨーロッパ全土で一つの印欧祖語が使われていたはずがありえない理由の一つだ。

しかし、自分たちの経済的将来にさほど確信がもてず、生産性もあまり高くない地域に住み、複数の収入源に頼らなければならない（ビルマのカチン族や、共働きをする大半の中流家庭など）人であれば、幅広い人びとと弱い絆を保ちつづける。彼らは、安心できるように広いネットワークを必要とするので、二つ以上の言語や方言を学ぶことが多い。ジェイン・ヒルによるアリゾナ州のパパゴ族の研究では、生産性の高い豊かな環境に住む共同体は、言語でも社会的関係でも「地元型《ローカリスト》」戦略を採用していた。彼らは狭い領域で話されている均質なパパゴ方言だけを話した。しかし、より乾燥した環境に暮らす共同体は多くの方言を知っており、標準とは程遠い多様な方法でそれらを組み合わせていた。こうした人びとは分散型《ディストリビューテッド》戦略を採用していた。つまり、言語においても経済でも、社会的・生態学的に多様な領域にまたがって、さまざまな種類の同盟関係を分散させたものだ。乾燥した不安定な環境は、自然の「拡散《スプレッド》ゾーン」であり、新しい言語や方言が多様な社会的絆に頼る共同体間でたちまち広まり、寄せ集めの人びとからの新しい方言がすぐさま取り入れられる状況だっただろう、と彼女は述べた。ユーラシアのステップは原型的な言語のスプレッド・ゾーンであると、言語学者のジョアンナ・ニコルズが以前に表現していた。ヒルはその理由を説明したのだ。したがって、言語と生態系の境界地帯のあいだの関係は、言語がただ文化のあとにつづくようなケースではない。むしろ、言語の境界地帯が生態系の境界地帯沿いで途切れる場合が多いのは、独自の社会言語学的な原因があるからなのだ。[*25]

◎まとめ――移行帯と民族言語学上の恒常的な境界地帯

言語の境界地帯は、部族が支配する世界においても、生態系の境界地帯や自然の地理上の障壁とかならずしも一致するわけではない。移住やその他の言語拡散の形態によってそれが妨げられるからだ。しかし、言語の多様性――1000平方キロ当たりの言語数――は確かに生態系に影響される。生態系の境界地帯が、生産性が高く予測の付く環境と、生産性の低い予測不能な環境を隔てている場所では、社会を双方で同じように管理することはできなかった。土地固有の言語と狭い言語領域は、生態学的に生産性の高い地域に定住した農民のあいだに見られた。より変化に富んだ言語や方言間の曖昧な境界線、および広い言語領域は、移動を重ねる狩猟採集民や牧畜民が、農耕には不向きか耕作不能な領域を占有しているところに出現した。ユーラシアのステップでは、ステップ（生産性が低く、予測不能で、狩猟者や牧畜民がおもに暮らしていた）と近隣の農耕地（きわめて生産性が高く安定しており、豊かな農民が暮らしていた）のあいだの生態系の境界地帯は、有史時代を通して言語学的な境界地帯だった。その恒常性はステップのはずれにある中国と、もう一方の端にある東欧の歴史を左右する要因の一つだった。[*26]

小規模な移住、エリート集団の募集、言語交替《シフト》

ポントス・カスピ海ステップにあった印欧祖語の原郷は、生態系と移住に関連した境界地帯によって恒常的に囲まれていた。しかし、原郷を越えた印欧諸語の拡散が、おもに連鎖的な民族の大移動を通して起こることはなかっただろう。民族が移動するならば、見知らぬ土地で新しい言語をつくりだす必要はない。言語の変化は、大勢の人びとが称賛し、真似るアクセントの方向へ流れる。儀礼や政治を司る人びとが新しい話し方を始め、広めることがよくある。部族が支配する地域でも少数のエリート集団が、広域の言語を自分たちの言語へと交替させることは可能だ。エリートたちが新しい宗教や政治イデオロギー、あるいはその双方を導入することに成功し、その傍らで主要な領域と交易品を支配できる場所であれば、言語は統一されてゆく。アフリカのアチョリ族のあいだのそうした状況を調べた民族言語学の研究は、当初の移住者の数が少なくても、新しいイデオロギーの導入と交易の支配が、いかに言語の拡散をもたらすかを示している。[*27]

アチョリ族はウガンダ北部からスーダン南部にかけて住む民族言語学的な集団だ。彼らは西ナイル語であるルオ語を話す。1675年ごろ、ルオ語を話す首長がスーダン南部からウガンダ北部へ最初に移住したころは、この地域に住む圧倒的多数の人は中央スーダン諸語や東ナイル諸語を話しており、ルオ語はきわめて少数派の言語だった。しかし、ルオの首長は南部のバントゥー族の王国から採用した王族や王位の象徴（ドラムや背もたれのない椅子）をもち込んだ。彼らはまたおもに宗教的権力か

らなる新しいイデオロギーも導入し、それとともに貢ぎ物を要求した。1675年から1725年にかけて、13の新たな首長制社会がつくられたが、いずれも五つの村以上の規模にはならなかった。首長が権威をもつこれらの飛び地で、ルオ語を話す首長は平等主義の現地民の長老の一族から被護者を募り、これらの人びとには新しい序列のなかで名誉ある地位を与えた。現地民との婚姻を介して彼らは数を増し、富と寛大さを示すだけでなく、苦労している地元民は援助し、武力で脅し、何よりも重要なことに、婚資を払うために使われた高級品である鉄の地域間交易を支配した。ルオ語はこうした現地民の登用を通じてゆっくりと広まった。[*28] やがて外部からのストレスとして、この地域は1790─1800年に厳しい旱魃に見舞われた。恵まれた自然環境にあったルオのある首長制社会──ルオの最初の創設集団の一つによって築かれた古い社会──が、危機のあいだも財産を保ちつづけたため、抜きんでた地位に立つようになった。ルオ語はその後、急速に広まった。1850年代にエジプトからやってきたヨーロッパの交易商人は、広域で話されていたこの言語の名称で現地民を呼んだ。ヨーロッパ人はその言語をシューリと呼び、それがアチューリになった。最高位の首長たちはヨーロッパ人との交易によって莫大な富を蓄えたため、たちまち貴族階級を形成するようになった。1872年にはイギリス人は、ルオ語を話す一つの部族をアチョリ族として記録していた。200年前までは存在していなかった、地域間民族アイデンティティである。

印欧諸語も、先史時代のヨーロッパの部族社会のあいだで、似たような方法によって広まったのだろう。移住していった印欧諸語を話す首長たちは、アチョリ族と同様の政治的な従属関係のイデオロギーを携えてゆき、現地民のなかから新たな被護者を見つけ、その保護者となったのだろう。そして新しい祭祀制度を始め、神々に倣って生贄の儀式と大宴会のための動物を提供し、その見返りとして讃美の詩を朗唱してもらった。いずれも原印欧の文化としてはっきりと再構築されており、いずれも事実上の公募だった。のちの原印欧人の移住もやはり、牛車と騎馬を組み合わせることで可能になった、移動式の新しい牧畜経済を導入させることになった。支配権を確保した少数の飛び地以上の拡大は、これらの新たな首長制社会が気候や政治面の外部からのストレスに、うまく適応するまで待たねばならなかったかもしれない。やがて当初の首長による中心地が地域にまたがる民族アイデンティティを発展させる基礎となった。レンフルーは言語交替のこのモードを、エリート支配《ドミナンス》と呼んだが、おそらくエリート募集《リクルートメント》のほうがより的確な名称だろう。ノルマン人はイングランドを征服し、ケルト系ガラティア人はアナトリア中部を征服したが、どちらも支配した地元民に彼らの言語を根付かせることはできなかった。移住してきたエリートの言語は、エリートの地位制度が支配的であるだけでなく、現地民にも登用の門戸を開き、同盟を結ぶ可能性があって初めて採用される。人が新しい言語に切り換えるには、その交替が新しい制度内に融合するための鍵を与えなければならず、その制度に加わる者は内部で昇進する機会を見いだせなければならない。[*29]

開かれた社会制度がいかに現地民の募集と言語交替をはかどらせうるかを示す好例を、マロリーがずっと以前に引用しているが、これはアフガニスタン東部でフレデリック・バースが述べたものだった。カンダハール高原のパターン族（今日では通常、パシュトゥーン人と呼ばれる）のあいだでは、周囲を囲まれた谷底の農地から採れる余剰農産物しだいで地位が決まった。パターン族の地主は地元の評議会（ジルガ）で権力を競い合い、そこでは誰も従属的な立場にはならず、すべての訴えは同等の人びとのあいだの要求として扱われた。近隣の民族集団であるバルーチー族は乾燥した山岳地帯に住み、必然的に牧畜を営んでいた。バルーチー族は貧しかったが、パターン族とは異なり、政治制度はあからさまに階層制になっていた。パターン族はバルーチー族より武器も、人口も、財産も多く、総じて権力も地位も勝っていた。それでも、バルーチー・パターンの境界地帯では、財産を奪われた多くのパターン族がバルーチーの首長の被護者として人生をやり直すために境界を越えていた。パターン族の地位は土地所有権に結びついていたので、争いで土地を失うと周縁に追いやられて卑しい暮らしを強いられた。一方、バルーチーの地位は家畜の群れに結びついており、運がよければ急速に増やすことができるものだった。彼らの地位はまた土地ではなく、政治的同盟にも結びついていた。バルーチーの首長はみな、さらに有力な首長の被護者になっており、バルーチーの最高位の権威であるサルダールの要職までその序列はつづき、サルダール自身もカラートの藩王に忠誠を誓っていた。バルーチー族のあいだでは、有力な首長に庇護されることはなんら恥ではなく、政治・経済面の処遇が急速に改善する可能性は大いにあった。したがって、パターン・バルーチーの境界地帯の慢性的に生活水準の低い状況では、避難民となった元農民は牧畜を営むバルーチー側へ流れる傾向にあり、そのため新たにバルーチー語を話す人が増えた。部族間で慢性的に抗争がつづくと、定住性の経済よりも牧畜経済のほうが有利になったかもしれない。家畜の群れは移動させることで守れるが、農地は動かない標的となるからだ。

◎移住と印欧諸語

開拓農耕民による民族の大移動は、前5800年ごろポントス・カスピ海ステップの周辺に最初の牧畜・農耕経済をもたらした。黒海の北西にある森とステップの生態系ゾーンでは、流入する初期の農耕民が自分たちの先住の採集民とのあいだに文化的境界地帯を設けた。この境界地帯はいくつもの文化面、経済面の違いによって明確にされた確固たるもので、2500年ほどは存続した。恒常的な境界地帯と言語に関して私の考えが正しければ、これは言語学的な境界地帯だった。これまでの章で論じたその他の議論が正しければ、流入する開拓者たちは非印欧諸語を話しており、採集民は印欧祖語を話していた。境界地帯に住む採集者は、新しい農耕経済のうちの限定的な側面（若干の牛の牧畜と、若干の穀物栽培）を採用したが、境界地帯から遠く離れた場所では、地元の採集民は何世紀ものあいだ狩猟と漁労を営みつづけた。境界地帯ではどちらの社会も、かたやドナウ川下流流域、かたやステップという、きわめて異なった伝統の源泉まで遡ることができ、対比と対立のきっかけが絶えず生みだされるようになった。

やがて前5200－5000年ごろ、ドニエプル川沿いに住む少数の主要な採集民が新たな牧畜経済を採用すると、それがたちまちポントス・カスピ海ステップの大半に広まり、東はヴォルガ川やウラル川にまで拡大した。これは革命的な出来事で、経済を変容させただけでなく、ステップ社会の祭祀や政治をも一変させた。一連の新しい方言と言語がおそらくポントス・カスピ海ステップ一帯に、新しい経済と祭祀・政治制度とともに広まった。これらの方言が印欧祖語の祖先だった。

言語と物質文化がいかに結びついているのかがより明確にわかり、移住がいかに影響を与え、言語交替とどう関係するのかを示す特定のモデルも得られたので、私たちも印欧祖語の起源の考古学を検討し始めることができる。

II

ユーラシア・ステップの開放

第7章　死滅した文化を再構築する方法

考古学の誕生

印欧の起源をめぐる考古学は通常、大半の人には難解に思われる専門用語で書かれているうえに、考古学者もそれぞれ異なる定義をしている。そこで、考古学的物証を私がどう扱うかについて簡単に説明することにしよう。まず手始めに、かなり意外な場所ではあるが、デンマークから出発しなければならない。

1807年に、デンマーク王国は存続が危ぶまれる事態に陥った。イギリスに負け、スウェーデンに迫られ、ノルウェーからはもうじき見捨てられるという状況になって、デンマークは国民に自分たちの偉大さを再認識させるための輝かしい過去を探し求めた。古文化財の国立博物館〔現代のデンマーク国立博物館の前身〕は、この種の試みとしてはヨーロッパ初のもので、その創設計画が検討され推進された。王立古文化財室はすぐさま、新たに拡大された農業政策によって地中から掘りだされたり、耕作中に発見されたりした膨大な人工物のコレクションを入手した。地方名士のアマチュア蒐集家から、石切り工や用水路工事人などの庶民までもが、青銅製の輝く埋蔵物や骨格器を詰めた箱をもち寄った。

１８１６年には、王立図書館の奥の部屋に標本が埃をかぶったまま山積みになり、デンマーク王立古文化財保存委員会は27歳のクリスチャン・J・トムセンを、大学の学位はないが、その実務能力の高さと勤勉さゆえに選び、圧倒的な量の見慣れない未知の品々をなんらかの秩序をもって初めて展示する方法を考案させた。一年をかけて目録を作成し考えたあげくに、トムセンは人工物を三つの大ホールに並べることにした。一つは石製の人工物で、金属製品が何一つない「石器時代」の墓もしくは堆積物から出土したと思われるものだった。もう一つは「青銅器時代」の青銅《ブロンズ》製の斧、ラッパ、槍で、鉄製品がない場所から出土したと思われた。最後の一つは鉄製の道具と武器で、スカンディナヴィア史で最古の文字記録が残る時代へとつづく「鉄器時代」につくられたものだ。展覧会は１８１９年に始まり、大成功を収めた。それによってヨーロッパの知識人のあいだで、これらの三つの時代が本当にその年代順で存在したのかをめぐり、活発な議論が始まった。あるいは、それぞれの時代がどれほど古いものなのか、また歴史言語学という新しい科学のように、考古学という科学もありうるのかについての議論だった。当初、トムセンの助手を務めていたジェンス・ヴォアソーは、丹念な発掘作業から、この三時代区分が実際に有史以前に別々の時代として、若干の留保付きで存在したことを証明した。しかし、そのためには地質学の層序学的手法を借りて、用水路の工事人よりもずっと注意深く掘らなければならなかった。こうして考古学という専門分野が、遺物を手に入れるためではなく、問題を解決するために生まれた。*1

トムセンの展覧会のあと、教養のある人間は先史時代の過去を区分のない一つの時代、つまりマンモスの骨も鉄剣も一緒くたに放り込めた時代として見なすことはできなくなった。それ以来ずっと、時代は区分されるようになり、限りある生しかない人間には、格別に満足感のある作業となった。時という最も無慈悲な敵に勝利するすべを、ついに手に入れたのである。編年《クロノロジー》〔遺物の型式の変化から時代の前後を見極めて順序立てる手法〕が発見されると、その順序をあれこれ論じることに研究者はたちまち病みつきになった。今日でも、編年に関する論争が、ロシアとウクライナでは考古学議論の中心を占める。実際、ステップの考古学を欧米の考古学者が本当に理解するのを妨げている主たる原因は、トムセンの三時代区分がステップでは西ヨーロッパとは異なった定義をなされていることなのだ。青銅器時代は単純な概念のように思えるが、距離的に非常に近いいくつかの場所で、この時代が別々の時期に始まったとすれば、この概念の適用は厄介なことになりうる。

青銅器時代は、発掘された墓や集落から青銅製の道具や装飾品が頻繁に出土しだすようになると始まると言われる。しかし、青銅《ブロンズ》とは何を指すのか？　これは合金であり、最古のブロンズは銅と砒素の合金〔砒素銅〕だった。砒素は、ほとんどの人は単に毒として認識しているが、これは実際には、硫砒鉄鉱の形で自然に産出する白っぽい鉱物となっている。この鉱石は銅珪岩の鉱床でよく銅鉱石と一緒になっており、おそらく合金というものがそこから発見されたのだろう。自然界では、砒素が銅鉱石の約1％を下回って含有されることはめったになく、通常はそれよりはるかに低い。もし砒素の含有率が混合物の2―8%ほどまで上がれば、できあがった金属は純粋な銅よりも色が薄くなり、冷やせばより硬くなり、溶かせば粘性が下がり、鋳造しやすくなることを古代の金属細工師が発見した。さらに色が薄く、硬く、作業しやすいブロンズ合金は銅に2―8%の錫を混ぜたものだったが、錫は古代の旧世界では希少だったので、錫青銅は錫の鉱床が見つかったのちの時代に初めて登場した。したがって、青銅器時代というのは金属細工師たちが溶けた鉱物を混ぜて、自然に産出する銅よりも優れた合金を日常的につくり始めた時代を記すのである。その観点からすれば、青銅器時代は場所ごとに違う時代に始まったであろうことはすぐに明らかになる。

三時代区分の混乱

ヨーロッパ最古の青銅器時代は紀元前3700―3500年ごろに始まった。近東とポントス・カスピ海ステップとの自然の境界地帯である北カフカースで、金属細工師が砒素銅をつくり始めた時代だ。砒素銅と、それが始まりの合図となる青銅器時代は、ドナウ川下流域を含む東欧とステップでは、何世紀ものちの前3300―3200年ごろに出現した。そして、ヨーロッパ中部と西部の青銅器時代の始まりは、それよりさらに1000年は遅れて、前2400―2200年ごろになる。それでも、西欧で勉強した考古学者はよく、前3700年と年代測定されたカフカース文化が、イギリスやフランスならば石器時代(または新石器時代)なのに、なぜ青銅器時代の文化と呼ばれるのかと尋ねるだろう。その答えは、ブロンズの冶金術は最初に東欧に登場して西へ伝播したからであり、西部では驚くほど長期の遅れがあったのちに採用されたためだ。青銅器時代はポントス・カスピ海ステップ、つまり印欧祖語の原郷と推定される場所では、デンマークよりずっと早くから始まっていた。

ステップでは、青銅器時代に先立つ時代は金石併用時代と呼ばれている。クリスチャン・トムセンはデンマークではその時代の存在に気づいていなかった。金石併用時代は銅器時代で、金属製の道具と装飾品が広く使われていたが、合金ではない純銅でつくられていた。これは金属が使われた最初の時代で、銅の冶金術が生みだされたヨーロッパ南東部では長い時代つづいた。金石併用時代はヨーロッパ北部と西部には見られず、この地域では新石器時代から直接、青銅器時代まで移行した。ヨーロッパ南東部の専門家は金石併用時代をそのなかでどう区分けするかで、意見が分かれている。金石併用時代を前期、中期、後期に分ける年代の境目は、地域ごとに、考古学者ごとに、ばらばらに異なった時期に決められている。ロシアとウクライナの考古学者のあいだで形成されつつある地域間の合意、およびポーランド、ブルガリア、ルーマニア、ハンガリー、旧ユーゴスラヴィアなど東欧の考古学者とロシア、ウクライナとのあいだの総意と思われるものに従おうと、私は試みてきた[*2]。

金石併用時代の前は新石器時代で、トムセンの石器時代の晩期に当たる。最終的に石器時代は、旧石器、中石器、新石器の各時代に分割された。ソヴィエトの考古学、および現代のスラヴ系つまり旧ソ連の専門用語では、新石器という言葉は、土器はつくるが、金属のつくり方はまだ発見されていない有史以前の社会に使用されていた。土器の発明が新石器時代の始まりを表わしていた。土器はもちろん、重要な発見だった。耐火性粘土の容器は、一日中、弱火にかけてシチューやスープを煮ることを可能にし、複雑なでんぷんやたんぱく質を分解して、胃腸が弱い人——赤ん坊や老人——でも消化しやすくする。土器の鍋で煮たスープは、乳児の生存を助け、年老いた人を長生きさせた。土器は考古学者にとって都合のよい「示準化石」でもあり、発掘現場で容易に見分けられる。しかし、欧米の考古学者は新石器時代を別の方法で定義した。欧米の考古学では、社会が食糧生産——農耕か牧畜、または双方——にもとづく経済によって成り立っていれば、初めて「新石器時代」だと呼べる。土器をもつ狩猟採集民は、「中石器時代」の人とされた。資本主義の考古学者が生産様式を新石器時代の定義の中心としながら、マルクス主義の考古学者がそれを無視していたのは妙に皮肉だ。このことが考古学者と政治について何を語るのかは私には定かではないが、本書では東欧の新石器時代の定義——これには土器はつくったが、金属の道具や装飾品は使わなかった採集民と初期の農耕民が含まれる——を使用しなければならない。というのも、ロシアとウクライナの考古学では、それが「新石器時代」の意味するものだからだ。

年代測定と放射性炭素の革命

放射性炭素年代測定は、先史時代の考古学に革命を起こした。クリスチャン・トムセンが博物館展示をした時代から20世紀なかばまで、考古学者は手元にある人工物が、型式による年代順でどこに位置するかはわかったとしても、どのくらい古いものか、明確にはわからなかった。その年代を推測するにしても、唯一の方法はヨーロッパの短剣や装飾品の様式を、近東で年代が判明している似た様式のものに関連付けてみることだけだった。近東では文字に刻まれた銘文から、前3000年まで遡って時代が判明していたからだ。このような遠距離間の様式比較は、控え目に言っても危険が多く、近東で見つかる最古の文字記録よりも古い年代の人工物に関しては役に立たなかった。その後、1949年にウィラード・リビーが有機物（木、骨、藁、貝、皮、毛など）であれば、その炭素14（^{14}C）の濃度を測ることで絶対的年代（厳密には死後の年数）がわかることを証明し、そこから放射性炭素年代測定が始まった。放射性炭素年代は、測定された試料〔資料〕がいつ死んだかを明らかにする。もちろん、試料はどこかの時点では生きていなければならず、そのためリビーの発見は石や鉱物の年代測定には使えなかったが、考古学者は人類が暮らしていた場所では、古代の暖炉から炭化した薪や捨てられた動物の骨をよく発見していた。リビーはノーベル賞を受賞し、ヨーロッパは近東の文明とは別個の、独自の先史をもつようになった。銅の冶金術の発明のような重要な出来事は、ヨーロッパでは非常に古い時代に起こっていたことが証明されたため、近東からの影響はほぼ除外されるようになった。*3

放射性炭素年代にもとづいた編年構想は、1949年以来、いくつかの重大な変化をくぐりぬけてきた（下巻の付録を参照）。最も重要な変化は、試料内に炭素14がどれだけ残っているかを数える新方式の導入（加速器質量分析法、略称AMS）で、それによってすべての年代がより正確になったこと、および測定の方法にかかわらず、すべての放射性炭素年代は較正表を使って修正しなければならないと判明したことだった。較正されていない古い測定年代には、大幅な間違いがあることがそこからわかった。方法と結果が周期的に変わったために、旧ソ連では放射性炭素年代がなかなか科学的に受け入れられなかった。ソ連の多くの考古学者は、放射性炭素年代を利用することに抵抗した。一部には彼らの理論と編年に矛盾することがときおりあったためだが、一部には当初の放射性炭素年代がのちに手法の変化によって間違っていたことがわかり、すべての放射性炭素年代が、手法が改善されるたびにまもなく間違っていたと証明される恐れがあったからだ。さらに一部には、測定年代そのものが、たとえ修正され較正されても、まるで意味をなさないこともあったからだ。ソ連時代の放射性炭素年代では、誤差の確率が高かったようだ。

ステップからの放射性炭素年代に影響をおよぼした新たな問題は、川の水に溶けている古い炭素が魚によって吸収され、魚をたくさん食べる人の骨に入ることだった。ステップの考古遺跡の多くは墓地で、ステップ考古学の放射性炭素年代の多くは人骨から測定したものなのだ。人骨に含まれる窒素15（^{15}N）の同位体分析から、人がどれだけ魚を食べたかを知ることができる。初期のステップの墓地で見つかった遺骨の窒素15を測定すると、牛の牧畜民を含め、ほとんどのステップ社会の食生活において、魚が非常に重要であったことがわかる。摂取した食糧の50％ほどになることもよくあった。これらの人骨で測定された放射性炭素年代は、食べた魚に含まれていた古い炭素に影響され、あまりにも古い数値がでてしまったのかもしれない〔海洋などの「貯水池」によるリザーバー効果という〕。これは新たに発見された問題で、いまだに広く合意にいたる解決策はない。誤差は１００－５００放射性炭素年の範囲になるはずで、年代測定した人が実際には炭素14のカウント数によってわかる年代より１００－５００年後に死んでいたことを意味する。本書では、古い炭素による影響が問題となる可能性があり、人骨から測定された年代が古過ぎる場所では本文中にその旨を記し、付録のなかで、この問題に対処するための私自身の当面の手法について説明する。[*4]

旧ソ連の独立国家共同体（ＣＩＳ）内での放射性炭素年代測定にたいする姿勢は、１９９１年以降変わってきた。主要な大学や研究機関は、新たな放射性炭素年代測定の問題に熱心に取り組んでいる。年代測定のための現場からの試料収集はより注意深く、広範囲に行なわれるようになり、研究所は手法を改善しつづけているので誤差率は下がっている。いまでは次々に公表される新しい放射性炭素年代についてゆくのが難しい。それによって私自身の考えを含め、多くの古い学説や編年が覆されてきた。私が1985年の博士論文で概説した編年関係の一部はいまや間違っていたことが証明されているし、1985年にはその存在もほとんど知らなかったような文化が、ステップ考古学を理解するうえで主要なものとなった。[*5]

しかし、人びとについて理解するためには、ただ彼らがいつ生きていたか以上のことを知る必要がある。彼らの経済や文化についても、何かしら知らなければならない。そして黒海・カスピ海地域の住民という特定の事例で、最も重要な問題の一つは、彼らがどうやって暮らしていたかだ。彼らが流浪する遊牧民だったのか、同じ場所に一年中暮らしていたのか、首長がいたのか、つねに正式な指導者がいるわけではない平等主義の集団だったのか、日々のパンを手に入れるために彼らがどのような手立てを講じたのかである。彼らが実際にパンを食べていたとすればだが。しかし、こうした問題について語るには、まずは考古学者が用いるその他いくつかの手法を紹介する必要がある。

食べていたものを知る方法

文化のアイデンティティを如実に表わす特徴の一つが食べ物だ。移民は生まれ故郷の服装や言語を諦めてからずっとのちまで、自分たちの昔ながらの食べ物にこだわり、称賛すらする。社会のなかで人びとがどのように食糧を手に入れるかは、もちろん、すべての人類にとって暮らしをまとめる中心的な部分だ。今日、私たちが当たり前のものとして利用するスーパーマーケットは、現代の欧米の暮らしのミクロコスモスなのだ。スーパーは、高度に専門化し、資本を財源とした、市場本位の経済構造なくしては存在しないだろう。消費者中心の浪費三昧の文化（15種類ものきのこが本当に必要なのだろうか？）、州間幹線道路、郊外住宅地、自家用車、各地に分散した核家族。家庭には肉を洗い、刻み、加工し、下ごしらえをして、食事をつくってくれるおばあちゃんはいない。こうした現代のあらゆる便利なものが登場するずっと以前は、人が一日の大半をどう過ごすかは、どうやって食糧を手に入れるかで決まった。朝は何時に起きて、どこへ働きにでかけ、そこでどんな技能と知識が必要となり、個々の家族ごとに独立した家に住めたのか、またはもっと大勢の村の共同の労働力が必要だったのか。彼らはどのくらい家を離れていて、どんな種類の天然資源を必要とし、どんな調理と食品の下ごしらえの方法を知らなければならなかったのか、さらにどんな食べ物を神々に供えたかなどである。作物を育て、家畜の世話をするリズムと価値観によって支配された世界では、生産性の高い農地や牛の大きな群れを所有する氏族は、誰もの羨望の的だった。富とそれが暗に示す政治権力は、耕作地と牧草地に結びつけられていた。

古代の農耕と牧畜の経済を理解するために、考古学者は大昔のごみの山から、土器の破片に費やしたのと同じだけの注意深さで獣骨を集めなければならなかったうえに、炭化した植物の残りを回収するために細心の注意を払わなければならなかった。幸いにも、古代の人びとはしばしば生ごみを積みあげるか穴に埋めて、一カ所に集めていたため、考古学者はさほど苦労せずにそれを見つけることができる。牛の骨や炭化した種子は国立博物館ではなかなか展示できないが、考古学とは美しいものを収集することではなく、問題を解くことなので、以下のページでは大半の関心は獣骨と炭化した種子に向けられている。

考古学者は二つの主要な方法で獣骨を数える。生ごみの山にある多くの骨は煮炊きするためにごく小さな塊に分割されているので、それを特定の動物種と結びつけることはできない。種を特定できるくらい大きいか、特徴的な骨ならば同定標本数（ＮＩＳＰ）として数えられる。同定とは、一つの生物種に特定されたという意味だ。したがって、それぞれの種ごとに見つかった骨の数を示す同定標本数は、骨を数える最初の方法となる。二つ目の数え方は、それらの骨が表わす最小個体数（ＭＮＩ）を数えるものだ。５個の馬の骨がそれぞれ別の馬のものであれば、５頭の馬がいたことになるが、羊の骨が１００個あっても全部が１体の骨格からのものであるかもしれない。最小個体数は骨を最少の肉の重量に換算して使う。たとえば、特定の数の牛の骨から、それが少なくともどれだけの量の牛肉を表わしていたのかがわかる。脂肪と筋肉からなる肉の重量は、ほとんどの成獣では平均して生体重の約半分になるので、現場で解体処理された動物の最小個体数、年齢、種を突き止めることによって、〔消費された〕肉の最低重量が、若干の留保は付くが、推測できるようになる。

種子は小麦や大麦と同様、貯蔵用に火で軽く炙って保存するため、カラカラに乾いていることが多い。炭化した種子の多くはこの過程で誤って失われてしまうが、乾煎りしなければ、すぐに腐って土に返ってしまうだろう。遺跡で保存されている種子は、ちょうど種皮が炭化するくらい煎ってある。種子はどんな植物が食べられていたかを教えてくれ、その地域の菜園や畑、森、木立、ぶどう畑などの性質を明らかにすることができる。発掘した堆積物から炭化した種子を取りだすには、浮揚タンクとタンク内で水を押し流すポンプが必要となる。掘りだした土はタンクのなかに空けて、水の流れで種子を水面に浮かびあがらせる。タンク上部の吐水口から水が流れでてきたら、篩《ふるい》で種子を集める。

植物の種名は研究室で同定し、いくつあるか数え、栽培種である小麦、大麦、キビ、燕麦は、野生種の種子と区別する。浮揚選別法は1970年代後半までは、欧米の考古学ではほとんど利用されておらず、ソ連の考古学ではほぼまったく使われていなかった。ソ連の古植物学の専門家は、焦げた鍋にこびりついた種子や、土器が焼かれる前に湿った胎土に残された種子の圧痕を発見する偶然を当てにしていた。このような幸運な発見はめったにない。ステップで食用植物がどれほど重要であったのかが本当に理解されるのは、発掘において浮揚選別法が広く用いられるようになったのちのことだろう。

考古学上の文化と現存する文化

以下に述べる話には個人はほとんど登場せず、むしろ文化のほうが多くでてくる。文化は人びとによってつくられ、再生されるが、人とはかなり異なる動きをする。「現存する文化」にはじつに多くの下位集団や分派があるので、人類学者はそれらを理論的に説明することに苦労しており、その結果、多くの人類学者が「統一文化」という概念そのものを放棄している。しかし、文化的アイデンティティを隣接するほかの文化と対比した場合は、その説明はずっと容易くなる。

フレデリック・バースによるアフガニスタンの境界アイデンティティの調査からは、境界の状況に付きものの他者との絶え間ない対立のせいで、文化的アイデンティティは再生どころか、しばしば捏造されることさえあると示された。今日、多くの人類学者はこの事実を、文化的アイデンティティを理解するための生産的な方法だと考える。つまり、前章で述べたような長期にわたる現象ではなく、特定の歴史的状況への対応ととらえられる。しかし、文化的アイデンティティは、それを信じる者の心に文化的で歴史的な重みももつものであり、人びとが共有する愛着心を生みだす源泉はもっと複雑なものだ。それは一連の習慣と歴史的体験を共有することから生まれ、たとえおおむね想像したか創作したものだとはいえ、伝統の源泉は境界での対立を煽るために燃料をくべる。その伝統の源泉に地理上の場所、つまり原郷が与えられるとすれば、それは総じて境界からは離れたところにあり、聖地や埋葬地、戴冠の地や戦場、あるいは山や森などの景観に分散しており、いずれも文化特有の霊力が染み込んだ場所であると考えられている。*6

考古学における文化は、土器の破片や墓制、建築、その他の遺物をもとに定義されているので、考古学上の文化と現存する文化の関係はわずかしかないように思われるかもしれない。クリスチャン・トムセンとジェンス・ヴォアソーが最初に人工物を型式ごとに分類し始めたとき、彼らは編年順にそれらを並べようとしていた。しかし彼らはすぐに、編年上の型式の変化とは食い違う、地域ごとの差異が多々見受けられることに気づいた。考古学上の文化は、一定の時期に特定の地域のあちこちで、一連の人工物の型式が繰り返し見つかることなのだ。

実際には、土器の型式は考古学における文化の主要な識別子としてよく使われる。土器は少しばかりの発掘でも容易に発見し、識別できるからで、一方、たとえば特徴的な家屋の型式を識別するには、ずっと広い面積を掘りださねばならない。しかし、考古学上の文化は決して、土器だけにもとづいて定義すべきではない。考古学上の文化を興味深く、意味のあるものにするのは、地域一帯で多くの似たような習慣、工芸品、住居の様式が同時に検出されることであり、それには土器のほかに、墓制、住居型式、集落タイプ（典型的な集落に見られる家の並び）、道具の型式、儀礼用シンボル（小像、祠、神々）などが含まれる。考古学者は個々の型式が時代とともに変わり、分布範囲が移動することについて悩むのであり、こうしたことは確かに悩むべき問題ではある。だが、個々の木の種名や分布範囲を見分けるうえで問題があるからと言って、そこに森がないと信じ込むべきではない。考古学における文化は（森と同様）、境界ではとくに目に付き、定義ができるが、境界から遠く離れた奥地ではもっと困惑する光景が往々にして広がっているだろう。考古学における文化と現存する文化または社会が実際に合致する可能性があるのは、いくつもの物質文化の違いによって明らかになった、確固たる境界においてなのだ。前章で論じたように、何百年もつづく確固たる境界は、ただ考古学的あるいは文化的な境目であるだけでなく、言語学的にも異なっていた。

考古学における文化のなかでも、いくつかの特徴が文化的アイデンティティの鍵として、とりわけ重要であることを考古学者は学んだ。欧米の大半の考古学者は技術様式、もしくは物のつくり方は、その装飾方法や装飾様式よりも、工芸の伝統の基本的な指標となることを認めている。生産技術は、言語学における基礎語彙にも似て、より深く文化と結びついており、変化もしにくい。したがって、胎土をつくるための素材と焼き方のほうが、土器に付けられた装飾様式よりも、通常はそのつくり手の出身文化をよく表わす指標となるのであり、同じことは冶金、機織りなどの工芸においても言えただろう。[*7]

考古学上の文化に代わる重要な概念の一つは、考古学的広域文化《ホライズン》だ。ホライズンは、文化というよりは、大衆の流行に近いもので、突如として地理的に非常に広範囲に普及した人工物の一つの型式、もしくは一連の型式によって定義できるものだ。現代においては、ブルージーンズとTシャツの組み合わせが一つのホライズン様式で、世界各地の多様な人びとと文化に重ね合わさっているが、それでもアメリカの発祥の地から、若者文化を中心に重要な文化的影響の拡散を表わしている。広まった当初（1960年代、70年代）、世界の若者文化においてアメリカが占めた地位がこの流行から何かしらわかるように、それ自体は重要なものだが、移住が生じたわけでも、文化が取って代わられたわけでもない。同様に、後期新石器時代ヨーロッパのビーカー・ホライズンは主として、装飾された飲用広口杯（ビーカー）の様式が広域に見られることから定義されたもので、多くの場所では若干の武器の型式（銅剣や磨製石製の手甲など）も社交の場での飲酒という新しい流行とともに広まった。ほとんどの場所では、これらの様式はすでに存在していた考古学上の文化と併存していた。ホライズンはさほど確固たる存在でない点が、考古学における文化とは異なる。これはごく少数の特徴だけをもとに定義されるもので、各地の考古学上の文化と重なっていることが多い。ホライズンは先史時代のユーラシアのステップでは非常に顕著に見られた。

この先で論じる大きな問題

印欧祖語はおそらく黒海・カスピ海北部のステップ、つまりポントス・カスピ海ステップで、おおよそ前4500年から前2500年まで話されていたという仮定のもとで、話を進めることにしよう。しかし、印欧祖語を話す社会の進化を理解するためには、いくらか早い時代から始めなければならない。印欧祖語の話し手は牛を飼う人びとだった。牛はどこからきたのだろうか？　牛も羊も外部から、たぶんドナウ川流域からもち込まれたのだろう（もちろん、カフカース山脈経由の拡散ルートの可能性性も考慮しなければならない)。家畜化された牛と羊をドナウ川流域に導入した新石器時代の開拓者たちは、元をたどるとアナトリア西部を発祥の地とする非印欧語を話していたと思われる。黒海の北西にあるカルパティア山脈東部に前5800年ごろ彼らが到達すると、先住の採集民と移住してきた農耕民とのあいだに文化の境界地帯が生まれ、それが2000年以上はつづいた。

最初の開拓農耕民が到来し、この文化の境界地帯が生みだされた過程は第8章で説明する。何度も繰り返されるテーマは、ドナウ川流域の農耕文化と、黒海北部のステップ文化とのあいだの関係の発展である。マリヤ・ギンブタスはドナウの農耕文化を「古ヨーロッパ」と呼んだ。古ヨーロッパの農耕民の町は、前6000年ごろから前4000年までの期間、ヨーロッパ全土で技術的に最も進み、美的に洗練された社会だった。

第9章は、前5200—5000年ごろ以降、ポントス・カスピ海ステップに広がった最も初期の牛と羊の牧畜経済の拡散について描く。この出来事は、前期の原印欧文化を特徴付ける武力外交と儀礼の基礎を築くものとなった。牛の牧畜はただ食糧を得るための新しい手段であったわけではない。これはまた高位の人間と庶民のあいだに生じた身分格差を助長し、生活の糧が漁労と狩猟にもとづいていたころには存在しなかった、社会的階級を生みだすものでもあった。社会に生じた身分間の溝と家畜は同時に出現した。たちまちのうちに、牛、羊——および馬——は特定の集団の人びとの葬儀で生贄として一緒に捧げられるようになった。こうした人びとは一風変わった武器を携え、身体には独特の目立つ方法で装身具を付けていた。彼らは新たに出現したステップ社会の、新たな指導者だった。

第10章は、これら太古のステップの牧畜社会が、前4200年以前に馬の背に乗る発見をしたと思われること——激しい論争がつづいている問題——について説明する。ステップの牧畜民が、おそらくは馬に乗って、古ヨーロッパに侵入し、古ヨーロッパの崩壊を引き起こしたこと、もしくは崩壊の機に乗じたことは、第11章の主題である。前4200─4000年ごろドナウ川下流域に彼らが拡散したことが、ヨーロッパ南東部への古体印欧祖語の話し手の最初の勢力拡大となった可能性が高い。のちにアナトリア諸語の祖先となる方言を話していた人びとだ。

第12章〔以下下巻〕は、前3700─3100年ごろという非常に早い時代に、メソポタミアの最古の都市文明がステップ社会におよぼした影響──そしてその逆の影響──について考察する。ステップを見下ろす北カフカース山脈に住む首長たちは、南方の文明との長距離交易によってとてつもなく裕福になった。車輪の付いた最古の乗り物、すなわち最初の四輪荷車《ワゴン》は、この山脈を抜けて最初にステップへ入ってきたのだろう。

最盛期の印欧祖語を話したと思われる人びと──ヤムナヤ・ホライズンの牧畜民──の社会は、第13章で紹介される。彼らはユーラシアのステップに牧畜経済をつくりだした最初の民だが、そのためには一年を通して季節ごとに新しい牧草地へ定期的に移動しなければならなかった。牛に引かせたワゴンで、彼らは川の流域から遠く離れたステップの奥地までテント、水、食糧を運べるようになったほか、馬に乗って遠隔地を急いで偵察し、大きな群れを放牧することが可能になった。そのような経済では不可欠の条件だ。群れは川と川のあいだの広大な草地に分散して、流域から離れたこうした草原を有効利用するようになり、それによって群れの規模は拡大し、蓄財も可能になった。

第14章から16章までは、印欧祖語方言を話す社会がまずは東西方向へ拡大し、最後に南のイランとインド亜大陸へ広がった過程を描く。これら各集団の初期の移住後に起こった事態については、本書でたどるつもりはない。私が試みるのは、印欧祖語の話し手の発達と初期の分散を理解することだけで、その過程でユーラシアのステップが開放されたことによって、輸送における技術革新——騎馬、車輪付き乗り物、二輪戦車《チャリオット》——がどんな影響をもたらしたかを調査することである。

第8章 最初の農耕民と牧畜民【黒海・カスピ海の新石器時代】

「三人目」の神話と聖なる牛

時の初めに双子の兄弟がいた。一人はマン（印欧祖語では*Manu）で、もう一人はツイン（*Yemo）という名だった。彼らは大きな牝牛を連れて、宇宙を旅した。最終的にマンとツインは、私たちがいま住むこの世界を創造することにした。そのためには、マンはツインを（別の言い伝えでは牝牛を）犠牲にしなければならなかった。この犠牲者の亡骸から、空の神々（空の父、戦の嵐神、聖なる双子）の助けを借りて、マンは風と太陽、月、海、陸、火、そして最後にさまざまな人間すべてをつくった。マンは最初の祭司になり、生贄の儀式の創始者となって、それが世界秩序の根源となった。
世界がつくられたのち、空の神々は牛を「三人目の者」（*Trito、トリト）に与えた。しかし、牛は三つ頭で六つ目の蛇（*Ngʷhi、否定を意味する英単語 negation の印欧祖語の語根）による裏切り行為で盗まれてしまった。三人目の人物は嵐神に、牛を取り戻すのを助けてくれと懇願した。彼らはともに怪物の洞窟（もしくは山）へ行って怪物を殺し（もしくは嵐神だけが殺し）、牛を解放した。*Trito は最初の戦士になった。彼は人びとの財産を取り戻し、祭司には牛を贈った。生贄の火から立ちのぼる煙によって空の神々にも分け前が届くようにしたのだ。こうして、神々と人間のあいだで相互に与え合うやりとりが確実につづくようになった。[*1]
この二つの神話は、印欧祖語を話した人びとの信仰体系の基礎となるものだった。*Manu と *Yemo は多くの印欧語派に残された創生神話に反映されており、*Yemo は古インド語ではヤマ、アヴェスター語ではイマ、古ノルド語ではユミル、それにおそらく古代ローマのレムス（「双子」を意味する *yemo の古いイタリック語の形である *iemus より）としても登場する。マンのほうは古インド語のマヌあるいはゲルマン語のマンヌスとして登場し、双子の兄弟とともに世界を創生する。*Trito の行ないについてはブルース・リンカンが詳細に分析している。古代インド、イラン、ヒッタイト、スカンディナヴィア、ローマ、ギリシャの神話に、三つ頭の怪物から原始の奪われた牛を取り返す英雄の物語という、基本となる同じ話があることを彼は発見した。マンとツインの神話は、生贄とそれを管理する祭司の重要性を定めた。「三人目」の神話は、人間と神々のために動物を手に入れた戦士の役割を明らかにしていた。ほかにも多くのテーマが、これら二つの物語に反映されている。二つで一対のものに三揃いのものを掛け合わせる、二と三の組み合わせにたいする印欧語のこだわりは、印欧語の詩の拍節構造にすら、繰り返し現われてきた。魔力と法的権力を表わした一対の神のテーマ（ツインとマン、〔古代インドなどの〕ヴァルナとミトラ、〔古代スカンディナヴィアの〕オーディンとテュール）、社会の身分ごとの分割と三つの重要な機能または役割間の秩序、すなわち祭司（魔法と法の両面）、戦士（三人目の男）、そして牧畜民／農耕民（牝牛もしくは畜牛）である。*2

印欧祖語の話し手にとって、家畜化された牛は神々の寛容さと大地の生産性を表わす基本的な象徴だった。人間は原始の牝牛の肉片から生みだされた。「適切な」振る舞いを定めた儀礼上の務めも、道徳と経済の双方の面から牛の価値を中心に動いていた。原印欧の神話はその根底において、男性中心で、牛を飼う人びと――かならずしも牛の遊牧民ではないが、間違いなく息子と牛を最も尊重する民――の世界観だった。牛（および息子）はなぜそれほど重要だったのだろうか？

紀元前5200―5000年ごろまで、黒海・カスピ海の北のステップに住む人びとのほとんどは家畜をまったく所有していなかった。彼らは代わりに木の実や野草を集め、魚を捕り、野生動物を狩ることに依存していた。要するに、採集民だったのだ。しかし、彼らが有効利用できる環境は、ステップの環境全体のほんのわずかでしかなかった。彼らの野営地の遺構は、ほぼすべて川の流域から見つかる。川辺の拠水林であれば避難場所や日陰、薪、建材、シカ、オーロックス（ヨーロッパの野牛）、イノシシが手に入った。魚は日常の食事で重要な位置を占めていた。ドニエプル川やドン川のような広い川の流域には、幅が数キロにわたる広い拠水林があった。小さな川には、まばらな木立しかなかった。川と川のあいだに広がる草の茂る広大な高原、つまりステップの環境の大部分は、野生のウマ科の動物とサイガ〔オオハナレイヨウ〕しか生息しない荒涼とした場所だった。採集民はウマなどの野生のウマ科動物を狩ることができた。ステップの野生馬は、脚が太く、胸周りががっしりした、たてがみの逆立った動物で、おそらく現代のモウコノウマに非常によく似ていただろう。モウコノウマは世界に残っている唯一の本当の野生馬である。[*3] 最も効率のよい狩りの方法は、渓谷で馬の群れを待ち伏せることで、なかでも狙い目は、馬が川の流域に水を飲みに、または身を守る場所を探しにやってくるときだったろう。野生馬が最も多いステップの地域では、野生のウマ科動物の狩りは日常的に行なわれていた。採集民が陸上で手に入れられる食肉のほとんどが、ウマ科のものであることも多かった。

ポントス・カスピ海ステップは、なだらかに起伏しながら帯状に広がるステップの西の端にあり、東は延々モンゴルまでつづいている。その気になれば、ドナウ川の三角州からユーラシア大陸の中心部を通って、一度もステップからでることなくモンゴルまで５０００キロの距離を歩くことができる。しかし、ユーラシアのステップを徒歩で行けば、人は非常に小さく感じる。一歩進むごとに踏み潰されたセージの香りが立ちのぼり、ブーツの前方を小さい白いバッタの雲が跳んでゆく。ウシノケグサ属やハネガヤ属の草のあいだに生える花は、沸騰させると素晴らしいハーブティーになるが、草は食べられないし、川の流域の森林地帯を外れた場所には、ほかに食べられるものがほとんどない。夏の気温はしばしば43─49℃にもなるが、乾燥した暑さで、通常は微風が吹くので、驚くほど耐えられる気候だ。しかし、冬はたちまち植物を枯らせる。雪混じりの荒れ狂う風は気温を氷点下37℃にまで押しさげる。ステップの冬の厳しい寒さ（ノースダコタを思い浮かべるとよい）は、人間と動物を何よりも拒む深刻な要因であり、水の問題にも増して生物を寄せつけない。ユーラシアのステップのほとんどの場所に、浅い湖はあるからだ。

本書の話が始まる時代に、内陸のステップで優占種となっていた哺乳類は野生馬、*Equus caballus*

だった。黒海の北に広がる、ウクライナの湿潤で緑の多い西部のステップ（北ポントス・ステップ）には、別の小型のウマ科動物、*Equus hydruntinus* がいて、ドナウ川下流流域からアナトリア中部まで生息していたが、最後の個体まで狩られて前4000—3000年のあいだに絶滅した。カスピ海沿岸低地の乾燥し荒れたステップには、さらに別のロバのような、耳の長いウマ科のオナガー〔英語ではオナジャー〕、*Equus hemionus* がいたが、これもいまでは野生では絶滅の危機に瀕している。当時、オナガーはメソポタミア、アナトリア、イラン、およびカスピ海沿岸低地に生息していた。黒海・カスピ海の採集民は、これら三種をいずれも狩猟していた。

カスピ海沿岸低地は、それ自体が黒海・カスピ海の環境の別の重要な側面、つまりその不安定さを象徴していた。黒海とカスピ海は穏やかでも、不変でもなかった。前1万4000年から前1万2000年にかけて、最終氷河期を終わらせた温暖化が北部の氷河と永久凍土を解かし、双方からの融解水が押し寄せる波となって放出され、南のカスピ海盆地へと流れ込んだ。氷河期末期に、カスピ海はフヴァリニア海〔ホラズムの海を意味するロシア語の古称〕と呼ばれる広大な内海に膨れあがった。2000年にわたって、北部の汀線はヴォルガ川中流のサラトフとウラル川のオレンブルクの近くにあり、ウラル山脈の南で東西への移動を阻んでいた。フヴァリニア海は、ウラル山脈の東と西で、すでに目に見えて異なる繁栄を遂げていた氷河期末期の採集民の文化を分断した。[*4] 前1万1000—9000年ごろ、水位はついに充分に高まり、南西部の流出点である、北カフカース北部のマニチ窪地を抜けて途方もない勢いで溢れだし、そのころ世界の海洋よりはるかに水位が低かった黒海に激流がなだれ込んだ。黒海盆地には水が満ちて、ついには溢れだし、またもや南西側の流出点である狭いボスポラス川流域を抜けて、とうとうエーゲ海に注ぎ込んだ。前8000年には、カリフォルニア州ほどの広さで、水深2100メートル以上になった黒海は、エーゲ海と世界の大洋と水位の釣り合いを保つようになった。カスピ海は水位が下がって以前の盆地に収まり、その後は切り離されたままの状態となった。黒海は、ギリシャ人のポントス・エウクセイノス〔客人を歓待する海の意味〕となり、そこから英語のポンティックという言葉が派生し、黒海地域を一般に指す形容詞となった。カスピ海沿岸低地北部、つまりかつてフヴァリニア海の北端の海底だった土地は、塩分の多い粘土の広大な平原として残され、不釣合いに海洋性の貝殻の地層と砂地からなる場所に汽水湖が点在し、乾燥したステップで覆われた一帯が、カスピ海の北で赤い砂の砂漠(リン・ペスキ砂漠)に徐々に変わっている。この塩性の平原一帯で氷河期後の中石器および新石器の狩猟者の小集団《バンド》が、サイガ、オナガー、馬の群れを狩猟していた。しかし、海が後退したころには、ウラル山脈＝カスピ海の境界地帯の東部と西部では、文化だけでなく、言語学的にも非常に異なっていただろう。家畜化された牛はウラル山脈の西の社会には受け入れられたが、ウラルの東側でその後も何千年間も採集民でありつづけた民には拒絶された。*5

家畜の牛と羊は、人間によるポントス・カスピ海ステップの環境の利用方法に、革命的な変化をもたらした。牛と羊は人間同様に育てられていたので、彼らの世話は日々の仕事の一部となり、野生動物ならば決してもたらさない気苦労になった。人は自分の牛と羊に仲間意識をもち、彼らについての詩を書き、婚資や負債の支払いでは貨幣として使われ、社会的地位を推測させるものとなった。さらに、牛と羊は草を加工する者でもあった。彼らは人間の役に立たないどころか、人を拒む草原を、羊毛やフェルト、衣服、テント、乳、ヨーグルト、チーズ、肉、骨髄、骨、つまり生命と富を支える基盤に転換したのだ。牛と羊の群れはいくらか運に恵まれれば、急速に数を増やせる。悪天候と泥棒の被害には遭うため、急速に数を減らしもする。牧畜は当たり外れが多く、変動しやすい経済であり、柔軟性に富み、臨機応変な社会組織が必要となった。

牛と羊は穀物とは異なり、簡単に盗めるので、牛を飼う人びとは泥棒の問題に悩まされることが多く、それが紛争や戦争へと発展した。こうした状況下では、兄弟同士で近くに暮らすことが多かった。アフリカのバントゥー語を話す部族間では、牛の牧畜の普及が母系の社会組織を失わせ、男性中心の父系の親族組織へと移行させた。[*6] 畜産はまた、公衆の前で生贄の儀式を執り行ない、動物を贈り物にすることを可能にするため、まったく新たな種類の政治権力と名声を生みだした。家畜、兄弟、権力の関係は、印欧語を話す社会のなかで新しい形態の男性中心の祭祀や政治が発展する基盤となった。だからこそ牝牛（および兄弟）が、世界の始まりに関する印欧神話のなかで、これほど中心的な位置を占めたのだ。

では、牛はどこからやってきたのだろうか？　ポントス・カスピ海ステップに暮らす人びとはいつ斑の牝牛の群れを飼い、世話をし始めたのだろうか？

開拓農耕民の移住

黒海・カスピ海地域に牛の牧畜民がドナウ川流域から最初にやってきたのは、前５８００－５７００年ごろのことで、彼らはおそらく印欧祖語とは関係のない言語を話していたと思われる。この人びとは、前６２００年ごろギリシャとマケドニアからの開拓者たちがバルカン半島とカルパティア盆地の温帯林へと北上してきた際に始まった、農耕民の広範にまたがる移動の最先端にいた（図８・１）。

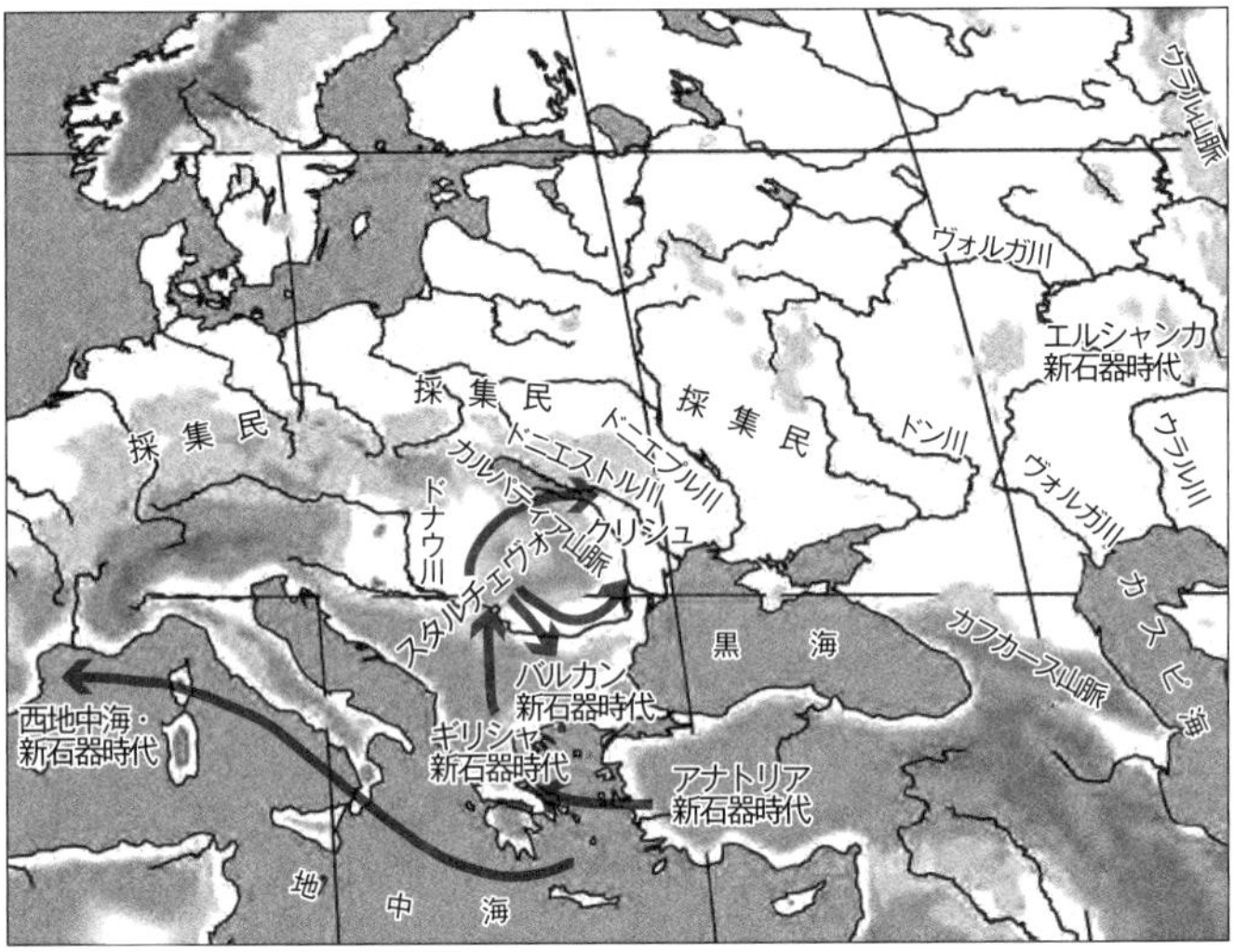

図8・1　東カルパティアの山麓へ入植したクリシュ文化をはじめ、前6500年から前5500年にかけてギリシャとヨーロッパ各地へ向かった開拓農耕民の移住経路。

家畜化された羊と牛は数百年前にアナトリアからギリシャへ、彼らの祖先によってもち込まれていたが、この時代に北部へ移動させられ、森林に覆われたヨーロッパ南東部にまで到達していた。遺伝子研究から、飼い牛はヨーロッパの巨大な野生牛であるオーロックス（*Bos primigenius*）と交雑していたことが証明されているが、残されたのはオーロックスのオスの子牛だけ（Y染色体でたどれるもの）だった。おそらくそれによって体格を改善したか、牛乳の生産量に影響をおよぼすことなく、病気への抵抗力を付けたのだろう。当時すでに牝牛は乳を搾るために飼われていたと思われ、いずれもアナトリアからやってきた母牛たち（ミトコンドリアDNAでたどれるもの）の子孫だった。野生のオーロックスの牝牛はおそらく乳の出があまりよくなく、気質的にも搾乳が難しかったと思われ、そのため新石器時代のヨーロッパの農耕民は、乳牛にする牝牛はすべて家畜化されて久しい母牛から生まれたものにしていたが、野生の牡牛といくらか異種交配させることは構わず、その掛け合わせから〔種付け用に〕大型の家畜の牡牛を手に入れていた。[*7]

近年の連鎖移住と有史時代の開拓農耕民のパターンの比較研究からは、ヨーロッパの温帯の南東部に最初に移住した農耕・牧畜の集団は、似たような方言を話し、お互いを文化的に近い存在として認識していたものと考えられる。わずかにいた先住の採集民は、双方の文化がいかに接触をもったにせよ、文化的にも言語学的にも間違いなく「他者」と見なされていただろう。[*8]当初、一気に新しい領域へ進出していったのちに（アンザベゴヴォ、カラノヴォI、グラ・バチウルイ、クルチャなどの拠点へ）、開拓集団はベオグラードの北のドナウ平原に定住した。スタルチェヴォの標式遺跡をはじめとする、新石器時代の似たような集落がある一帯だ。ドナウ川中流域のこの低地からは、二つの移住者の波が生まれた。一方はドナウ川を下ってルーマニアとブルガリアへ、もう一方は遡ってムレシュ川とケレシュ川沿いにトランシルヴァニアへ、一足飛びに移動した。どちらの移住の波も同様の土器と道具の型式を生みだし、今日ではクリシュ文化のものと比定されている[*9]（図8・2）。

◎黒海地域の最初の農耕民――クリシュ文化

ルーマニアのクリシュと、ハンガリー東部のケレシュという名称は、同じ川の名と、同じ先史時代の文化名の二つの異形である。クリシュ北部の人びとはハンガリーの河川を遡ってトランシルヴァニアの山地に入り、さらにカルパティアの尾根を越えて、カルパティア山脈の東にある生態系が豊かで生産性の高い山麓地帯へ移動した。彼らは牛と羊を追いながら東の斜面を降り、前5800－5700年ごろシレト川とプルト川の上流域に入った（クリシュの放射性炭素年代は、人骨から測定されて

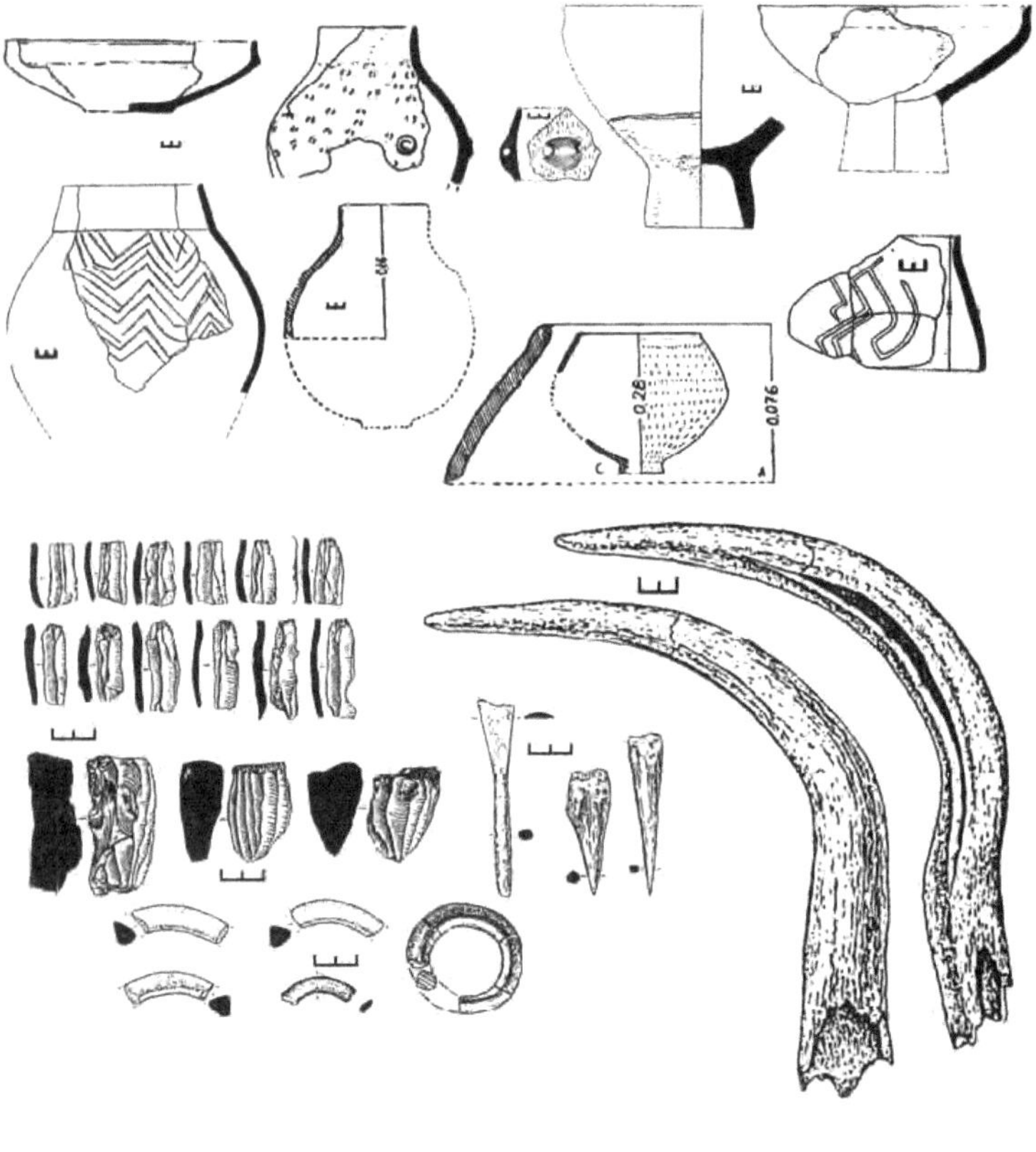

図 8・2　前 5700-5300 年と年代測定されたクリシュ文化の土器の器形と装飾モチーフ（上二段）、フリントの細石刃と石核（左）、骨角器（右）、および土器の輪（下段）。
出典：Dergachev 1999; Ursulescu 1984

いないため、リザーバー効果〔下巻補遺参照〕の影響は受けていない。表8・1を参照)。ドナウ川下流域への別の移住の波は、南部から同じカルパティアの東の山麓へ移動した。これら二つの集団は、東カルパティア・クリシュ文化の北部と南部の一派をそれぞれ形成し、前5800年ごろから前5300年ごろまで存続した。東カルパティアの山麓地帯のクリシュの農場は、黒海北部の地域に家畜化された牛が最初にもち込まれた場所だった。クリシュの開拓民は黒海の北西にある山麓地帯の、天水農業が可能な森林ステップの一帯を通って東へ移動し、海岸沿いの低地ステップや、そこを抜けて海へと注ぐ川の下流域は避けた。

考古学者は東カルパティアの山麓で少なくとも30カ所のクリシュ集落址を突き止めている。森林のなかに、蛇行する深い川の峡谷によって切り開かれた自然の草地が点在する地域だ(図8・3)。クリシュの農耕集落のほとんどは、氾濫原を見下ろせる河川の第二段丘に築かれていた。一部の集落は氾濫原の上方に岬のようにそびえ立つ高台の上に築かれていたし(スチャヴァ)、若干の農場は川と川のあいだの森で覆われた高い尾根上にあった(サハロフカI)。家は一部屋からなり、木材で柱と梁を建て、壁は木舞を使った土壁で、屋根はおそらく葦で葺いていただろう。大きな家屋は楕円形の外観をなしていることもあり、地面を掘り下げた床に、粘土でドーム形にこしらえた竈《かまど》のある台所があった。小型で軽量の構造物の場合は地表に建てられ、中央に裸火の炉〔囲炉裏〕があった。大半の村はわずか数家族で構成され、3軒から10軒ほどの煙臭い葦葺きの竪穴住居に暮らしていたと思われ、周囲には耕作地や菜園、プラムの果樹園、家畜のための牧草地があった。クリシュの墓地は知られていない。彼らが死者をどう扱ったのかはわかっていない。しかし、彼らが遠隔地からもち込まれたウミギク属(*Spondylus*)の白い貝殻の腕輪をまだ大切にし、はめていたことはわかっている。これは

表8・1　黒海・カスピ海地域の末期中石器時代と初期新石器時代の放射性炭素年代

研究所番号	BP 年代	標本	較正年代
1. クリシュ文化の農耕集落			
トレスティアナ（ルーマニア）、クリシュ文化のⅢ相			
GrN-17003	6665±45	木炭	前 5640-5530
クルチャ高架橋（ルーマニア）、クリシュ文化のⅣ相			
Bln-1981	6540±60	?	前 5610-5390
Bln-1982	6530±60	?	前 5610-5380
Bln-1983	6395±60	?	前 5470-5310
2. 線帯紋土器（LBK）農耕集落			
シレト川ティルペシュティ（ルーマニア）			
Bln-800	6170±100	?	前 5260-4960
Bln-801	6245±100	?	前 5320-5060
3. ブーフ＝ドニエストル中石器－新石器時代の集落			
ソロキⅡ、1層、前期ブーフ＝ドニエストル、ドニエストル川流域			
Bln-586	6825±150	?	前 5870-5560
ソロキⅡ、2層、先土器時代のブーフ＝ドニエストル、ドニエストル川流域			
Bln-587	7420±80	?	前 6400-6210
サウラン集落、後期ブーフ＝ドニエストル、ドニエストル川流域			
Ki-6654	6985±60	?	前 5980-5790
バスコフ・オストロフ集落、初期の土器、南ブーフ川流域			
Ki-6651	7235±60	?	前 6210-6010
Ki-6696	7215±55	?	前 6200-6000
Ki-6652	7160±55	?	前 6160-5920
ソコレツⅡ集落、初期の土器、南ブーフ川流域			
Ki-6697	7470±60	?	前 6400-6250
Ki-6698	7405±55	?	前 6390-6210
4. 新石器時代初期のエルシャンカ型式集落、ヴォルガ川中流地域			
チェカリノ4、ソク川、サマーラ州			
Le-4781	8990±100	貝殻	前 8290-7960
GrN-7085	8680±120	貝殻	前 7940-7580
Le-4783	8050±120	貝殻	前 7300-6700
Le-4782	8000±120	貝殻	前 7080-6690
GrN-7086	7950±130	貝殻	前 7050-6680
Le-4784	7940±140	貝殻	前 7050-6680
チェカリノ6、ソク川、サマーラ州			
Le-4883	7940±140	貝殻	前 7050-6650
イヴァノフスカヤ、サマーラ川上流、オレンブルク州			
Le-2343	8020±90	骨	前 7080-6770
5. ステップの新石器時代初期の集落			
マトヴェーエフ・クルガンⅠ、ごく原始的な土器、アゾフ・ステップ			
GrN-7199	7505±210	木炭	前 6570-6080
Le-1217	7180±70	木炭	前 6160-5920

研究所番号	BP 年代	標本	較正年代
マトヴェーエフ・クルガンⅡ、同じ物質文化、アゾフ・ステップ			
Le-882	5400±200	木炭	前 4450-3980
ヴァルフォロミエフカ、3層（土器層下部）北カスピ海ステップ			
GIN-6546	6980±200	木炭	前 6030-5660
カイルシャクⅢ、カスピ海ステップ北部			
GIN-5905	6950±190	?	前 6000-5660
GIN-5927	6720±80	?	前 5720-5550
ラクシェチニー・ヤル、ドン川下流貝塚、14-15層			
Ki-6479	6925±110	?	前 5970-5710
Ki-6478	6930±100	?	前 5970-5610
Ki-6480	7040±100	?	前 6010-5800
ドニエプル急流域の採集民集落、スルスキー島			
Ki-6688	6980±65	?	前 5980-5780
Ki-6989	7125±60	?	前 6160-5910
Ki-6690	7195±55	?	前 6160-5990
Ki-6691	7245±60	?	前 6210-6020

エーゲ海産の貝で、前期新石器時代にギリシャにいた当初の開拓者が最初に腕輪にしていたものだった。[*10]

クリシュの家族は、大麦、キビ、エンドウ、そして4種類の小麦（エンマー、スペルト、ヒトツブコムギ、パンコムギ）を栽培していた。小麦とエンドウはヨーロッパ南東部には自生していなかった。これらは外来種で、近東で栽培品種化され、海路で移住した農耕民によってギリシャに運ばれた。鍋のなかの残留物からは、小麦粉でとろみを付けたスープにして穀物を食べていたことが推察される。ドイツとスイスからは新石器時代の炭化したパンのかけらが検出されているので、小麦粉を練り粉にして油で揚げるか焼いていた、または麦の粒のままふやかし、それを潰して小さな塊にまとめていた可能性がある。クリシュの収穫用の鎌は、アカシカの曲がった枝角に、長さ5－10センチのフリント製の石刃数枚を、角部分が刃の役目をはたすように差し込んだものだった。刈る作業面には、穀類を刈り取ってきたために「鎌光り」〔穀類のケイ素に触れた痕跡〕が見られる。同じタイプの鎌とフリントの刃は、ドナウ川、バルカン半島、カルパティア山脈の前期新石器時代の農耕集

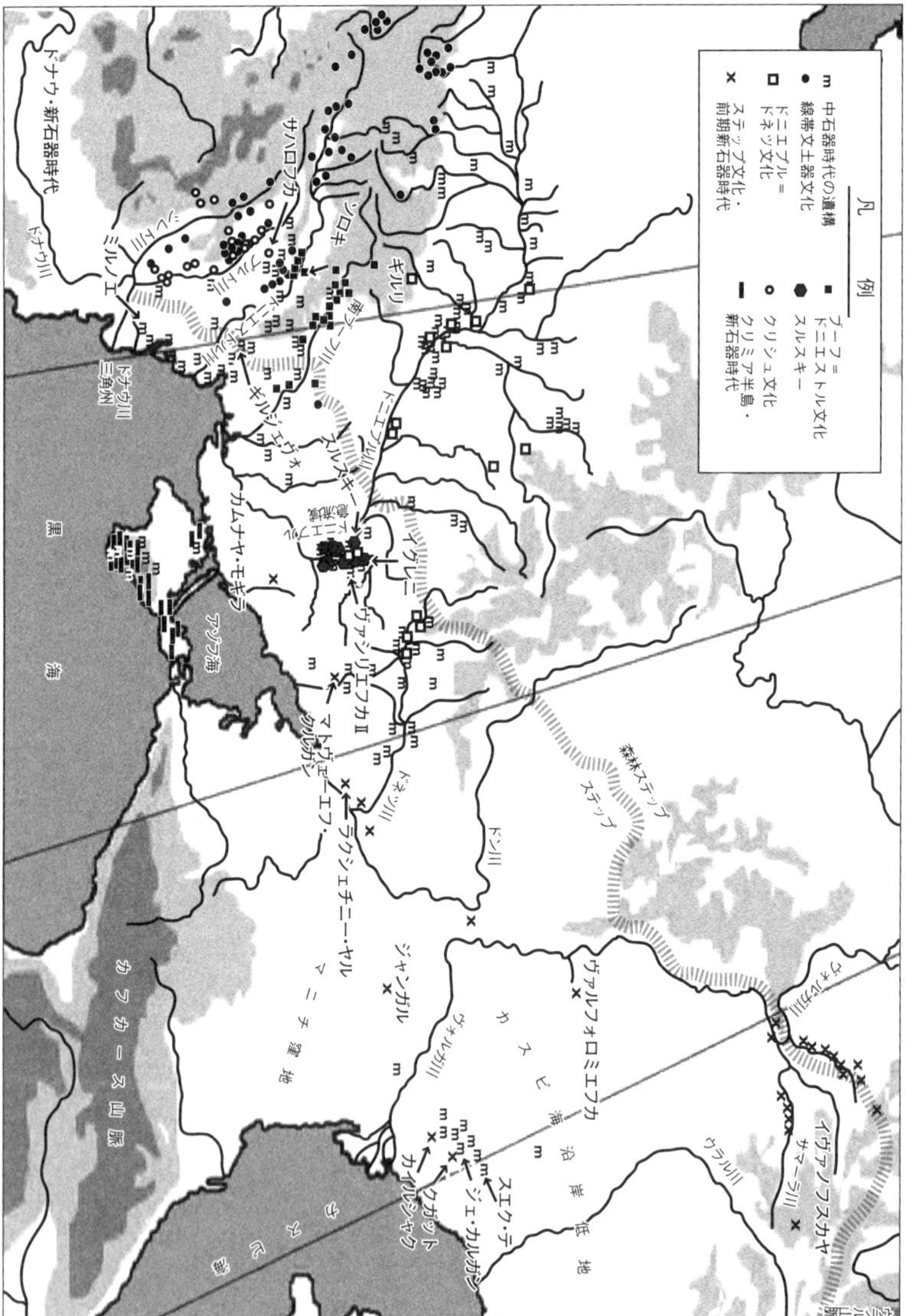

図8・3　カラパティア山脈からウラル川までの中石器・新石器時代の遺構

落すべてで見つかっている。東カルパティアのクリシュの食生活では、肉の大半は牛と豚から賄われており、アカシカが僅差で三番目に、そのあと羊の順でつづき、おおむね森林に囲まれていた彼らの環境を反映した生物種の配分となっていた。彼らが飼っていた小型の牛や豚は、付近に生息していた野生のオーロックスやイノシシとは若干異なっていたが、いちじるしく違うわけではなかった。しかし、羊は見慣れない新参者であり、聞いたことのない音声を発する動物で、見知らぬ人びとによってカルパティアの渓谷にもち込まれた小麦やエンドウと同様に外来種だった。[*11]

クリシュの土器は〔紐状の粘土を螺旋状に重ねた〕巻上げ式で手づくりされ、調理や保存用の簡素な粗製土器と、表面が研磨された多様な形状の赤茶色の精製土器、たとえば蓋付きの深皿、碗、足付きの高杯などがあった（図8・2）。装飾デザインは火入れする前に粘土の表面に棒で刻んだ沈線か、爪を押しつけて施されていた。ごく稀にだが、幅広の茶色の縞が描かれることもあった。東カルパティアでクリシュの入植者によってつくられた器形とデザインは、クリシュ文化の第3期と第4期に特有のものだった。第1、第2段階のより古い遺跡は、ハンガリー東部、ドナウ川流域、およびトランシルヴァニアでしか見つからない。

クリシュの農耕民は、プルト川とドニエストル川の流域の東まで侵入することはなかった。ドニエストル川流域では、彼らはこの土地に数多く暮らしていた採集民と鉢合わせになった。彼らの遺構のほとんどが発見される二つの川の流域の名から今日、ブーフ＝ドニエストル文化として知られるものだ（ドニエストル川と南ブーフ川）。ブーフ＝ドニエストル文化をフィルターにして、畜産経済はさらに東の黒海・カスピ海の社会にも導入された（図8・3）。

クリシュの民はブーフ＝ドニエストルの隣人たちと、さまざまな点で異なっていた。クリシュのフリント製の道具一式は大型の石刃と若干の掻器《そうき》〔スクレーパー〕を特徴としていたが、採集民は細石刃と多数の掻器を使用した。ほとんどのクリシュの村は、農耕に適した第二段丘の水はけのよい土壌にあったが、採集民は大半が漁労に都合のよい氾濫原に住んでいた。クリシュの大工は磨製の石斧を使ったが、採集民は打製のフリントの斧を使った。クリシュの土器はその製法にも装飾の様式にも特徴があった。クリシュの農耕民は独特の味がする羊肉をはじめ、外来のさまざまな食糧を栽培・飼育し、食べていた。前5800―5600年（6830±100BP）と年代測定されているクリシュのセリシュテ遺跡では、円柱形に鍛造された銅のビーズ4個が発見されている。[*12] 彼らは金属鉱物がトランシルヴァニアの山脈（銅、銀、金）とバルカン半島（銅）にあることを早くから知っていた。ヨーロッパ南東部の採集民が決して気づかなかったことだ。

考古学者のなかには、東カルパティアのクリシュ文化は、移住してきた開拓民ではなく、この土地の採集民で農耕経済を採用して文化変容を受けた人びとであったと推測する人もいる。[*13] ドナウ川流域と東カルパティアのクリシュ文化の遺跡に見られる物質文化と経済に数多くの類似性が見られることや、東カルパティアのクリシュ文化とこの地の採集民のあいだには明確な違いがあることを考えれば、これはありえないだろう。しかし、実際にはこれはなんら偶然ではない。東カルパティアのクリシュの人びとが遺伝的に「純粋」であるなどと、真剣に信じる人はともかく誰もいない。重要な点は、東カルパティアのクリシュの村に住んでいた人びとが、彼らのアイデンティティのほぼすべての物質的痕跡において、文化的にクリシュであったことなのだ。そして彼らがそこへたどり着いた経緯を考えれば、言語のような非物質的な痕跡においても、まず間違いなくクリシュなのである。クリシュ文化は、疑いなく、ドナウ川流域からやってきた。

◎クリシュ文化の言語

スタルチェヴォ、クリシュ、カラノヴォの移住者たちが、北米やブラジル、東南アジアなど、世界の他の地域の開拓農民といくらかでも似ていれば、彼らはギリシャ北部の故郷の村で話していた言語を保ちつづけた可能性が非常に高い。採集民の言語は、農耕移民と接した場合には衰退する傾向がある。農耕民のほうが出生率も高く、彼らの集落のほうが広く、そこに恒久的に住み着いていた。彼らは冬のあいだも保存しやすい余剰食糧を生産していた。「飼育する」動物に餌をやることは、イアン・ホダーが強調したように、野生動物を狩ることとはまるで異なる価値観だ。移住してきた農耕民の物質、祭祀両面の文化と経済は、ギリシャとヨーロッパ南東部の景観に影響をおよぼし、そこに長く留まりつづけ、かたや採集民のアイデンティティの痕跡は消滅した。採集民の言語は農耕民の言語の基層となる効果はあったかもしれないが、農耕民の言語と競い合えた可能性のあるシナリオを想像するのは難しい。[*14]

スタルチェヴォ、クリシュ、カラノヴォIの開拓者たちは、どんな言語を話していたのだろうか？ 彼らすべてにとっての親言語は、ギリシャのテッサリア平原で話されていた。ここには前6700－6500年ごろ、アナトリア西部から無甲板船で島伝いにやってきた海洋民によって築かれたと思われる、新石器時代最初の集落があった。カトリーヌ・ペルレは、ギリシャの最初の農耕民の物質文化と経済が、近東またはアナトリアから移住してきたものであることを、説得力をもって証明した。アナトリア西部のいずれかの場所を起源とすることは、土器、フリント石器、装飾品、女性小像、ピンタデーラの印章、下唇のピアスなどの特徴が類似していることから示唆される。移住者はギリシャで最も豊かな農地のあるテッサリア平原まで、一気に移動した。偵察隊（エーゲ海の漁民であったかもしれない）による情報をもとにしていたことはまず間違いなく、彼らがアナトリアにいた親類に目的地について話したに違いない。テッサリアの農耕人口は急速に増えた。前6200－6000年にはテッサリア平原に、前期新石器時代の集落が少なくとも120カ所はできていた。このころ、開拓者たちは北方のヨーロッパ南東部の温帯林へ移動を始めた。テッサリアの新石器時代の村からは、家畜の羊、牛、および栽培種の小麦と大麦の起源種が出土したほか、白地に赤の彩文土器、女性を中心とした家庭内儀式、エーゲ海のウミギク属の貝でできた腕輪とビーズ、フリントの石器型式、そしてバルカン半島まで携えられてきたその他の伝統も伝えた。新石器時代のテッサリアの言語はおそらく、前6500年ごろアナトリア西部で話されていた言語の方言だっただろう。テッサリアの最初の入植者のあいだでは、簡略化と平準化が進んだはずなので、500年後にこの地に存在した120の村は、瓶首《ボトルネック》状態[*15]を通過したあとの言語を話していて、おそらく多種多様な方言に再び分かれ始めていたのだろう。

東カルパティアの丘陵地帯で前5800－5600年ごろ最初のクリシュの農耕民が話していた言語は、それより1000年足らず昔にテッサリアで最初の入植者が話していた親言語とはかけ離れたものだった。現代のアメリカ英語と古英語を分け隔ててきたのと同じだけの期間だ。これは古ヨーロッパのいくつかの新しい新石器時代の言語が、テッサリアの親言語から枝分かれするには充分な期間だが、それでもみな一つの語族に属していただろう。その語族は印欧語ではなかった。これは間違った時代に（前6500年より前）、間違った場所から（アナトリアとギリシャ）やってきた言語だった。その失われた言語の名残は、興味深いことに印欧祖語で牡牛を表わす言葉、*tawro-s のなかに残されているかもしれない。これはアフロ・アジア語の言葉からの借用語だと、多くの言語学者は考える。アフロ・アジア語大語族は、エジプト語と近東のセム語の双方を派生させており、その初期の言語の一つが最初の農耕民によってアナトリア半島で話されていたのかもしれない。クリシュの民はおそらくアフロ・アジア語タイプの言語を話していて、東カルパティアの渓谷に牛を追っていった際に、牛を*tawr-に似た言葉で呼んでいたのだろう。[*16]

農耕民と採集民の遭遇

黒海北部で最初にクリシュの牛の畜産と、牡牛を意味するクリシュの言葉を取り入れた土着の民は、数ページ前に紹介したブーフ＝ドニエストル文化の人びとだった可能性がある。彼らはクリシュの農耕民の拡大が、ブーフ＝ドニエストル文化そのものによって妨げられて止まったと思われる境界地帯に住み着いていた。農耕民と採集民の最初の接触は、心をそそる出来事であったに違いない。クリシュの移住者は家畜化した動物の群れを連れて、シカのいる丘陵地帯をさまよいながら進んだのだろう。彼らは羊、プラムの果樹園、小麦のホットケーキをもち込んだ。くる年もくる年も彼らは一年中同じ場所に家族で暮らしていた。木を切り倒して家を建て、果樹園や菜園をつくった。彼らは外国語を話していた。一方、採集民の言語は、のちに印欧祖語が現われることになった広い語族の一部をなしていたかもしれない。もっとも、ブーフ＝ドニエストル文化の最終的な運命は絶滅と同化であったため、彼らの方言はその文化とともに失われてしまったのだろう。[*17]

ブーフ＝ドニエストル文化はこの地域に、最終氷河期の終わりから住み着いた中石器時代の採集民文化から生まれた。後期中石器時代の技術・類型学的集団はウクライナ国内だけでも、フリント石器一式の違いから11集団はあったことが見分けられている。北カスピ海沿岸低地を流れるドン川の東のロシアのステップでも、ルーマニア沿岸地方でも、フリント石器にもとづいて後期中石器時代の別の集団が確認されている。中石器時代の野営地は、ドナウ河下流域や、クリシュ集落とさほど離れていない黒海北西部沿岸のステップで見つかっている。ドナウ川の河口にあって、三角州に囲まれた岩がちの丘陵地帯からなる半島、ドブルジャ付近では、18から20カ所の中石器時代の地表遺構が、ドナウ川の南側段丘にあるトゥルチャ北西のごく狭い地域で見つかった。後期中石器時代の集団も河口域の北側で暮らしていた。ここではミルノエの遺構が最もよく研究されている。ミルノエの後期中石器時代の狩猟者は、野生のオーロックス（発見された獣骨の83％）、野生馬（同14％）、および絶滅した *Equus hydruntinus*（同1・1％）を狩っていた。ドナウの三角州を離れ、海岸沿いに北上した場所では、ステップはより乾燥していた。ドニエストル川下流のギルジェヴォにある後期中石器時代の遺構では、骨の62％は野生馬のもので、オーロックスと *Equus hydruntinus* は少なかった。これら沿岸ステップの採集民と高台の森林ステップへ進出しつつあったクリシュの農耕民とのあいだに接触があった考古学的痕跡はない。*18

森林ステップでは、事情は異なる。南ブーフ川とドニエストル川の中流域から上流域で、森を茂らせるほど降水量がありながら、まだ開けた草原とステップの飛び地があるような移行帯では、ブーフ＝ドニエストル文化の遺跡が少なくとも25カ所で発掘されている。この環境は、クリシュの移住者が好んだものだった。そこでは、土着の採集民が何世代も前からアカシカ、ノロジカ、イノシシを狩猟し、川魚（とりわけ巨大なヨーロッパオオナマズ）を捕まえていた。前期ブーフ＝ドニエストルのフリント石器は、沿岸ステップの集団（グレベンニコフとククレクスカヤ型式の道具一式）や、北部森林の集団（ドネツ型式）の双方とも類似点が見られた。

◎土器と新石器時代の始まり

ブーフ＝ドニエストル文化は新石器時代の文化だった。ブーフ＝ドニエストルの人びとは、粘土を焼いて器をつくる方法を知っていたからだ。黒海・カスピ海地域で最初につくられた土器と、前期新石器時代の始まりは、ヴォルガ川中流域のサマーラ地域にあったエルシャンカ文化と関連していた。この土器は前7000－6500年ごろのものであることが放射性炭素年代（貝殻から）で判明しており、それによって意外にも、これはヨーロッパ全土で最も古い土器となっている。壺は淀んだ池の底から集めた粘土質の泥でできていた。これらは巻上げ式で形成され、450－600℃で野焼きされた[*19]（図8・4）。この北東部の発祥の地から、土器の技術は南方および西方へと伝播した。この技術は、前6200－6000年ごろの黒海・カスピ海地域一帯のほとんどの採集・漁労集団によって、南部の農耕民と明らかに接触する以前から、幅広く取り入れられていた。植物繊維と砕いた貝とともに捏ねられた前期新石器時代の土器は、ドニエプル急流域のスルスキー島の前6200－5800年ごろと測定された層から出土した。ドン川下流域では、ラクシェチニー・ヤルや、サムソノフカなどの遺構で、前6000－5600年と測定された層から植物繊維とともに捏ねた胎土を使い、幾何学的モチーフを刻んだ沈線で装飾した素朴な土器が出土した[*20]。デザインと器形は似ているが、貝片を混ぜた胎土でつくられたものがヴォルガ川下流で、前5700－5600年（6720±80ＢＰ）ごろ

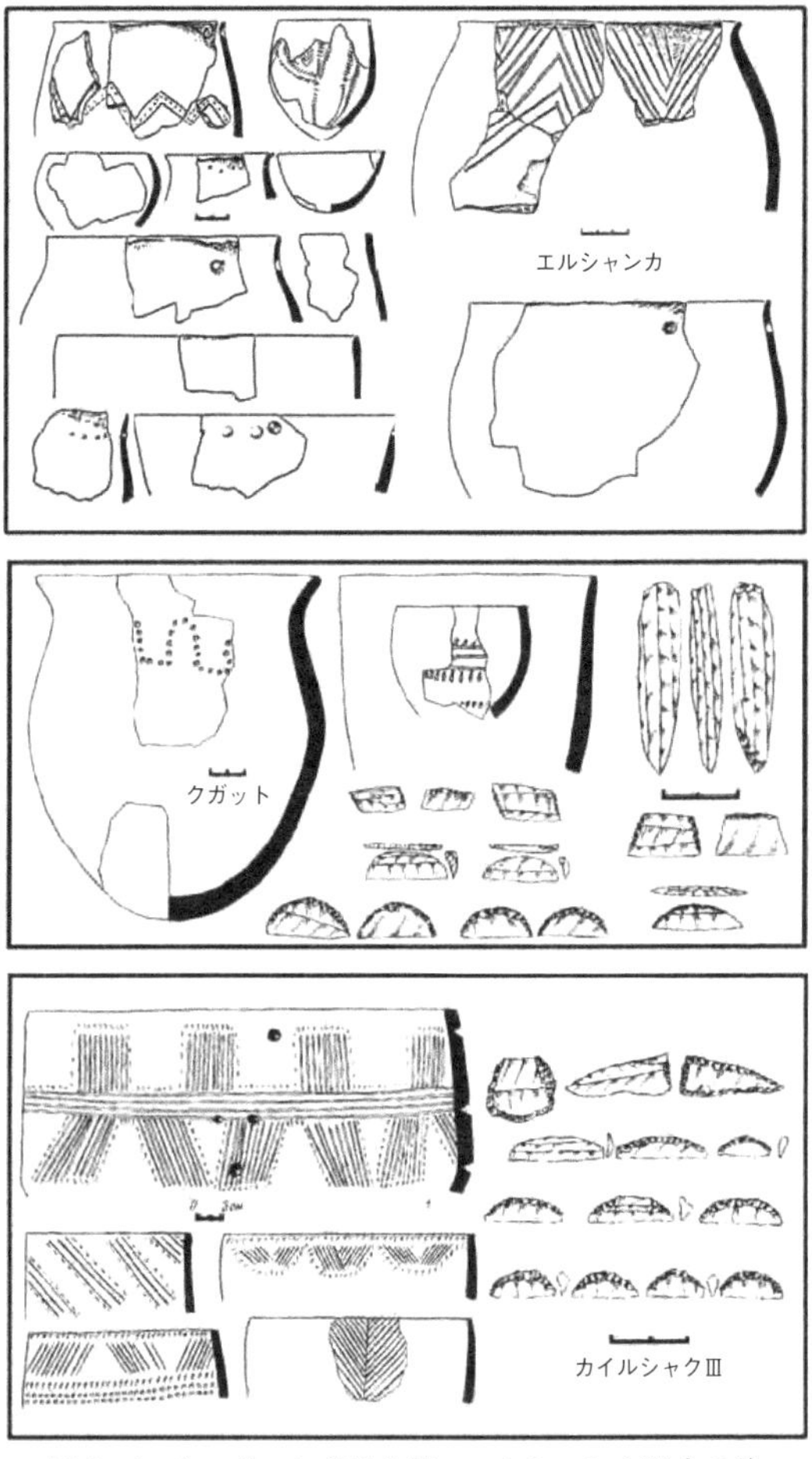

図８・４　上：ヴォルガ川中流、エルシャンカ型式の前期新石器時代の土器（前 7000–6500 年）　中：カスピ海北部、クガットからの土器とフリント石器（おそらく前 6000 年）　下：カスピ海北部、カイルシャクⅢからの土器とフリント石器（前 5700–5600 年）。出典：（上）Mamonov 1995、（中・下）Barynkin and Kozin 1998

と測定されたカイルシャクⅢから見つかった。さらに古い土器がカスピ海北部のクガットでつくられていて、ここではカイルシャク型式の土器の下方に別の種類の土器が検出された層があり、ことによるとスルスキーの土器と同時代のものかもしれない。試しに焼いたような原始的な土器の破片は、アゾフ海の北のステップにあるマトヴェーエフ・クルガンでも前６２００年ごろのものが見つかっている。ヴォルガ川中流域以南で最古の土器としては、ドニエプル急流域（スルスキー）、ドン川下流（ラクシェチニー・ヤル）と、ヴォルガ川下流（カイルシャクⅢ、クガット）でほぼ同時代の前６２

00―6000年ごろのものが出土しているのである（図8・4）。

南ブーフ川流域で最古の土器は、バスコフ島とソコレッツⅡでV・M・ダニレンコによって発掘され、五つの試料の放射性炭素年代から前6200―6000年ごろと測定された。ドニエプル川のスルスキーのものとほぼ同じ年代だ。[*21] ドニエプル川流域で、南ブーフ川のすぐ西にあるソロキⅡでは、考古学者が二層（第2層、3層）に分かれた後期中石器時代の居住地を発掘しており、放射性炭素から前6500―6200年ごろのものと測定された。ここには土器はなかった。土器づくりは前期ブーフ＝ドニエストル文化の前6200年ごろに採用されていた。おそらくドニエプル川流域とカスピ海沿岸低地に土器が登場したのと同じ、一般的な時期に始まったのだろう。

◎ドニエプル川流域における農耕民と採集民のやりとり

前5800―5700年ごろに、クリシュの農耕民が西部から東カルパティアの丘陵地へ移動したのち、ドニエストル川が二つの非常に異なる生活様式を分かつ境界地帯となった。ソロキⅡでは、最上部の居住層（1層）はブーフ＝ドニエストルの人びとが残したものだが、彼らは明らかに移住してきたクリシュの農耕民と接触をもっていた。この層は信頼度の高い放射性炭素年代から前5700―5500年ごろと測定されている。この1層で見つかった一部の土器は、見るからにクリシュの器を真似たものだ。胴部が膨らみ、口縁部が細くなって、底部に高台のある壺や、側面に竜骨状の突起がある鉢などだ。しかし、これらは砂と植物繊維を混ぜた胎土を使って、地元でつくられたものだった。1層で見つかったその他の土器は、本来の南ブーフの袋形（壺形）の器のようだった（図8・5）。1層とそれより古い2層、3層のあいだでフリント石器には連続性が見られるので、これが同じ基本の

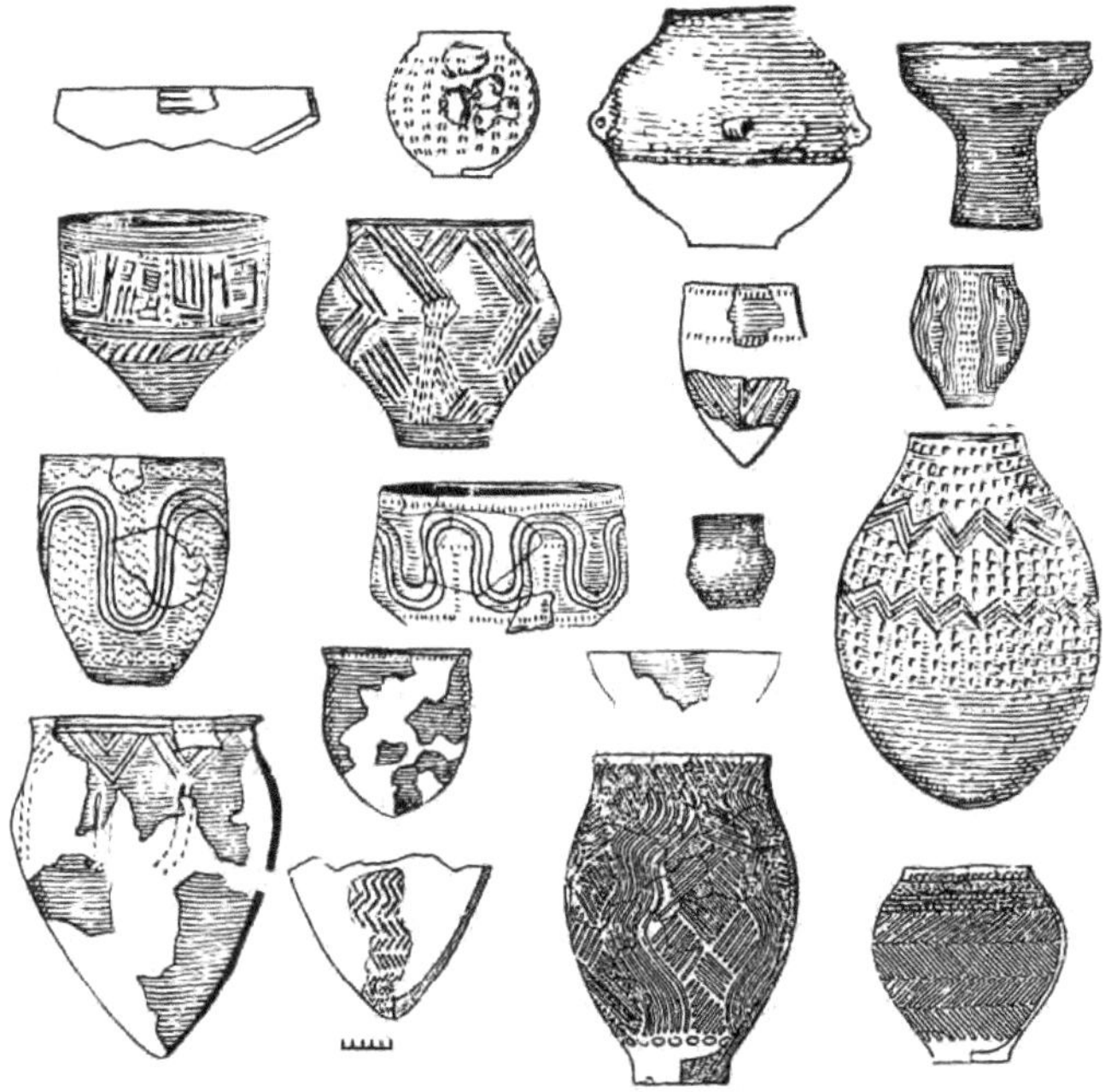

図8・5　ブーフ＝ドニエストル文化の土器型式。上段の四点の器は、図8・2にあるようなクリシュ型式を真似ているようだ。出典：Markevich 1974; Dergachev 1999

文化であることが示唆され、三つの層はいずれも伝統的にブーフ＝ドニエストル文化のものと比定されている。

　ソロキⅡの1層の野営地に暮らしていたブーフ＝ドニエストルの人びとは、クリシュの土器を真似ただけではない。植物学者は、土器に残された種子の圧痕から三種類の小麦を発見している。1層からは家畜化された小型の牛と豚の骨も若干見つかっている。これは重大な変化の始まりだった。土着の採集民が外部からもち込まれた食糧生産経済を採用したのだ。ソロキⅡの土器のつくり手が真似た珍しい土器の型式は、クリシュの小ぶりの高杯や鉢で、食べ物を保存または調理したのではなく、飲食物を供するために使われたと思われる点は注目に値するだろう。おそらく、クリシュの家を訪ねた採集民は、このような高杯や鉢に盛られたクリシュの食べ物を振る舞われ、それを見たブーフ＝ドニエストルの家族が新しい食べ物と、それが盛られた器の双方を再現してみることにしたのだろう。しかし、ブーフ＝ドニエストルの土器独自の装飾モチーフや、大型の壺の器形、胎土に含まれる植物繊維やときおり混じる貝片の添加物、あるいは低温での焼成技術は、前期ブーフ＝ドニエストルのつくり手が自分たちの技術や胎土、添加物の調合法を知っていたことを示している。彼らがつくった最大の壺（調理用か貯蔵用か？）は細口の籠のような形をしており、クリシュの土器の作り手によるどんな器形にも似ていない。

三種類の小麦の圧痕は、ドニエストル川流域の二カ所、ソロキⅡ／1層とソロキⅢで、前期ブーフ＝ドニエストルの壺の胎土から発見された。どちらの遺構からも、エンマー、スペルト、ヒトツブコムギの圧痕が見つかった。[*22] 穀物は実際にこの地で栽培されたものだろうか？　どちらの遺構にも数種類の小麦があり、脱穀で取り除かれる部分であるもみ殻と小穂の双方の圧痕が見つかった。脱穀の屑が存在するということは、この土地で少なくとも一部の穀物は栽培され、脱穀されていたことを示す。ドニエストル川流域の採集民は、クリシュの農耕民と最初に接触してからまもなく、少なくとも小さな区画では穀類を栽培していたようだ。牛はどうだろうか？

ドニエストル川流域に前5800―5500年ごろ人が居住していたブーフ＝ドニエストルの新石器時代の三カ所の遺構では、家畜の牛と豚は、ごみ捨て場の穴から拾い集めた329点の骨のうち、それぞれの骨を同定標本数として数えれば、平均でその24％を占めており、骨を最小個体数に換算するならば、処分された動物の20％に相当していた。食肉としては、アカシカとノロジカのほうが家畜よりも重要でありつづけた。前5600―5400年ごろと測定された中期ブーフ＝ドニエストルの遺構（サムチン相《フェーズ》）では、家畜の豚と牛のほうが多く含まれていた。前5400―5000年ごろの後期（サフラン相）には、二つの遺構で家畜の豚と牛は獣骨の55%（最小個体数では36%）にもなった。[*23] 一方、家畜の供給源から遠く離れた、南ブーフ川流域のブーフ＝ドニエストルの集落址では、家畜の骨が10%を上回ることはなかった。しかし、南ブーフ川流域ですら、若干の家畜の牛と豚がバスコフ島とミトコフ島に現われたのは、クリシュの農耕民が東カルパティアの丘陵地にやってきてすぐのちの時代だった。マレク・ズヴェレビルが描いた農耕民・採集民の交流の三段階の相における「実験」期は、ごく短期間のことだったのだ。[*24] なぜなのか？　クリシュの食べ物だけでなく、それが盛りつけられた土器までもが、なぜそれほど魅力的だったのだろうか？

可能性は三つある。異民族間の結婚、人口圧力、および地位をめぐる競争だ。異民族間の結婚という説がよく繰り返されてきたが、物質文化に徐々に生じた変化を説明するには説得力に欠ける。この場合は、クリシュ文化からやってきた妻たちが媒介となって、クリシュ文化の土器様式と食べ物がブーフ＝ドニエストルの集落に出現したことになるのだろう。しかし、ウォレン・ドゥボアは、部族社会では異民族に嫁いだ妻たちは往々にして人目にさらされ、不安を感じるため、革新的な行動を取り始めるよりも、むしろ新しい文化を几帳面に模倣しがちであることを示している。また、ブーフ＝ドニエストルの土器の技術、その製造方法は、この土地本来のものだった。技術様式は、装飾様式よりも民族的出自をより如実に示すことが多い。したがって、異民族間の婚姻はあったかもしれないが、ドニエストルの境界地帯で土器や経済に新しい変化が見られた理由を、説得力をもって説明してはいない。[*25]

では人口圧力があったのだろうか？　新石器時代以前のブーフ＝ドニエストルの採集民は、よい狩猟場や漁場を失いつつあり、自分たちの狩猟場内で収穫できる食糧の量を増やす方法を探していたのだろうか？　そうではないだろう。森林ステップは理想的な狩猟場で、シカが好む林縁環境の面積が最大限になる。クリシュ時代の土壌に多数の樹木花粉が含まれているということは、クリシュの開拓民が周囲の森にはほとんど影響をおよぼさず、彼らがやってきてもシカの個体数が大きく減りはしなかったことを示す。ブーフ＝ドニエストルの食生活で主要な位置を占めていたのは川魚で、小型の豚の成獣と同じくらい多くの魚肉が得られた種もあり、魚資源が減少していたという証拠はない。牛と豚は獲物が少ない年に備えての保険として、慎重な採集民が手に入れたかもしれないが、直接の動機は飢えではなかったと思われる。

三つ目の可能性は、クリシュの農耕民が宴会や季節の祭りのために供することのできる豊富な食べ物に採集民が感銘を受けたというものだ。ブーフ＝ドニエストルの一部の地元民が、平和な共存を推し進めるために、クリシュの農耕民からそのような祭りに招かれたのかもしれない。社会的な野心のある採集民は、仲間内で宴会を催すために菜園を始め、牛を飼い、クリシュの村で使われていたような鉢や杯などの食器すらつくるようになったのかもしれない。これは政治面からの説明であり、クリシュの土器が真似された理由にもなる。あいにく、どちらの文化にも墓地がなかったので、墓を調べて社会的階級が形成された証拠を探すことはできない。地位を表わす品は少なく、考えうる例外は食べ物そのものしかない。おそらく経済的な保険と社会的地位のどちらもが、ドニエストル川流域で食糧生産がゆっくりと、しかし着実に採用されるうえで役目をはたしたのだろう。

ブーフ＝ドニエストルの食生活において、牧畜と耕作の重要性はごく少しずつ増していった。クリシュの集落では、家畜は生ごみの山から見つかった獣骨の70−80％を占めていた。ブーフ＝ドニエストルの集落では、家畜は最末期の相になって初めて、狩猟した野生動物を上回るようになったが、それもクリシュの集落のすぐ近くにあるドニエストル川流域に限られていた。ブーフ＝ドニエストルの人びとは決して羊肉は食べなかった。ブーフ＝ドニエストルの遺構からは、羊の骨は一本も見つかっていない。前期ブーフ＝ドニエストルでは、穀物を粉にひく際にクリシュ風の鞍形磨石《サドルカーン》は使われていなかった。代わりに、この土地特有の菱形をした小型の臼が当初使われており、クリシュ式のサドルカーンに取って代わられたのは中期ブーフ＝ドニエストルの相になってからだった。クリシュの小型の磨製石斧よりも、彼らは自分たちの打製のフリント斧を好んでいたし、その土器もかなり特徴的だった。そして、彼らがたどってきた歴史は、クリシュ文化とは異なる、この土地の中石器時代の民族へとまっすぐにたどり着く。

前5500—5200年ごろ、新しい農耕文化である線帯文土器文化〔LBK〕が、ポーランド南部から東カルパティアの丘陵地へ入り込んで、クリシュ文化に取って代わったのちも、ドニエストル川流域の境界地帯は残った。ドニエストル川は自然の境界地帯ではなく、文化の境界地帯だったのだ。ドニエストル川流域の東には、線帯文土器の遺跡は見つかっていない。[*26] この川を越えて人や物資が行き交っても、川の両岸で文化面に重大な変化が生じても、この境界地帯は存続した。恒常的な文化の境界地帯は、とりわけそれが古代の移住の波の先端であれば、通常は民族および言語学的な境界地帯でもあった。ブーフ＝ドニエストルの人びとは、印欧祖語を生みだした語族に属する言語を話していた可能性は充分にあり、かたやクリシュの隣人たちは新石器時代のギリシャとアナトリアの言語と遠縁の言語を話していたのだ。

牛を受け入れなかった人びと

ドニエストル川境界地帯の東にある黒海北部の社会は、前5200年ごろまで、彼らがつねづねやってきたように狩猟し、野草を集め、魚を捕って暮らしつづけた。飼い牛も小麦のホットケーキも、それを見せびらかし、価値を証明してみせた農耕民とじかに接触した採集民にとっては、たまらなく魅力的に感じられたかもしれないが、その活気ある境界地帯から遠く離れた場所に暮らす黒海北部の採集・漁労民は、動物の飼育に飛びつくことはなかった。自分の家族に種畜を食べさせるくらいなら、家族が飢えるのを眺めるほど、道徳的にも倫理的にも徹底した人でなければ家畜は育てられない。種まき用の穀物と種畜は食べずに、残さなければならず、さもないと翌年には作物も子牛も期待できなくなる。採集民は総じて、将来のためにわずかな貯蓄をするよりも、その場で分かち合い、寛大に振る舞うことに重きを置く。そのため、畜産への転換は経済的なものであるのと同じくらい、道徳上の問題でもあったのだ。おそらくそれは、古くからの道徳に逆らうものだっただろう。畜産への抵抗があったのは驚くべきことではないし、実際に始まると、新しい祭祀や新たな指導体制が生まれたことも、新たな指導者が大宴会を催して、先送りにした投資が回収されたときに食べ物を分かち合ったのも意外ではない。こうした新たな祭祀と指導者の役割は、印欧の宗教と社会の基礎となった。[*27]

ポントス・カスピ海ステップで最も人が多く住んでいた場所は、ブーフ＝ドニエストル地域に次いで、牛の牧畜への移行が生じた場所だった。これはドニエプル急流域の周辺だった。ドニエプル急流域は現代のドニプロペトロフスクに始まり、ドニエプル川はここから花崗岩の基盤岩をえぐって沿岸の低地まで、66キロの距離を標高差にして50メートル落下している。急流域には10カ所の主要な滝があり、古い歴史上の文献では、それぞれに名前と守護神、そして民間伝承があった。パイクパーチ（*Sander Lucioperca*）など、上流へ遡ってくる魚は急流域では大量に捕獲でき、滝と滝のあいだの流れが速い場所は、ナマズの一種で、体長4・8メートル以上にもなるヨーロッパオオナマズ（*Silurus glanis*）の生息地だった。どちらの魚の骨も急流域の近くの中石器および新石器時代の野営地で見つかっている。急流域の南端にあるキチカスの付近に浅瀬があり、川幅の広いドニエプル川もここなら比較的容易に歩いて渡ることができた。橋のない世界では、きわめて重要な場所だ。

急流域と関連の遺構の多くは、1927年から58年にかけて建設されたダムと貯水池によって水没した。貯水池の建設に関連して発見された多くの遺構のなかに、ドニエプル川東岸のイグレニ8がある。ここでは、最も深いF層に後期中石器時代のククレクスカヤのフリント石器が含まれていた。その上のE層とE1層には、スルスキーの前期新石器時代の土器（放射性炭素年代は前6200―5800年）があった。そしてさらに上のD1層からは、中期新石器時代のドニエプル＝ドネツIの土器が見つかった。植物繊維を含む胎土で、山形紋〔ジグザグ模様〕の沈線と小さな櫛状の道具を押しつけた櫛目文で装飾されたものだ（前5800―5200年ごろと思われるが、放射性炭素による直接の年代測定はされていない）。ドニエプル＝ドネツIの生ごみに含まれていた獣骨は、アカシカと魚のものだった。牛の畜産への移行はまだ始まっていなかった。ドニエプル＝ドネツIはブーフ＝ドニエストル文化と同時代のものだった。[*28]

ドニエプル＝ドネツI（DDI）の土器をつくった採集民の野営地は、北西部のプリピャチ低湿地

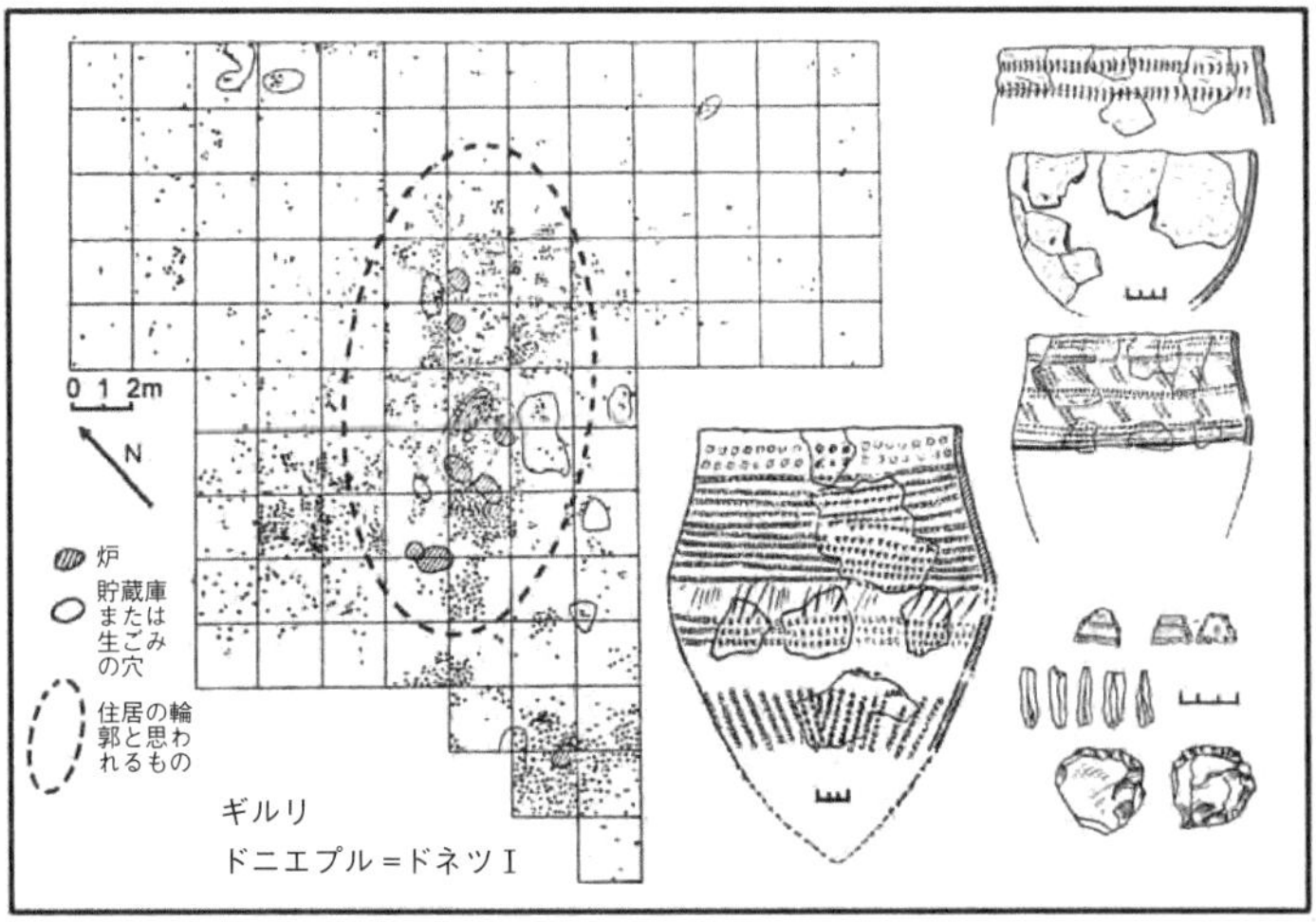

図8・6　ウクライナのギルリで見つかった、おそらく前5600–5200年ごろのドニエプル＝ドネツⅠの野営地。出典：Neprina 1970: 図3, 4, 8

の南の境界と東部のドネツ川中流域から、あるいはウクライナの森林ステップの大半と、北部のステップ帯から見つかっている。キエフの西、ジトーミルに近いテテリフ川上流のギルリでは（図8・6）、DDⅠの集落に北東から南西の方向に並べられた4組、8カ所の炉があり、対同士の間隔は2、3メートルほどになっていた。おそらく4家族が住む長さ14メートルの住居跡なのだろう。炉の周囲には、細石刃などのフリント石器が3600個と、櫛状の道具による押捺文や棒で突いた刺突文で装飾された尖底の土器片があった。ギルリはドニエプル川と南ブーフ川のあいだの小道沿いに位置していて、土器はブーフ＝ドニエステルの中期またはサムチン相の一部に、器形と装飾が似ている。しかし、DDⅠの遺構からは家畜や栽培種の植物の痕跡は見つからず、クリシュ文化や後期ブーフ＝ドニエストル文化のような磨製石斧すら出土しない。DDⅠの斧はまだ大きなフリントの塊を打ち欠いてつくられていた。*29

◎ドニエプル急流域周辺の採集民の墓地

ウクライナと〔ウラル山脈以西の〕ヨーロッパロシアに氷河期後にいた採集民のほとんどは、墓地をつくらなかった。ブーフ＝ドニエストル文化はその典型だ。彼らはしばしば古い野営地を利用して、おそらくは死んだその場所で、死者を一人、または二人ずつ埋葬した。墓所の脇で弔いの儀式は行なったが、そのために用意された別の場所で催したわけではない。墓地はそれとは異なる。墓地は葬儀を執り行ない、墓碑を建て、故人を追悼記念するためだけに設けられた改まった区画だった。墓地は、一定の土地を祖先と結びつけた歴然たる主張なのだ。ドニエプル急流域周辺で貯水池の建設工事が進められていた期間に、考古学者は中石器、新石器時代の採集民の墓地を8カ所で発見した。ヴァシリエフカⅠ（24基の墓）、ヴァシリエフカⅡ（32基の墓）、ヴァシリエフカⅢ（45基の墓）、ヴァシリエフカⅤ（37基の墓）、マリエフカ（15基の墓）、ヴォロシケ（19基の墓）などである。黒海・カスピ海地域には、これに類した採集民の墓地の密集地はほかに存在しない。

氷河期の終わりには、ドニエプル急流域一帯にいくつかの異なる採集民の集団が、競い合って暮らしていたようだ。氷河が解けて間もない、前8000年ごろにはすでに、少なくとも三種類の頭骨・顔タイプの人びとがそれぞれ別の墓地を使用し、異なった姿勢で（屈葬か伸展葬か）埋葬されていた。細面で細身のタイプ（ヴォロシケ）、幅広の顔で中肉タイプ（ヴァシリエフカⅠ）、および幅広の顔で頑強なタイプ（ヴァシリエフカⅢ）である。ヴォロシケに埋葬されていた19人のうち2人と、ヴァシリエフカⅢの45人中の2人（三人の可能性もある）は、ククレクスカヤ型式の細石刃が先端にある武器で負傷していた。ヴァシリエフカⅢの骨格型と埋葬姿勢は、最終的に前7000―6200年の後期中石器時代には急流域全体に広がった。墓の様式から前期新石器時代のものと比定されていた二つの墓地（ヴァシリエフカⅡとマリエフカ）は、いまでは放射性炭素によって前6500―6000年、すなわち後期中石器時代のものと年代測定されている。

ドニエプル急流域の墓地ではただ一つ、ヴァシリエフカⅤだけが放射性炭素年代によって（前5700―5300年）中期新石器時代のDDⅠ期のものと測定されている。ヴァシリエフカⅤでは、37体の遺骨が仰臥位（仰向けに）埋葬されており、両手は骨盤の上に、頭は北東に向けられていた。一部の人は個々の墓穴に単独で埋葬されていたが、ほかの人びとは明らかに再利用された墓に並べられていた。墓地中央の16基の墓は二重または三重に積み重なった埋葬地であると思われる。これは集団の埋葬儀礼の最初の兆候で、のちの数世紀のあいだにこの儀式は非常に趣向を凝らしたものに発展する。37基の墓のうち18基にはベンガラ〔赤鉄鉱から得た酸化第2鉄を主とする赤い顔料〕が撒かれており、これもまたこの先に生じることを暗示する。しかし、ヴァシリエフカⅤの副葬品はごく質素で、フリント製の細石刃と掻器があるのみだった。これらはドニエプル急流域で昔ながらの倫理観にこだわり、牛の飼育を拒んだ最後の人びとだったのだ。[*30]

◎ヴォルガ川下流とドン川下流の採集民

さらに東方の、ドニエストル川の採集民／農耕民の境界地帯から遠く離れた地域に住んでいた前期新石器時代の採集民のあいだでは、異なる様式の土器がつくられていた。前6000年から前5300年と測定されるヴォルガ川下流の採集民の野営地からは、砕いた貝殻と植物繊維を混ぜた胎土でつくられた平底の鉢が出土した。これらの土器は、先端が三角形の棒で突いた圧痕の列や、菱形の沈線で装飾されていた。この装飾技術はドニエプル川流域でＤＤＩの土器を装飾するために用いられた櫛の押捺文とは異なる。ヴォルガ川のフリントの道具一式には、後期中石器時代前葉の採集民のフリント道具にも似た、幾何学的形状の細石器が、全体の60－70％にも相当する数で含まれていた。前期新石器時代の重要な遺構には、ヴォルガ川下流域のヴァルフォロミエフカの3層（放射性炭素年代は前５９００－５７００年ごろ）とカイルシャクⅢ（同じく前５９００－５７００年ごろ）などがある。さらにドン川下流の砂丘であるラクシェチニー・ヤルの低層（前６０００－５６００年ごろ）もその一つだ[*31]。当時、半砂漠の環境にあったカイルシャクⅢでは、経済はほぼ全面的にオナガーの狩猟にもとづいていた。乾燥したステップの小さな川の流域にあるヴァルフォロミエフカで検出された獣骨は、層ごとに分けて報告されていないため、3層の前期新石器時代の経済がどんなものであったか述べるのは不可能だが、ヴァルフォロミエフカの獣骨全体の半分はウマで、オーロックスの骨もいくらか見つかった。魚の鱗（種の同定はされていない）は住居の床から見つかった。当時はドン川下流の幅広い拠水林に囲まれていたラクシェチニー・ヤルでは、狩猟民はアカシカ、野生馬、イノシシを追った。巻末にある本章のいくつかの註で述べたように、一部の考古学者は牛と羊の牧畜はドン川下流からアゾフ海にかけてのステップで早く始まったと主張してきたが、これはありえそうにない。前５２００年以前は、採集民と農耕民の境界地帯はドニエプル川流域に限られたままだったからだ[*32]。

前5800年ごろ、東カルパティアにクリシュが入植したことによって、ドニエストル川流域の森林ステップに、確固たる恒常的な文化上の境界地帯が生まれた。ブーフ＝ドニエストル文化は少なくとも栽培品種化した穀物と家畜の豚と牛はすぐさま手に入れたとはいえ、この民は主として狩猟採集にもとづく経済を維持し、文化的にも経済的にもほとんどの面で独自の生き方を保ちつづけた。その先の地域では、森林ステップの地域でも、その東のステップの川の流域でも、前5200年ごろ以降になるまでは、穀物の栽培や家畜を採用する土着の社会は存在しなかった。

ドニエストル川の流域では、この土地本来の黒海北部の文化は、異なる言語を話し、違う宗教を信仰し、新たな外来植物と動物を次々に、すばらしいものであるかのようにもち込んだ農耕民と、面と向かってじかに接触していた。境界地帯そのものにいた採集民は、一部の栽培植物と家畜はすぐに受け入れたが、羊などはとくに拒んだ。狩猟と漁労によって、食糧の大半は供給されつづけた。彼らは新しい祭祀や社会的構造へ移行した明らかな兆候は見せなかった。牛の飼育と小麦の栽培は片手間に行なわれたようであり、厳しい年に備えての保険として用いられ、おそらくは隣人に遅れをとらないためであり、採集民の経済と倫理観に取って代わるものではなかったのだろう。何百年ものあいだ、食糧生産への部分的な移行ですらドニエストル川流域に限られてきて、この一帯は明確に定められた狭い境界地帯となった。しかし、前5200年以降、ヨーロッパの新石器時代の農耕民のあいだで、人口密度と社会組織が新たな限界に達したようだ。東カルパティアの丘陵地の村落は、ドナウ川下流域の大きな町から新しい習慣を採用し、より複雑な文化であるククテニ＝トリポリエ文化が登場した。ククテニ＝トリポリエの村は東方へ拡大した。ドニエストル川の境界地帯は崩れ、西方からの大きな農耕共同体がドニエプル川と南ブーフ川の流域へ押し寄せた。当初の境界地帯の社会であったブーフ＝ドニエストル文化は、ククテニ＝トリポリエの移民の波のなかで消滅した。

だが、さらに東方のドニエプル急流域周辺では、家畜の牛、豚の骨が、そして注目すべきことに、羊の骨までもが頻繁に生ごみの山から見つかるようになった。ドニエプル急流域は戦略的な土地で、ここを支配していた氏族はすでにステップのほかのどこにも増して、意趣を凝らした儀式を行なっていた。彼らが牛の畜産を受け入れると、その経済的、社会的な影響はステップ一帯に急速に波及した。

第9章 牝牛、銅、首長

印欧祖語の語彙には村の首長、つまり住民集団内で権力をもつ個人を表わす複合語（*weik̂-potis）があった。別の語根（*reĝ-）も別の種類の有力な幹部を表わしていた。この二つ目の語根はのちにkingを表わす言葉としてイタリック語（rēx）、ケルト語（rīx）、および古インド語（rāj-）で使われたが、元来は祭司のような役人を意味する言葉で、取締り人（regulator これも同根語）または「物事を正しく（right やはり同根語）する人」を表わしていた可能性があり、ことによると正しい（correct 同じく同根語）境界を定めることと関連していたかもしれない。印欧祖語の話し手には権力と社会的地位のある要職があり、そうした地位の人への敬意を表していたと思われ、これらの有力者は代わりに宴を催し、食べ物や贈り物を分配したのだろう。[*1] 社会的権力の階層制が黒海・カスピ海地域に初めて登場したのはいつだろうか？ それはなんと表現されていたのか？ また、その有力者は誰だったのか？

首長がポントス・カスピ海ステップの考古学上の記録に最初に登場したのは、紀元前5200—5000年ごろ以降、家畜化された牛、羊、ヤギが最初に広く飼育されるようになってからだった。[*2] ステップに牧畜が広まったこととの興味深い側面は、それと同時に首長たちが急速に台頭してきたことだった。彼らは研磨した貝殻や骨のビーズ、もしくはビーバーや馬の歯のビーズでつくったベルト、首飾りなどを幾重にも身に着け、イノシシの牙をペンダントにし、板状に加工したイノシシの牙を縫いつけた帽子と衣服、水晶や斑岩のペンダント、磨製石器の腕輪、輝く銅環などで飾り立てていた。彼らの装飾品は、歩くとジャラジャラと音を立てたに違いない。年配の首長は磨製石器の柄頭の付いた槌矛《メイス》をもっていた。彼らの葬儀では、羊、ヤギ、牛、および馬が供儀《くぎ》に付された。肉と骨の大半は参列者に分配されたため、象徴的な若干の下腿部分だけが、ときには頭骨とともに、おそらく皮の付いた状態で墓に残された。新石器時代の古い狩猟採集の小集団には、そのような派手な装いの指導者はいなかった。彼らの突然の台頭をさらに興味深いものにしたのは、動物性たんぱく質の50％以上を魚から得ていたことが人骨の窒素含有率から示唆される点だ。ヴォルガ川一帯では、古い時代に狩猟民が好んで狩猟した馬の骨のほうが、家畜の牛と羊の骨よりもまだ多く、台所ごみから見つかっている。それほど大きな儀礼的役割を担った牛と羊は、東部ではとりわけ、ごくたまにしか食べられていなかった。

一見すると新しい食糧経済が広まったように思われる状況は、よく見れば、その経済に関連した新たな儀式や価値観、社会権力の新たな制度と深く絡まり合っているようだ。家畜という新たな通貨を受け入れず、採集生活をつづけた人びとは、正式な墓地すら利用せず、葬儀の会食で権力を誇示するそのような大盤振る舞いはなおさらありえなかった。狩猟民の死者はまだ古い野営地に、質素な服をまとった姿で、簡単に埋葬されていた。外来の羊やヤギを含め、家畜を飼う人びとと、その土地の野生動物を狩猟する者とのあいだの文化的な格差は広がった。

新しい経済の北の境界地帯は、北部の森林と南部のステップとの生態系の境目と重なっていた。北部の狩猟民や漁労民は、その後、2000年にわたって家畜に拘束されるのを拒みつづけた。森林ステップの中間的な地帯ですら、家畜の骨が検出される割合は減り、狩りの獲物の重要性が増していた。一方、新しい経済の東の境界地帯は移行帯とは重ならず、代わりにウラル川沿いを境としていた。ウラル山脈の南麓の水を集めて南へ流れ、カスピ海沿岸低地を抜けてカスピ海へと注ぐ川だ。ウラル川の東の、カザフスタン北部のステップで、アトバサル文化のステップ採集民は野生の馬、シカ、オーロックスを狩って暮らしつづけた。彼らは川沿いの低い段丘や、ステップの湖のぬかるんだ周辺部にある、草地の断崖の陰になった野営地で暮らしていた。西部からの新しい経済を彼らが拒絶したのは、おそらく前1万4000年から前9000年にかけて、フヴァリニア海がカザフ人とロシアのステップ社会を分断していた時代に明確になった民族的、言語学的な違いに根ざすものだったのだろう。その原因がなんであれ、ウラル川の流域は家畜を受け入れた西部のステップ社会と、家畜を拒んだ東部のステップ社会を分かつ恒常的な境界地帯となった。

銅の装飾品は、ドナウ川流域からヴォルガ＝ウラル地域まで、東方のステップ一帯で初期の家畜とともに取引された贈り物や装身具の一部だった。ポントス・カスピ海ステップで銅が広域にまたがって頻繁に出現するようになったことが、金石併用時代の始まりを示す。銅はバルカン半島産だったので、同じ交易網を通じて、家畜とともに入手したのだろう。この時代以降、ポントス・カスピ海ステップの文化は、バルカン半島とドナウ川下流域の文化との、複雑さを増す社会・政治・経済関係へ引きずり込まれていった。しかし、両者の溝は深まる一方だった。前4400―4200年ごろ、古ヨーロッパの文化は経済の生産性でも、人口規模も、安定性も最盛期にあったが、黒海・カスピ海の牧畜文化との境界地帯は先史時代ヨーロッパで文化的に最も顕著な境目となり、その差は北部の森の狩猟民とステップ牧畜民のあいだ以上に際立っていた。新石器および金石併用時代のバルカン半島、カルパティア山脈、ドナウ川中流域と下流域の文化は、生産性の高い農耕経済が本当に重要な意味をもっていた時代に、そうした経済を繁栄させ、彼らの町も家屋もステップの民のものにくらべてずっと規模が大きく、その工芸技能、装飾芸術、冶金術は、ステップ社会のものよりも洗練されていた。前期金石併用時代のステップの文化は間違いなく、贅沢な装飾品を付け、色とりどりに飾り立てた古ヨーロッパの人びとのことを知っていたが、ステップの社会は別の方向へ発展した。[*3]

古ヨーロッパの銅の交易網

ヨーロッパ南東部のほとんどの地域には、金石併用時代へと移行した全般的なリズムがある。社会と技術が新たな段階にまで複雑さを増して繁栄し、やがてそれが青銅器時代の初めに、小規模で移動型になり、技術的に単純な共同体へ分裂していった。しかし、こうした事態は場所ごとに、別々の方法で始まり、発展し、終わった。始まりは前5200―5000年ごろのブルガリアとされ、ここはいろいろな意味で古ヨーロッパの中心であり中核だった。ポントス・カスピ海ステップの社会は、少なくとも前4600年という早い時期から古ヨーロッパの銅の交易網に引き込まれていた。銅がドイツ、オーストリア、ポーランドで頻繁に使われるようになる６００年以上は昔のことだ。[*4]

前５２００−５０００年ごろ、ブルガリアからルーマニア南部に点在していた農耕集落は、ますます堅固な造りの大きな農村へと発展していた。土壁の木造家屋には部屋がいくつもあり、二階建ての家屋もかなり存在した。こうした村は開墾され耕作された景観のなかに位置し、周囲を牛、豚、羊の群れで囲まれていた。牛は農地で原始的なスクラッチ・プラウ〔犂《すき》〕であるアードを引いていた。[*5] バルカン半島とドナウ川下流域の肥沃な平原では、村は同じ場所に何世代にもわたって繰り返し再建されたため、高さ９−15メートルにもなる層状の遺丘《テル》が形成され、周囲の農地よりも高い位置にそびえるようになった。マリヤ・ギンブタスは古ヨーロッパを、各地に存在したさまざまな女神たちによって有名にした。腰回りの豊かな女性小像によって象徴される家庭の守り神の信仰がいたるところで見られた。小像や壺に刻まれた印は、表記方法の登場を思わせる。[*6] 色の付いた土片は、家の壁が土器の装飾と同様の、渦巻き曲線のデザインで描かれていたことを窺わせる。土器職人たちは温度を８００−１０００℃に上げられる窯を発明した。彼らは低酸素状態にした「還元雰囲気」を利用して土器の表面を黒くし、そこにグラファイトで銀色の絵を描いた。もしくは鞴《ふいご》を使って高酸素状態にし、表面を赤またはオレンジ色に焼いて、黒や赤で縁取りをした白い帯状の飾りを細かく描いた。

土器用の窯は冶金へとつながった。銅は、おそらく当初は偶然だったのだろうが、石から抽出された。粉々に砕いた青緑色の藍銅鉱《ラズライト》または孔雀石《マラカイト》の鉱物（顔料として使われていた可能性がある）を粉末木炭と混ぜ、その混合物を鞴で煽りながら窯で焼いたのだ。８００℃になると、銅は小さな光る粒になって粉末状の鉱石と分離する。その後、この粒は取りだされ、再加熱され、鍛造され、溶接され、焼きなまされ、ハンマーで叩いて多種多様な道具（鉤、目打ち、刃）や装飾品（ビーズ、腕輪、ペンダントなど）がつくりだされた。金の装飾品（トランシルヴァニアとバルカン南東部トラキア沿岸で採掘されたのだろう）も、同じ交易網のなかで流通し始めた。銅の冶金術の初期段階は、前5000年より以前に始まった。

前4800―4600年ごろバルカン半島の金属細工師は、溶融した銅の熱に耐える鋳型のつくり方を学び、銅製の道具と武器を鋳造し始めた。これは銅金属を液化する1083℃の温度を必要とする複雑なプロセスだった。溶けた銅はかき混ぜ、浮かんできた不純物を取り除き、上手に注がなければ、冷えたときに欠陥だらけの脆い製品になる。うまく鋳造された銅器は、前4600―4500年ごろにヨーロッパ南東部一帯で利用され、ハンガリー東部ではティサポルガール文化と取引され、セルビアではヴィンチャD文化と、ブルガリアではヴァルナとカラノヴォⅥのテル集落と、ルーマニアではグメルニツァ文化と、モルドヴァとルーマニア東部ではククテニ＝トリポリエ〔トリーピッリャ〕文化と取引されていた。冶金術は新しい異質の工芸だった。壺が粘土からつくられていることは誰の目にも明らかだったが、輝く銅の腕輪が緑色の石からできていると言われても、どう製造したのか理解するのは難しかった。銅細工の魔術的な側面は金属細工師を際立った存在にし、銅の需要は交易を促進した。鉱脈探し、採鉱、および鉱石や完成品の遠隔地交易は、地域間の政治と相互依存に新時代をもたらし、その余波はたちまちステップの奥地のヴォルガ川にまで到達した。[*7]

土器と銅のための窯と溶鉱炉によって森林は使い尽くされ、それと同じくらい、ブルガリア北東部をはじめとする古ヨーロッパの多くの集落を守るための杭を並べた柵や二階建ての木造家屋も森を破壊した。ブルガリア東北部のドゥランクラクとシャブラ・エゼレツ、およびルーマニアのトゥルペシュティでは、集落の近くで採取された花粉の柱状試料《コア》〔地層に含まれる花粉の層序学によるもの〕から、これらの地域で森林面積がいちじるしく減少していたことがわかる。[*8] 地球の気候は前6000—4000年ごろのアトランティック期に、氷河期後の温暖極大期に達し、最も温暖になったのは前5200年ごろに始まる後期アトランティック（古気候学ゾーンA3）だった。ステップの河川流域にある拠水林は、温暖化と乾燥化が進んだために縮小し、草原が拡大した。森林ステップの高地では、前5000年にはニレ、ナラ、シナノキの壮大な森がカルパティア山脈からウラル山脈まで広がっていた。シナノキとナラに好んで巣をつくる野生のミツバチも、こうした森とともに分布域を拡大した。[*9]

境界地帯に生まれた文化

ククテニ＝トリポリエ文化は、古ヨーロッパと黒海・カスピ海の文化の境界地帯に存在した。いまでは2700カ所以上のククテニ＝トリポリエの遺跡が発見され、小規模な発掘調査が行なわれ、遺跡全体が発掘されたものも若干はある（図9・1）。ククテニ＝トリポリエ文化は前5200—5000年ごろ最初に出現し、古ヨーロッパ世界のどの地域よりも1000年は長く存続した。トリポリエの人びとは、前3000年になってもまだ大きな家と村、高度な土器と金属器、女性の小像をつくりつづけていた。彼らは、印欧祖語を話していたと思われるステップの民の西方にいた隣人だった。

ククテニ＝トリポリエは二つの考古遺跡にちなんで名づけられている。1909年にルーマニア東部で発見されたククテニと、1899年にウクライナで発見されたトリポリエだ。ルーマニアの考古学者はククテニの名称を使い、ウクライナの学者はトリポリエ〔ウクライナ語読みはトリーピッリャ〕を

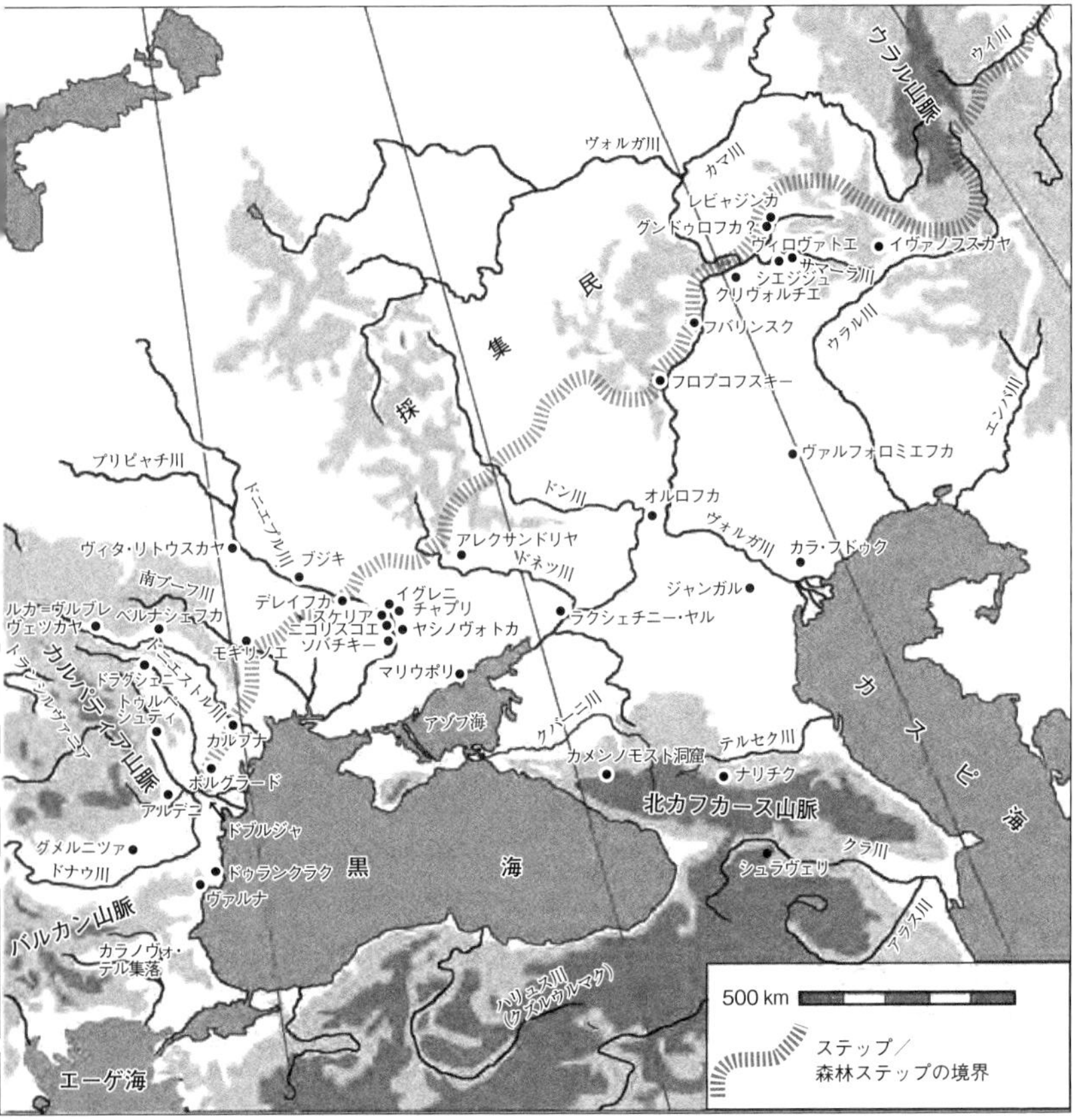

図9・1　黒海・カスピ海地域における前期金石併用時代の遺構

使い、それぞれ自国の編年体系を用いるので、一つの先史時代文化を表わすのにプレ・ククテニⅢ／トリポリエAといった厄介な名称を使わなければならない。ククテニの土器の時代順には、〔アルゼンチンの作家ホルヘ・ルイス・〕ボルヘス張りの夢見心地の部分がある。ある様相《フェーズ》（ククテニC）は、様相とは言えず、ククテニ＝トリポリエ文化の外でつくられた土器型式だろう。ククテニA1と呼ばれる別の様相は、発見されないうちから、それどころか一度も発見されなかったのに定義されていた。さらにククテニA5という別の様相が1963年に後世の学者に託された課題として創設され、いまではおおむね忘れ去られている。そのうえ年代順のすべてが、最古の様相はククテニA期だという仮定にもとづいて最初に定義されていたが、間違っていたことがのちに証明された。そのため、のちの考古学者はプレ・ククテニ相Ⅰ、Ⅱ、Ⅲを生みださなければならず、その一つ（プレ・ククテニⅠ）は存在しない可能性があった。土器型式と様相にたいする執着がもたらしたよい側面といえば、その土器がよく知られ、細部まで研究されていることだ。[*10]

ククテニ＝トリポリエ文化は、その装飾された土器と女性小像のほか家屋によって最も明確に定義されている。最初に登場したのは、前5200−5000年ごろの東カルパティアの山麓地帯だった。東カルパティア山脈の後期線帯文土器文化の人びとは、ドナウ川下流域の後期ボイアン＝ジュレシュティと後期ハマンジアの両文化から、これらの新しい伝統を学んだ。彼らは土器ではボイアンとハマンジアのデザイン・モチーフを採用し、ボイアン式の女性小像や、ボイアンの住居建築の一部（ロシア語でプロシャドカの床と呼ばれる粘土の床で、壁を築く前に焼いた床）を取り入れた。彼らはバルカンの銅と、やはりドナウ川流域であるドブルジャ産のフリント製品を手に入れていた。借用したこれらの習慣はどの部族の農耕文化でも中心となるもの――家庭内での土器製造、住宅建築、家庭内の女性中心の祭祀――だったので、少なくとも一部のボイアンの民が東カルパティア山脈の尾根を越えて鬱蒼と森の茂った急峻な谷間に移住していった可能性がありそうだ。こうした特徴の出現が、ククテニ＝トリポリエ文化の始まり――プレ・ククテニⅠ期（？）とⅡ期（前5200−4900年ごろ）を示していた。

新しい様式が出現した最初の場所は、カルパティア山脈の標高の高い峠近くに集中していた。おそらく一部には、山越えの道がそうした峠に制限されていたために、移住者がそこに引き寄せられていたのかもしれない。カルパティアのこうした高所の谷間から、新しい様式と家庭内の祭祀が急速に北東方面へ伝播し、遠くは東のドニエストル川流域にあったプレ・ククテニⅡの集落にまで広まった。文化は発展するにつれて（プレ・ククテニⅢ／トリポリエAの時代に）、ドニエストル川を越えて波及し、600年から800年間は存在した文化的境界地帯を消滅させて、ウクライナの南ブーフ川流域にまで伝わった。ブーフ＝ドニエストル文化の集落は姿を消した。トリポリエAの村落は、前4900－4800年ごろから前4300－4200年ごろまで南ブーフ川流域を占有していた。

ククテニ＝トリポリエ文化は森林ステップの環境に目に見える痕跡を残し、森を減らして牧草地をつくりだし、広域で農地を耕すようになった。シレト川支流沿いのフロレシュティには、ナラとニレの森を開墾した土地に後期線帯文土器文化の一軒の家の痕跡があった。放射性炭素年代で前5200－5100年ごろと測定されたこの家と関連のごみの穴からなる住居跡では、すべての花粉の43％が樹木の花粉だった。その上の地層にあった後期プレ・ククテニⅢの村は、前4300年ごろと測定され、はるかに開けた土地に少なくとも10軒の家があって、樹木の花粉は23％を占めるだけになった。[*11]

前期ククテニ＝トリポリエの人工物には、ブーフ＝ドニエストルの特徴はごくわずかにしか見られない。後期ブーフ＝ドニエストルの文化は吸収されたか追いやられ、境界地帯における入れ替えを仲立ちし、緩衝となった文化は取り除かれたのだ。[*12] 境界地帯は東へと移動し、南ブーフ川とドニエプル川のあいだの高地に移った。ここはまもなくヨーロッパ全土で最も明確に定められ、違いが明らかな文化の境界地帯となった。

◎ベルナシェフカの前期ククテニ＝トリポリエの村

移動する境界地帯上にあった前期ククテニ＝トリポリエの農村の好例はベルナシェフカで、１９７２年から１９７５年にかけて、Ｖ・Ｇ・ズベノヴィチによって遺跡全体が発掘されている。[*13] ドニエストル川の氾濫原を見下ろす段丘の上に、一つの大きな構造物の周囲に円を描くように、６軒の家が建てられていた（図９・２）。中央の建物は、12×8メートルの規模で、水平の木材の梁、つまり転ばし根太の土台に、おそらくほぞ穴を開けて垂直に壁用の柱を立てていたのだろう。壁は木舞を使った土壁でつくられ、屋根は藁葺きで、床は木材の梁を使った下地床の上に、厚さ8－17センチの滑らかに焼き締めた粘土でできた床があった（プロシャドカ）。扉には平らな石の敷居があり、家のなかにはこの集落で唯一のドーム形の竈があった。たぶん村の中心のパン焼き場で、作業棟だったのだろう。それぞれの家は床面積が30－１５０平方メートルあった。村の人口は40人から60人程度と思われる。放射性炭素年代の二つの測定値（前５５００－５３００年）は２００年ほど古過ぎるようだ（表９・１）。おそらく測定された木片が、村に人びとが住んでいた時代よりも数世紀前に死んだ芯材部分の燃えかすだったからだろう。

ベルナシェフカでも、ククテニ＝トリポリエのほかのどの村でも、墓地は発見されなかった。クリシュの民のように、ククテニ＝トリポリエの人びとも通常は死者を埋葬しなかった。人骨の一部はときおり、家の床下にある儀礼関連の堆積物から見つかった。人の歯はビーズとして使用されることもあり、ドラグシェニ（ククテニＡ４、前４３００－４０００年ごろ）では、家と家のあいだのごみのなかから、バラバラになった人骨が見つかった。遺体は村のどこか近くで野晒しにし、鳥に食べさせ

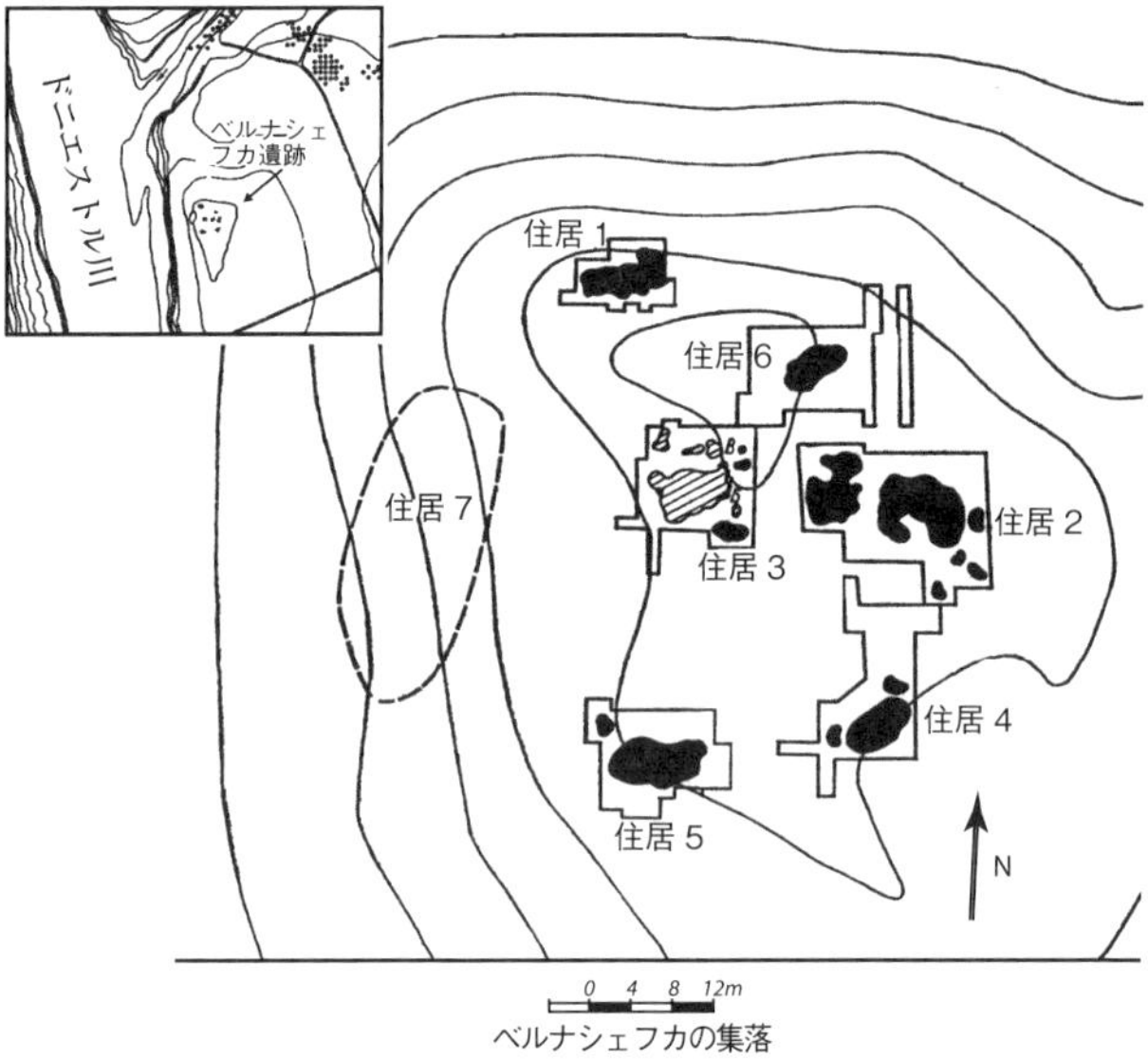

図9・2　ドニエストル川沿いのベルナシェフカの集落。出典：Zbenovich 1980: 図3

て天に戻したのだろう。ギンブタスが指摘したように、トリポリエの女性小像は鳥の仮面をかぶっているように見える。

ベルナシェフカの土器の半数は粗製土器だった。おおむね大雑把な作りの厚手の容器で、胎土には砂、石英、グロッグ（砕いた土器片、焼き粉）が混ぜられ、〔棒などで〕突いた圧痕を何列も連ねるか、へらで浅い溝を渦巻き模様に付ける装飾が施されていた（図9・3）。一部の土器は孔の開いたこし器になっており、チーズかヨーグルトをつくるのに使われたようだ。さらに別の三割ほどの容器は薄手で、きめの細かい胎土でつくられた精製土器の水差しや蓋付きの鉢、柄杓になっていた。残りの二割はきわめて上等で、かなり美しい薄手の蓋付き水差しと鉢（食べ物を個別に給仕するためか）、柄杓（盛り付け用）、および中空の脚部のある「果物入れ」（美しく盛り付けするためか）で、表面全体が押捺文や沈線、浅い溝を付けた帯のモチ

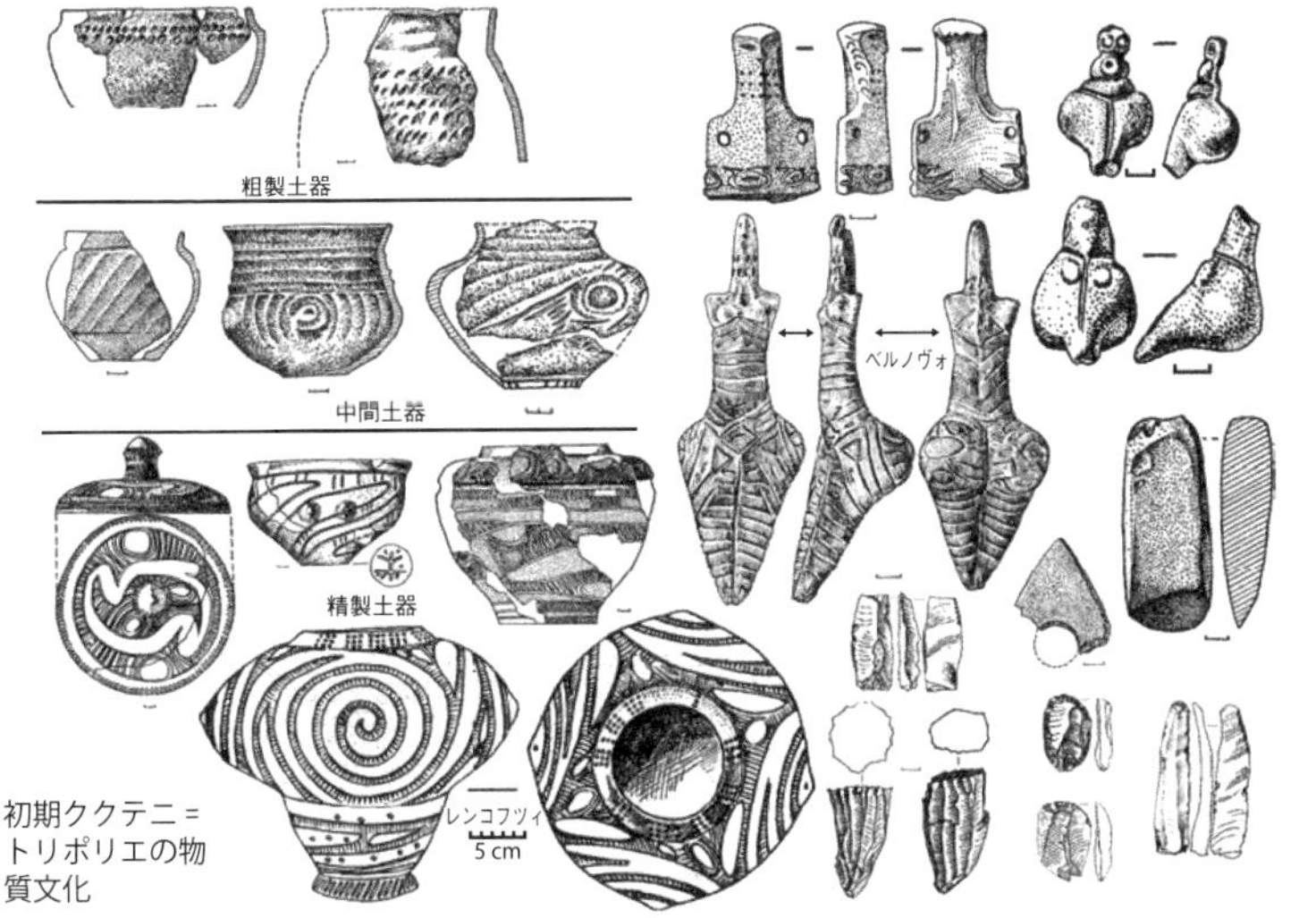

図9・3　ベルナシェフカ（大半）およびベルノヴォとレンコフツィ（各々明記）から出土したプレ・ククテニⅡ/Ⅲ-トリポリエA時代の人工物。出典：Zbenovich　1980: 図55, 57, 61, 69, 71, 75, 79; Zbenovich 1989: 図65, 74

ーフで飾られ、一部の帯はオレンジ色の地に白を塗ることで強調されていた。蓋付きの鉢や水差しからは、調理する竈からやや離れた場所で、それぞれ別の器に入れて食べ物が供されていたと思われ、食事の盛り付けや給仕には演出されたお披露目の要素が含まれていたことが示唆される。

　ベルナシェフカではどの家にも、両脚を閉じ、腰と臀部が誇張され、簡略化された棒状の頭部の付いた、高さ10センチほどの崩れかけた素焼きの女性小像があった（図9・3）。単純な線で陰部と腰帯またはウエストバンドが刻まれていた。小像は家の床のさまざまな場所で見つかり、家のなかに祠や供物台だと明らかにわかるものはなかった。一軒から発見される小像の数は、1体から21体までまちまちだが、9体以上ある家が4軒あった。2000体に近い類似の小像がほかのプレ・ククテニⅡ／Ⅲ＝トリポリエAの遺跡から見つかっているが、ときおり一団となって椅子に座った姿で発見されることもある。ドニエストル川沿いのルカ＝ヴルブレヴェツカヤの遺跡では、小像は小麦、大麦、キビの粒——いずれもこの村で栽培されていた穀物——と細かく挽いた粉を混ぜた胎土でつくられていた。これらは少なくとも栽培された穀物の豊かな実りを象徴していたようだ。しかし、女性小像は家庭の守り神信仰の一つの側面でしかなかった。ベルナシェフカではすべての家の下に、家畜の牝牛または牡牛の頭骨があった。一軒の家には野生動物を象徴するものもあった。野生のオーロックスの頭骨とアカシカの枝角だ。トリポリエAの多くの村で、家を建設する前の土台の堆積物から牛の角や頭骨が見つかったほか、ときには人間の頭骨も発見されている。牛と女性の霊力は、家庭の守り神信仰にとって中心となるものだった。

ベルナシェフカの農耕民はエンマーコムギとスペルトコムギ、および大麦とキビをいくらか栽培していた。農地は枝角製（19例が出土）と、磨製の粘板岩（20例が出土）でこしらえた根掘り鍬で開拓していた。こうした鍬の一部は、原始的な犂であるアードに取りつけられていたかもしれない。穀物はカラノヴォ型式のフリント石刃で収穫されていた（図9・3）。

ベルナシェフカからの獣骨は、前期ククテニ＝トリポリエの遺跡から出土したなかでは最大の量だった。最低でも804頭の動物からの同定可能な骨が1万2657点あった。発見された骨の約50％（個体数の60％）は野生動物のもので、おもにアカシカ（*Cervus elaphus*）とイノシシのものだった。ノロジカ（*Capreolus capreolus*）と野生のオーロックス（*Bos primigenius*）はときおり狩猟されていた。前期ククテニ＝トリポリエの遺跡ではたいがい野生動物の骨が50％ほどを占める。ベルナシェフカのように、大半は境界地帯の定住地で、それまで開墾され耕作されていなかった土地に築かれた集落だ。一方、長年、人が住みつづけたトゥルペシュティ付近のプレ・ククテニⅢの集落では、家畜の

表9・1　前期金石併用時代の放射性炭素年代

研究所番号	BP年代	標本	較正年代
1. プレ・ククテニⅡ集落			
ベルナシェフカ			
Ki-6670	6440±60	?	前5490-5300
Ki-6681	6510±55	?	前5620-5360
オコピ			
Ki-6671	6330±65		前5470-5210
2. トリポリエA集落			
サバティノフカ2			
Ki-6680	6075±60		前5060-4850
Ki-6737	6100±55		前5210-4850
ルカ＝ヴルブレヴェツカヤ			
Ki-6684	5905±60		前4850-4710
Ki-6685	5845±50		前4780-4610
グレノフカ			
Ki-6683	5860±45		前4790-4620
Ki-6682	5800±50		前4720-4550
3. ドニエプル＝ドネツⅡ墓地（平均 ^{15}N 濃度＝11.8%、平均補正値228±30年古過ぎる）			
オシポフカ墓地		人骨番号	
OxA 6168	7675±70	人骨20号、部分骨（無効？）	前6590-6440
Ki 517	6075±125	人骨53号	前5210-4800
Ki 519	5940±420	人骨53号	前5350-4350
ニコリスコエ墓地		埋葬穴、人骨番号	
OxA 5029	6300±80 E	E、人骨125号	前5370-5080
OxA 6155	6225±75	Z、人骨94号	前5300-5060
Ki 6603	6160±70	E、人骨125号	前5230-4990
OxA 5052	6145±70	Z、人骨137号	前5210-4950
Ki 523	5640±400	人骨？	前4950-4000
Ki 3125	5560±30	Z、部分骨	前4460-4350
Ki 3575	5560±30	B、人骨1号	前4460-4350
Ki 3283	5460±40	E、人骨125号（無効？）	前4450-4355
Ki 5159	5340±50	Z、人骨105号（無効？）	前4250-4040
Ki 3158	5230±40	Z、部分骨（無効？）	前4220-3970
Ki 3284	5200±30	E、人骨115号（無効？）	前4040-3970
Ki 3410	5200±30	D、人骨79a号（無効？）	前4040-3970
ヤシノヴァトカ墓地			
OxA 6163	6465±60	人骨5号	前5480-5360
OxA 6165	6370±70	人骨19号	前5470-5290
Ki-6788	6310±85	人骨19号	前5470-5080
OxA 6164	6360±60	人骨45号	前5470-5290
Ki-6791	6305±80	人骨45号	前5370-5080

表9・1　続き

研究所番号	BP 年代	標本	較正年代
Ki-6789	6295±70	人骨 21 号	前 5370-5080
OxA 5057	6260±180	人骨 36 号	前 5470-4990
Ki-1171	5800±70	人骨 36 号	前 4770-4550
OxA 6167	6255±55	人骨 18 号	前 5310-5080
Ki-3032	5900±90	人骨 18 号	前 4910-4620
Ki-6790	5860±75	人骨 39 号	前 4840-4610
Ki-3160	5730±40	人骨 15 号	前 4670-4490
デレイフカ 1 墓地			
OxA 6159	6200±60	人骨 42 号	前 5260-5050
OxA 6162	6175±60	人骨 33 号	前 5260-5000
Ki-6728	6145±55	人骨 11 号	前 5210-4960
4. ドン川下流ラクシェチニー・ヤル集落			
Bln 704	6070±100	8 層、木炭	前 5210-4900
Ki-955	5790±100	5 層、貝殻	前 4790-4530
Ki-3545	5150±70	4 層、?	前 4040-3800
Bln 1177	4360±100	3 層、?	前 3310-2880
5. フヴァリンスク墓地（平均 ^{15}N 濃度＝14.8%、平均補正値 408±52 年古過ぎる）			
AA12571	6200±85	II 墓地、30 号墓	前 5250-5050
AA12572	5985±85	II 墓地、18 号墓	前 5040-4780
OxA 4310	6040±80	II 墓地、?	前 5040-4800
OxA 4314	6015±85	II 墓地、18 号墓	前 5060-4790
OxA 4313	5920±80	II 墓地、34 号墓	前 4940-4720
OxA 4312	5830±80	II 墓地、24 号墓	前 4840-4580
OxA 4311	5790±80	II 墓地、10 号墓	前 4780-4570
UPI119	5903±72	I 墓地、4 号墓	前 4900-4720
UPI120	5808±79	I 墓地、26 号墓	前 4790-4580
UPI132	6085±193	I 墓地、13 号墓	前 5242-4780
6. ヴォルガ下流文化			
カスピ海北部、ヴァルフォロミエフカ集落			
Lu2642	6400±230	2B 層、試料不明	前 5570-5070
Lu2620	6090±160	2B 層、試料不明	前 5220-4840
Ki-3589	5430±60	2A 層、試料不明	前 4350-4170
Ki-3595	5390±60	2A 層、試料不明	前 4340-4050
カスピ海北部、フヴァリンスクの狩猟野営地、コンバック・テ			
GIN 6226	6000±150	?	前 5210-4710
カスピ海北部、フヴァリンスクの狩猟野営地、カラ・フドゥク			
UPI 431	5110±45	?	前 3800-3970

＊「無効」は層序もしくは別の測定年代と矛盾する年代を意味する。

骨が95％を占めていた。ベルナシェフカのような境界地帯の集落ですら、獣骨の50％は家畜の牛、羊／ヤギ〔羊とヤギは骨からの識別が難しい〕、および豚のものだった。牛と豚はベルナシェフカのように森の深い地域ではより重要で、こうした地域では家畜の骨の75％は牛のものだったが、ステップの境界に近い村では、羊とヤギのほうが重要だった。

　プレ・ククテニⅡのベルナシェフカは、銅器や装身具が日用品となってうっかり紛失するようになる以前の時代に放棄された。集落には銅製の人工物は残されていなかった。しかし、わずか数世紀後には、小さな銅製人工物は日常的に見られるようになった。トリポリエAのルカ＝ヴルブレヴェツカヤは、おそらく前4800－4600年ごろ人が居住していた場所で、ここからは12個の銅製品（目打ち、釣り針、ビーズ、腕輪）が、投棄された貝殻、獣骨、壊れた土器の山のなかに埋もれた7軒の家から見つかった。ステップの境界近くにあるカルブナは、前4500－4400年ごろに人が居住していたと思われる場所で、444点の銅製品という目を見張るような財宝が、後期トリポリエAの精製土器に、トリポリエAの鉢で蓋をする形で埋められていた（図9・4）。埋蔵物には長さ13－14センチのハンマー斧2本、銅製ビーズ数百個、数十点の平らな「偶像」、もしくは平らな銅板でつくった下部が広いペンダントなどが含まれていた。さらに柄を取りつけるために孔を穿った大理石と粘板岩のハンマー斧〔柄孔付き斧〕が2丁、アカシカの歯にドリルで孔を開けたビーズ127個、やはり孔の開いた人間の歯1個、ウミギク属の貝でつくった254個のビーズ、飾り板、腕輪があった。エーゲ海産のこの貝はギリシャの新石器時代の初めから、古ヨーロッパの金石併用時代を通して装飾品に使われつづけた。カルブナの銅はバルカン半島の鉱石を使用しており、エーゲ海の貝は同じ方面から、ドナウ川下流にある遺丘《テル》の町を介して交易されてきたものだろう。前4500年ごろには、社会

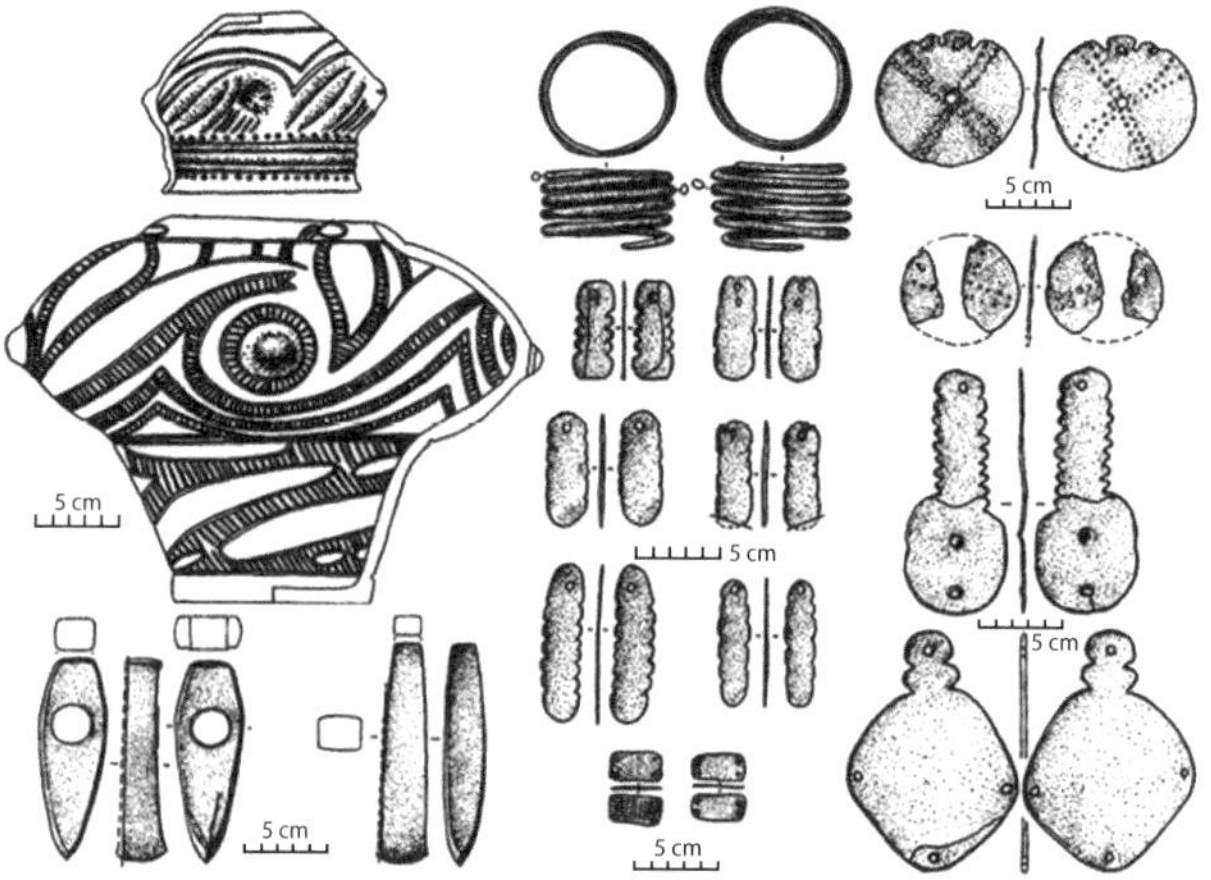

図9・4　トリポリエＡの壺と、蓋代わりの鉢のなかから見つかったカルブナの財宝の一部。挿絵中の品は、壺と蓋を除いて、いずれも銅製、縮尺はすべて同じ。
出典：Dergachev 1998a

的威信は銅を含め、珍しい物資を貯えることと密接に関連するようになっていた。[*14]

　ククテニ＝トリポリエの農耕民は、東カルパティアの山麓地帯をでて東へ移動するにつれて、なだらかに起伏する、開けて乾燥した地域に入り始めた。ドニエストル川の東では、年間降水量は減り、森林はまばらになった。すでに昔のものとなっていた文化の境界地帯は、南ブーフ川流域へと移動した。南ブーフ川流域に最初に出現したトリポリエＡの町の一つ、モギリノエⅣには、１００以上の建物があり、町の面積は15－20ヘクタールあり、人口は４００人から７００人ほどだったと思われる。南ブーフ川の東の、ドニエプル川流域には、まるで異なる文化的伝統をもつ人びとがいた。ドニエプル＝ドネツⅡ文化である。

牧畜への移行と権力の萌芽

ディミートリー・テレギンは、ドニエプル川流域とアゾフ海の北のステップ、およびドネツ川流域で発掘された一連の墓地と集落にもとづいて、ドニエプル＝ドネツⅡ文化を定義した。ドニエプル＝ドネツⅡの社会は工夫を凝らした大きな墓地を建造し、女性小像はまるでつくらず、屋内には窯や竈の代わりに、裸火を焚く炉があり、焼き締めた粘土の床のある大きな家ではなく、木の皮で覆った小屋に住み、町はなく、穀物をわずかに栽培することもあるが、まるで耕作しないこともあり、土器はトリポリエのものとは見た目も製作技術も大きく異なっていた。ククテニ＝トリポリエ文化がたどってきた道筋は、古ヨーロッパの新石器時代の社会に遡るが、ドニエプル＝ドネツⅡはこの地の中石器時代の採集民にたどり着く。彼らは根本的に違う民族であり、まず間違いなく異なった言語を話していた。しかし前5200年ごろ、ドニエプル急流域の周辺に暮らしていた採集民が牛と羊を飼い始めた。

前期中石器時代から急流域を見下ろす場所に墓地をつくっていた漁労と狩猟を営む小集団は、人口増加の危機を感じていたのかもしれない。急流域の豊かな資源のそばに暮らしていた彼らは、定住に近い暮らしをするようになっていたようだ。同じ場所に暮らすようになると、女性は一般により多くの子供を産む。彼らは生産性の高い地域で、戦略的な場所として知られる土地を支配していた。牛と羊の牧畜を受け入れる決心をしたことで、彼らはポントス・カスピ海ステップのさまざまな人びとに新しい道を示したのだ。その後の2、300年間に、家畜の牛、羊、ヤギはドニエプル川流域から東へ歩いて移動させられ、取引されるようになり、ヴォルガ＝ウラルのステップには前4700―4600年ごろまでに到達した。ドニエプル川の東では、前4200年ごろまで穀物が栽培されていた証拠はないも同然なので、当初の革新的な動きは家畜と牧畜に関係するものであったようだ。

◎牧畜への移行年代の測定

ドニエプル川流域の新石器／金石併用時代の従来の編年は、ドニエプル急流域近くの数カ所の遺構にもとづくものだった。重要な遺構はイグレニ8、ポヒリ、およびヴォウチョクで、こうした場所では繰り返し形成された層が見つかった。最下層には、スルスキー型式の新石器時代の土器と、アカシカ、イノシシ、魚など、捕獲した獲物の骨とフリント製細石器があった。こうした組み合わせは、前期新石器時代（前6200－5700年ごろと測定）を特徴付けるものだった。その上方には、櫛状の道具で付けた櫛目文で飾られ、植物繊維を混ぜた胎土の土器が出土するドニエプル＝ドネツ（以下DD）Ⅰ相の居住層があるが、まだ野生動物との関連がある。中期新石器時代（おそらく前5700－5400年ごろで、ブーフ＝ドニエストル文化と同時代）であることを示すものだ。これらの堆積物の上には、砂を混ぜた胎土に、棒などで突ついて刺突文を付けるか櫛目文で装飾されたDDⅡの土器が見つかる層が重なり、家畜の牛と羊の骨に関連した大きなフリントの石刃が出土した。DDⅡのこうした出土品は、前期金石併用時代の始まりと、ドニエプル川の東における牧畜経済の始まりを表わしていた。[*15]

DDⅠやスルスキーの層の年代測定とは異なり、DDⅡの放射性炭素年代は墓地からの人骨で測定された。ドニエプル川流域で見つかったDDⅡの人骨に含まれる窒素15の平均含有率は11・8％で、動物性たんぱく質の約50％は魚から得ていたようだ。この窒素15の含有率で放射性炭素年代を修正すると、ドニエプル急流域に近いヤシノヴァトカとデレイフカの墓地にあるDDⅡ最古の墓は、前5200－5000年という時代範囲であることがわかった。そのころにDDⅡ文化は始まったのだろう。

ドニエプル川流域のグリニ、ピリアヴァ、ストリリチャ・スケリヤのDDⅡの集落では、後期トリポリエA2ポリソフカ型式の外来の壺が見つかったほか、DDⅡのニコリスコエの墓地ではトリポリエAの壺が3点出土した。トリポリエA2はトリポリエの中心地で信頼性のある試料から（人骨ではない）前4500－4200年ごろと年代測定されており、後期DDⅡの放射性炭素年代（窒素15で修正されたもの）はこの年代範囲に合致する。DDⅡ期は前5200－5000年ごろに始まり、前4400－4200年ごろまでつづいた。トリポリエAの民との接触は、前4500年ごろを境に盛んになった。*16

◎牧畜と穀物の栽培の証拠

ドニエプル川流域のドニエプル＝ドネツⅡの4カ所の集落址——スルスキー、スレドニー・ストク1、急流域に近いステップ地帯にあるソバチキー、および北部のより湿潤な森林ステップにあるブジキー——は、動物学者によって研究されてきた（表9・2）。家畜の牛、羊／ヤギ、豚はこれらの集落で見つかった獣骨の30％から75％を占めていた。羊／ヤギはスレドニー・ストク1の獣骨の50％以上を占め、ソバチキーでは26％となった。羊はついにステップの動物性たんぱく源として受け入れられたのだ。おそらく羊はすでにフェルトをつくるために毛をむしられていたのだろう。羊毛を表わす語彙が、前《プレ》印欧祖語の話し手のあいだに登場したのはこのころかもしれない。野生の馬はスレドニー・ストク1とソバチキーでは、最も重要な狩猟の獲物だったが、ドニエプル川の森林の多い地域であるブジキとスルスキー2‐4では、アカシカ、ノロジカ、イノシシ、ビーバーのほうが多く狩られていた。漁網用の錘や釣り針は、魚が重要な食糧でありつづけたことを示す。ドニエプル急流域に暮らし

	ソバチキー	スレドニー・ストク1	ブジキ
哺乳類の骨	(骨／最小個体数)		
牛	56／5	23／2	42／3
羊／ヤギ	54／8	35／4	3／1
豚	10／3	1／1	4／1
犬	9／3	12／1	8／2
馬	48／4	8／1	—
オナガー	1／1	—	—
オーロックス	2／1	—	—
アカシカ	16／3	12／1	16／3
ノロジカ	—	—	28／4
イノシシ	3／1	—	27／4
ビーバー	—	—	34／5
その他哺乳類	8／4	—	7／4
家畜の骨	129点／62%	74点／78%	57点／31%
野生動物の骨	78点／38%	20点／22%	126点／69%

表9・2　ドニエプル＝ドネツⅡの集落から見つかった動物の骨

ていた人びとの骨の窒素15の含有率は、動物性たんぱく質の50％以上を魚から得ていたことを示しており、その重要性を裏付けている。家畜の牛、豚、羊の骨は、DDⅡのすべての定住地と、いくつかの墓地から発見され、二つの集落址（スレドニー・ストク1とソバチキー）では獣骨の半数以上を占めていた。ドニエプル急流域周辺では、家畜は実際に食生活への重要な追加となっていたのだ。[*17]

「鎌光り」するフリントの石刃は、DDⅡの集落で穀物が収穫されていたことを証明する。しかし、シロザ（*Chenopodium album*）やアマランサス（*Amaranthus*）など野草の種子を刈り取っていた可能性もある。栽培品種化された穀物を収穫していたとしても、その証拠はごくわずかにしか見つかっていない。土器片に付いた大麦（*Hordeum vulgare*）の圧痕が二例、ドニエストル川の西のキエフ近くにあるヴィタ・リトウスカヤのDDⅡの集落址からの土器片に発見されている。キエフの北西の森の、プリピャチ低湿地に近い場所には、DDⅡの土器にどことなく似た土器が出土した遺構もあったが、趣向を凝らした墓地など、DDⅡ文化の特徴を示すものは何もなかった。こうした集落址の一部（クルシュニキー、ノヴォシルキー、オボローニ）からはヒトツブコムギ（*T. monococcum*）とエンマーコムギ（*T. dicoccum*）、キビ属の植物（*Panicum sativum*）の種子の圧痕がいくらか残る土器が検出された。これらの遺構は前4500年以前のものだろう。この年代以降、ヴォリーニとポーランドの辺境の地ではレンギェル文化に取って代わられているからだ。森林地帯における耕作は、ドニエプル川の西のプリピャチの森南部でいくらか営まれていた。しかし、ドニエプル川の東のステップ地帯にあるDDⅡの墓地では、マルコム・リリーが虫歯をほぼ一本も記録していないため、DDⅡの人びとは中石器時代と同様の低炭水化物の食事をしていたことが窺われる。ドニエプル川の東では、前4000年以前と年代測定された土器から栽培穀物の痕跡は見つかっていない。[*18]

◎土器と集落型式

土器はDDⅠの時代よりも、DDⅡの生活域にはより豊富にあり、墓地からもこの時代に初めて出土した（図9・5）。土器の重要性が増したことは、一カ所に留まることの多い生活様式になったことをにおわせるが、それでも住居はまだ簡素に建てられていて、集落もわずかにしか痕跡を残していない。ドニエプル川沿いの典型的なDDⅡの定住地の一つはブジキだった。ここには五カ所に炉があり、生ごみになった貝殻と獣骨が二つの大きな山をなしていた。構造物は何も見つからなかったが、なんらかの小屋は存在しただろう。[*19]この場所やDDⅡのその他の遺構から出土した土器は、平底で大きなサイズ（直径30－40センチ）で製作されており（DDⅠの遺構で見つかった土器はおもに尖底か丸底だった）、口縁部が襟〔縁帯〕で二重になっていた。装飾は一般に表面に棒で刺突文を施すか、小さな櫛状の道具を押し付けるか、水平方向に線状およびジグザクのモチーフを細く彫って線描きして、器の外側全体を覆っていた。これはトリポリエＡの土器のつくり手たちによる螺旋や渦巻きとはかなり異なるものだった。口縁部に厚みをもたせるために「襟」を付けることは、よく見られる革新的な変化で、前４８００年ごろポントス・カスピ海ステップ一帯で広く採用されていた。

このころには磨製の（打製ではなく）石斧が、森を伐採するために一般的な道具になり、フリント製の長い単面の石刃（長さ5―15センチ）も、おそらく標準化した交易の一環か、贈呈品の一式として益々普及していった。墓や集落内のちょっとした宝庫からも、こうした石器は見つかっているからだ。

◎ドニエプル＝ドネツⅡの葬送儀礼

ＤＤⅡの弔いは、中石器または新石器時代の儀式とはかなり異なっていた。死者は通常、野晒しにされ、骨になってから回収されて、最終的に共同の土坑に何層にも重なって埋められていた。野晒しにせずに、そのままの姿で埋葬された人もいた。数回にわたって処理した人骨を一つの土坑に納める、この合葬タイプの墓地は、ほかのステップ地域にも広まった。ＤＤⅡのものとして知られる30カ所の共同墓地は、ドニエプル急流域の周囲に集中しているが、ドニエプル川流域の別の地域や、アゾフ海北部のステップでも発見されている。最大規模の墓地は、それ以前のどの時代のものよりも三倍は大きく、デレイフカには１７３人分の遺骨が、ニコリスコエには１３７人、ヴォヴィグニーⅡには１３０人、マリウポリは１２４人、ヤシノヴァトカは68人、ヴィリニヤンカには50人が合葬されていた。土坑はときには4層にもなって被葬者の層があり、仰臥位で横たわる姿勢で全身が見つかる人も一部にはいたが、頭骨しかない人もいた。各墓地には最多で9カ所の合葬墓があった。焼けた構造物の痕跡が、マリウポリとニコリスコエの埋葬穴の近くで検出された。おそらく遺体を晒すために建てられた安置所だろう。ニコリスコエなど（図9・5）、いくつかの墓地では、埋葬穴の周囲にバラバラの人骨が広範囲に散乱していた。

ニコリスコエとデレイフカでは、埋葬穴の何層かには下顎のない頭骨だけが納められており、一部の遺体は白骨化させてからずっとのちに最終的に埋葬されたことを示している。遺体のまま埋葬された人びともいたが、その姿勢からはなんらかの埋葬布にきつく包まれていたことが窺える。ニコリスコエの土坑内の最初と最後の墓には、全身の人骨があった。そのまま埋められた遺体の標準的な埋葬姿勢は仰臥位で、両手を脇に置いた伸展葬だった。ベンガラ〔酸化第2鉄〕が埋葬穴の内部にも外部にも、斎場全体にふんだんに撒かれており、墓の近くにはバラバラに砕けた土器と獣骨が放置されていた。*20

DDⅡの墓地における葬儀は、いくつもの段階を踏んだ複雑な行事だった。一部の遺体は野晒しにされ、ときにはただ頭骨だけが埋められた。全身の遺体が埋葬されるケースもあった。どちらの特異な埋葬例も、多層になった同じ埋葬穴に一緒に納められ、粉状にした赤い酸化鉄〔ベンガラ〕が撒かれていた。墓所脇で催された会食の遺物——牛や馬の骨——がニコリスコエの赤く染まった土に撒かれていたほか、ヴィリニヤンカの埋葬穴A38号墓では牛の骨が見つかった。*21 ニコリスコエでは、トリポリエAの三つの杯を含め、3000個ほどの土器片が墓の上を覆う獣骨とベンガラのなかから見つかった。

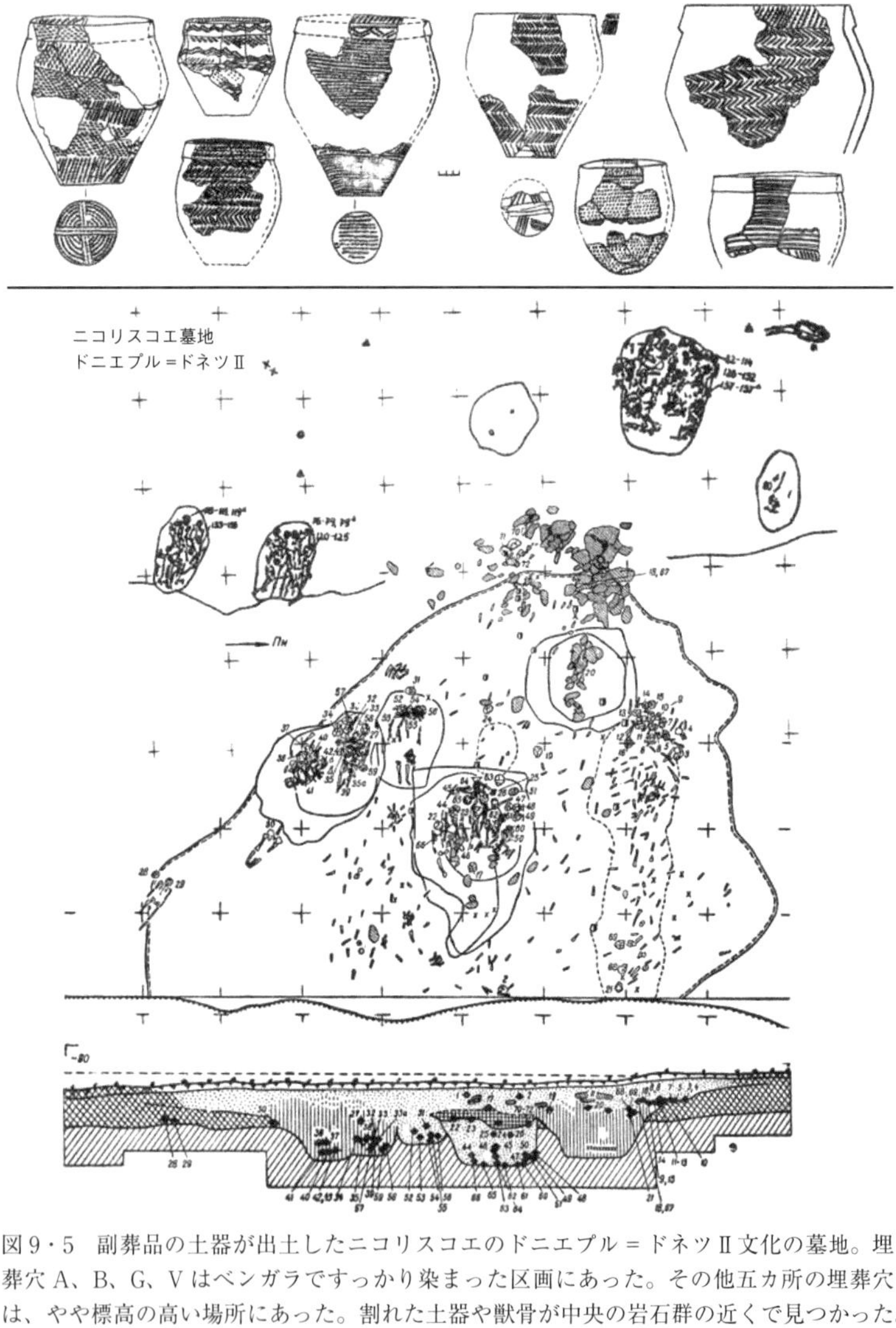

図9・5　副葬品の土器が出土したニコリスコエのドニエプル＝ドネツⅡ文化の墓地。埋葬穴A、B、G、Vはベンガラですっかり染まった区画にあった。その他五カ所の埋葬穴は、やや標高の高い場所にあった。割れた土器や獣骨が中央の岩石群の近くで見つかった。出典：Telegin 1991: 図10, 20; Telegin 1968: 図27

◎権力と政治

DDⅡ文化の民は、以前の時代の人びととくらべて二つの重要な点で異なっているように見えた。死者が大量の新しい装身具を身に着けていたことと、その分配に明らかに偏りが見られたことだ。ドニエプル急流域の古い時代の漁労・採集民は、せいぜいシカか魚の歯のビーズを数個だけ身に着けて埋葬されていた。しかしDDⅡの墓地では、何人かの死者は数千個の貝殻ビーズ、銅や金の装身具、外来の水晶や斑岩の装身具、磨製石器の槌矛《メイス》、鳥の骨でつくった筒、板状に加工したイノシシの牙などと一緒に埋葬されていた（図9・6）。イノシシの牙板は、ごくわずかな人しか身に着けていなかった。牙は長方形の平板になるように切り分けられ（簡単な加工ではない）、滑らかに磨かれ、衣服に取りつけるための孔が穿ってあるか、切り込みが入っていた。これらはトリポリエAの銅やウミギク属の貝の飾り板を真似たものかもしれないが、DDⅡの首長たちはイノシシの牙に、独自の権力の象徴を見いだしていた。

マリウポリの墓地では、429枚のイノシシの牙板のうち310枚（70％）は124人の被葬者中わずか10人（8％）が身に着けていたものだった。最も裕福な人物（8号墓）は、大腿部とシャツに40枚のイノシシの牙板が縫いつけられ、真珠貝などの貝殻のビーズ数百個を何本もベルトにした姿で埋葬されていた。この人物はまた、斑岩を研磨してつくった四方に突起がある槌頭《メイスヘッド》〔槌矛の木製の柄が腐ったのちに残った頭部分〕（図9・6）、骨に彫刻した牡牛小像のほか鳥の骨製の筒（使い道は不明）7本をもっていた。ヤシノヴァトカでは、68基ある墓のうち一基だけにイノシシの牙板があった。45号墓の成人男性が、9枚の牙板を身に着けていたのだ。ニコリスコエでは、二人の成人（25号と26号

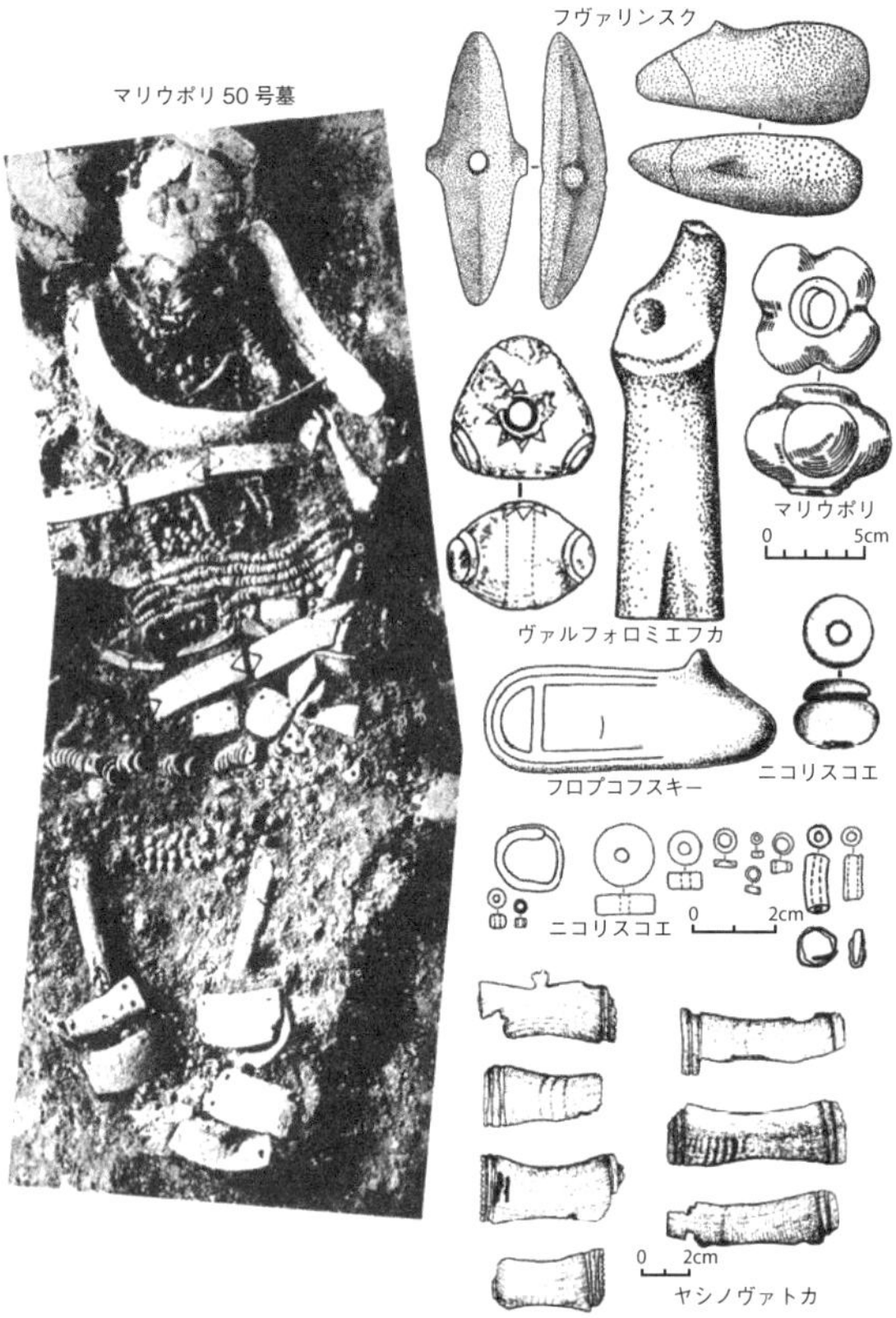

図9・6　フヴァリンスクとヴァルフォロミエフカで発見された前期金石併用時代、ドニエプル＝ドネツⅡの墓にあった装飾品と権力の象徴。上部に頭骨が見えるマリウポリ50号墓の写真は、Gimbutas 1956: 図8から転載。ニコリスコエからのビーズには銅製のものが2個含まれていたほか、左側の銅環と右下の金環もあった。その他のビーズは研磨して孔を開けた石製だった。マリウポリとニコリスコエの槌矛と、ニコリスコエからのビーズは、Telegin 1991: 図29, 38およびTelegin and Potekhina 1987: 図39より。ヴァルフォロミエフカの槌矛（もしくは竪杵？）は、Yudin 1988: 図2より。フヴァリンスクの槌矛はAgapov, Vasiliev, and Pestrikova 1990: 図24より。下段のイノシシの牙板は、Telegin 1991: 図38より。

墓）が埋葬穴（B）の上に横たわり、イノシシの牙板1枚と、磨製の蛇紋岩の槌頭、銅のビーズ4個、銅線の環1個、金環1個、粘板岩とジェット〔黒玉〕の磨製ビーズ、フリント石器数点、およびトリポリエAの外来の壺1点が副葬されていた。銅には、バルカン半島産であることを示す微量元素が含まれていた。意外なことに、マリウポリには子供はほとんど埋葬されておらず（124人中11人）、何かしら人選がなされていたことがわかる。死亡したすべての子供がここに埋められたわけではないのだ。ただし、そのうちの一人は、すべての墓のなかでも贅沢な墓から見つかった。その子（未成熟な遺骨では性別は判断できない）はイノシシの牙板を41枚身に着けていたほか、イノシシの丸ごとの牙11本を並べた兜と、数珠つなぎにした貝殻と骨のビーズで飾り立てられていた。数人の子供だけが選ばれ、そのなかに贅沢に着飾られた子が含まれていたということは、地位と財産が相続されていたのかもしれない。権力が特定の一族のあいだで制度化されつつあり、高位の人間であることが葬儀で広く一般に知らしめられたのだ。

地位を表わす貴重品は銅、貝殻、外来の石のビーズと装飾品、イノシシの牙板、磨製石器の槌頭、それに鳥の骨製の筒だった。地位は死後の遺体の処理（野晒し後に頭骨を埋葬／野晒しせずに全身を埋葬）や、生贄の儀式を披露して家畜を供儀に付すこと、なかでも牛を生贄にすることでも表わされていたかもしれない。地位を表わす同様の指標は、ドニエプル川からヴォルガ川まで、ポントス・カスピ海ステップ一帯で採用された。上端にまったく同じ花のような突起が彫られたイノシシの牙板（図9・6、ヤシノヴァトカからの最上段の牙板）が、ドニエプル川流域のヤシノヴァトカと、400キロは東にあるサマーラ川流域のシエジジュの墓から見つかっている。バルカン半島の銅でつくられた装飾品はドニエプル川一帯で取引され、ヴォルガ川沿いで出土している。磨製石器の槌頭はドニエプル川流域（ニコリスコエ）とヴォルガ川中流（フヴァリンスク）、カスピ海北部地域〔ヴァルフォロミエフカ〕でそれぞれ異なった形状をしているが、槌矛《メイス》は〔殴打するための〕武器であり、それが地位の象徴として広く取り入れられたことは、武力による政治に変化が生じていたことを示唆する。

フヴァリンスクの供儀と副葬品

ポントス・カスピ海ステップで牧畜が広まった最初の時期は、それが引き起こしたさまざまな反応ゆえに目に付くものだった。その移行が始まったDDⅡ文化は、祭祀用の通貨としてだけでなく、日常の食生活の重要な柱としても家畜を取り入れた。かなり異なった反応を見せた人びともいたが、彼らは明らかに相互にかかわり合っていて、互いに競合すらしていたと思われる。地域のなかで鍵となった分派の一つは、フヴァリンスク文化だった。

1977年、ヴォルガ川中流の西岸にあるフヴァリンスクで先史時代の墓地が発見された。ヴォルガ・ダムの背後に溜めた水に迫られながら、この墓地はサマーラのイーゴリ・ヴァシリエフの率いるチームによって発掘された〔図9・7〕。この一帯はその後、土手の浸食によって完全に崩れてしまった。フヴァリンスク型式の遺跡は、サマーラ川からヴォルガ川の土手沿いに南へ、カスピ海沿岸低地や南部のリン・ペスキ砂漠にいたる地域でも見つかっている。特徴的な土器には鉢形の器や袋のような丸底の壺があり、厚手で胎土には貝殻が含まれ、口縁部には、はっきりと外反〔外屈〕した非常に特徴的な厚い「襟」がある。土器の表面は刺突文か櫛目文の帯でびっしりと飾られ、ときには外側

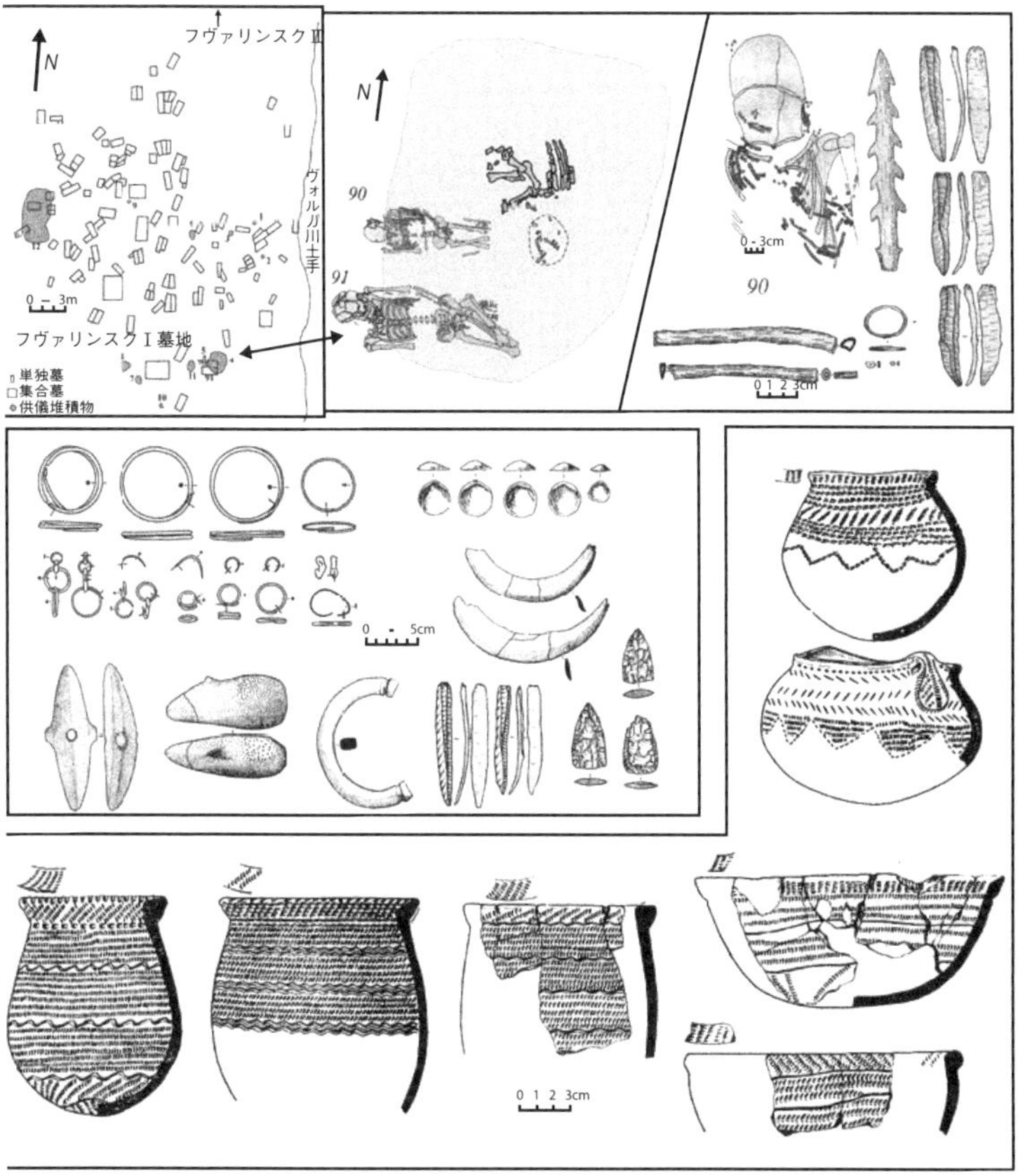

図9・7　フヴァリンスクの墓地と副葬品。90号墓には銅のビーズと環、銛、フリント石刃、および鳥骨の筒があった。90号と91号の墓はどちらも、馬、羊、牛の骨を含む4号供儀堆積物で部分的に覆われていた。
中央：フヴァリンスク墓地からの副葬品。銅環と腕輪、磨製石器の槌頭と腕輪、ザルガイ料の貝の装飾品、イノシシ牙の胸飾り、フリント石刃、および両刃の尖頭器。
下段：フヴァリンスク墓地からの胎土に貝殻の混じる土器。
出典：Agapov, Vasiliev, and Pestrikova 1990; Ryndina 1998: 図31

の表面すべてを覆っていることもあった。フヴァリンスクの墓地に明確に記録が残された前期フヴァリンスクは、ヴォルガ川中流地帯で前４７００－４６００年ごろに始まった（年代が測定された人骨内の窒素15の含有率から、年代を下方に調整後の数値）。ヴォルガ川下流沿いの後期フヴァリンスクは、カラ・フドゥク遺跡で前３９００－３８００年と測定されているが、ヴォルガ川下流ではこの時代以降もまだ存続していただろう。[*22]

１９７７－７９年のフヴァリンスク墓地での最初の発掘調査（発掘Ⅰ）では、１５８基の墓が見つかり、１９８０－８５年の二度目の発掘調査（発掘Ⅱ）では、私が聞いたところでは、さらに43基の墓が発見された。[*23] フヴァリンスクⅠの調査結果だけが発表されているため、本書の統計はいずれも最初の１５８基の墓にもとづく（図９・７）。フヴァリンスクは、発掘されたフヴァリンスク型式の墓地では群を抜いて大規模だった。その他の墓地の大半には、10基未満の墓しかなかった。フヴァリンスクでは死者の大半は、ＤＤⅡの墓にもどこか似て、集団の埋葬穴に重ねられていたが、その人数はずっと少なく、２人から６人（おそらく家族）が下に埋葬された人の上に重ねられていた。墓の三分の一は単独墓なので、ＤＤⅡの合葬の習慣からは遠ざかっていた。30歳から50歳の成人男性だけが、野晒しにしてバラバラにしてから埋葬されていた。世界のどこかで牧畜経済が導入されたことに関連して、男性の地位が向上したことの表われなのだろう。[*24] 墓地に子供はわずかしか埋葬されていなかった（１５８人中13人）が、被葬者のなかにはとくに派手な装飾品を身に着けた子もいて、やはり相続された地位を示していた可能性がある。標準的な埋葬姿勢は膝を立てて仰向けに横たわるもので、独特な恰好だ。大半の人は頭を北か東に向けているが、これはＤＤⅡの墓地には見られなかった一貫した方位だ。特有の姿勢と標準的な方位はどちらも、のちにステップの埋葬習慣として広域で見られるようになった。

フヴァリンスクにはＤＤⅡのどんな墓地よりも犠牲獣がいた。52匹（または70匹）の羊／ヤギ、23頭の牛、11頭の馬が、158人の被葬者に伴われていた（発表された報告では羊／ヤギの数が一貫していない）。頭部と蹄を備える生贄の形式が初めて登場した。少なくとも17匹の羊／ヤギと9頭の牛が殺され、頭骨と下腿の骨だけが、まだ動物の生皮が付いた状態で埋められたと思われる。のちのステップの葬儀では、頭部と蹄が付いたままの生皮を墓の上に吊るすか、墓のなかに埋める習慣が非常によく見られるようになった。頭部と生皮は神々への供物を表わし、肉は葬儀の会食で参列者に分け与えられた。犠牲獣の一部はフヴァリンスクの葬儀のさまざまな段階で捧げられていた。墓の床面や、墓を埋める土のなかや、埋葬穴の縁のほか、墓の上部に積まれ、ベンガラで染められた12ヵ所の特別な儀礼関連の堆積物からも獣骨は発見された（図9・7）。動物はどの墓でも同じように供儀に付されたわけではなかった。158基の墓のうち22基（14％）は墓のなかまたは上部から犠牲獣が見つかり、均等に配分されていれば、墓地内の半分の墓に行き渡るほどの数の動物が生贄になっていた。4基の墓（100、127、139、および55―57号墓）だけに数種の動物（牛と羊、羊と馬など）が含まれ、これらはいずれも墓の上部が、ベンガラ色に染まった儀礼関連の堆積物で覆われ、生贄が追加されていた。およそ5人に1人の被葬者で家畜が供儀に付されており、40人に1人には複数の家畜が供えられていた。

フヴァリンスクの供儀における馬の役割は興味をそそられる。フヴァリンスクⅠで生贄になっていた動物は、家畜の羊／ヤギ、家畜の牛、それに馬だけだった。馬の脚部分は、8基の墓でほかの動物の骨と交ざることなく、それだけで見つかった。127号墓では、馬の骨は羊／ヤギの頭部と蹄の供物と一緒になっており、4号供儀堆積物（図9・7）には羊／ヤギと牛の遺存体と一緒に含まれていた。骨の年代を測定することはできない――ように処分されてしまったため――が、フヴァリンスクでは馬は確かに家畜のように象徴的に扱われていた。明らかに野生動物は供儀の対象外とされた人間の葬送儀礼において、馬は牛と羊／ヤギと一緒に扱われていたのだ。同時代のものと年代測定されている別の墓地では、彫刻された馬の像が見つかっている（後述）。馬はフヴァリンスクでは間違いなく新しい象徴としての重要性を持っていた。もしこれらの馬が家畜化されていたなら、最古の家畜の馬を代表するものとなるだろう。*25

フヴァリンスクには、ＤＤⅡ文化全体で知られているよりもずっと多くの銅器があり、この地の銅器はじつに見事なものだ（図9・7）。２８６点というその驚くべき品数の大半は、あいにくフヴァリンスクⅡの発掘調査の43（？）号墓から出土したもので、まだ未発表なのだが、一部の出土品だけは分析結果がナタリア・リンジーナによって発表されている。フヴァリンスクⅠの発掘調査からは、発表された１５８基の墓のうち11基から34点の銅器が発見された。第一次、二次の発掘調査で出土した銅は、同じ微量元素と技術、バルカン半島産の銅のかつての特徴を示していた。リンジーナによる30点の研究は、技術的に異なる三つのグループがあったことを明らかにした。３００－５００℃で製造された銅器が14点、６００－８００℃のものが11点、９００－１０００℃のものが5点あった。溶接と鍛造の質は、最初の二つのグループでは一様に低く、地元で製造されたことを示していたが、トリポリエＡ文化の技法に強く影響されたものだった。三つ目のグループには、二個の細い環と三つの太い螺旋状環が含まれ、技術的にはブルガリアのヴァルナとドゥランクラクの墓地から出土した古ヨーロッパの地位を表わす品々と同様のものだった。古ヨーロッパでつくられたこれらの銅製品は、完成品としてヴォルガ川まで交易されていた。フヴァリンスクIの158基の墓では、成人男性に最も多くの銅器が副葬されていたが、なんらかの銅器が見つかった墓は、5人の成人男性の墓と4人の成人女性の墓で、男女比にほとんど偏りはなかった。若者（図9・7中の90号墓）と子供もそれぞれ一人ずつ銅環とビーズとともに埋葬されていた。[*26]

磨製石器の槌頭とやはり磨製の蛇紋岩と滑石の腕輪が、地位の象徴として銅器とともに出土した。フヴァリンスクではある成人男性の墓（108号墓）から磨製石器の槌頭が二点見つかり、別の墓（57号墓）からも一点見つかった。108号墓には磨製の滑石の腕輪もあった。似たような腕輪と槌頭は、ヴォルガ川沿いのフヴァリンスク文化の別の墓地からも出土している。たとえば、クリヴォルチエ（サマーラ州）やフロプコフスキー（サラトフ州）などだ。いくつかの槌頭には「耳」が付いており、どことなく動物の形にも見え、それらが馬の頭部を表わしていると考える人もいる。明らかに動物の形の磨製石器の槌頭は、ヴォルガ川下流の別の文化集団に属するヴァルフォロミエフカで出土した。槌頭、銅、および死者に贅沢な装飾を施す習慣は家畜とともに現われたのであり、それ以前ではなかった。[*27]

フヴァリンスクの集落は、サマーラ川の北を流れるソク川沿いのグンドゥロフカとレビャジンカIで発見されている。しかし、フヴァリンスクの人工物と土器はほかの文化や時代の人工物と交ざり、フヴァリンスク期だけに属すと見なせる特徴なり獣骨なりを抜きだすことは困難だ。フヴァリンスクの人びと自身の骨から、彼らが大量の魚を食べていたことはわかっている。窒素15の平均含有率は14・8%なので、彼らが摂取していた動物性たんぱく質の70%は魚からだったと思われる。純粋なフヴァリンスク時代のいくつかの野営地は、ヴォルガ川下流のリン・ペスキ砂漠で見つかっているが、これらはオナガーとサイガを獲物にした狩猟専用の野営地で、獣骨の80―90％は両者が占めていた。この地のカラ・フドゥクIでも、若干の羊／ヤギと牛の骨（6―9％）は見つかった。フヴァリンスクの狩猟者たちが携えてきた食糧だったのだろう。

同時代にドン川の東にあったほかのステップ文化（以下参照）の遺構で見つかったごみ捨て場では、馬の骨は通常、発見された骨の半数以上を占めており、牛と羊の割合はたいがい40％未満だった。東部では、牛と羊は食糧として以上に、犠牲獣として重要だった。まるで当初、家畜はときおりの（季節ごとの？）神聖な食事や、葬儀の会食で使われる儀礼上の通貨のごとく見なされていたようだ。家畜は確かに葬儀における新しい儀式と関連付けられていたし、それ以外の新しい信仰や神話ともおそらく結びついていたのだろう。最初の家畜とともに広まった一連の信仰が、第8章の初めに述べたような、印欧祖語の話し手の宇宙観の根底にあったのだ。

カフカース山脈という障壁

家畜の牛と羊は古ヨーロッパからだけでなく、金石併用時代のカフカース地方の農耕民を通してももたらされたのかどうか、多くの考古学者が疑問をいだいてきた。[*28] 農耕文化は近東からカフカース山脈南部（シュラヴェリ〔現シャウミアニ〕、アルフロ、シェネガヴィット）に前5800―5600年には普及していた。しかし、カフカース地方のこうした初期の農耕共同体は広域にまたがっていたわけではない。集落はクラ川上流と、アラス川の流域にある若干の谷底の場所に集中したままだった。

北方と西方に500キロ以上は離れた、遠方のユーラシア・ステップとこれらの集落を結びつける架け橋となる場所はなかった。恒久的に氷河で覆われた北カフカース山脈という、ヨーロッパで最も標高が高く、山越えが最も難しい山脈がステップとのあいだに立ちはだかっていたからだ。カフカース地方で好まれたパンコムギ（*Triticum aestivum*）は、クリシュ、線帯文土器、ブーフ＝ドニエストルの各文化の耕作者たちが好んだ外皮〔殻〕のあるエンマーコムギやヒトツブコムギにくらべて、日照りへの耐性が少なかった。植物学者のゾーヤ・ヤヌシェヴィチは、ブーフ＝ドニエストルの遺構とのちにポントス・カスピ海ステップの河川流域から検出された栽培穀物は、カフカースの作物の組み合わせではなく、バルカン／ドナウの作物の組み合わせだったことを発見した。[*29] また、シュラヴェリにいた最古のカフカースの農耕民の土器や人工物は、北方のステップにいた最古の牧畜民のものと、様式的に明らかなつながりは見てとれない。金石併用時代にシュラヴェリにいた最初の農耕民の言語学上の素性を、私が推測しなければならないとすれば、カルトヴェリ語族の祖先と結びつけたい。

しかし北西カフカース語族は、カルトヴェリ語族とはまるで似ていない。北西カフカース語族は孤立言語であるらしく、北カフカース山脈に由来する独特な言語群の生き残りのようである。北カフカース山脈の西の山麓で、ステップを見下ろす一帯では、記録されているわずかな金石併用時代の共同体が、北部のステップの隣人のものとやや似た道具と土器を使っていた。これらの共同体はステップ世界の南端からの参加者だったのであり、シュラヴェリ型式のカフカースの農耕民の延長だったわけではない。彼らは北西カフカース語族の元となった言語を話していただろうと私は推測するが、初期の遺構について発表されているのはわずかだ。なかでも重要なのは、ナリチクの墓地だ。

北カフカースの山麓の中心にあるナリチクの近くには、147基の墓が並ぶ墓地がある。屈位で横向きになった人骨はベンガラに染まった土坑内で、二、三人ずつ一緒に、石塚の下に横たわっていた。女性は左を下にして屈位になり、男性は右を下にしていた。[30] 少数の銅製装飾品と、シカと牛の歯でできたビーズ、磨製の石の腕輪（フヴァリンスクの１０８号墓とクリヴォルチエで見つかったような腕輪）が副葬されていた。一つの墓では人骨から前５０００―４８００年という年代が測定された（測定された骨試料が魚の体内の古い炭素の影響を受けていたとすれば、１００年から５００年は古過ぎるかもしれない）。同じ地域のスタロニジェステブリエフスカヤにあった5基の墓からは、ＤＤⅡマリウポリ型式のイノシシの牙板と、動物の歯のビーズ、および前期金石併用時代のものに思われるフリントの石刃が見つかった。[31] クバーニ川流域にあるカメンノモスト洞窟の2層は、年代測定されていないが、同じ時代のものである可能性があり、マイコープ文化の遺物が見つかったのちの層の下から、羊／ヤギと牛の骨が検出された。カフカース地方からの彫刻した石の腕輪や装飾用の石――ジェット、水晶、斑岩――は、フヴァリンスクやドニエプル＝ドネツⅡの地域に、ナリチクやカメンノモスト洞窟2層にいたような人びとから交易によってもたらされていたのだろう。ナリチク時代の遺跡では明らかに、少なくとも数頭の家畜の牛、羊／ヤギが飼われており、ここはフヴァリンスクと接点のあった共同体のものだった。住民たちはフヴァリンスクの民と同様に、家畜をドニエプル川流域から手に入れていたのだろう。

　ナリチクとフヴァリンスクのあいだのステップには、年代的にはこの時代のものと測定されるが、タイプの異なる遺構がさらに多く存在する。アゾフ海に近いドン川下流のラクシェチニー・ヤルは、深く層をなす集落址で、集落のはずれに6基の墓群がある。いちばん下の文化層で、おそらく前５２００―４８００年ごろと年代測定された層からは、胎土に貝殻が混ざって、線状の沈線モチーフと先端が三角形の棒による刺突文でうっすらと装飾された土器とともに、羊／ヤギと牛の骨が含まれていた。しかし、主要河川の流域から離れた内陸のステップでは、ウマ科の動物の狩猟がまだ経済の中心だった。カスピ海沿岸低地北部の、やはり前５２００年と（獣骨で）年代測定され、ラクシェチニー・ヤルと似た土器が出土したジャンガルの採集民の野営地では、野生の馬とオナガーの骨しか見つからなかった。*32

ヴォルガ川下流の東岸では、ヴァルフォロミエフカなどの定住地のあいだに、カラ・フドゥクⅠのような、フヴァリンスクの狩猟民の野営地が点在していた。*33 ヴァルフォロミエフカの定住地は層をなし、放射性炭素で年代がきちんと測定されているので、カスピ海沿岸低地北部における採集から牧畜への移行がはっきりとわかる。ヴァルフォロミエフカには、オナガーと馬を狩り、土器をつくる採集民が、前５８００－５６００年ごろ最初に住んでいた（３層）。この場所はその後も二度にわたって再び人が住むようになった（２Ｂ層と２Ａ層）。前５２００－４８００年と測定された２Ｂ層では、人びとは３軒の竪穴式住居《ピットハウス》を建てた。彼らは銅器を利用し（銅の目打ち一本と不定形の銅塊が発見されている）、家畜の羊／ヤギを飼っていたが、ヴァルフォロミエフカで見つかった獣骨の「ほぼ半数」は馬の骨だった。板状の骨が馬の形に削られ、馬の中手骨には幾何学模様が線刻されていた。磨製石器の槌頭の一部がここでは見つかっている。一つは片側に動物の頭部が、おそらく馬が彫られている（図９・６）。ヴァルフォロミエフカでは、ラクシェチニー・ヤルの村外れの墓群のように、放置された家の窪みに４基の墓がややおざなりに掘られていた。馬の歯に孔を開けて磨いたビーズ数百個が、人の墓の近くのベンガラに染まった供儀堆積物のなかに埋まっていた。シカの歯や、数種類の貝のビーズもいくつかあり、イノシシの牙を丸ごと使った装飾品もあった。

ドン川下流からヴォルガ川下流にいたる南部のステップにあるこれらの遺構は、前5200―4600年と年代測定されており、羊／ヤギおよびときおり牛の骨と、小さな銅器が検出されるほか、ただ遺棄された死者も見つかる。墓地中心のフヴァリンスクの考古学的記録とは異なり、小さな集落は大半のデータを提供してくれる。土器は貝殻入りの胎土でつくられ、沈線あるいは先端が三角形の棒による刺突文で飾られていた。モチーフには菱形のものが含まれ、たまに蛇行した沈線を刺突文で埋めたものもある。A・ユージンはこれらの遺構を、1974年にヴォルガ川流域で発掘されたオルロフカの定住地にちなんで、オルロフカ文化の名称で一括りにしている。ナリチクはこのネットワークの南の端に存在していたようだ。[*34]

牝牛、社会的権力、部族の出現

森林とステップの境界沿いで、ヴォルガ川中流域のフヴァリンスク北部と、もう一つの文化がかかわり合っていた（図9・1参照）。「襟」（縁帯）があり、刺突文、沈線文、（貝などの一端を起点に前後に揺らして付けた）ジグザグのモチーフなどを施した、独自の多様な土器で見分けられるサマーラ新石器文化は、サマーラ川のステップ地帯北端で発展した。胎土に砂と潰した植物繊維を混ぜる土器は、ドン川中流域でつくられたものと似ていた。サマーラの近くのグンドゥロフカの住居では20×8メートルほどの面積で掘り窪められた床に複数の炉と貯蔵用の穴があった（この集落からフヴァリンスクの土器も出土した）。家畜の羊／ヤギ（3602本の獣骨の13％）と牛（21％）が、サマーラ川上流のイヴァノフスカヤで見つかったが、発見された骨の66％は馬のものだった。サマーラ川のヴィロヴァトエの集落からは、同定可能な骨が552本見つかり、そのうちの28・3％は馬、19・4％は羊／ヤギ、そして6・3％が牛のもので、それにビーバー（31・8％）とアカシカ（12・9％）が加わっていた。サマーラ文化には森林文化の特徴がいくらか見られた。北部の森の採集民と同様の、大きな磨製石器の釿《ちような》が使われていた。

サマーラの人びとは正式な墓地をつくっていた（図9・8）。シエジジュ（シーヨッジェ）の墓地には仰向けの伸展位で埋葬された9基の墓があった。フヴァリンスクの埋葬姿勢とは異なり、むしろDDⅡの姿勢と似たものだ。当初の地面の高さにつくられた墓の上には、ベンガラ、土器片、貝殻ビーズ、骨製の銛、および二頭の馬の頭骨と下腿の骨（距骨と趾骨）からなる供儀堆積物があった。フヴァリンスクの墓上に堆積していたものと同様に、葬儀の会食の堆積物だ。シエジジュには、ステップ最古の馬の頭骨と蹄が埋められていた。馬の頭骨と蹄の堆積物の近くには、ヴァルフォロミエフカで見つかったものと同様の、平らな骨のかけらに彫刻した馬の小像が二個と、牡牛の骨製小像が1個あった。シエジジュの人びとはドニエプル＝ドネツⅡ文化と同様の、イノシシの牙板を身に着けており、そのうちの1枚はドニエプル川流域にあるヤシノヴァトカのDDⅡの墓地で発見されたものとまったく同じ形をしていた。*35

フヴァリンスクに埋葬されていた人びとが、実際にはどれだけ古ヨーロッパの社会を知っていたのか明言することはできないが、彼らは確かに驚異的な範囲におよぶ交易網によってつながっていた。ポントス・カスピ海ステップ一帯（DDⅡ、フヴァリンスク、シエジジュ、ナリチク）で墓地は大型化するか、墓地として初めて出現しており、より大きく安定した共同体の発達が推測される。牛と羊

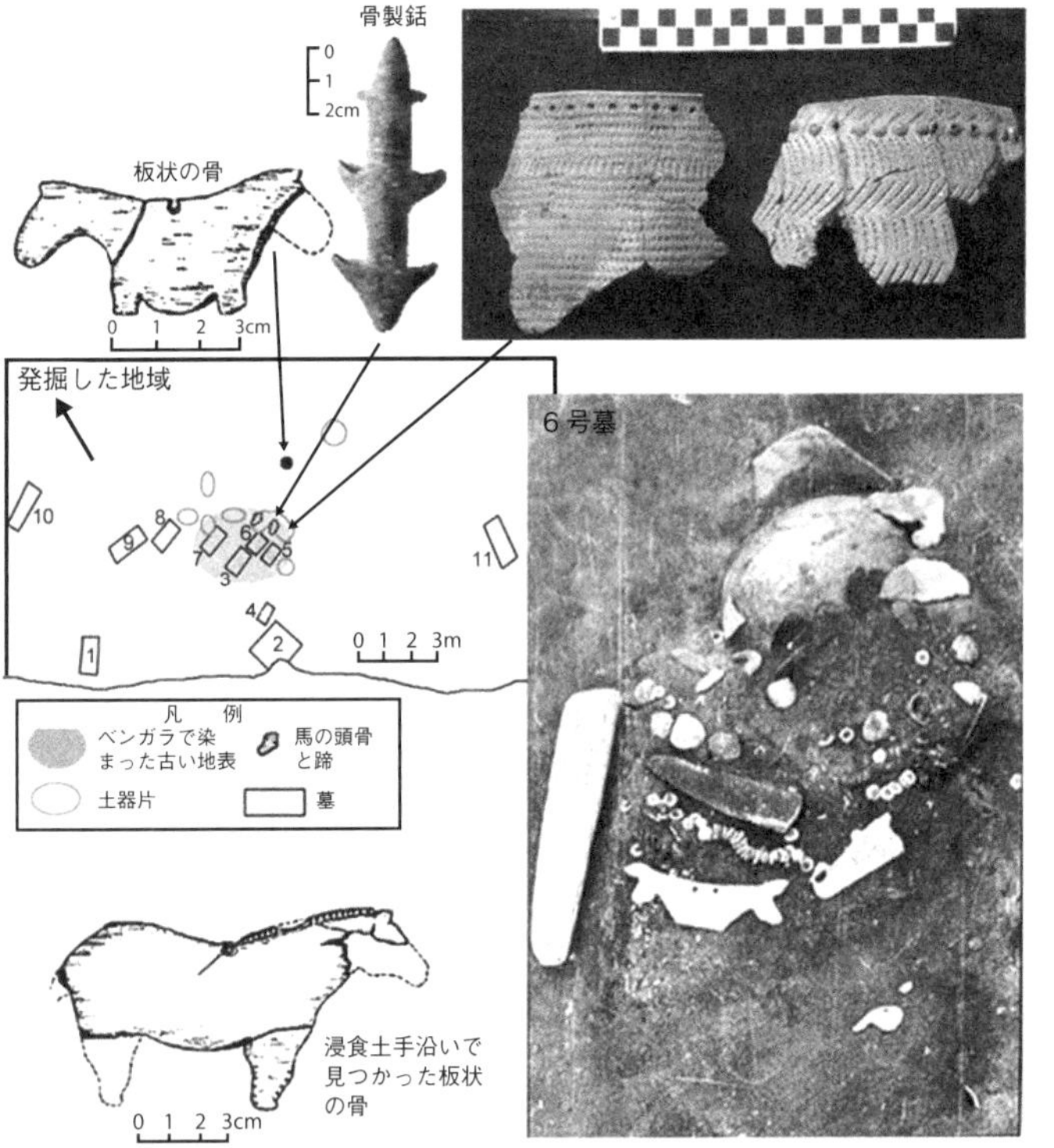

図9・8　サマーラ州シエジジュ墓地。1-9号墓は前期金石併用時代のサマーラ文化の墓地だった。10、11号墓は後世のもの。出典：Vasiliev and Matveeva 1979

は、ドニエプル川沿いの一部のDDⅡの集落では重要な食糧だったが、もっと東方の地域では、当初はむしろ葬送儀礼において重要なものだったと思われ、日常の食生活はまだ馬肉が中心だった。東部では、家畜の牛と羊は一連の新しい儀式と信仰における一種の通貨の役割をはたしていた。

遠隔地交易、贈り物の交換、そして公衆のための生贄の儀式と大宴会を必要とする一連の信仰に参画することが、新しい種類の社会権力の基盤となった。牧畜は本来、変動の激しい経済だ。家畜を失った牧畜民はつねに、まだ飼っている人びとから家畜を借りる。

こうした貸し借りに伴う社会的義務は、流動的な身分差の体系の根拠として、世界の牧畜民のあいだでは制度化している。家畜を貸した人は、それを借りた人にたいして支配力をもつようになり、宴を催した人は客人に感謝の念をいだかせた。初期の印欧祖語には誓約（*$h_1$óitos-）によって結ばれた口頭での契約に関する語彙が含まれ、のちにそれは宗教的儀式のなかで弱者（人間）と強者（神々）のあいだの義務を明確にするうえで用いられた。この語根の発達形はケルト、ゲルマン、ギリシャ、トカラの諸語に残された。そこに示唆される政治関係の原型は、おそらく金石併用時代に始まったのだろう。金石併用時代のステップで、牙、飾り板、ビーズ、金属環で飾り立てた衣装を身に着け、権力を象徴する石の槌矛をもつ人びとはわずかしかいなかったが、この例外的な集団には子供も含まれていた。ということは、家畜を貸すような裕福な人びとは、自分の子供にもその身分を相続させようと少なくとも試みていたことが窺える。地域の指導者、つまりのちの印欧祖語の話し手たちの*weik-potis や*reĝ- 同士の地位をめぐる競争は、驚くほど広域に一連の共通の地位の象徴を生みだす結果になった。指導者が信奉者を獲得するにつれて、その周囲に政治的ネットワークが形成され、それが部族の土台となった。

牧畜の新しい経済を採用しなかった社会は、採用した社会とはますますかけ離れたものになった。北部の森林地帯の人びとは、ウラル山脈の東のステップの民と同様に、採集民として暮らしつづけた。これらの境界地帯は、その恒常性と明確さを考えれば、経済的なものであるのと同じくらい、言語学上の境界でもあったに違いない。印欧祖語族は、ステップ西部で前期金石併用時代に新しい経済とともに勢力を拡大したのだろう。その姉妹言語間のつながりは、牧畜だけでなく、それとともに伝わった信仰の普及も容易にしたのかもしれない。

黒海・カスピ海の前期金石併用時代の特筆すべき側面は、食糧と葬儀における双方の象徴で馬が占めた重要性だ。馬肉は主たる動物性たんぱく質源だった。馬の姿はヴァルフォロミエフカとシエジュで板状の骨に刻まれた。フヴァリンスクでは、明らかに野生動物を除外した葬送儀礼にも、馬は牛と羊と一緒に含まれていた。しかし、動物学的には、これらの馬が野生の馬と非常に異なって見える存在だったのかはわからない。〔フヴァリンスクから出土した〕骨はもはや存在していないからだ。馬の家畜化は人類史のなかできわめて重要な出来事だが、まるでよく理解されていない。しかし、近年、新たな証拠が馬の口からじかに得られたのである。

第10章　馬の家畜化と乗馬の起源【歯の物語】

人類史における馬の重要性に匹敵するものがあるとすれば、その研究に付きものの困難さだけだ。馬に関連した出来事は、論争の的とならないことが、それもしばしば激しい論争を引き起こさないことがまずない。

――グレアム・クラーク、1941年

1985年の夏に、私は妻であり、考古学の研究仲間でもあるドーカス・ブラウンと、ペンシルヴェニア大学獣医学部の獣医師にいくつかの質問をしにでかけた。ハミは馬の歯に病変を起こすのか？　そうだとすれば、古代の馬の歯にハミを付けた痕跡――傷跡や小さな摩耗部分――を見つけられるはずではないのか？　それならハミを付けられた初期の馬を見分けるよい方法とならないだろうか？　馬のハミに関連した歯科病変についての医学文献を紹介してもらえないか、と私たちは尋ねた。そのような問題に関する文献は、現実に存在しないと、その獣医師は答えた。よく調整された頭絡を付けて、きちんとハミをはめた馬でも、実際には歯と歯のあいだにあるハミには簡単に馴染めないので、ハミと歯はほとんど触れ合わないため、〔ハミの装着による〕なんらかの規則性が見られることはないだろう、と彼は言った。おもしろい見解だが、これではどうしようもない。私たちは、ほかの意見を聞いてみることにした。

獣医学部の大型哺乳類専用のニューボルトン・センターがフィラデルフィア郊外にあり、そこで毎日、馬を相手にしているトレーナーたちからはまるで異なる回答が得られた。馬は年中ハミを噛んでいる、と彼らは言った。飴を食べるように、口のなかでハミを転がしている馬もいる。ハミが歯に当たる音が聞こえるほどだ。もちろんこれは悪い癖で、きちんと訓練され、馬具を付けられた馬ならすべきことではないとされるが、それでも馬たちはやるのだ。そして、以前、ニューボルトンにいて、カナダのどこかの大学に勤務しているヒラリー・クレイトンと話をしてみるべきだと、彼らは言うのだった。馬の口でハミがどう働くのかを研究している人だった。

　私たちはヒラリー・クレイトンがサスカチュワン大学にいるのを見つけ、ハミを噛んでいる馬のX線透視動画を彼女が作成したことを知った（図10・1）。彼女は馬にハミを付け、背後に立って手綱を動かした。馬の頭の脇に取りつけたX線透視装置を使って、口のなかで起こっている状況を撮影した。これはまだ誰も試したことのないものだった。彼女はカナダの研究者と共同執筆した二つの論文を送ってくれた。[*1] 論文の画像は、馬が口のなかのハミをいかに弄《もてあそ》び、実際にハミ（正確にはマウスピース、ハミ身）が歯と歯のあいだのどこに収まるのかを示していた。正しい位置にはめたハミは、前歯と奥歯のあいだにある口内の「歯槽間縁《しそうかんえん》」と呼ばれる隙間の歯茎と舌の上に置かれる。乗り手が手綱を引くと、ハミは舌と歯茎を下顎に押しつけ、ハミとその下の骨のあいだで敏感な歯茎の組織を締めつける。これは痛い。片側の手綱を引くと馬はその方向へ頭を沈め（曲がる）、両側を引いた場合には顎を下げて（止まる）、舌と歯茎にかかるハミの圧力を和らげようとする。

　クレイトンのX線画像には、馬が舌を使ってハミをもちあげて後ろへ引き寄せ、前臼歯で挟める位置まで押し戻すことで、乗り手がどんなにきつく手綱を引いても、軟組織にそれ以上の圧力がかからないようにする様子が映っていた。柔らかい口角は臼歯の前に位置しているので、ハミを奥歯で挟むには、馬はハミが口角に食い込むまで押し下げなければならない。引き伸ばされた口角の組織は、バネのような役割をはたす。そのため、前臼歯の端で非常にがっしりと挟まれていなければ、ハミは再び前方の歯槽間縁まで押しだされてしまう。前臼歯の先端で前後に移動を繰り返すこの動きは、ひとえに重力ゆえに、上の歯よりも下の歯に影響をおよぼす可能性が高そうだと思われた。ハミは下顎に置かれていたのだ。ハミを噛むことによる摩耗は、その他のものを噛むことによる咬耗とは異なり、二本の歯（下の第二前臼歯、つまりP_2）〔第1前臼歯は狼歯で、下顎からは生えない馬も多い〕のわずかな部分に集中しているはずだ。クレイトンのX線画像によって初めて、一本の歯の特定の場所がハミによる摩耗痕を見つけるべき場所だと、確かに言えるようになったのだ。考古学者によっ

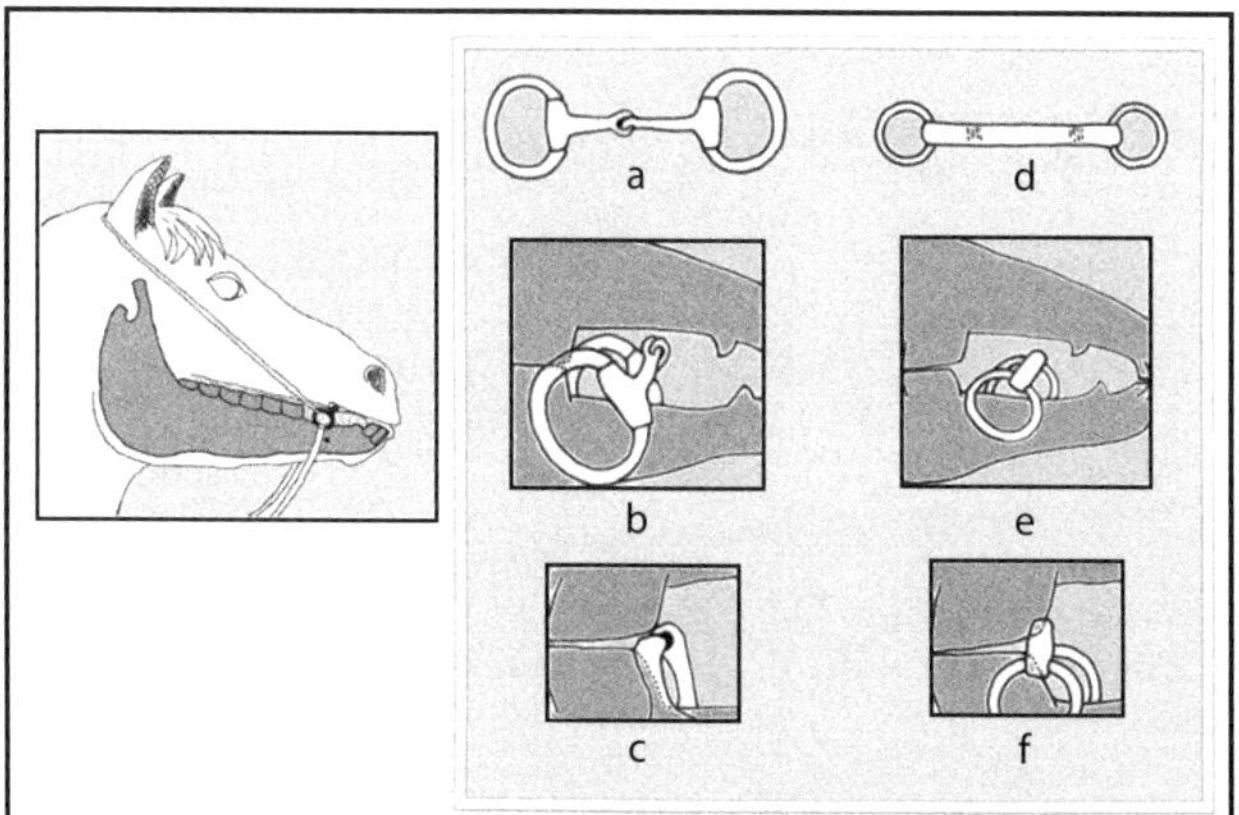

図10・1　馬の口にはめられた現代の金属製ハミ。下顎の骨は灰色部分。(a) ジョイント水勒ハミ、(b) 舌上の正しい位置にある水勒ハミのX線画像、(c) 奥歯に挟まれた水勒ハミのX線画像、(d) 噛んだ摩耗痕のある棒状のハミ、(e) 舌上の正式な位置に置かれた棒状のハミのX線画像、(f) 奥歯に挟まれた棒状のハミのX線画像。出典：Clayton and Lee 1984; Clayton 1985

て発表された馬の写真で、P_2の摩耗もしくは斜角〔斜めに削られた面取り〕がまさにその場所に見られるものも数点見つかった。有名な動物考古学者であるロンドンのジュリエット・クラトン＝ブロックとローマのアントニオ・アッザロリはどちらも、この種の摩耗が「おそらく」ハミによってできたと述べていた。その他の動物学者は、私たちが最初に訪ねた獣医のように、馬が口のそれほど奥までハミをそれなりの頻度で引き寄せることはありえないと考えた。誰も正確なことはわからなかった。しかし、彼らはクレイトンのX線画像を見てはいなかったのだ。[*2]

勇気付けられ、興奮した私たちは、ワシントンDCのスミソニアン国立自然史博物館の人類学部門を訪ねて、当時、職員だった人類学者のメリンダ・ゼダーに相談した。一度もハミを付けられていない古代の野生馬の歯を——比較試料として——調べられるかどうか尋ね、調査方法について何かしら専門的な助言をもらえないか頼んでみたのだ。私たちは動物学を専門としていなかったし、馬の歯についても詳しくなかったからだ。ゼダーは、同僚で歯の微小摩耗痕に詳しいケイト・ゴードンと一緒に、職員用カフェテリアで話を聞いてくれた。ハミ痕は不正咬合によって起こる歯の異常とはどう区別できるか？　あるいは日常的に餌を嚙むことによってできた食べ物による咬耗とどう区別できるのか？　ハミによって摩耗した痕は長い期間残るのか、それとも餌による摩耗によってハミ痕も消えてしまうのか？　痕が残るには、どのくらいの期間がかかるのか？　馬の歯はどのくらい速く成長するのか？　馬の歯は顎から生える種類のもので、てっぺん部分が摩耗していずれ小さな切り株状態になるのではないのか？　となれば、馬齢が進むにつれてハミによる咬耗面も変わるのか？　縄や革でできたハミ——最古の種類のハミと思われるものならばどうだろうか？　それでも摩耗するのか？　とすれば、どんな種類のものか？　馬に騎乗した場合と、二輪戦車を引かせた場合で、ハミの動きは異なるのか？　そして摩耗痕が実際にあるとすれば、正確には何によって引き起こされるのか？　乗り手がハミを前臼歯の前面まで引っ張っているのか、それとも馬がハミを嚙み、咬合する歯の表面に摩耗を起こすのか？　あるいは双方に原因があるのか？　もし実際に顕微鏡で摩耗が見つかったとすれば、摩耗のある歯とない歯の違いを定量化できるようにするには、どう表現すればよいのか？

メリンダ・ゼダーは、収蔵品を見せてくれた。私たちは最初の歯の模型を、紀元前2000年ごろと年代測定されたイラン青銅器時代の都市マルヤーンで出土した古代の馬のP_2からつくった。歯には近心縁〔正中線側〕に摩耗面があった。この摩耗は骨か金属でできた硬いハミによって生じたと、のちになれば言うことができただろう。しかし、そのときはまだわからなかったし、スミソニアン博物館は実際には、ハミを付けられたことのない野生馬の歯を大量に収集してはいなかったのだ。自分たちでそれを探さなければならなかった。私たちは博物館を後にしながら、問題に一つずつ取り組めば、それをなし遂げられるだろうと考えていた。20年を経たいまも私たちはそう考えている。[*3]

馬はどこで最初に家畜化されたのか？

ハミ痕は重要だ。ほかの種類の証拠は、初期の馬の家畜化を突き止めるには、不確かな指針でしかないことが証明されているからだ。遺伝学的証拠も、問題を解決してくれるのではないかと期待したが、あまり助けにはならない。現代の馬は牛と同様、遺伝学的には矛盾に満ちている（第8章）が、馬の場合、雌雄が逆転している。現代の家畜の馬のメスの血統は、きわめて多様性に富む。ミトコンドリアDNAを通して遺伝する特徴は、母から娘へ変わらずに受け継がれ、この部分の血筋は非常に多様で、系統発生的に17のグループに分かれる、少なくとも77頭の祖先となるメスが、世界各地にいる現代の馬の遺伝的多様性を生みだすには必要となる。野生の牝馬は、別々の時代に別々の多くの場所で捕獲されて、家畜の群れに加わったに違いない。一方、現代の馬のDNAのオス側の面は、牡馬からオスの子馬へY染色体で変わることなく受け継がれてきたものだが、これは驚くほどの同質性を示している。わずか一頭の野生のオスだけが家畜化されたと言えるほどだ。したがって、馬を飼ってきた人びとはどうやら、さまざまな野生のメスは自由に捕獲して飼育できると考えていたが、これらのデータによれば、彼らは一様に野生のオスは拒絶し、家畜化されたメスと野生のオスのあいだに生まれたオスの子孫すら排除していた。現代の馬はごく少数の元祖の野生のオスと、多数のさまざまな野生のメスとの子孫なのだ。[*4]

◎なぜ違うのか？

野生生物学者は世界各地に数カ所ある、〔家畜から〕野生化した馬の群れの行動を観察してきた。なかでもウクライナのアスカニヤ・ノヴァ、アメリカのメリーランド州とヴァージニア州の防波諸島（児童書の古典『シンコティーグ島のミスティ』で描かれた馬の群れ）、およびネヴァダ州北西部が知られている。標準的な野生化馬の群れは1頭のオスと、2頭から7頭のメスのハーレムと子馬からなる。若駒は2歳前後で群れを離れる。牡馬とハーレム群は一定の行動圏《ホームレンジ》を占有し、オス同士は縄張りとメスをめぐって激しく争う。若いオスは追放されたのち、「独身オス群」と呼ばれる緩い集団をつくり、確固たる地位を築いたオスの行動圏の周辺に潜む。独身オスの大半は5歳以上になるまで成熟したオスには立ち向かえないか、メスにうまく連れ添ってもらえない。既存の群れのなかでは、牝馬たちが、先導するメスに率いられて社会的序列をなしている。この先導するメスが、一日の大半を群れがどこで過ごすかを選び、脅威が迫れば逃げる群れの先頭に立ち、オスは側面または後方から群れを守る。したがって、牝馬は本能的に相手が支配的なメスであれ、牡馬であれ、人間であれ、その他者の優越性を受け入れる傾向にある。かたや牡馬は頑固で暴れるうえに、本能的に嚙むなり蹴るなりして、権威に逆らう性質がある。比較的おとなしく制御しやすいメスであれば、多くの野生馬の群れの序列の下位にいるかもしれないが、比較的おとなしく制御しやすいオスというのは珍しい。そして、おとなしいオスは野生では繁殖する望みがほとんどない。馬の家畜化は幸運な偶然によるものだったかもしれない。人間が家畜の血統の種畜として利用できる場所に、比較的扱いやすくおとなしいオスが現われたのだ。その馬にしてみれば、人間は伴侶となるメスを手に入れるための頼みの綱だったのだ。人間にしてみれば、この馬だけが彼らの求める種馬だったのだ。

◎そのオスはどこにいたのか？　いつの時代なのか？

動物の家畜化は、結婚のように、それに先立つ長い関係が実を結んだものだ。人は見慣れない動物を世話してみるために、時間とエネルギーを投資したりはしないだろう。従順な馬を手元に置き、餌をやって、育てることを真剣に考えた最初の人は、野生の馬に慣れ親しんでいたに違いない。彼らは人間が野生馬を狩猟して長い歳月を過ごし、その行動を学んできた場所に住んでいたはずだ。世界のなかでこれが可能だった場所は、1万年から1万4000年前ごろには、それ以前よりいちじるしく縮小していた。氷河期のステップ——馬にとって好ましい環境——が、北半球のほとんどで深い森に

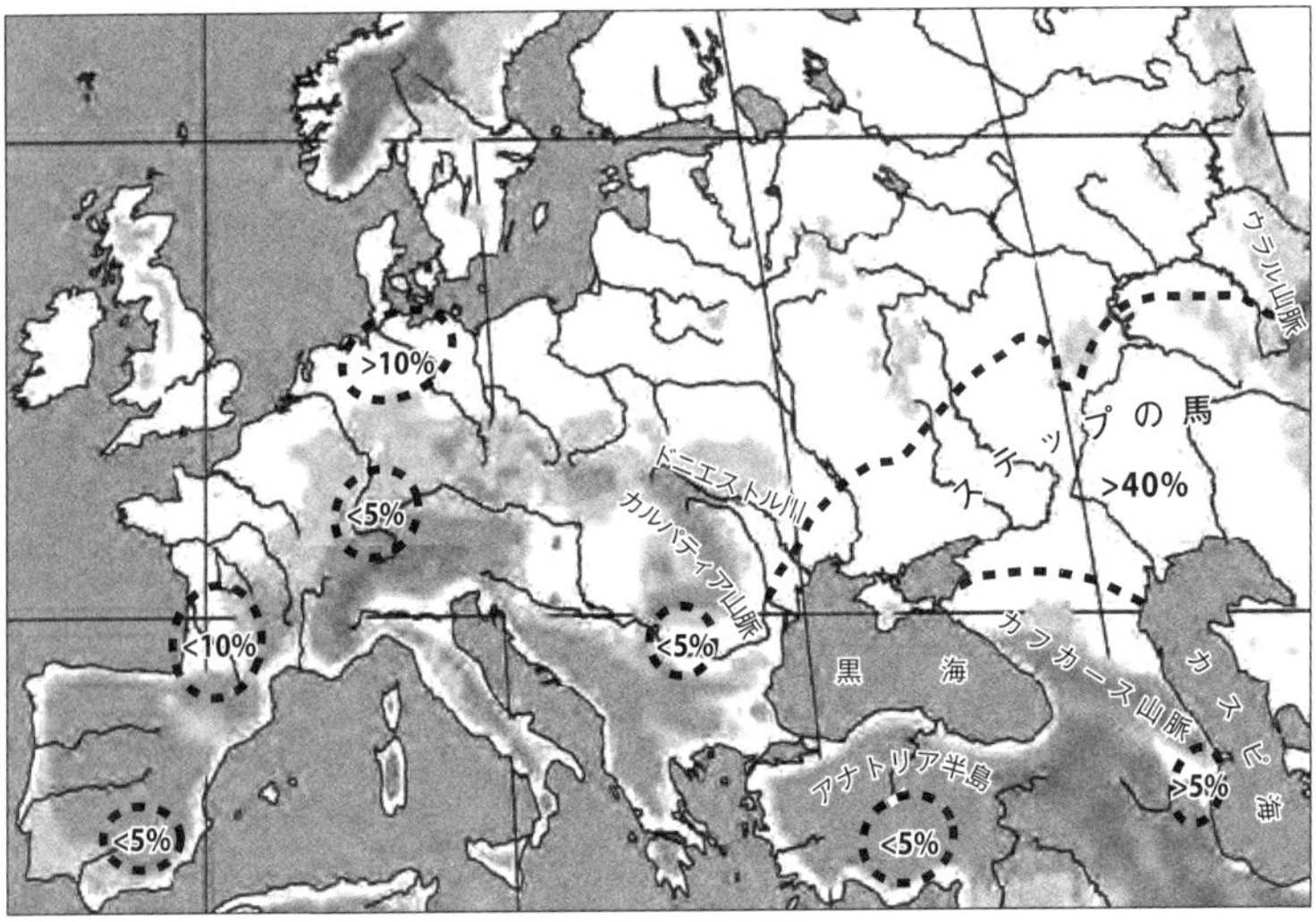

図10・2　完新世中期、前5000年ごろの野生馬（*Equus caballus*）の分布図。数字はそれぞれの地域で人間の家庭生ごみから馬の骨が出土するおよその頻度を表わす。Benecke 1994のいくつかの表、およびロシア側のさまざまな資料より。

変わった時代だ。北アメリカの馬は気候が変動するにつれて、理由はまだほとんど解明されていないが、絶滅してしまった。ヨーロッパとアジアでは、野生馬の大きな群れが生き残ったのは、ユーラシア大陸の中央にあるステップだけであり、少数の個体群がヨーロッパとアナトリア半島中部（現代のトルコ）、カフカース山脈の、自然に開けた限られた草地（低湿地の草地、高山草原、乾燥高原）で孤立していた。馬はイラン、メソポタミアの低地や肥沃な三日月地帯からは姿を消し、これらの温暖な地域はウマ科の別の動物（オナガーとロバ）が生息するようになった（図10・2）。

ヨーロッパ西部と中部、アナトリア中部、カフカース地方では、完新世まで残った馬の限定的な生息地が、人間の重要な獲物探しの場所になることは決してなかった。そうした場所には、とにかく充分な個体数がいなかったのである。たとえばアナトリア半島では、中部の高原地帯にある新石器時代のチャタル・ホユク、ピナルバシなどの農耕集落の住民は、前7400年ごろから前6200年にかけてときおり数頭の野生馬を狩猟していたかもしれない。しかし、これらの場所で狩られていたウマ科の動物は *Equus hydruntinus*（すでに絶滅）またはオナガーで、どちらもロバに似た動物で、馬よりも小型だった。馬の骨と考えうるほど大きな骨はわずかしか出土していない。馬はアナトリア西部やギリシャ、ブルガリアの新石器時代の遺跡でも、中石器および前期新石器時代のオーストリア、ハンガリー、ポーランド南部でも見つかっていない。ヨーロッパ西部と北部では、中石器時代の採集民がときおり馬を狩猟していた。しかし、馬の骨が出土した動物の5％以上を占めた氷河期後の遺構はドイツ、ポーランドの海岸平野と、フランス南部の高地にしかなかった。一方、ユーラシアのステップでは、野生馬および、近縁の野生のウマ科動物（オナガーと *E. hydruntinus*）は最も一般的な野生の草食動物だった。完新世の初めのステップの遺構（中石器および前期新石器時代）では、野生馬の骨はつねに発見される獣骨の40％以上を占めており、馬はじつに大型で肉付きもよいので、動物性たんぱく質の40％以上を賄っていたに違いない。この理由だけを考えても、家畜化の当初の時代については、ユーラシアのステップをまず調べてみるべきだ。現代の馬のオスの血統が与えられたと思われる時代だ。[*5]

ポントス・カスピ海ステップの完新世前期および中期の遺構には、三種のウマ科動物の骨が含まれている。カスピ海沿岸低地では、ブロヴァヤ53、ジェ・カルガン、イスタイⅣのような中石器時代の遺構で、前5500年以前と年代測定されたごみ溜めからは、ほぼ馬とオナガーの骨しか見つからなかった（図8・3の関連地図を参照）。オナガー（*Equus hemionus*）は「ヒミオニー」または「半ロバ」とも呼ばれ、馬よりは小型でロバよりは大型の、耳の長い俊足の動物だった。オナガーの自然の生息範囲はカスピ海のステップから中央アジア、イラン、および近東まで広がっていた。ウマ科の別の動物、*Equus hydruntinus* は、やや降水量の多いウクライナの北ポントス・ステップで狩猟されていた。前7千年紀後期と年代測定されるギルジェヴォとマトヴェーエフ・クルガンの中石器および前期新石器時代の出土物からも、このウマ科動物の骨は若干の割合で見つかる。氷河期のこの小型動物は当時、黒海ステップの西部からブルガリア、ルーマニア、さらに南部のアナトリア半島にかけて生息していたが、前3000年以前に絶滅した。本家のウマである *Equus caballus* は、カスピ海沿岸低地と黒海ステップの双方に生息し、オナガーと *E. hydruntinus* が狩猟され尽くしたのちもずっと、どちらの環境でも生き残っていた。馬の骨は、ドニエストル川流域のステップの後期中石器時代のギルジェヴォと、アゾフ海ステップの中石器／新石器時代のマトヴェーエフ・クルガンとカムナヤ・モギラでは、識別された獣骨の50％以上を占めていた。カスピ海沿岸低地の新石器／金石併用時代のヴァルフォロミエフカとジャンガル、サマーラ川沿いのイヴァノフスカヤ、ウラル山脈南麓のムリーノでも同様だった。ステップの環境で野生のウマ科動物に人が依存してきた長い歴史が、彼らの習性に慣れ親しむ状況を生みだし、そこからのちに馬の家畜化が可能になったのだろう。[*6]

馬はなぜ家畜化されたのか？

ポントス・カスピ海ステップで馬が家畜化された可能性のある最初の証拠は、前4800年以降に出現した。世界の別の地域で羊、ヤギ、豚、牛が家畜化されてからずっとのちのことだ。人間がすでに牛と羊を手に入れていたのであれば、野生馬を飼い馴らした動機はなんだったのだろうか？　輸送のためだろうか？　まず間違いなくそうではない。馬は大型で力もあり、攻撃的な動物であり、人間を運ぶよりは逃げるか闘うかしがちな動物だ。騎乗の習慣は、馬がすでに制御できる家畜として見慣れた存在になったのちでなければ、発達しなかっただろう。当初の動機は、冬季に肉を手軽に確保したいという願望だったと思われる。

馬は牛や羊にくらべて、冬のあいだも餌を与えるのが容易だ。牛と羊は鼻で雪を押しやるが、馬は硬い蹄を使う。羊は柔らかい雪であれば冬草を食べることができるが、雪が鼻よりも硬く凍りついてしまえば、鼻の皮がむけて血だらけになり、たとえ足のすぐ下に充分な冬の餌がある草原でも、立ち往生して飢えてしまうだろう。牛は草が見えなければ、たとえ柔らかい雪のなかでも草を食みはしないので、冬草が隠れるほどに雪が積もると、放牧された牛は飼い葉を与えられなければ死ぬだろう。牛も羊も氷を割って水を飲むことはしない。馬は本能的に、草が見えなくなるほど積雪があっても、氷や硬くなった雪を、鼻面ではなく蹄で割る。馬は凍った雪を前脚でかいてどけ、自分で餌を食べるので、水も飼い葉も要らない。1245年に、フランシスコ派修道士のプラノ・カルピニがモンゴルへ旅をしてグユク・カン（チンギスの後継者）に会った折に、タタール人と彼が呼んだ人びとのステップの馬が、雪の下から草を掘りだす様子を観察した。「タタール人には藁も干し草も飼い葉もないからだ」。1886年の歴史に残る暴風雪では、北米のグレートプレーンズで放牧されていた何十万頭もの牛が犠牲になった。生き残ることのできた牛は、マスタング〔野生化した馬〕の群れの後を追い、彼らが掘り返した地域で草を食んでいた。[*7] 馬は、自分たちが進化した寒い草原にすばらしくよく適応している。寒い草原で家畜の牛と羊とともに暮らしていた人びとは、肉を食べるために馬を飼うことの利点にすぐに気づいただろう。馬ならば飼い葉も水も必要なかったからだ。気候が寒冷化したか、とくに寒さの厳しい冬が連続すれば、牛の牧畜民は真剣に馬を家畜化することを考えたかもしれない。ちょうどそのような冬の厳しい時代への変化が、前4200年から前3800年のあいだに生じた(第11章参照)。

牛と馬の群れはどちらも先導する支配的なメスに従うため、牛の牧畜民であればとりわけ馬の扱いには向いていただろう。牛飼いはすでに、先導する牝牛さえ制御すれば、群れ全体をうまく扱えることを知っており、その知識を簡単に応用して先導する牝馬を制御しただろう。馬でも牛でも、オスは管理面で同じような問題を起こし、どちらも生殖能力と力強さのシンボルとして象徴的な地位を占めていた。ウマ科動物を狩猟して暮らしていた人びとが、家畜の牛を飼い始めたとき、誰かがすぐにこうした類似性に気づき、牛を扱う技法を野生馬に応用したのだろう。それによってすぐに、最古の家畜化された馬が誕生したに違いない。

馬を飼い始めたこの初期の段階は、ポントス・カスピ海ステップでは早くも前4800年に始まっていたかもしれない。当時、馬は主として、扱いにくいながらも、冬季の食肉供給源には都合のよい存在だった。これはヴォルガ川中流域のフヴァリンスクとシエジジュや、ドニエプル急流域のニコリスコエで、馬の頭部や下腿が、人間の葬送儀礼において牛と羊の頭部や下腿とともに初めて供えられた時代だった。そして馬をかたどった骨の彫刻が、シエジジュやヴァルフォロミエフカなどの若干の遺跡で、牛の彫刻とともに登場した時代でもあった。馬は間違いなく、前4800年には人間にも家畜を飼育する世界にも象徴的に結びつけられていた。馬を飼うことは、経済、儀式、装飾、政治における急激な変革にさらに別の要素を加えただろう。それは前5200—4800年ごろに畜産が初めて拡大するとともにステップ西部一帯に吹き荒れた変革だった。

飼い馬とは何か？

馬の歯のハミ痕を調査しようと私たちが決心したのは、初期の飼い馬の骨と野生の馬の骨との区別が難しいからだ。ロシアの動物学者V・ビビコヴァが1967年に、家畜化された頭骨のタイプを定義しようと試みているが、彼女が調べた馬の頭骨の標本数は少なく、大半の動物学者には信頼できるタイプを定義することにはならなかった。

野生動物の骨は通常、定量化できる二通りの測定値から区別される。体格の個体差の測定値と、解体処理された動物の年齢と性別の数値である。その他の基準には、動物本来の生息域から遠く離れた場所で見つかることや、家畜化に伴う病変が検知されることなどが含まれ、ハミ痕はそうした病変の一つである。退屈した馬が飼い葉桶に噛みついたり、小屋の仕切りを噛んだりする悪癖は、馬房に飼われている馬の切歯に家畜化による別の病変を引き起こすかもしれないが、これは系統的に研究されてはいない。ケンブリッジ大学のマクドナルド考古学研究所のマーシャ・レヴィンは、騎乗に関連した病変を脊椎で調査したが、脊椎は研究するのが難しい。折れて腐りやすいため、大半の考古学標本では脊椎が出土する頻度は低く、騎乗による病変が見られるのは胸椎の八つの椎骨（T11‐18）だけであることが知られている。馬の家畜化の議論はまだ、前述の二つの方式に集中しがちだ。[*8]

◎体格の個体差方式

体格の個体差方式は、二つの仮定にもとづいている。（1）家畜の個体群は保護されているので、成獣になるまで生き残る個体の体格や体高が、より変化に富む、すなわち個体差が大きいはずであり、（2）家畜の個体群の平均的体格は、囲いのなかで動きを管理され、餌を制限されることで、平均体高が低くなるため、全体として小さくなるはずだ。これらのパターンを探るには、脚の骨の測定値（おもに関節丘と骨幹の幅）が用いられる。この方式は牛と羊の脚の骨ではかなり効果がありそうだ。個体差の増加と平均体格の減少によって、家畜化された牛と羊はどうやら見分けられるようだ。

　しかし、根底にある仮定が、ごく初期の家畜化された馬にも当てはまるのかどうかは知られていない。アメリカの先住民は自分たちの馬を囲いではなく、足枷（二本の前脚のあいだに結んで、歩くことはできても、走れないようにする短い縄）で管理した。当初、馬を飼い始めたことの主たる利点――〔飼育のための〕労力が少なくて済むこと――は、馬が自分で餌を探せて初めて実現できた。囲いがあれば、この目的ははたせない。野生の馬と同じ環境で暮らし、草を食んでいる飼い馬には、体格の減少は見られないだろうし、個体差も増さないかもしれない。こうした変化は、牛や羊がそうであったように、かりに馬が小屋のなかだけに行動を制限され、冬のあいだ飼い葉を与えられた場合、もしくは、たとえば二輪戦車のチームや、食肉や乳の生産といった目的のために、異なった方法で管理され、訓練され、異なった群れに分けられた場合には想定しうるだろう。

　馬の家畜化の初期段階で、馬が食肉のために放牧されていた時代には、人間の管理によって生じた体格の減少があったとしても、地域ごとの野生の個体群に自然に見られた体格の差異によって曖昧になっていただろう。ヨーロッパ中部と西部にまばらに生息していた野生馬は、ステップにいた馬よりも小型だった。図10・3では、グラフの左側にある棒3本は、ドイツの氷河期から前期新石器時代の地層から出土した野生馬を表わしている。これらの馬はかなり小型だった。左から4、5本目は森林ステップとステップ周辺部の野生馬で、これらはかなり大型だった。ウクライナの中部ステップのデレイフカから出土した馬は、さらに大型だった。そのうちの75％は鬐《き》甲《こう》〔肩甲骨の隆起部〕で133センチから137センチ、すなわち13から14ハンド〔手幅を4インチ、約10センチと考えて、馬の体高を測る単位〕だった。カザフスタン北部の

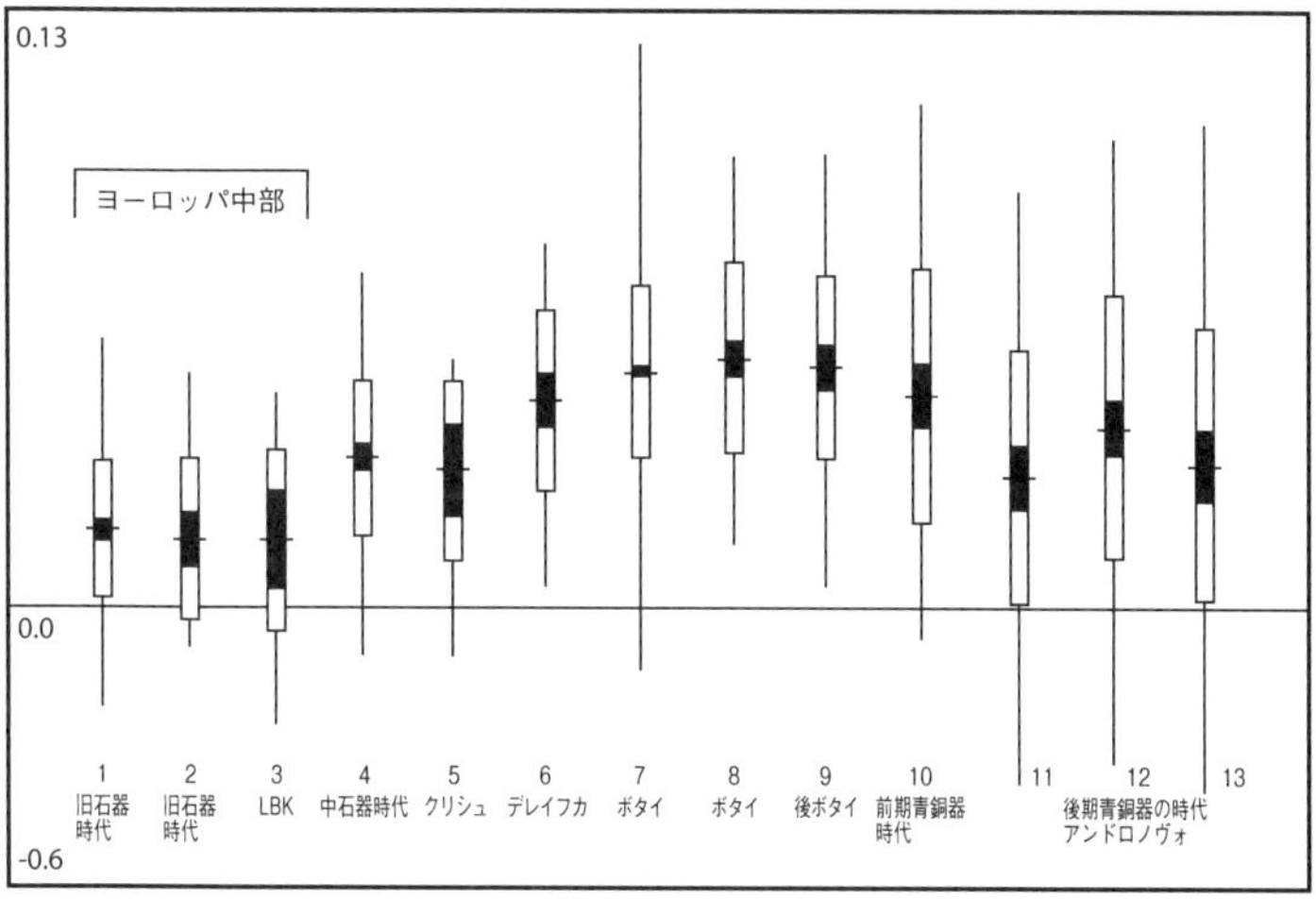

図10・3　飼い馬の骨を見分けるための体格ばらつき方式。箱髭図は考古学上の馬の13の個体群で見られた脚の骨の太さを示し、最古の遺構（旧石器時代）が左に、最近のもの（後期青銅器時代）が右に並べられている。極端な外れ値を示す髭は、標本サイズの影響を最も受けるため、個体群内のばらつきを示す指標としては信頼性を欠く。平均値から標準偏差の2倍の範囲を示す白い箱は、ばらつきの指標としての信頼性があり、通常はこの部分で比較される。10番目の棒でこのばらついた部分〔白い箱〕に収まる測定値が増しているのは、馬の家畜化が始まった証拠として考えられる。出典：Benecke and von den Dreisch 2003: 図6.7と6.8を合成

ボタイの馬はさらに大型で、14ハンドを超えていた。馬の個体群が東西に移動すれば、人間が介入しなくても、平均的な体格に変化が生じたかもしれない。となると、当初の段階における家畜化の指標としては、個体差の増加しかなくなる。しかも個体差というのは、標本の大きさ《サンプル・サイズ》〔試料の多寡〕にきわめて左右される。骨の数が多ければ、非常に小さいか非常に大きい個体が見つかる確率は高くなるので、個体差の変化だけを、標本サイズによる影響から切り離すのは難しい。

馬の家畜化は、体格の個体差方式では前2500年ごろであると推定されている。平均的な体格のいちじるしい減少と個体差の増加の双方を示す最古の場所は、ハンガリーのチェペル＝ハーロシュの鐘状ビーカー文化の集落で、図10・3では10番目の棒で表わされており、この個体群は前2500年ごろと年代測定されている。それ以降、ヨーロッパとステップの多くの遺跡が同様のパターンを示している。前4200－3700年ごろと年代測定されたウクライナのデレイフカ（第11章参照）や、前3700－3000年ごろと測定されたカザフスタン北部のボタイ文化の遺跡では、これらの統計的な指標が見つからないことから、馬は前2500年ごろまで家畜化されていなかった証拠として、広く受け入れられている。しかし、初期の野生馬のあいだでは地域ごとに大きさの違いが際立って見られ、標本サイズによって個体差の測定には影響がでやすく、これらの方式が家畜化された初期の馬にも当てはめられるのかという基本的な疑問もある。これらが、ほかの種類の証拠を探すべき三つの理由となる。前2500年以降に馬の群れにいちじるしい個体差が新たに出現したのは、最初期の家畜化ではなく、のちに特別な品種や機能が開発されたことを反映したものだろう。[*9]

◎死亡年齢の統計

定量化方式の二つ目は、畜殺された動物の年齢と性差の研究だ。家畜の群れから殺すために選ばれた動物は、狩猟によって手に入れた動物とは年齢も雌雄の別も異なるはずだ。牧畜民ならおそらく、2、3歳になって食肉処理する成獣の体重に達するとすぐに、若いオスを間引いただろう。馬の牧畜民が暮らしていた場所であれば、明らかにオスとわかる馬はほとんど出土しないかもしれない。馬の骨から雌雄を見分ける主要な標識は、オスに見られる犬歯の萌出〔歯槽間縁に生える〕で、これは4、5歳ごろ、すでに食糧にするためにオスは殺されているはずの年齢以降に見られる現象だからだ。メスは10歳以上まで種畜として飼いつづけられるはずだ。一方、狩猟者は野生の群れで最も予測のつく個体を獲物とするので、野生馬の標準的な社会集団である牡馬とハーレム群を狙うことに専念しただろう。こうした群れは、決まった縄張り内の踏み固められた獣道沿いに移動する。牡馬とハーレム群の通常の狩りでは、壮年期のオス（6歳から9歳）が少数と、繁殖適齢期のメス（3歳から10歳）と子馬が多数、仕留められる。[*10]

しかし、それ以外にも多くの狩猟および間引きのパターンが考えられ、長期にわたって使用された定住地ではいくつものパターンが重なっているかもしれない。また、馬の体では雌雄の別を示す骨はわずかしかない。成熟したオス（5歳以上）には犬歯があるが、メスには通常は生えず、成熟したメスならば骨盤が特徴的になる。犬歯がまだ埋まっている馬の顎は保存されないことも多いので、性差に関するデータにはむらがある。馬齢は、保存されやすい臼歯にもとづいて推測されるので、推定年齢に関する標本サイズのほうが一般に大きい。しかし、顎から外れたバラバラの臼歯で正確な年齢を推定するのは難しいが、考古遺跡では歯は往々にしてバラバラで見つかるのだ。そこでそれぞれの歯について考えうる非常に広い年齢範囲を、狭めてゆく方法を考えださなければならなかった。そのうえ、歯は頭の一部であり、頭部というのは特別な扱いを受けうるものだ。分析の目的が、どの馬が食用に間引かれたかを見極めることであれば、頭部はかならずしも人間の食習慣をいちばん直接的に表わすものではない。遺跡の居住者が儀式のためにオスの古馬〔4歳以上の成獣〕の頭部を残して使用したのだとすれば、遺跡に残された歯はその事実を反映しているのであって、食用に処分した個体ではなくなる。*11

マーシャ・レヴィンはウクライナのデレイフカ（前4200―3700年）とカザフスタン北部のボタイ（前3700―3000年）という、ステップにおける馬の家畜化研究に欠かせない二つの場所で年齢と性別のデータを研究した。どちらの遺跡の馬も野生のものだったと、彼女は結論を下した。デレイフカでは、大半の歯は5歳から7歳のあいだに収まる馬のもので、16頭分の下顎のうち14点はオスの成獣のものだった。*12 このことは、デレイフカの馬の頭部のほとんどは、オスの古馬のものであって、管理下にある個体群から予測される解体処理パターンではない。しかし、実際にはこれは狩猟された群れとしても奇妙なパターンだ。狩猟者がなぜオスの成獣だけを殺すだろうか？　デレイフカの狩猟者は野生馬の群れに忍び寄り、オスの注意を引き寄せ、ハーレムを守るためにオスが進みでてきたときに殺したのだろうと、レヴィンは主張した。しかし、開けたステップで、野生馬の群れを徒歩の狩猟者が攻撃するとしたら、忍び寄るのはあまりに効率がよくない。牡馬は群れに警告を発し、捕食者に近寄るよりはむしろ逃げるだろうからだ。徒歩で狩猟するには、待ち伏せして、馬が習慣的に利用する獣道で近距離から矢を射るべきだ。さらに、牡馬を中心とするデレイフカの奇妙な畜殺パターンは、オランダのケステレンにあるローマ軍の墓地における畜殺パターンとほぼ一致するのだが（図10・4）、ここでは馬は確かに家畜化されていた。一方、ボタイでは、年齢と性別の分析結果は、野生馬の群れ全体を大量に仕留めた場合に予想されるような結果と一致し、年齢や性別ごとの選択はなんら見られなかった。二つの分析結果は似ていなかったが、それでもレヴィンは双方の遺跡とも馬は野生のものだったと結論をだした。年齢と雌雄の別の分析結果は、多くの異なった解釈が可能なものだ。

野生馬と飼い馬を区別するのが難しいとすれば、乗用馬の骨と、ただ夕食に食べられた馬の骨を見分けるのは、二倍は問題が多い。人が騎乗しても馬の骨にはほとんど痕跡が残らない。しかし、ハミは歯に痕跡を残し、歯は一般に非常によく保存される。ハミは背後から馬に指示を与えて車を牽引させるか、騎乗するためにのみ用いられる。荷馬の場合のように、前方から引いた場合には使われない。引き馬の場合には、ハミはただ口から引っ張りだされてしまうからだ。したがって、歯に残るハミ痕は人が騎乗するか、車を牽引していたことを示す。ハミ痕の

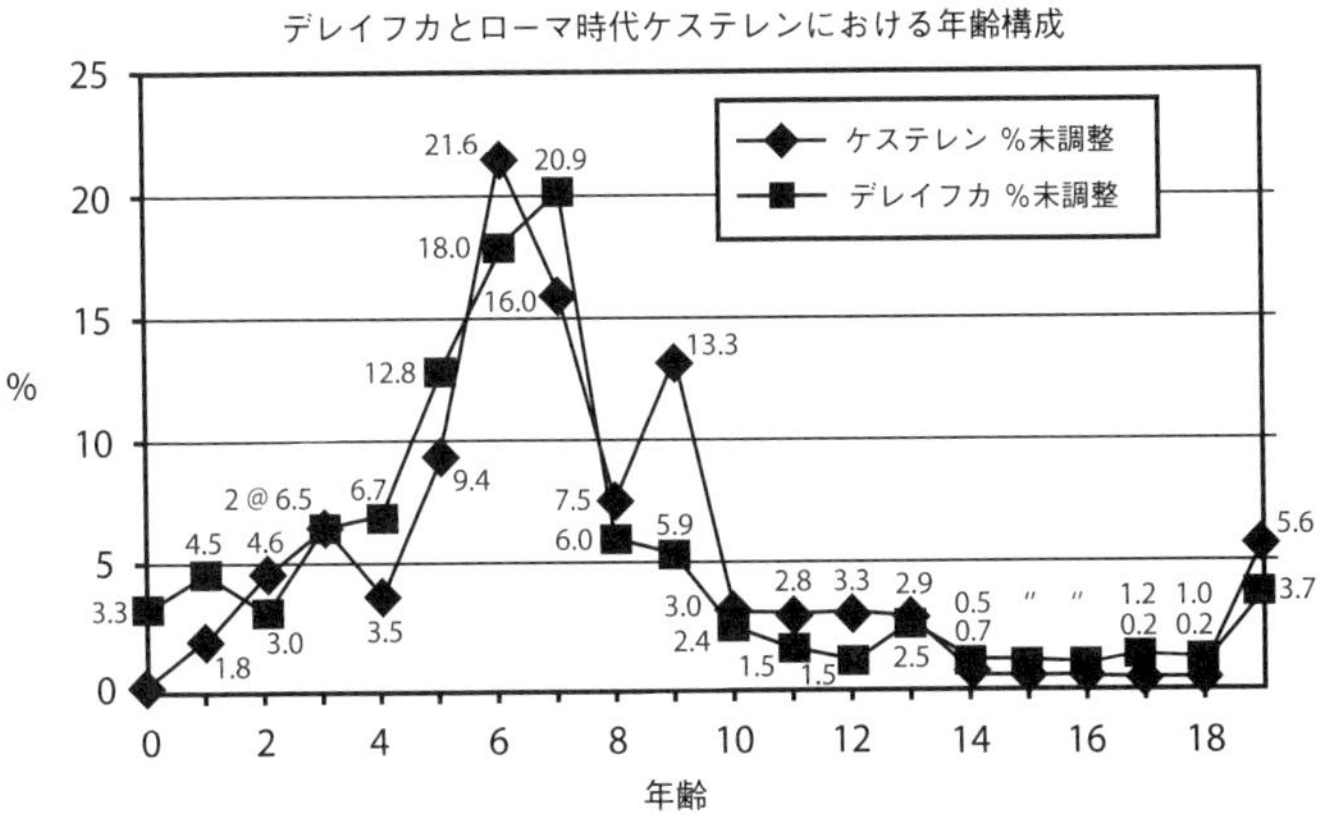

図 10・4　飼い馬の骨を見分けるための死亡年齢方式。このグラフは、ウクライナのデレイフカで出土した後期金石併用時代の馬の死亡年齢の統計を、オランダのケステレンのローマ時代の遺跡からの飼い馬のものと比較する。二つのグラフは驚くほど似ているが、一方は「野生馬」の統計データとして、もう一方は「飼い馬」のデータとして解釈されている。出典：Levine 1999: 図 2.21

不在は何も意味しない。その他の形態の制御道具（鼻革、ハミなしの頭絡）では証拠が残らないかもしれない。しかし、ハミ痕の存在は間違いなく騎乗されていたか、車を引いていた痕跡なのだ。だからこそ私たちはそれを探し求めた。ハミ痕は長年つづいた騎乗の起源をめぐる論争にたいする明白な証拠であり、その延長線上で、馬の家畜化をめぐる議論の証拠にもなりうるのだ。

ハミ痕と乗馬

1985年にスミソニアンの自然史博物館を訪ねたあと、ブラウンと私は、ハミを噛むことで最も影響を受ける馬の下顎の第二前臼歯（P_2）の収集に数年の歳月を費やした。最終的に私たちは、72頭の現代の馬から139本のP_2を集めた。40本は、ペンシルヴェニア大学とコーネル大学の獣医解剖室で処理された飼い馬のものだった。いずれも現代の金属製のハミを付けられていた。私たちは年齢、性別、用途——狩猟、趣味の乗用、競馬、牽引など——に関する情報を手に入れ、一部の馬ではどのくらいの頻度でハミが装着され、どんな種類のハミであったかもわかった。さらに13頭の馬も、ニューヨーク州立大学コーブルスキル校の「馬の訓練と行動プログラム」からやってきた。なかには一度もハミを付けられたことのない馬もいた。私たちは、ちょうど歯科医が歯冠を合わせるために型を取るような具合に、馬の口のなかで歯型を取った。生きている馬でこれをやったのは、私たちが最初だと思う。一度もハミを付けられたことのない数頭の野生化した馬〔の骨〕は、大西洋岸の防波島であるメリーランド州アサティーグ島から入手した。白骨化した骨と歯は、アサティーグ島の馬を定期的に追って研究しているペンシルヴェニア大学のロン・ケイパーが見つけて、寛大にも私たちに譲ってくれたものだ。ネヴァダ州で1988年に牧場主たちによって殺された16頭のマスタングが、ハミ未使用のP_2の大半を提供してくれた。私はその事件について読み、何度か電話をかけたところ、殺害の状況が記録されたあと土地管理局から下顎をもらい受けることができた。何年ものちに別の研究で、フロリダ大学のクリスチャン・ジョージが私たちの手法を、150万年前の少なくとも58頭のウマ科動物の化石から得た、ハミ未使用の133本のP_2に応用した。これらの*Equus "leidyi"*という種のウマ科動物は、フロリダ州ライシー近くの更新世の堆積物から発掘された。ジョージが調べたライシーのウマ科動物（現代の馬と体格も餌も歯列も変わらない）は、人間を見たことは一度もなく、ましてハミは知らない。*13

　私たちはすべてのP_2の高精度の鋳造物または複製を、走査型電子顕微鏡（SEM）を使って調べた。SEMはハミを噛む悪癖が驚くほど全般に広まっていたことを明らかにした（図10・5）。ハミを付けた馬の90％以上はハミを噛んでいたためにP_2になんらかのすり減りが見られ、それもしばしば片側にだけ生じていた。これらの馬のハミも、噛まれてすり減っていた。車を引いた場合だけでなく、人が乗った場合にも同じすり減りが生じた。ハミ痕を付けるのは騎乗者や御者ではないからだ。馬がハミを歯と歯で挟んでは放しているのだ。金属のハミだけでなく、骨製のハミですら、歯の咬合面のエナメル質に微かながら特徴的な摩耗を生じさせる。通常は第1咬頭、つまりメタコニッドだけが摩耗しているが、第2咬頭にまで広がっている事例も多い。これらの摩耗（専門用語では「a」タイプの摩耗）は顕微鏡で見れば容易に見分けられる。すべてのハミは、硬いもの（金属か骨）であれ、軟らかいもの（綱か革）であれ、別の種類のすり減りも引き起こす。歯の正面（近心）の角にすり減り面《ウエアファセット》すなわち斜角ができるのだ。すり減り面はじかに圧迫されて（とりわけ骨や金属の硬いハミで）、歯のあいだで繰り返しハミが締めつけられて、エナメル質が弱くなって割れることでも生じるし、P_2の正面つまり近心の縁上をハミが前後に滑るせいでもできる。金属製のハミはどちらのタイプのすり減りも引き起こす。すなわち、咬合面のエナメル質の摩耗と、P_2の近心縁に見られるすり減り面だ。しかし、最も初期のハミはおそらく縄製だっただろう。縄製ハミだけでも馬歯のエナメル質に目に見えるすり減りが生じうるのだろうか？

全米科学財団からの助成金と、ニューヨーク州立大学（SUNY）コーブルスキル校の協力を得て、私たちはこれまで一度もハミを付けられたことのない馬4頭を手に入れた。35頭収容の厩舎があり、「馬の訓練と行動プログラム」を実践するSUNYコーブルスキル校で騎乗されていた馬たちだ。これらの馬は柔らかい餌は与えられず、干し草と牧草だけを食べているので、放牧された馬と同様に歯を自然に摩耗させている。それぞれの馬は、異なった有機物のハミ——革、馬毛の縄、麻縄、骨——を使って150時間ずつ人が乗っており、4頭全体で600時間、騎乗されていた。馬毛の縄のハミを付けられた馬は、プレーンズ・インディアンの典型的な「戦用ハミ」方式に、下顎をぐるりと縄で縛る形でハミを付けられていたが、それでも舌で輪を緩めて縄を噛むことはできた。残りの馬のハミは、フリント石器でこしらえた枝角製チークピースで固定されていた。それぞれの馬は日数を開けて4回ずつ、困惑顔の獣医師によって麻酔をかけられた。

◀図10・5　現代馬の下顎の第二前臼歯（P_2）に見られるハミ痕と、摩耗のない歯。左：金属製ハミを付けられた飼い馬の第一咬頭に見られる「a」タイプの摩耗を走査型電子顕微鏡（SEM）で13倍にて撮影。側面図は同じ咬頭の3.5 mmの斜角、つまりすり減り面を示す。右：ハミを付けられたことのないネヴァダ州の野生化した馬の第一咬頭の滑らかな表面を、SEMで15倍にて撮影。側面図からは直角が保たれている様子がわかり、斜角は見られない。

私たちは馬の口を開けて歯を磨き、乾燥させてから舌を片側へ寄せ、P_2の型を取った（図10・6）。時間とともにハミ痕が形成される過程をたどり、骨製のハミ（硬い）と革および縄のハミ（軟らかい）によって生じる摩耗の違いを記録した。[*14]

騎乗による実験は、軟らかいハミでも確かにハミ痕を残すことを証明した。実際に摩耗を生じさせる原因は、ハミの内部や下に挟まっている微細な砂粒であったかもしれない。軟らかいハミはいずれも、エナメル質よりも軟らかい素材でできていたからだ。150時間の騎乗後、革や綱でつくられたハミはP_2の第1咬頭のエナメル質を約1ミリすり減らせていた（図10・7）。実験終了後、革または綱のハミを付けた3頭の馬の〔歯の〕斜角の平均値は、実験前の平均値とくらべ〔当初の〕標準偏差の二倍以上の値になっていた。[*15] 縄と革のハミ身は

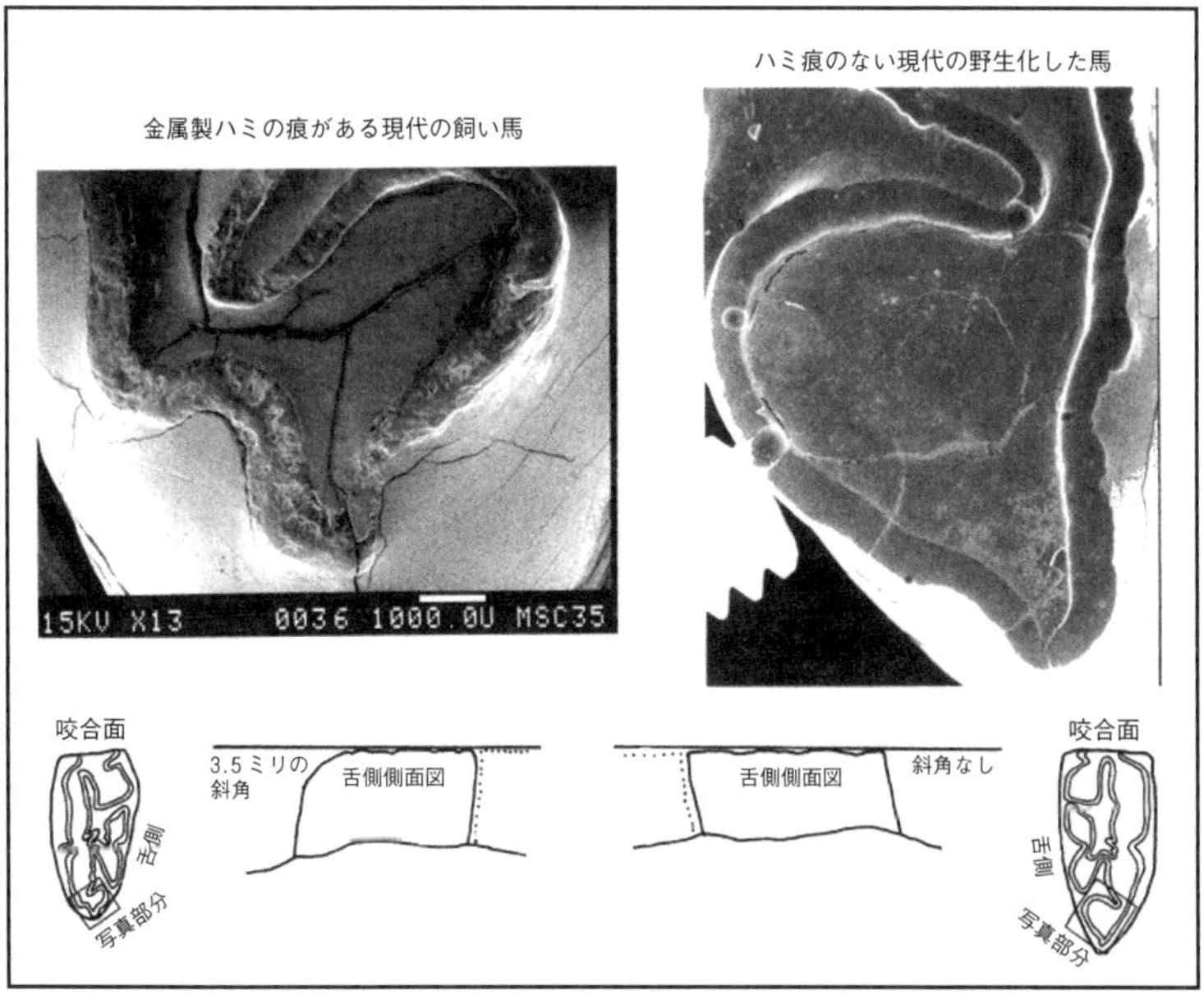

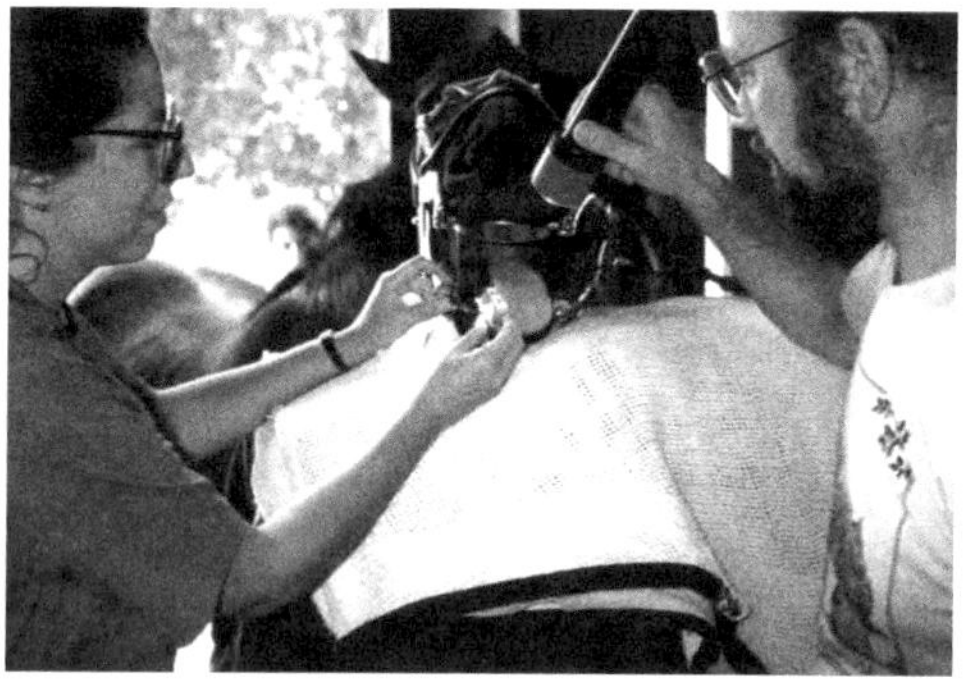

図10・6　有機物でつくったハミを付けた馬の P_2 の高精度の鋳型をはずすブラウンとアンソニー。1992年、ニューヨーク州立大学コーブルスキル校にて

噛まれてもよく耐えていたが、麻縄のハミは数度の使用で馬が噛み切ってしまった。軟らかいハミを装着された馬も、金属や骨製のハミを付けた馬と同様に P_2 の同じ部分にすり減り面が生じたが、斜角の表面は顕微鏡で見ると滑らかに研磨されており、ガタガタに傷付いてはいなかった。私たちが実験に使った骨製のハミを含め、硬いハミは、咬耗面のエナメル質に独特の「a」タイプの摩耗を引き起こしたが、軟らかいハミは違った。軟らかいハミの場合は、P_2 の表面の摩耗を調べるよりも、すり減り面、つまり斜角の度合いを測ることでいちばん見分けが付く。

表10・1は、一度もハミを装着されたことのない現代の馬（左側の列）、ハミを付けたことのない更新世の北米のウマ科動物（左から二番目）、ハミを付ける頻度の少ない馬を含め、ハミを使用したことのある飼い馬（右から二番目）、私たちが歯型を取った日まで、少なくとも一週間に5回はハミを付けられていた少数の飼い馬（右側）の〔歯の〕斜角の測定値を示す。すり減り面の深さの測定値によって、ハミ未使用の馬からの１０５本の歯と、ハミを使用した馬からの73本の歯は容易に区別がついた。ハミ未使用の馬とハミを使用した馬の平均値は、有意水準０・１％以上の精度で有意差があった。ハミ未使用の平均値と日常的使用の平均値では、標準偏差の四倍以上の開きがあった。斜角の測定値は、ハミ使用の古馬を個体群として、ハミ未使用の古馬と区別して

いるのだ。[*16]
私たちは3・0ミリの斜角値を、古代の馬の歯に見られるハミ痕を見分ける最低の閾値とした（図10・8）。ときどきハミを付けられただけの馬では、半数以上が3ミリもの斜角値にはならなかった。しかし、私たちの標本で斜角が3ミリ以上だった馬はいずれも、ハミを付けられていた。となると、残る疑問は、私たちの標本がどれだけ充分なものであったか、である。野生馬のP_2でも不正咬合によって、3ミリのすり減り面が自然に生じうるのだろうか？　ハミ痕〔を根拠とすること〕にたいする批判は、この問題に絞られてきた。[*17]

永久歯が生えたばかりの非常に若い馬の歯は、確かに自然の凹凸がある。新しい永久歯はまだ、対合歯と噛み合わさることによって平らにすり減ってはいないためでこぼこしている。私たちはそのた

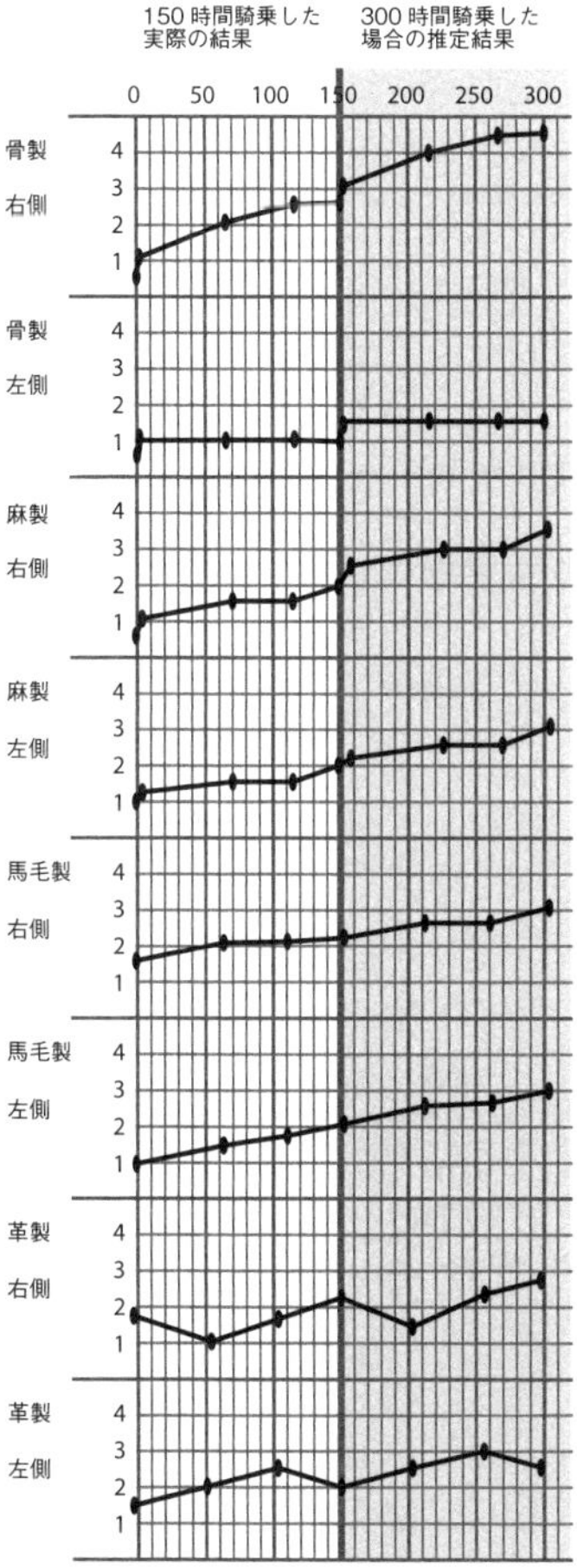

図10・7　150時間の騎乗で有機物のハミによって生じた斜角の増加と、かりに300時間まで騎乗がつづけられた場合の予測値をミリ単位で表わしたもの

めに、二、三歳馬の歯は除外しなければならなかった。しかし、ハミ未使用の更新世から現代までの成獣のウマ科動物のものである105本の測定可能なP_2のうち、「自然の」斜角の測定値が2・0ミリ以上になることは珍しく（調べた歯の3％未満）、2・5ミリの斜角になるときわめて稀（1％未満）だった。ハミ未使用の歯105本のうち、2・5ミリ以上の斜角が測定されたのはわずか1本だった。ライシーのウマ科動物の1本の歯は、近心の斜角が2・9ミリだった（次に大きい斜角は2・34ミリだった）。一方、ハミを付けられた古馬の歯では、2・5ミリ以上の斜角が58％を占めていた[*18]。

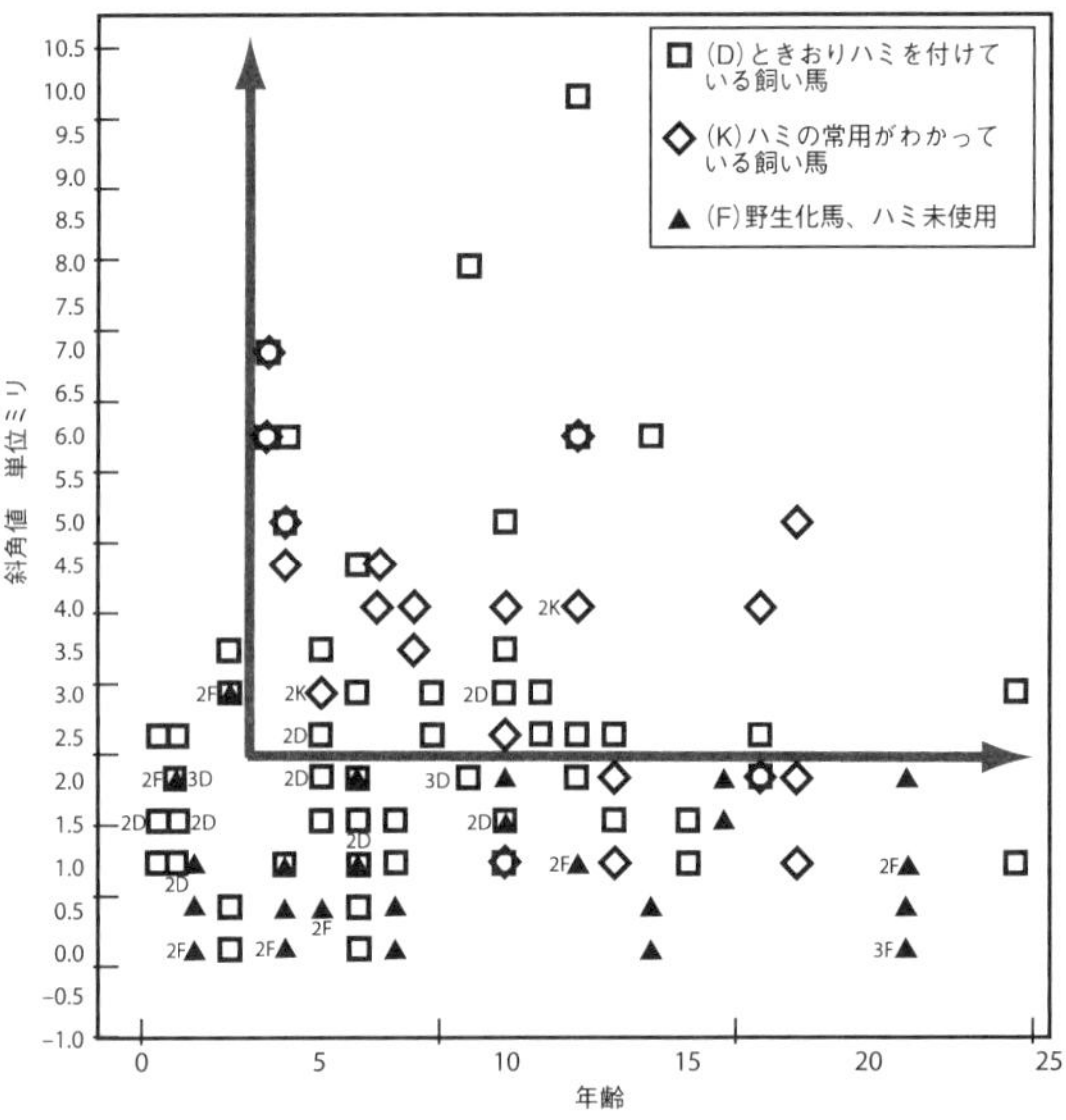

図10・8　1998年の筆者のデータより。ハミ未使用、ときおり使用、頻繁に使用の馬の歯で計測した斜角値を年齢別にプロットしたもの。飼い馬はすべて年齢が正確にわかるが、野生化した馬は下顎全体で摩耗していない切歯を調べて年齢を判断した。グラフ内の線は野生化した馬と、3歳以下の馬を除外し、ハミを付けた馬のみを含めたもの。出典：Brown and Anthony 1998

古馬のP_2に3ミリ以上の斜角があることは、きわめて稀な不正咬合の証拠であるか、ハミを付けられたことによるごく一般的な影響なのだ。たとえ考古遺跡から出土した一頭の古馬に3ミリ以上の斜角が見つかり、ハミ痕が示唆されたとしても、それで片が付いたわけではない。一つの遺構から数頭の古馬で3ミリ以上の近心の斜角が測定されたとすれば、この馬たちはおそらくハミを付けられていただろう。私たちの手法は、非常に小さい特徴——わずか数ミリの深さの斜角またはすり減り面——の正確な計測が頼りであることを強調しておくべきだ。私たちが実施したウマ科の成獣の178本のP_2の計測によれば、斜角の2ミリと3ミリの違いはきわめて重要だ。ハミ痕に関するどんな議論においても、正確な測定が必要であり、若い馬は除外しなければならない。しかし、誰かが野生の古馬の個体群から3ミリ以上の斜角のある多数のP_2の歯を見つけるまでは、私たちが定義したようなハミ痕は馬が騎乗されていたか、車を引いていたことを示している。*19

印欧語の話し手の移住とデレイフカのハミ痕

20世紀前半には、多くの考古学者と歴史家が馬は印欧語の話し手によって最初に家畜化されたと考えていた。具体的にはアーリア人として描かれることの多い人びとで、馬が引く二輪戦車を発明したのも彼らだとされていた。アーリア人へ

	野生化馬と飼い馬（馬16頭／歯31本）	更新世ライシーのウマ科動物（44頭／74本）	飼い馬ハミ使用（39頭／73本）	飼い馬ハミ日常使用（13頭／24本）
中央値	0.5 mm	1.1 mm	2.5 mm	4.0 mm
平均値	0.79 mm	1.1 mm	3.11 mm	3.6 mm
標準偏差	0.63 mm	0.71 mm	1.93 mm	1.61 mm
範囲（レンジ）	0-2 mm	0-2.9 mm	0-10 mm	1-7 mm

表10・1　ハミ使用、および未使用の成獣（>3歳）の馬のP_2斜角測定値

のこの執着、もしくはピーター・ロールウィングの用語を用いれば、アリオマニアが、第二次世界大戦前は騎乗と二輪戦車の研究を支配していた。[20]

1964年に、ディミートリー・テレギンがウクライナのデレイフカで、二匹の犬の死骸とともに埋められていた7歳から8歳の牡馬の頭骨と蹄を発見した。何かしらの宗教関連の堆積物のようだった(図11・9参照)。デレイフカの集落では、スレドニー・ストク文化の3カ所の構造物と大量の馬の骨が発掘された。見つかった骨の63%に相当するものだ。10試料からの放射性炭素年代から、スレドニー・ストクの集落は、ドニエプル＝ドネツⅡと初期フヴァリンスク期のあとの、前4200−3700年ごろのものとされている。キエフ考古学研究所〔ウクライナ国立学士院〕の主任古動物学者だったV・I・ビビコヴァは、1967年に牡馬は家畜化された馬だったと断言した。ハンガリーの定評ある動物学者で、ハンガリー考古学研究所の所長のシャンドール・ベケニーも同意し、デレイフカの馬の脚の長さや太さに非常にばらつきがある点に言及した。ドイツの動物学者G・ノビスも賛同した。60年代末から70年代には、デレイフカで馬が家畜化されていたことは広く受け入れられていた。[21]

UCLAのマリヤ・ギンブタスにとって、デレイフカの家畜の馬は、印欧語を話し、馬に乗った「クルガン文化」の牧畜民が前4200年から前3200年まで、何回かの波となってステップから移住し、彼女が古ヨーロッパの金石併用時代の文化として想像した平等主義的な平和と美の世界を破壊したことを証明する証拠の一部になっていた。しかし、印欧語の話し手がステップから移住して西方へ押しかけたという考えは、欧米の大半の考古学者には受け入れられなかった。移住を根拠にした文化の変化の説明を、彼らはますます疑うようになっていたからだ。1980年代には、ドイツの考古学者が「クルガン文化」がヨーロッパ東部と中部に大規模に侵略したとするギンブタスのシナリオは、者A・ホイスラーを中心とした学者から、おおむね信用されなくなった。ジム・マロリーが1989年に印欧の考古学を見事に概説した際には、ギンブタスが主張したステップの原郷と、ステップ周辺で動きが活発になった三度の波についてはそのまま据え置いたが、印欧語の特定の語派による特定の移住と、特定の考古学的文化を結びつけることに関しては、さほど楽観的ではなかった。私をはじめ、その他の研究者は、ギンブタスの考古学も、デレイフカの馬にたいするビビコヴァの解釈も批判した。1990年に、マーシャ・レヴィンがデレイフカの馬の年齢と性別の割合が野生の、狩猟された個体群のものと違いがないと宣言したことで、騎馬のクルガン文化による侵略仮説はとどめを刺されたかのようだった。[*22]

ブラウンと私は1989年にキエフの〔ウクライナ国立学士院〕動物学研究所を訪ねた。レヴィンがこの地へ旅をした翌年のことで、私たちは現地へ行ってからそのことを知った。上席動物学者のナタリヤ・ベランが快く援助してくれたおかげで、私たちはウクライナの多くの考古遺跡から出土した数十頭の馬のP_2の型を取ることができた。カスピ海沿岸低地の前期金石併用時代のヴァルフォロミエフカの遺構から出土した一本のP_2も調べ（ハミ痕なし）、ルカ＝ヴルブレヴェツカヤのトリポリエAの集落からも一本（ハミ痕なし）、ウクライナの中石器および新石器時代の遺構からも数本（ハミ痕なし）、スキタイおよびローマ時代の墓から多数（ハミ痕が多数あり、なかには極端な摩耗も）、さらにデレイフカから出土した宗教儀式の牡馬《カルト・スタリオン》のP_2と、その他の馬の4本のP_2の型取りをした。デレイフカの宗教儀式の牡馬は、ハミ痕があることがすぐさま見て取れた。この馬のP_2の斜角は3・5ミリと4ミリで、第1咬頭のエナメル質は摩耗して深く傷ついていた。10試料からの放射性炭素年代で前4200—3700年と測定された、層序学的には後期金石併用時代の文化層下部の、深さ1メートルほどのところに位置にしていたことを考えれば、宗教儀式の牡馬はこれまで知られていた最古の乗馬の証拠よりも、2000年は時代を遡るはずだった。デレイフカの収集物からは、ほかには4本のP_2だけがまだ現存していた。そのうち2本は、2・5歳未満の馬の乳歯で（測定不可）、残りの2本は古馬のものだが、ハミ痕はなかった。そのため、私たちが論拠としたのはたった一頭の馬にもとづくものだった。しかし、これは非常に明らかな摩耗痕で、現代の金属製ハミによる摩耗と驚くほど似ていた。私たちは1991年に『サイエンティフィック・アメリカン』とイギリスの科学雑誌『アンティキティ』に論文を発表して、デレイフカでハミ痕を発見したことを表明した。デレイフカの馬は野生のものだというレヴィンの結論は、その前年に発表されたばかりだった。つかの間、私たちは有頂天になり、その後につづく論争のことなどは心配もしなかった。[*23]

始まりは1992年にベルリンの学会で、A・ホイスラーが反論してきたときだった。彼はデレイフカの牡馬は金石併用時代のものでも、宗教儀式のものでもないと考えていた。この馬は中世の生ごみだとホイスラーは見なし、金石併用時代にはステップに馬を崇拝する信仰があった証拠はどこにもないと否定した。摩耗痕が金属によるハミ痕のように見えたことが、問題の一つだった。金石併用時代に金属製のハミは考えられなかったからだ。ホイスラーの狙いはハミ痕どころか、馬の家畜化よりも大きなものだった。彼は学者人生の大半を、ギンブタスの「クルガン文化」の移住説と、ステップが印欧の原郷であったとする概念全体に反駁することに捧げていた。[*24]デレイフカの馬は大論争のなかの小さな一コマに過ぎなかった。しかし、彼の主張のような批判を受けて、私たちは頭骨そのものからじかに年代を入手せざるをえなくなった。

テレギンは最初に、牡馬と同じ発掘区画の同じ層から見つかった骨試料を送ってくれた。そこからは紀元前90年から前70年という年代が測定された（OxA 6577）。問題発生の最初の兆候だ。彼は、私たちの最初の試料と同様に、牡馬そのものからではないと思われる骨片で、前3000年ごろという例外的な放射性炭素年代も測定していた（Ki 5488）。最終的に彼は、宗教儀式の牡馬のハミ痕のあるP_2の一本を送ってきた。オックスフォードの放射性炭素研究所はこの歯から前410－200年という年代を測定した（OxA 7185）。それと同時に、キエフの放射性炭素研究所は牡馬の頭骨の骨片から前790－520年という年代を得ていた（Ki 6962）。これら二つの試料はともに、前800年から前200年という時代を示唆する。

デレイフカの牡馬と犬の堆積物は、スキタイ時代のものだったのだ。金属によるハミ痕があったのも不思議ではない。スキタイのその他多数の馬もやはり同様だったからだ。この堆積物は前800年から前200年のあいだに、金石併用時代の集落址に掘られた穴にあったのだ。1964年に遺跡のこの部分を発掘した考古学者たちは、貫入していた穴には気づかなかったのだ。『アンティキティ』に最初に投稿してから9年後の2000年に、私たちはデレイフカのハミ痕が古い年代のものであることを撤回する別の論文を『アンティキティ』で発表した。私たちは失望していたが、そのころにはデレイフカはもはや、ステップでハミ痕が見つかった唯一の先史時代の遺跡ではなくなっていた。[*25]

ボタイと金石併用時代の乗馬

3ミリ以上のすり減り面のある最古の馬のP_2は、カザフスタン北部のボタイとテルセク文化からのものだ（図10・9）。1980年代を通してヴィクトル・ザイベルトによって発掘されたボタイは、馬に乗って馬を狩るのを専門とした狩猟民の集落で、この特殊な経済は前3700年から前3000年のあいだに、カザフスタン北部のステップにしか存在しなかった。ボタイ型の遺跡、つまりイシム川の東と、それに関連のあるイシム川の西のテルセク型の遺跡では、発見された獣骨の65―99・9％は馬の骨だった。ボタイには150以上の竪穴式住居があり（図10・10）、30万本の獣骨が見つかっているが、その99・9％は馬の骨だった。ボタイで見つかった（おもにバラバラの歯や指骨だが）その他の動物の一部を列挙すると、非常に大型のウシ科動物――おそらくバイソンだが、オーロックスかもしれない――のほかにはヘラジカ、アカシカ、ノロジカ、イノシシ、クマ、ビーバー、サイガ、ガゼルなどだった。これらの動物よりも、徒歩の狩人にとって簡単に仕留められる獲物ではない馬のほうが、圧倒的に好まれていたのだ。[*26]

私たちは1992年にカザフスタンのペトロパヴルにあるザイベルトの研究所を訪ねた。このときも、その前年にマーシャ・レヴィンがやってきたことは知らなかった。ボタイからの遺物で私たちが調べた42本のP_2のうち、研究用に使うことができたのは19本だった（多くは表面がひどく損傷しており、その他の歯は3歳未満の馬のものだった）。この19本の歯のうち5本は、少なくとも3頭以上の別々の馬からのもので、斜角を測定してみるとかなりの数値になった。2本は3ミリ、残りはそれぞれ3・5ミリ、4ミリ、6ミリだった。ボタイのP_2の破損していない部分に見られたすり減り面は、私たちの実験で「軟らかい」ハミが生じさせたのと同様に研磨され、滑らかに磨かれていた。5本の歯は集落址の別々の場所で見つかった。貫入した一カ所の穴から出土したわけではない。ボタイでハミ痕の見つかったP_2の割合は、提供されたP_2の標本全体の12％で、計測可能だった19本のP_2のうちの

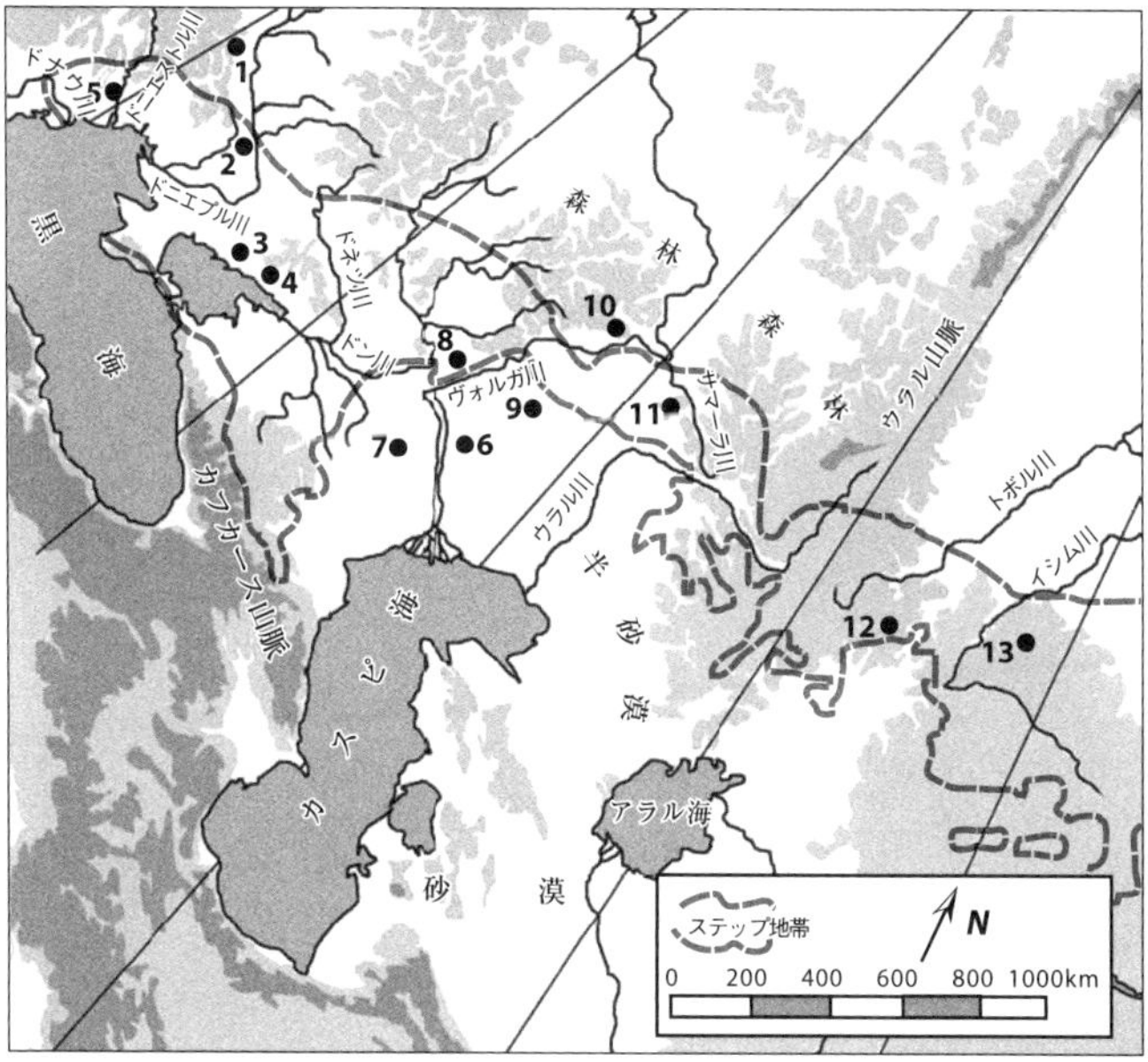

図10・9　金石併用時代もしくはそれ以前のユーラシア・ステップ西部と中部の馬関連の場所。ステップの生態系ゾーンは破線で囲まれている。
1. モリューハヴ・ブゴール、2. デレイフカ、3. マリウポリ、4. マトヴェーエフ・クルガン、5. ギルジェヴォ、6. カイルシャク、7. ジャンガル、8. オルロフカ、9. ヴァルフォロミエフカ、10. フヴァリンスク、11. シエジジュ、12. テルセク、13. ボタイ

26％だった。どちらの数値もたまに見られる自然の不正咬合の結果として片付けるには、ともかく高過ぎた（図10・11）。私たちはテルセクの遺跡のコジャイ1から出土した、同時代の前3700—3000年と年代測定された馬のP_2も調べた。コジャイ1では、識別できた7000本の獣骨のうち馬が66・1％を占めた（その他はサイガ21・8％、オナガー9・4％、おそらく非常に大型の飼い牛もいくらか含むバイソン2・1％）。コジャイ1から調べた12本のP_2のうち2本に3ミリのすり減り面が見つかった。ボタイとコジャイ1のP_2の大半にはハミ痕はなかったが、若干（12—26％）のものには見つかり、ボタイ＝テルセクの人

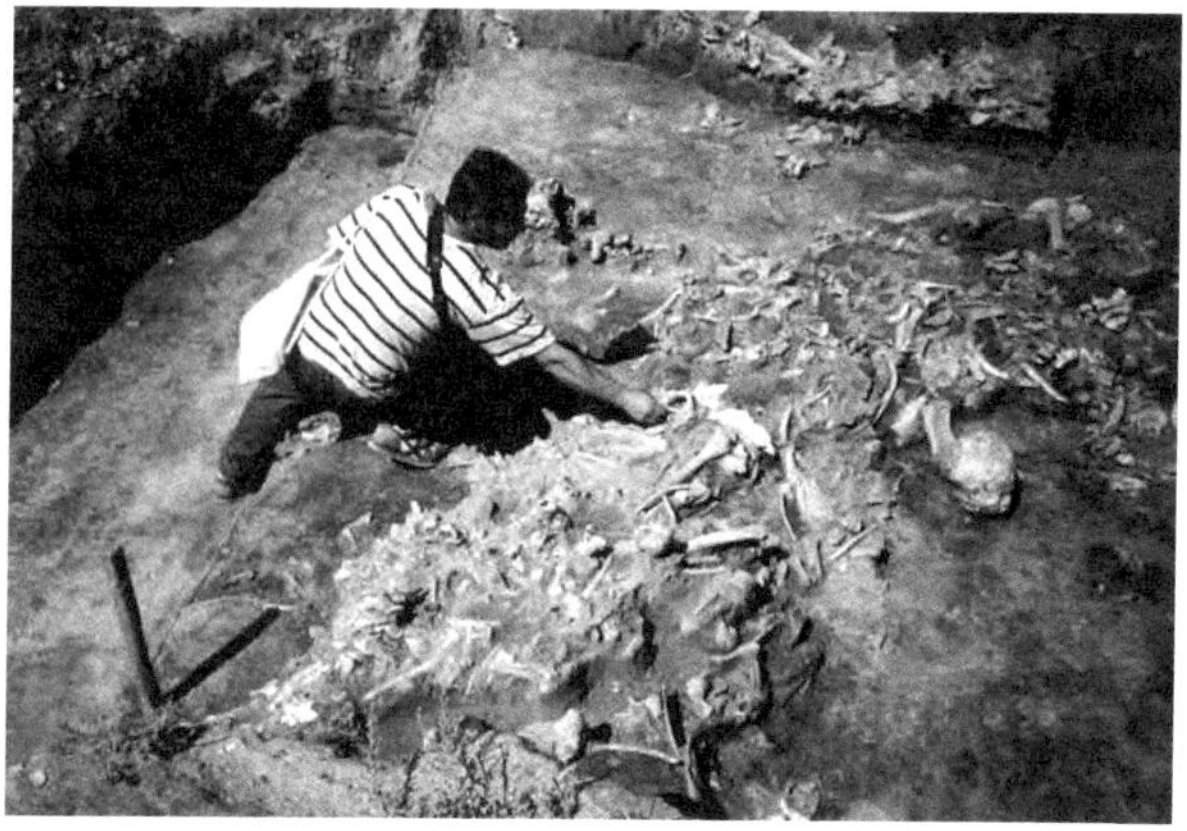
図10・10　前3700-3000年ごろと年代測定されているカザフスタン中北部のボタイの集落址で、発掘された住居跡に集積していた馬の骨。考古学者のルボミール・ペシュケが1995年にカザフスタンで開催された国際会議「前4500-1500年のユーラシア・ステップにいた初期の馬飼育者」の期間中に計測する。写真提供：Asko Parpola

びとは騎馬による馬の狩猟民だったという解釈と一致した。[*27]

ボタイは、馬の初期の家畜化に関心があるすべての人の興味をかきたてた。欧米の考古学者による二度の発掘調査（マーシャ・レヴィンとサンドラ・オルセン）がボタイ、もしくはボタイ文化の遺跡で行なわれた。当初の発掘者のヴィクトル・ザイベルト、カザフスタンの動物学者L・A・マカロヴァ、アメリカの考古学者でピッツバーグのカーネギー自然史博物館のサンドラ・オルセンはみな、ボタイの馬の少なくとも一部は家畜化されていたという結論をだした。これにたいして、N・M・エルモロヴァ、マーシャ・レヴィン、およびドイツ・チームのノルベルト・ベネケとアンゲラ・フォン・デン・ドリーシュは、ボタイの馬はすべて野生だと断定した。[*28] レヴィンはボタイの脊椎になんらかの病変を見つけたが、老齢のせいだとした。ベネケとフォン・デン・ドリーシュは、ボタイの馬が旧石器時代の野生馬の個体群のように、体格にばらつきが少ないことを示した。ボタイの馬の年齢と性別は、野生の個体群の典型であり、雌雄の割合が一対一で、すべての年齢層が含まれ、子馬や胎児を宿した牝馬すらいた。野生馬の群れ全体が、カザフのステップではそれまで一度も利用されたことのない群れを追い込む狩猟方法で、ボタイの人びとによって殺されたという点では、誰もが同意した。これほどの規模の狩猟は間違いなくなかった。狩猟者は騎乗していたのか、それとも徒歩だったのか？　アメリカ先住民の狩猟者は、ヨーロッパ人がアメリカ大陸に馬をもち込むまでは、徒歩でバイソンの群れを崖から追い落としていたので、群れの追い込みは騎乗しなくても可能ではあった。

　カーネギー博物館のサンドラ・オルセンは、ボタイの馬の少なくとも一部は輸送に使われていただろうと推論した。ボタイの集落内では、馬の丸ごとの死骸が数百年にわたって定期的に解体されていたからだ。*29 狩猟者たちが徒歩であれば、どうやって360キログラム以上の死骸を集落まで運べただろうか？　それも一度や二度ではなく、数世紀もつづい

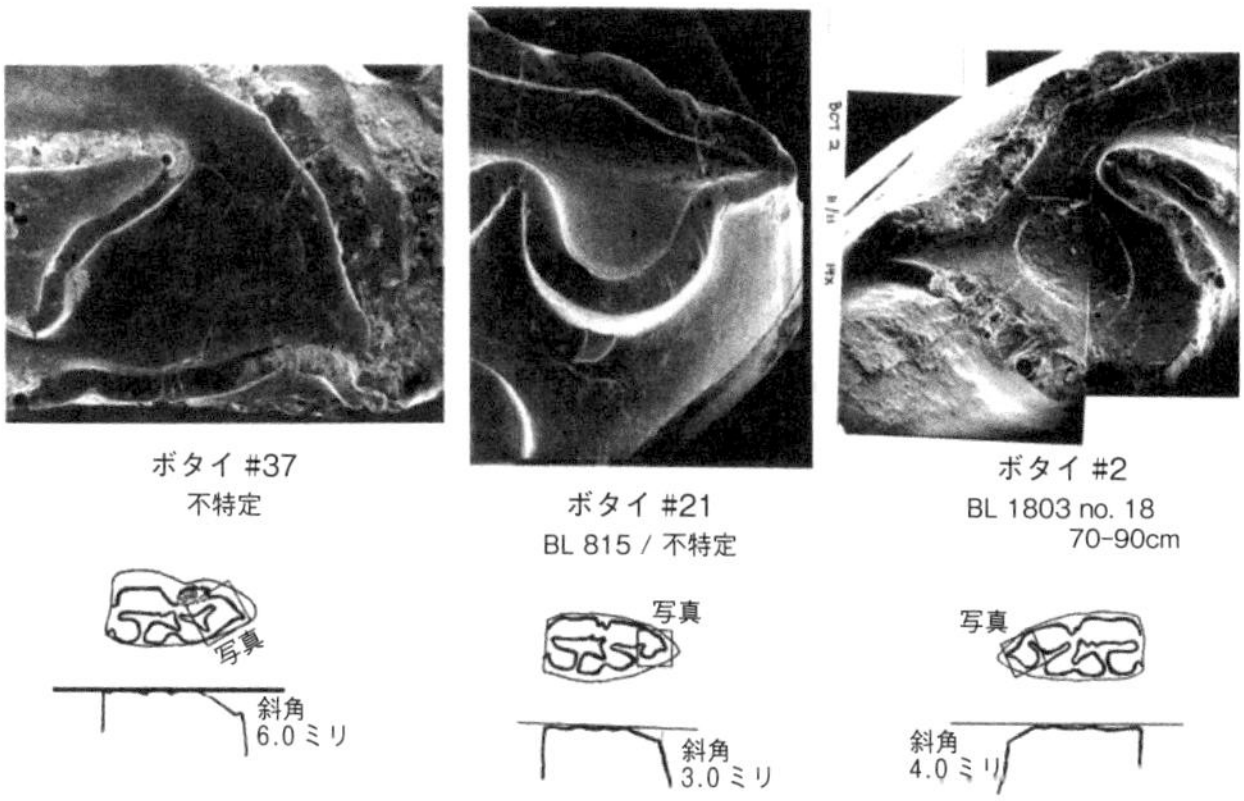

図 10・11　ボタイ集落址から発見されたハミ痕のある 3 本の馬の P_2。写真には咬合面に死後に生じた損傷が見られる。損傷していない中央の歯には滑らかなエナメル質が見えるが、縄か革製の「軟らかい」ハミで騎乗された馬のように、かなりのすり減り面がある。

た日常の習慣として。ヨーロッパの旧石器時代にソルトレ（オルセンは以前にここで研究していた）と北米のグレートプレーンズで、群れの追い込み狩猟方法を用いていた徒歩の狩猟民は、大型動物は殺した現場で解体していた。しかし、ボタイの集落址はステップ地帯の幅広い尾根上の南向きの開けた斜面に位置している。この集落内では、野生馬を罠に掛けることはできなかっただろう。一部の馬は手懐けられて集落内に連れてこられたか、または仕留めた馬の死骸を丸ごと、おそらくは橇で集落まで引きずるために馬が利用されたに違いない。オルセンの解釈は、ボタイの竪穴式住居跡（オルセンの発掘32号）の土壌分析によって、馬糞だらけの特徴的な地層が発見されたことで裏付けられた。検査した土壌研究者によると、これは「厩舎があった層からの物質が再堆積した結果に違いなかった」[*30]。この馬糞の多い土は厩舎か囲いから運びだされたものだった。ボタイで馬が小屋に入れられていたとなれば、明らかに家畜化されていたことが示唆される。

騎乗を支持するもう一つの議論は、野生の個体群を雌雄一対一の割合で仕留めるには、牡馬とハーレム群および独身オス群の双方を一網打尽にして初めて成し遂げられるものだという点で、しかも、これら二種類の社会集団は通常、野生では遠く離れて暮らしているのだ。牡馬とハーレムの群れが罠に追い込まれたとすれば、雌雄の割合は二対一以上になるだろう。独身オス群とハーレム群の双方を群れの追い込みで捕獲する唯一の方法は、広域にわたって野生馬を積極的に探し、そのすべてを仕留めることだ。徒歩ではそれは不可能である。

最後に、馬の騎乗の始まりは、ボタイ＝テルセク文化とともに登場した経済・文化の変化をうまく説明してくれる。前３７００年以前には、カザフ・ステップ北部の採集民は、コクシェタウ地区のヴィノグラドフカ14や、ツェリノグラード〔現アスタナ〕地区のテリマンスコエのような湖畔の一時的野営地に、小さな集団で暮らしていた。彼らの遺構は新石器時代のアトバサルのものと比定されている。[*31]彼らは馬を狩猟していたが、短角のバイソン、サイガ、ガゼル、アカシカなど、ほかにも多様な動物を狩っていた。彼らが具体的にどんな採集経済を営んでいたかは明らかではない。彼らの野営地は狭く、その場限りのものであり、獣骨もさほど出土していないからだ。前3700−3500年ごろ、彼らは馬の狩猟に特化するようになり、群れを追い込む狩猟方法を使い始め、大型の集落に集まりだした。新しい狩猟戦略と、新しい集落のパターンである。それぞれの集落址から出土する獣骨の数は数千本から数万本にまで増えた。彼らの石器は細石器一式から大型の両刃の石刃に変わった。彼らは中心に孔が開いた大きな磨製石器の錘《おもり》をつくり始めた。おそらく革紐を何本も撚《よ》って縄をつくるためだろう（撚り合せる際に、錘はそれぞれの房から吊るされる）。革紐の製造は、骨角器の微小摩耗を根拠にオルセンがボタイで突き止めた主要な活動の一つだった。カザフ・ステップ北部の採集民は、このとき初めて馬の群れ全体を追い込み、罠にかけ、その死骸を新しい大きな共同集落へ運ぶ能力を示したのだ。この変化を説明するものとして、馬に乗り始めたこと以外には考えられない。

ボタイとコジャイ1で馬が管理され騎乗されていたとする論拠は、ボタイ＝テルセクの二つの遺跡から出土した7本の馬のP_2に見られたハミ痕と、死骸を輸送して解体する習慣、馬糞の多い厩舎土壌の発見、一対一の雌雄比、および騎乗の始まりと一致する経済と定住パターンの変化にもとづいている。騎乗を疑う側の主張は、脚の太さのばらつきが少ないことと、数少ない馬の脊椎の標本では騎乗に伴う病変が見られないことを根拠とする。ボタイで出土した馬の骨のおそらく75−90％は、狩猟された野生馬が占めるので、馬の脊椎は野生馬のものである可能性がある。カザフスタン北部では前3700−3500年ごろから馬はハミを付けられ、騎乗されていたと、私たちはこれらの理由から確信している。

乗馬の起源

乗馬の習慣はカザフスタン北部で始まったわけではないだろう。ボタイ＝テルセクの人びとは騎馬の採集民だった。テルセクのいくつかの遺跡では、飼い牛の骨らしきものが若干見つかるかもしれないが、さらに東のボタイの遺跡では発見されず、ここには羊もいなかった。[*32] ボタイ＝テルセクの人びとが西の隣人から家畜化した動物を飼うアイデアを得た可能性はある。前3700―3500年以前に1000年間は家畜化した牛と羊、そしておそらくは馬も管理していた人びとだ。

ボタイにおける騎乗の証拠は、ほかに類のないものではない。ステップ以外の場所で見られる最も興味深い類似例は、アルメニアのモフラブルの後期金石併用時代の地層から発掘された5歳の牡馬の顎にあったP_2で、この歯は近心に3ミリ以上の深い斜角というかなりの摩耗があった。これはボタイよりも古い初期のハミ痕のもう一つの事例かもしれないが、私たちは調べて確証をとってはいない。[*33] さらに、前3500年ごろを境に、馬は数多く見つかり始め、ポントス・カスピ海ステップ以外の場所でも初めて頻繁に出土するようになる。前3500年から前3000年のあいだに、馬はカフカース地方のマイコープと初期トランス・カフカース文化（ETC）〔南カフカース文化〕の集落でも定期的に見つかるようになり、ドナウ川下流および中流域のチェルナヴォダⅢとバーデン＝ボレラーズ文化の、チェルナヴォダとケーテジュハーザの集落址でも初めて出土した。前3000年ごろ、馬の骨はドイツ中部のベルンブルクの遺構で発見された骨の10－20%ほどを占め、バイエルンのガルゲンベルクのカーム文化の遺跡では骨の20%以上を占めた。ガルゲンベルクの馬にはヨーロッパ在来の小型種と、たぶんステップからもち込まれた大型種が含まれていた。カザフスタンからカフカース地方、ドナウ川流域、およびドイツで、このように前３５００年以降、全般的に馬の重要性が増したことは、人間と馬の関係に重大な変化が生じたことを暗示する。ボタイとテルセクはその変化が何であったかを示している。人が馬に乗り始めたのだ。[*34]

長期にわたって、馬の群れを騎乗せずに管理するのは非常に難しかっただろう。飼い馬への依存が長期間、継続した場所を見ればどこでも、群れを管理するためだけでも、人が馬に乗っていたことは示唆される。ポントス・カスピ海ステップでは、騎乗は前３７００年より前から、もしくはカザフ・ステップにボタイ＝テルセク文化が登場する以前から始まっていた。実際には前４２００年より昔から始まっていた可能性もある。騎乗はヨーロッパ南東部、中部、カフカース地方、およびカザフスタン北部で馬の骨が増加することからわかるように、前３７００年から前３０００年のあいだにポントス・カスピ海ステップの外へも広がった。

騎乗は文明に何をもたらしたか？

人は徒歩でも、よい牧羊犬が１匹いれば、２００匹ほどの羊を集めることができる。馬に乗って、同じ犬がいれば、その一人の人間で５００匹の群れを追い立てることができる。[*35] 馬に乗ることで効率は大いに上がり、それゆえにユーラシアの草原における牧畜の規模と生産性も増した。徒歩の牧畜民にくらべて、騎乗者はより多くの牛と羊を所有し管理することができ、それによって家畜という形でより多く蓄財できるようになった。群れが大きければ、もちろん、広い牧草地が必要になり、より広い牧草地を手に入れようとする願望から、部族間の境界地帯が全面的に再交渉されることになり、境界をめぐる一連の紛争が引き起こされただろう。部族間抗争に勝てるかどうかは、おもに同盟を結んで、敵よりも大軍を動員できるか否かにかかっていた。そのため武力衝突が激しくなると、宴席を設け、富を再配分して同盟を築くことに努力を傾けるようになった。贈り物は紛争前に同盟を築くうえでも、紛争後に協定を結ぶうえでも効果的だった。したがって、境界をめぐる紛争の増加はさらに遠隔地交易を奨励し、威信を高める品を手に入れさせ、同盟を組むために手の込んだ宴会や式典を開かせるようになった。騎乗者による牧畜が部分的に引き起こしたこの紛争の初期段階は、考古学的には磨製石器の槌頭《メイスヘッド》と装身具（銅、金、イノシシの牙、貝殻装飾品）の広域文化《ホライズン》によってそれとわかるかもしれない。これは前5000－4200年ごろ最古の牧畜経済とともにステップ西部一帯に広まった[*36]。

馬は貴重であり、盗むのは簡単であったため、馬に乗れるようになると、家畜泥棒が盛んになった。北米のグレートプレーンズでアメリカ先住民が最初に馬に乗り始めたころ、馬泥棒の襲撃が慢性化して、以前は友好的だった部族間ですら関係が冷え込んだ。馬に乗れれば、急いで退却するうえでも都合がよかった。徒歩による部族間の襲撃で最も危険が多いのは、往々にして襲撃後に走って退却するときだったからだ。金石併用時代の戦闘集団は、多くのアメリカ先住民が平原での騎馬戦を始めた当初のように、見張りを付けて馬を残し、攻撃は徒歩で実行したかもしれない。しかし、馬が襲撃場所へ往復するための輸送機関としてしか利用されなかったとしても、騎馬の襲撃者の迅速性と行動範囲は、襲撃の戦術も、頭角を現わすための行動も、同盟形成、富の誇示、さらに定住パターンも変えただろう。したがって、騎馬と戦争行為はきっぱりと分け隔てることはできない。*37

多くの専門家は、戦争行為のために馬に騎乗するようになるのは前1500—1000年ごろ以降のことだと述べてきたが、彼らは騎馬の襲撃というおそらく大昔から行なわれてきたことと、騎兵《キャヴルリ》という、前1000年ごろ以降の鉄器時代に発明されたものを区別していなかった。*38 金石併用時代の部族の牧畜民は、前4000年以前から馬に乗って部族間の襲撃にでていただろうが、毛深い馬の大群に乗ってステップから繰りだしてきたフン族のように襲撃したわけではなかった。フン族や、その古代版のようなスキタイ人に関して興味深い点は、彼らが軍隊を形成していたことだ。鉄器時代のスキタイ人は、政治機構の大半の側面ではつまるところ部族的であったのに、軍事行動に関しては都市国家の正規軍のように組織されていた。そのためにはイデオロギー——自分自身や、その役割、責任についての戦士の考え方——における変化が必要とされるだけでなく、騎馬の戦いの技術——馬上での武器の使い方——も変えなければならなかった。武器における変化が最初に起こったのだろう。

馬上で弓を射る騎射は、三つの理由から、鉄器時代以前にはあまり威力がなかっただろう。ステップの青銅器時代の墓に残された痕跡から再現した弓は、長さが1メートル以上、長いものでは1・5メートルもあって、これでは明らかに馬上では使いづらかったはずだ。石鏃《せきぞく》はフリントを打ち欠くか骨でつくられ、大きさも重さもまちまちだった。つまり、標準化されてはおらず、矢の長さも重さもそれぞれ異なっていた。さらに、ほとんどの石鏃の根元は矢柄〔簳〕の穴または切り込みに挿し込むようになっていて、そこが矢の弱点だった。さもなければ、石鏃装着用の中空の先柄《フォアシャフト》を取りつける必要があった。弓の強度が増すにつれて、的に当たる衝撃度も上がり、石鏃を取りつけるためにすでに切り込みが入っていれば、矢がそこから割れる可能性も高くなった。鉄器時代までは一般的だった有茎式〔下部に取りつけ用でっぱりがある〕および三角形のフリント製石鏃は、葦または木材で別途こしらえた筒状の先柄にはめ込む（有茎式の石鏃）か、切り込みのある矢柄に装着する（三角形の石鏃）ようになっていた。長弓の長さはまちまちであり、石鏃と矢柄のあいだの最適とは言えない装着部分とあいまって、当初は騎射の軍事的威力は半減していた。鉄器時代以前も、騎馬の襲撃者は部族の戦闘集団を苦しめ、農村では収穫を妨げたり、牛を盗んだりしていたが、それは統制のとれた軍隊を打ち負かすのとは異なる。東欧の部族が馬に乗って小集団で襲撃をしても、メソポタミアの城郭都市への脅威とはならず、そのため近東や東地中海の君主や将軍たちからは相手にされなかった。[*39]

前1000年ごろ、リカーヴした短い複合弓〔両端が反り返り、複数の材料からなる弓〕（いわゆる「キューピッド」の弓）が発明されると、馬の臀部にぶら下げられるくらい短い強力な弓を騎乗者が携行できるようになった。こうして初めて、弓は騎乗者の後方へ〔振り向きざまに〕貫通力をもって射られるようになった。のちに「パルティアン・ショット」として知られるようになるこの巧みな戦法は、ステップの弓兵の不滅の象徴となった。青銅で鋳造した重量もサイズも一定の袋穂式の〔基部がソケット状に中空ではめ込める〕鏃も、前期鉄器時代に登場した。袋穂式の鏃であれば、矢柄に切り込みを入れる必要がなくなるため、袋穂の鏃を付けた矢は威力のある弓で射ても割れなかった。これなら別途〔交換可能な〕先柄を付ける必要もないので、矢はより単純に、より流線形になった。再利用できる鋳型が発明されたおかげで、鍛冶屋は標準的重量とサイズの袋穂式の鏃を何百個も製造できるようになった。そうなると弓兵の射界ははるかに広くなった――後方、前方、左方――うえに、標準化された弓を何十本ももち運べるようになった。こうして弓騎兵の一軍は、殺傷力をもって矢を空一面に放てるようになったのだ。[40]

しかし、弓騎兵の一軍を組織するのは簡単なことではなかった。弓矢の技術的進歩も鋳造も、戦う者の意識と自己認識《アイデンティティ》に、英雄的な一人の戦士から無名の兵士になるという、それに見合った変化が伴わなければ無意味だった。騎馬の部族民の意識に、国家にふさわしい戦いのイデオロギー的模範を植えつけなければならなかったのだ。ユーラシアのステップで鉄器時代以前に繰り広げられた戦争は、『イーリアス』や『リグ・ヴェーダ』のような情報源から探る限りでは、おそらく個人的な栄誉と英雄行為に重きを置くものだっただろう。部族間の抗争は通常、部隊として訓練されたことのない勢力同士の争いで、指揮官などは無視される羽目になることも多く、命令に従うこと以上に、各人の武勇が重視された。[41] 一方、国家間紛争の戦術とイデオロギーは、将軍に従う無名の兵士の統制のとれた大部隊に依存するものだった。こうした戦術とそれに伴った兵士の意識は、前1000年以前の騎乗者には当てはまらないが、それは一つには、騎射の戦法を本当の意味で脅威とするような短弓と標準的な矢がまだ発明されていなかったからだ。弓騎兵が射撃能力を増すにつれて、文明化された世界の端で誰かが彼らを軍隊に組織し始めたのだ。そのような事態は前1000―900年ごろに生じたようだ。騎兵はまもなく二輪戦車を戦場から追いやり、戦争における新しい時代が始まった。しかし、その後世の騎馬戦闘モデルを金石併用時代に当てはめるのは、はなはだ見当違いだろう。

馬に乗る行為は印欧祖語の原郷として考えられている地域で始まった。騎乗が印欧諸語の拡大にどう影響したかを理解するには、第9章で終わった考古学上の物語に再び戻らなければならない。

第11章　古ヨーロッパの終焉とステップの台頭

紀元前４３００―４２００年には、古ヨーロッパは最盛期にあった。ブルガリア東部のヴァルナ墓地では、この時代の近東のどの都市もくらべものにならないほど、世界で最も贅沢な葬送儀礼が営まれていた。ヴァルナの２８１基の墓のうち61基（22％）には、３０００点以上の金製品が含まれ、合計すると重量が6キロにもなった。そのうち２０００点はわずか4基（１、４、36、43号墓）から発見された。成人男性が埋葬されていた43号墓には、金のビーズ、腕輪、環など総計で１５１６グラムの金が含まれ、その一つは柄の部分が金で覆われた銅製の縦横両用斧《アックスアッズ》だった。[*1] 金の装飾品はドナウ川下流の遺丘《テル》の集落址、グメルニツァ、ヴィドラ、ホトニツァでも発見された（３１０グラム分の金の装飾品）。これらの共同体では若干の人が首長または氏族長として、突出した社会的役割を担っていたのであり、輝く金の装飾品と銅鋳物の武器を公衆に示すことでその役割を象徴していた。

ブルガリア東部（ヴァルナ）、バルカン半島のトラキア（カラノヴォⅥ）、ブルガリア西部とルーマニアのドナウ川下流域上部（クリヴォドル＝サルクツァ）、およびドナウ川下流域の河畔の広い平原（グルメニツァ）には、およそ前4500年から前4100年にかけて、おおむね似たような土器と家、女性小像のある何千もの集落があった（図11・1）。800℃以上の温度で焼かれ、きれいに彩色された彩文土器が、彼らの二階建ての家の壁際に並べられ、なかには丈が1メートル近くある土器も含まれていた。土器のデザインと祭祀に関する慣習は、広い地域にわたって共有されていた。冶金術、土器だけでなく、フリントの石器づくりですら高度に洗練されていたので、首長が保護し援助していた専門の職人集団がいたに違いない。それにもかかわらず、どれか一つの村に権力が明らかに集中することはなかった。おそらく、ジョン・チャップマンが述べたように、限定された資源（金、銅、ウミギク属の貝殻）が必須のものではなく、必須の資源（土地、材木、労働力、結婚相手）はさほど限定的ではなかった時代なのだろう。それによって一つの地域や町が他の地域を支配する事態は防げたのかもしれない。*2

バルカン半島の高原と肥沃なドナウ川流域にある町は、高い遺丘《テル》を形成した。一つの土地にそれほど長く集落が存続しつづけたということは、それぞれの遺丘の周囲に固定した農地があり、土地保有の制度が不動のものとなっていたことを示唆する。バルカン半島のカラノヴォのⅥ層の集落は、この時代の標式遺跡だった。高さ12メートルの巨大な遺丘の上に、50軒ほどの家が木の杭を並べた防壁内に整然と列をなして寄せ集まっていた。多くの遺丘は周囲をかなりの規模の町によって囲まれていた。カラノヴォからさほど遠くないベレケトでは、遺丘の中心部分は直径が250メートルあり、文化的堆積物が17・5メートルの深さになっていたが、この突出した中心部から300から600メートル離れた場所でも、居住層が1－3メートルは堆積していた。ブルガリア北東部のポドゴリツァで実施

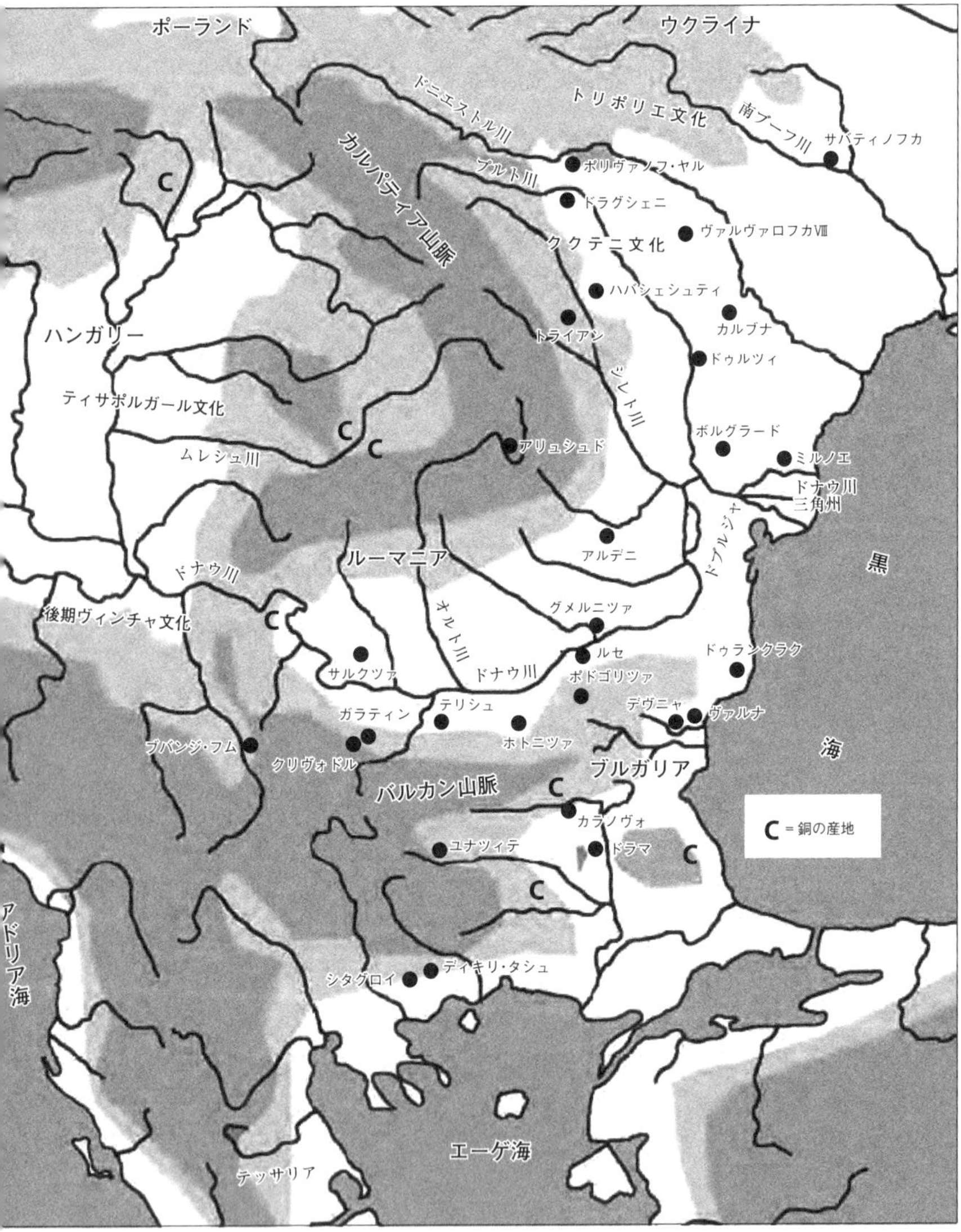

図 11・1　紀元前 4500-4000 年の古ヨーロッパの地図

された調査でも、遺丘外に相当な集落址が見つかった。[*3]

　前4200―4100年ごろ、気候が変動し始めた。スイスの山岳氷河の研究でピオラ振動と呼ばれる事象だ。日射は減り、アルプスでは氷河が前進し（それがこの時代の名称となった）、冬の寒さが増した。[*4] 北半球の気温の変動は、ドイツの高層湿原に保存されていたナラの年輪と、グリーンランドの氷床から掘削したGISP2柱状試料《コア》に刻まれた毎年の氷の層に記録されている。これらの情報にもとづけば、極端に寒冷な年はまず前4120年と前4040年に訪れた。これらは前3960年から前3821年まで、気温がそれまでの2000年間のどの時期よりも下がり、140年にわたってつづいた厳寒の時代の前触れだった。ドナウ川下流域でダグラス・ベイリーが率いた調査から、洪水がより頻繁に起こり、作物が育っていた河畔の氾濫原が浸食されていったことが判明した。ドナウ川下流域の一部の農耕集落では、より耐寒性のあるライ麦を栽培するようになった。[*5] こうした環境ストレスだけでなく、おそらくはそれ以外の要因もたちまち重なって、とてつもない危機を引き起こしたのだろう。

　前4200年から前3900年のあいだに、グメルニツァ、カラノヴォⅥ、ヴァルナの各文化の600カ所以上の遺丘の集落が、ドナウ川下流域とブルガリア東部で焼かれ、放棄された。一部の住民は、ブカレストの南西部、グメルニツァB1のジラヴァの集落のような小さい村に一時的に分散したが、わずか5、6軒の家が、一層の文化的堆積物に残されただけだった。しかし、ジラヴァはどうやら唐突に火事に見舞われたらしく、あとには土器など多くの人工物が残されていた。[*6] 人びとは四散して、はるかに移動型の暮らしになり、固定の穀物畑ではなく、羊と牛の群れに食糧を頼るようになった。森は再生しなかった。実際、花粉のコア試料からは、周辺部がいっそう開けて森林が後退していったことがわかる。[*7] ドイツのナラから判断すると、前3760年以降は比較的温暖な気候が戻ってきたが、そのころにはドナウ川下流とバルカン半島の文化は様変わりしていた。前3800年ごろ以降に出現した文化は、家庭内儀式で女性小像を頻繁に使うことはなくなり、螺旋形の銅の腕輪やウミギク属の貝殻の装飾品は身に着けなくなり、器形の変化に乏しいやや簡素な土器をつくり、遺丘には住まず、牧畜に依存する割合が高まった。冶金、鉱業、土器製造技術は、量的にも技術面でも急激に衰え、土器や金属器の様式が目立って変化した。バルカン半島の銅鉱山は生産が急に止まった。ヨーロッパ中部とカルパティア山脈で銅を使用していた文化は、ハンガリーにボドログケレストゥール文化が芽生えた前4000年ごろに、トランシルヴァニアとハンガリー産の銅鉱石に乗り換えた〔図11・1の鉱石産地を参照〕。奇妙なことに、これはハンガリー西部と近隣のオーストリア、およびヨーロッパ中部で冶金が本格的に始まった時期だった。[*8] 金属器はこの時代になると砒素と銅の合金〔砒素銅〕でつくられるようになり、なかでも新たな武器である短剣〔銅剣〕が最も重要になった。「われわれは文化の完全な入れ替わりに直面している」と、金石併用時代の冶金学の第一人者であるE・N・チェルニフは言った。ブルガリアの考古学者H・トドロヴァによれば、これは「壮大な規模の大惨事で……文化の完全な休止」だった。[*9]

古ヨーロッパの終焉によって、前6200年にスタルチェヴォ＝クリシュの開拓者によって始まった伝統は断ち切られた。古ヨーロッパに具体的に何が起きたのかは、長年にわたって激しい議論の的となっている。ステップからの移住者のものと比定されるスヴォロヴォ型式の墓は、遺丘が破壊される直前にドナウ川下流域に出現した。チェルナヴォダI型式の集落はその直後に出現した。こうした集落からは通常、馬の骨が見つかり、ステップの技術とドナウの土着の器形が入り混じった土器が出土し、ステップからの移住者と遺丘の人びとが混合した住民のものであるとされている。放棄された集落の数と、工芸品、家庭内儀式、装飾習慣、装身具、住居様式、暮らし方、それに経済に関する長年つづいた多くの伝統の急速な終わりは、段階的な進化ではなく、突然の、おそらくは暴力を伴う終わりを暗示する。ブルガリア中北部のドナウ川沿いにあるホトニツァでは、金石併用時代の最終の居住層の焼けた家々から、虐殺された住民と考えられている人骨が見つかった。バルカン半島の高地〔ブルガリア南部〕にあるユナツィテでは、金石併用時代の最後の破壊された層から46人の人骨が出土した。古ヨーロッパの遺丘の町は戦争状態に陥ったようであり、そこにはステップからの移住者が何かしら関連していたのだ。しかし、危機を引き起こした主要な原因には、気候変動とそれに伴った農作物の不作か、何百年も集約農業を営んだことによる土壌浸食と環境悪化、または減少する材木と銅資源をめぐる内輪の抗争、もしくは、これらすべてが組み合わさったものが積み重なっていたのかもしれない。[*10]

危機はヨーロッパ南東部すべてにすぐさま影響をおよぼしたわけではない。集落から人びとが最も広範囲に立ち退いたのは、ドナウ川下流域（ブルガリア北東部のグメルニツァと、ボルグラード集団）、ブルガリア東部（ヴァルナと関連の文化）、およびバルカン半島の山間部の谷間（カラノヴァⅥ）、ブルガリアのヤントラ川とルーマニアのオルト川の東だった。これは遺丘の集落と、それが暗示する安定した農地制度が最も普及していた地域だ。早期新石器時代からよく耕作され、人口密集地帯があったバルカン半島では、前３８００年から前３３００年のあいだに年代測定される恒久的な集落は存在しない。人びとはおそらくまだそこに暮らしていたのだろうが、放棄された遺丘では、羊の群れが草を食んでいた。

古ヨーロッパの伝統はブルガリア西部とルーマニア西部（クリヴォドル＝サルクツァⅣ、ブバンジ・フムⅠb）では長く存続した。ここでは、定住の制度はつねにどこか柔軟性があり、さほど根付いてはいなかった。ブルガリア西部の遺構は、総じて高くそびえる遺丘を築いてはない。古ヨーロッパの土器型式、住居型式、小像型式は、前4000―3500年ごろのサルクツァⅣの時代に、徐々に捨て去られた。危機の時代も人が居住していた、テリシュ＝レドゥティテⅢやガラティンのような集落は、両側が切り立った高い崖の上へ移動したが、日干しレンガの建築と、二階建ての家と、信仰と神殿の建物は維持した。[*11] この地域の多くの洞窟に人が新たに住むようになった。牧畜民は高地の洞窟を避難場所に使用することが多かったので、このことは高地と低地での季節ごとの移動が増えていたことを意味するのかもしれない。クリヴォドル＝サルクツァとブバンジ・フムⅠbの人びとは、外部との交易を仕切り直し、取引先を北部と西部に変えた。彼らのもたらした影響は、ハンガリー西部のラシーニャ＝バラトン文化に見ることができる。

ククテニ＝トリポリエ文化の古ヨーロッパの伝統も存続し、それどころか不思議なことに再び活気付いたようですらある。前4000年以降、トリポリエB2相で、トリポリエ文化は東方のドニエプル川流域へ拡大して、これまで以上に大きな農耕民の町を築いた。ただし、そのいずれも遺丘を形成するほど長期にわたって一つの場所に再建されつづけなかった。家庭の守り神信仰ではまだ女性小像を用い、土器職人はまだ鮮やかに彩色された精製土器の蓋付き壺や、1メートルも丈がある保存用の甕を製作していた。精製の彩文土器は、最大規模の町で大量生産されており（ヴァルヴァロフカⅧ）、ドニエストル川沿いのポリヴァノフ・ヤルのようなフリント鉱山の村でフリント石器が大量生産されていた。[*12] ヴェセリ・クット（150ヘクタール）のようなククテニAB／トリポリエB2の集落には、何百軒もの家があり、見たところ新しい集落間の序列のなかで突出した場所のようだった。ククテニ＝トリポリエの文化は、西部ではハンガリー東部（ボドログケレストゥール）の銅を使用する文化と、東部ではステップの部族と新たな関係を形成した。

前4000年ごろ、これらのステップの部族が話していた言語は、おそらくのちにアナトリア諸語に部分的に残されたような、古体印欧祖語の方言を含んでいただろう。そのような言葉を話していたステップの人びとは、すでに馬に乗っていた可能性がある。ドナウ川下流域のスヴォロヴォの遺構は、印欧諸語を話す騎乗者によって築かれたものだろうか？　彼らはギンブタスが示唆したように、ドナウ川下流域の遺丘の集落の崩壊に、何かしらの役割を演じたのだろうか？　それとも、気候変動と不作によって生じた空白地帯に、ただ入り込んだだけなのか？　いずれにせよ、なぜククテニ＝トリポリエ文化は生き残り、繁栄すらしたのか？　これらの疑問に取り組むために、私たちはまずククテニ＝トリポリエ文化そのものと、ステップ文化と彼らの関係を検討しなければならない。

戦争と同盟

ドナウ川下流域のクリシュ文化は、前4300－4000年ごろの後期ククテニA3／トリポリエB1に相当する。トリポリエB1は、集落を守るための防御設備――堀や土塁――の建設が急増したことが特徴となっていた（図11・2）。防御設備は気候が悪化し、古ヨーロッパの崩壊が始まったちょうどそのころに出現したのかもしれないが、ククテニ＝トリポリエの設備はその後、前4000－

図11・2　トリポリエB1の要塞化した村、ハバシェシュティI。出典：Chernysh 1982

3700年のトリポリエB2相であるピオラ振動の厳寒期には減少していた。もし、気候変動が古ヨーロッパを不安定化させ、ククテニ＝トリポリエに最初の防御設備を建設させたのだとしたら、変化の初期の様相がそれだけで、この制度を充分に危機に陥れたことになる。おそらく単なる気候変動以上のことが絡んでいたのだろう。

トリポリエB1の集落のうち、最も困難な時代にも防御設備があったのは、わずか10％だけだった。しかし、そのなかでも防御設備のあった集落〔堀に水はなかったと思われるので、環壕集落と訳す〕はかなりの労働力を必要としたわけであり、慢性的かつ深刻な脅威があったことを窺わせる。ククテニ＝トリポリエの環壕集落は通常、両側が切り立って岬のように突きだした崖の末端に建設され、崖の付け根に堀を設けて防衛されていた。掘は幅が2－5メートル、深さは1・5－3メートルはあり、500－1500立法メートルの土を除去して建設されていた。トライアンとハバシェシュティIのように、集落の規模が増すにつれて掘は移動し、さらに深くなった。モルドヴァの考古学者V・デルガチェフが編纂した2017カ所のククテニ＝トリポリエの集落データベースでは、環壕集落化したすべてのククテニ＝トリポリエの遺跡の半数は、年代測定によってトリポリエB1時代だけに収まっていた。ククテニ＝トリポリエ文化

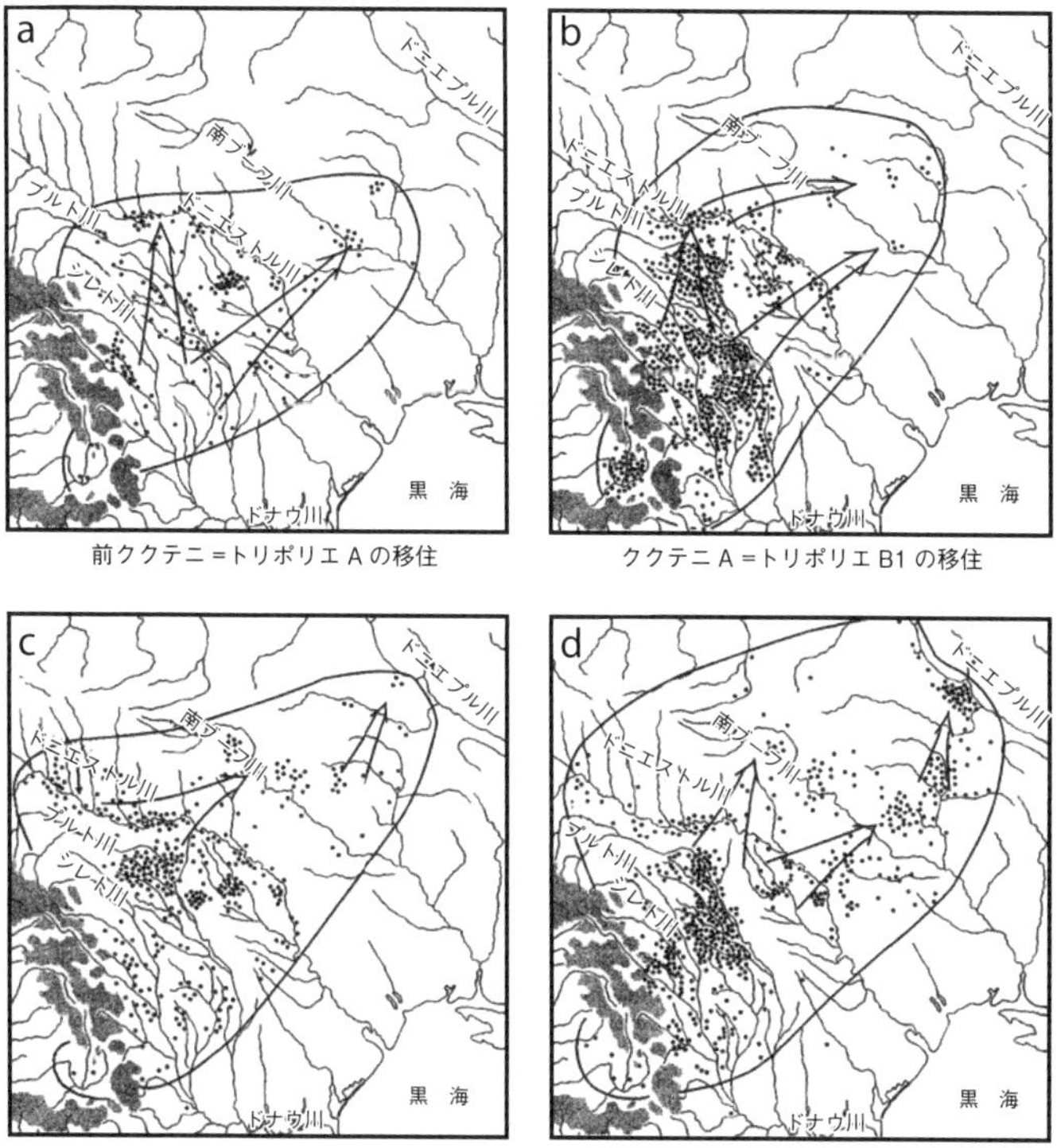

前ククテニ＝トリポリエ A の移住　　ククテニ A＝トリポリエ B1 の移住

ククテニ AB＝トリポリエ B2 の移住　　ククテニ B＝トリポリエ C1 の移住

図 11・3　トリポリエ B1–B2 の移住。出典：Dergachev 2003: 図 6.2

全体から出土したすべてのフリント製尖頭器の約60％もやはり、トリポリエＢ１だけに属していた。トリポリエＢ１の時代にこれに伴って狩猟が盛んになったわけではない（集落で検出された野生動物の骨の数が増えてはいない）ので、尖頭器がよく出土するのは狩猟に結びついていたのではない。むしろ、戦争が増えたことと関連していたのだろう。

　ククテニ＝トリポリエの集落数は、トリポリエA時代には一世紀当たり約35カ所だったのが、トリポリエＢ１になると約340カ所（！）にもなり、定住地域の面積が大きく拡大したわけでもないのに、集落数が10倍に増加していた[*13]（図11・3b）。トリポリエB1時代に集落の密度がこれだけ高まった理由の一部は、グメルニツァ文化の町からの避難民だったかもしれない。少なくとも、プルト川流域のドゥルツィ1のトリポリエB1の集落は、攻撃されたようだ。100点以上のフリント製尖頭器（地元のカルパティアのフリントを使用）が、発掘された3軒の家の外壁周辺で、矢が降り注いだかのような数で見つかった[*14]。トリポリエの過去とその後の時代とくらべると、B1時代は東カルパティアで紛争が急激に増えた一時期だった。

◎トリポリエB時代のステップ文化との接触――ククテニC土器

トリポリエB1の町からは、防御設備と武器が増加したのと同時に、ステップ文化との接触が広範囲にあった証拠が見つかっている。新しい型式の土器、ククテニC土器[*15]は、胎土に貝殻が混じる、ステップの土器と似たもので、南ブーフ川流域（サバティノフカⅠ）とルーマニア（ドラグシェニとフエデレシェニ、ここではククテニC土器が、発見された土器の10％を占めた）のトリポリエB1の集落から出土した。ククテニC土器は一般に、ステップの土器の伝統との接触とその影響を示すものと考えられている[*16]（図11・4）。ククテニC土器は一般の家庭で、標準的なククテニ＝トリポリエの精製土器とともに、新しい種類の台所用土器として使用されたのかもしれないが、胎土にグロッグ（砕いた土器片）を混ぜた従来の粗雑な台所用土器に取って代わることはなかった。ククテニC土器の一部はステップの土器とよく似ているが、ステップのものは貝殻入りの胎土を使い、表面が灰色から茶色で、ステップ特有の文様（U字形の道具に縄を巻いたものを押し付ける「芋虫」押捺文など）が見られるが、器形は典型的なククテニ＝トリポリエのもので、その他の装飾要素はククテニ＝トリポリ

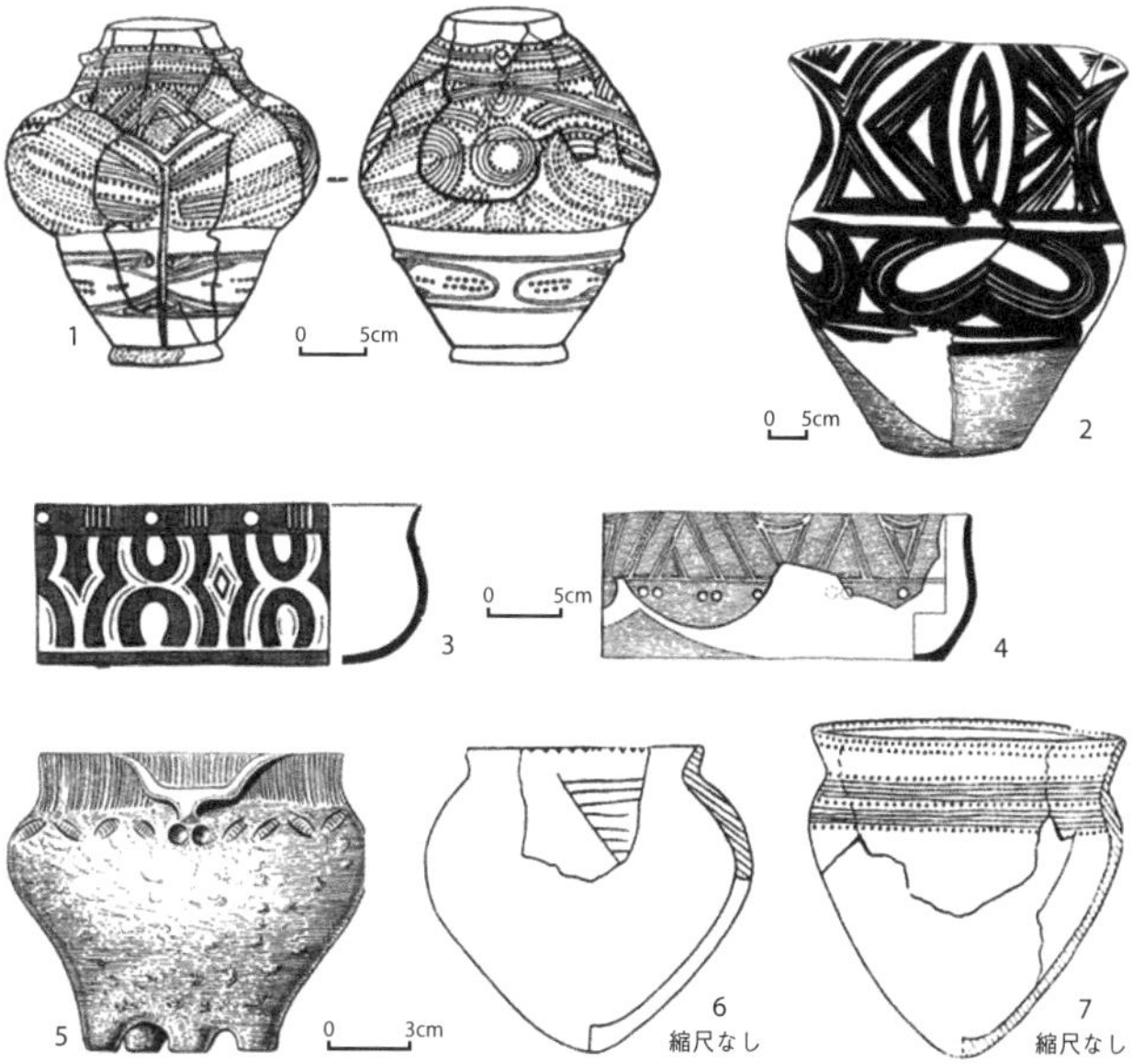

図11・4　ククテニC（下段）と標準的なククテニBの土器（上二段）。(1) 精製土器、ノヴィ・ルシェシュティI_{1a}（トリポリエB1）、(2) 精製土器、ゲレシュティ（トリポリエB2）、(3-4) 精製土器、フルムシカI（トリポリエB1）、(5) ククテニC土器、フルムシカII（トリポリエB2）、(6-7) ククテニC土器、ベレゾフスカヤGRES。出典：Danilenko and Shmagli 1972: 図7; Chernysh 1982: 図LXV

エの土器によくあるものだった。

　ククテニC土器の起源は議論の的となっている。トリポリエの土器職人が貝殻を混ぜた胎土を利用するようになったのは、充分に実利的な理由があった。胎土内の貝殻は熱ショックへの抵抗力を高めたほか、貝殻を混ぜると土器は低温で焼成しても固まるため燃料を節約することができた。[*17] 土器製造の社会組織に生じた変化も、ククテニC土器の拡散を後押ししたかもしれない。土器は、大半の場所では各地の家庭内で生産されつづけたが、トリポリエB1とB2の時代に、土器を専門に製造する町がそれに取って代わりだした。いくつかの集落周辺には、繰り返し利用できる二房式の窯が何列も並び始め、トランシルヴァニア南東部のアリュシュドには11基の窯があった。精製の彩文土器が、土器製造を専門とする村で生産され始めて、かたや粗製土器は地元でつくりつづけられたとすれば、粗製土器に見られる変化が、生産組織の変化を反映していたのかもしれない。

一方、これらの粗製土器は明らかにステップの部族の土器に似ていた。ククテニC土器の多くは、スレドニー・ストクの土器職人によってつくられたように見える。このことは、ステップ文化に慣れ親しんでいたことをにおわせ、トリポリエBの村にはステップの民が、おそらくは家畜の世話をするために雇われるか、季節ごとの交易市で訪れていた可能性すらある。すべてのククテニC土器がステップの土器職人によってつくられたというのは考えにくい――その数があまりにも多いため――が、ククテニC土器の出現はステップの共同体との交流が増していたことを示唆する。

◎ステップの権力の象徴――磨製石器の槌矛《メイス》

磨製石器の槌矛《メイス》はトリポリエB1の村から出土したもう一つの人工物の型式だった。メイスは、斧とは異なり、頭をかち割る以外に実際は用途がない。これは新しいタイプの武器であり、古ヨーロッパでは権力の象徴だったが、メイスはDDⅡ、フヴァリンスク、ヴァルフォロミエフカなど、ステップ各地で、何世紀も前から登場していた。二つの種類――動物形のものと耳付きのタイプ――があり、どちらもステップにより古い原型がある（図11・5、および図9・6も参照）。馬頭形に彫られ、磨かれた槌頭《メイスヘッド》が、ククテニA3／A4からトリポリエB1時代の集落であるフィティオネシュティとフェデレシェニで見つかった。どちらからもククテニC土器が大量に出土した。耳付きタイプはオバルシェニとベレゾフスカヤGRESのククテニ＝トリポリエの集落で、やはりククテニC土器ととも

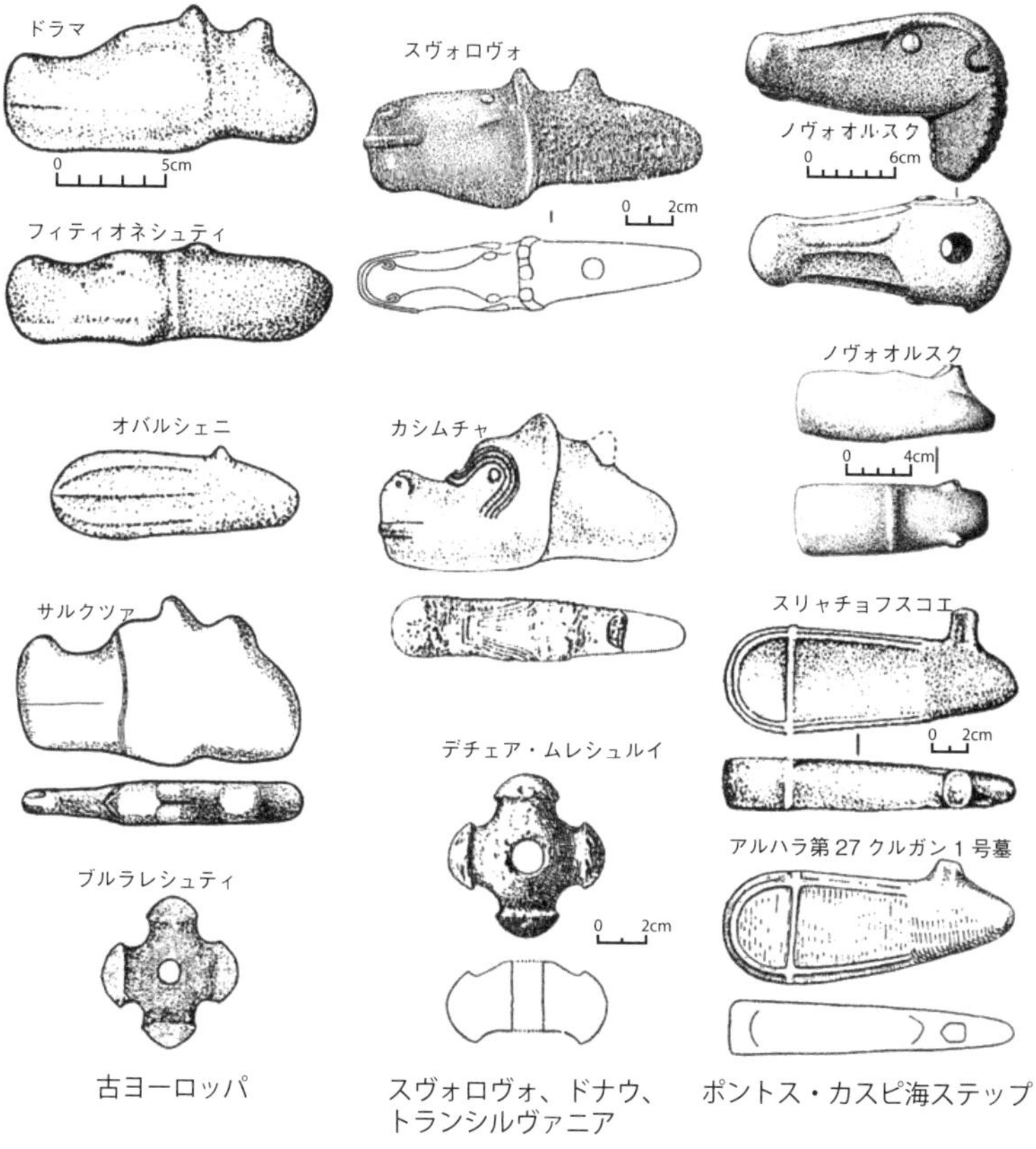

図 11・5　古ヨーロッパ、スヴォロヴォ移住者、ポントス・カスピ海ステップの耳付き、および馬頭形のメイス。石製の槌頭は最初にステップに登場し、ほかの地より一般的に見られた。出典：Telegin et al. 2001; Dergachev 1999; Gheorgiu 1994; Kuzmina 2003

に出土し、ベレゾフスカヤではククテニC土器はステップの共同体からもち込まれたようだった。ステップの人びとはこれらトリポリエB1の町にいたのだろうか？　その可能性はありそうだ。ステップの土器と権力の象徴がククテニ＝トリポリエの物質文化に融合していることは、なんらかの社会的融合をにおわせるが、経済、住居形態、精製土器、冶金、葬送儀礼、および家庭内儀式における違いが残されたことは、その融合が社会の狭い部門に限られていたことを示す。[*18]

◎その他の接触の証拠

トリポリエB時代の大半の集落は、たとえ大きな集落であっても、死者をどのように処理しつづけたのかは不明なままだった。しかし、トリポリエB1では若干の集落址もしくはその周辺に、埋葬墓が出現した。ネツヴィシュコの集落にある墓には、ステップの民のような低い〔縦方向に短い〕頭骨で、幅広で骨太の顔の男性が含まれていた。東欧の自然人類学者が「プロト・ユーロポイド」と呼ぶ頭骨と顔の形態だ。トリポリエ、ヴァルナ、グメルニツァの人びとはおおむね〔縦方向に長く〕高い頭骨に細面で、顔の骨は華奢であり、「地中海人」と呼ばれる形態をしている。[*19] ステップの境界を越えた人の移動を示すもう一つの指標は、ドナウ川三角州の北のステップにあるミルノエ近くの小さな集落址だ。ここはステップ沿岸低地で、最盛期のトリポリエ集落として唯一知られている場所なのだ。この地からはただ少数の土坑と、トリポリエB1とククテニC土器のかけらが含まれる軽い構造物の残骸、および牛と羊の若干の骨と、野生のぶどうのものと判明している100個以上の種子が検出されている。ミルノエは、おそらくぶどうを摘むために一時的につくられたトリポリエB1のステップの野営地だったのだろう。[*20] 人数は多くないが、一部の人は文化・生態系の境界地帯を双方向に行き来していたのである。

前4000－3700年ごろのトリポリエB2の時代には、プルト川、シレト川間の森林ステップの高地という、トリポリエB1で最も人口密度の高かった地域から、東方の南ブーフ川とドニエプル川流域へ大規模な移住が起きた（図11・3c）。プルト＝シレト地域における集落の密度は半減した。[*21] 1901年に最初に調査された標式遺跡のトリポリエ〔トリーピッリャ〕は、トリポリエB2時代の東の境界地帯の村で、ドニエプル川の肥沃な広い流域を見下ろす高い段丘の上に位置していた。規模は大きくなったが、総数は減った集落（トリポリエB2の時代には一世紀間に約180の集落しかなかった）に人びとは集まっていた。環壕集落の数は急速に増えた。

人口が拡大し、紛争は減ったこれらの兆候は、ドナウ川下流域の遺丘の集落が焼かれ、放棄されたのちに出現した。ステップから外部の脅威があったとしても、ククテニ＝トリポリエの町には目を向けなかったようだ。なぜなのか？

◎古ヨーロッパの境界地帯にいたステップの騎乗者

境界地帯は、平和な交易ゾーンで、相互の利益にかなった貴重品が交換され、経済的な需要ゆえにあからさまな敵対行為が抑えられていた地帯としても思い描けるし、はたまた文化的な誤解や偏見、橋渡し役の欠如のせいで不信が募る場所とも考えうる。農耕を営むヨーロッパとステップのあいだの境界地帯は、農耕と牧畜という、いつまでも対立する二つの生活様式の境界と見なされてきた。フン族やモンゴル人のような略奪する遊牧民は、昔から野蛮人の典型とされている。しかし、これは誤解を生む画一的な見方であり、前800年ごろ以前には存在しなかった軍隊化した遊牧生活という特殊な形態に端を発するものだ。前章で述べたように、青銅器時代にステップにいた騎乗者が使っていた弓は、騎射を効果的な戦法とするには長過ぎた。彼らの弓は重さも長さもまちまちだった。そして、青銅器時代の戦闘集団は軍隊のように組織されてはいなかった。フン族の侵略にたとえるのは時代錯誤だが、だからと言って、金石併用時代に騎馬の襲撃は一度も起こらなかったという意味ではない。[*22]

　ステップの民が前３７００―３５００年ごろにはカザフスタンで馬に乗って馬を狩猟していたことについては、説得力のある証拠がある。彼らはまず間違いなく、馬に乗った最初の人びとではない。ポントス・カスピ海ステップの葬送儀礼において、フヴァリンスク時代ほどの昔から、馬、牛、羊のあいだに象徴的な結びつきがあったことを考えれば、乗馬は前４５００年以前から限定的な形で始まっていたのかもしれない。しかし、ステップ西部の民が馬に乗るような行動を取り始めたのは、前４３００―４０００年ごろになってからだった。遠距離襲撃に合致するパターンが始まった時代であり、それが最も明らかに分かるのは、本章の最後に述べるスヴォロヴォ＝ノヴォダニロフカ広域文化《ホライズン》だった。いったん馬に乗り始めると、人びとが部族間抗争に馬で乗り込むのを妨げるものは何もなかった。縄や革製のハミの欠陥と考えられていたものも（有機物のハミも、学生たちが有機物のハミの乗馬実験で示したように、またアメリカ先住民が戦場で証明した「戦用ハミ」のように、なんら問題なく使えた）、金石併用時代のステップの馬の体格も（大半はローマの騎兵馬と同程度で、充分に大きかった）関係はなく、不適切な「騎座」に跨っていたわけでも決してない（初期の騎乗者は、何千年ものあいだ馬の尻に乗ったのち、より自然な前方の騎座を見いだしたという議論は、馬を見慣れていなかった芸術家が制作した、近東の古い絵や彫像だけにもとづくものだ）。[*23]

　金石併用時代に騎馬の襲撃が行なわれていた証拠は私も確かに見ているが、金石併用時代の無慈悲な遊牧民の軍勢が毛深い小型馬《ポニー》に跨って地平線上にずらりと並び、血に飢えた将軍の命令を待っていたなどとは信じない。金石併用時代の戦争は部族間の抗争なので、軍隊は存在せず、単に一つの氏族の若者が別の氏族の若者と戦うものだった。そして、初期の印欧の戦争は最古の神話や詩の伝統からすれば、主として栄誉を勝ちとるために実践されたようだ。不朽の名声は、前ギリシャ語と前インド・イラン語に共通の詩的語句だ。古ヨーロッパの破壊がステップの襲撃者のせいだとするのであれば、まずは彼らが後世の騎兵のように戦ったわけではないことを認めなければならない。金石併用時代の戦争はおそらく、現代の軍隊よりは、現代の地元のギャング団のように組織された集団によって実行され、完全に季節ごとの活動だったのだろう。収穫を妨げ、定住生活を送る人びとを脅かすことはできただろうが、彼らは遊牧民ではなかった。デレイフカなどの金石併用時代のステップの集落を、遊牧民の野営地のように解釈することはできないのだ。遊牧民の騎兵というものを全体像から省いたあと、ステップと古ヨーロッパの境界地帯を挟んだ社会的・政治的な関係を、どのように理解すればよいのだろうか？

ステップ／農耕地帯の関係は相利共生的なものだったとする解釈が一つの代案だ。紛争があったことは否定しないが、さほど重要視はせず、相互に有利な交易と交流があったことを強調するものだ。[*24] 相互依存は、トリポリエB時代のククテニ＝トリポリエとスレドニー・ストクの両文化間の関係をうまく説明するかもしれない。歴史時代に農耕民と密接に関連していたことが知られる牧畜民のあいだでは、裕福な家畜の所有者が、家畜という浮き沈みの激しい財産を失った場合に備えて、農耕民と同盟を組んで土地を手に入れる傾向があった。土地が市場商品となった現代の経済ならば、土地財産を蓄積した最も裕福な畜産農家は永久に町に移り住むかもしれない。国家が形成される以前の部族の世界では、農地は売りにだされていなかったため、こうしたことは不可能だったが、将来、家畜を失った場合に備えて、農耕共同体のなかで永続的な同盟と資産を獲得する戦略はそれでも功を奏しただろう。ステップの牧畜民は、トリポリエの人びとの家畜の世話を、金属器、亜麻布、穀物などと交換で引き受けていたのかもしれない。あるいはステップの民が農耕民の町で開かれる定期市に顔をだしていたのだろう。騎馬の狩猟者と河川流域のトウモロコシ農家とのあいだの年に一度の交易市は、北米のグレートプレーンズでは年中行事になっていた。[*25] 婚姻関係によって同盟と交易協定が成立した可能性も、前4400－4000年ごろのトリポリエB1時代に、トリポリエの共同体でステップとのかかわりが増したことを説明するかもしれない。こうした異文化間の関係を常態化させた制度には、おそらく贈り物を通じた協力関係が含まれただろう。ヒッタイト語に部分的に残された古体印欧祖語では、ほかのすべての印欧諸語では「与える」(*dō-)を意味する動詞の語根が「もらう」を意味しており、別の語根(pai)が「与える」を意味していた。与えるともらう、ギブ・アンド・テイクが同等になるこの現象と、その他一連の言語学的な手がかりから、エミール・バンヴェニストは、印欧祖語の古体期には、「交換は純粋に商業的な活動というよりは、贈り物をやりとりすることであったようだ」と結論をだした。[*26]

一方、相互依存ではすべてを説明することはできないし、ヴァルナ＝カラノヴォⅥとグメルニツァ文化の終焉は、相互依存の説明にはならない出来事の一つだ。ローレンス・キーリーは、先史時代の部族社会では戦争は日常茶飯事で慢性的、かつ命がけのものだったと主張して、考古学者のあいだで熱を帯びた論争を巻き起こした。部族間の境界地帯は、フレデリック・バースが述べたように創造的な場所であったかもしれないが、こうした場所ではかなり卑劣な行為もしばしば見られた。部族間の境界は一般に相手を侮辱する場所だった。スー族はバノック族を「汚れ小屋の住民」と呼び、エスキモー族はインガリク族を「能なし」と呼び、ホピ族はナヴァホ族を「私生児」、アルゴンキン族はモホーク族を「人食い」、シュアール族はワオラニ族を「野蛮人」と呼んでいた。そして単純ながら説得力のある「敵」が、近隣の部族によって付けられた名称では非常に一般的な意味なのだ。部族間の境界地帯には、自分たちの社会の端のすぐ先に必要なものが並んでいたので、それを力ずくで奪いたくなる誘惑は強かった。そのようなものに、牛のごとく脚が付いていれば、誘惑は倍増した。[*27]

牛泥棒は印欧祖語の話し手の信仰や儀式によっても推奨された。戦士トリトの神話は、牛贄を正しく捧げた民に神々が与えるつもりだった牛を取り戻すことなのだとして、牛を盗むことを正当化した。原印欧の通過儀礼には、大人の仲間入りをする少年は外の世界へでて、犬かオオカミの群れのようになって敵を襲撃することが必要条件として含まれていた。[*28] 印欧祖語には婚資に相当する言葉、*uedmo- もあった。[*29] 牛、羊、それにおそらくは馬も婚資を支払うために使われただろう。正式な通貨のない牧畜社会では、家畜は一般にその他の通貨よりも高い価値があるからだ。[*30] すでに数百年にわたって、家畜は葬送儀礼において神々への正式な贈り物となっていた（たとえばフヴァリンスク）。比較的少数の上層部がすでに非常に広い地域をめぐって競い合い、同じ地位の象徴——磨製石器の槌頭の付いたメイスや、イノシシの牙板、銅の環やペンダント、円板状の貝殻ビーズ、それに鳥の骨の筒——を採用していた。この競争の一環として婚資が高くなると、結果的に未婚の男たちによる牛泥棒が盛んになったのだろう。トリトの神話による正当化と、男性の通過儀礼の集団襲撃の制度、および家畜の頭数で表わされた婚資の増額が、境界を越えた襲撃をほとんど必然的なものにしたに違いない。

金石併用時代のステップの牛泥棒たちは、徒歩で襲撃する場合には、お互いに攻撃し合うか、近隣のトリポリエの集落を襲ったかもしれない。しかし、彼らが馬に乗っていたのであれば、贈り物を通じた重要な協力関係を損わない遠隔地を標的として選ぶことができた。馬に乗った十数人からなる襲撃団ならば、50頭から75頭の牛や馬を、かなり速やかに数百キロは移動できたはずだ。[*31] 窃盗襲撃は死をもたらすものになり、そうなればさらに深刻な殺し合いと復讐の襲撃につながったに違いない。窃盗から復讐の襲撃へと発展した抗争の連鎖が、おそらくドナウ川流域の遺丘の町の崩壊につながったのだろう。

境界地帯のステップ側では、どんな社会が暮らしていたのだろうか? 彼らが実際に古ヨーロッパやククテニ＝トリポリエ文化とはかなり異質の方法でかかわっていたことを示す、考古学的な確かな証拠はあるのか?

東方からの馬と儀式

スレドニー・ストク文化は後期金石併用時代のウクライナのステップで、考古学的に最も明確に定義された文化である。「真ん中の山積み」を意味するスレドニー・ストクは、ドニエプル急流域の南端の川のなかにある三つの島のうち中央の、干し草の山形をした小さな島の名前だった。すべてダムによって水没してしまったが、そうなる以前の1927年に、考古学者たちがそこに遺跡を見つけて発掘していた。ここには層をなす集落址があり、前期金石併用時代（DDⅡ）の土器がⅠ層に、後期金石併用時代の土器がⅡ層に含まれていた。[*32] スレドニー・ストクⅡはこの後期金石併用時代のような土器の標式遺跡となった。スレドニー・ストク様式の土器は、ストリリチャ・スケリヤとアレクサンドリヤなど、その他いくつかの遺跡ではより古いＤＤⅡの集落址の上の地層で見つかった。ドニエプル＝ドネツ文化をすでに定義していたディミートリー・テレギンが、１９７３年に、スレドニー・ストクの物質文化が見つかった合計１５０カ所ほどの遺構すべてを最初にまとめ、地図に落とし込んだ（図11・６）。スレドニー・ストクの遺構はウクライナのステップ一帯に、西側はドニエプル川の西のインフル川流域から、東側はドン川下流まで見つかった。

スレドニー・ストク文化は、マリヤ・ギンブタスが主張した印欧のステップ牧畜民を裏付ける考古学的基盤となった。テレギンが発掘したデレイフカのスレドニー・ストク文化の集落からの馬の骨は、その後にクルガン文化肯定派と、反クルガン文化派の考古学者のあいだでつづいた論争で、主要な役割を演じた。ギンブタスによるデレイフカの馬の解釈に、レヴィンがいかに反論したかについては前章で説明した。同時に、ユーリ・ラサマキンは、スレドニー・ストク文化というテレギンの概念に反論を唱えた。[*33]

ラサマキンは、スレドニー・ストク文化を少なくとも三つの別個の文化に分け、その結果の断片を整理し直し、年代を再考慮した。ステップにおける乗馬と農耕兼牧畜の発達（テレギンのテーマ）とは切り離すことで、彼は社会・政治的な変化を引き起こした主たる原因を再び、ステップ社会の古ヨーロッパ文化圏への統合と結びつけ、それがラサマキンの新しい相利共生的なテーマとなった。しかし、ラサマキンはデレイフカやフヴァリンスクのような、年代がきちんと測定された遺跡を、放射性炭素年代とは相容れない時代に比定していた。[*34] テレギンの分類のほうがより立証され説明の付くもの

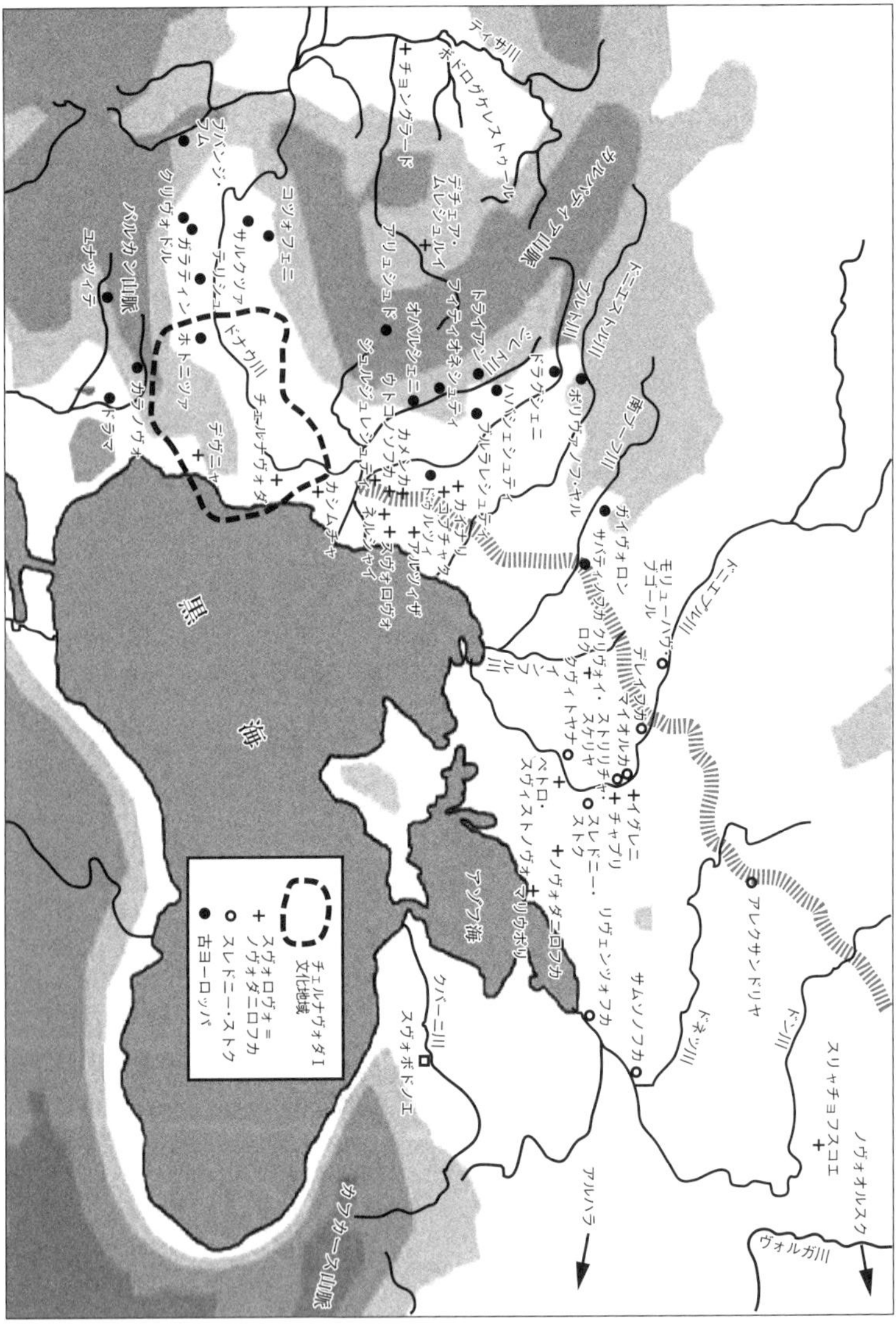

図 11・6　前 4200-3900 年ごろスヴォロヴォ＝ノヴォダニロフカ広域文化が侵入した時代のステップとドナウ川流域の遺構

に思われたので、私はスレドニー・ストク文化をウクライナの金石併用時代の遺構を整理するための枠組みとして残し、その一方で若干の細部ではテレギンと意見を異にした。

これは革新的な初期の印欧祖語の方言が、ステップ各地に分散し始めた非常に重要な時代だった。ステップで変化をもたらした主要な原因には、新しい経済制度と新しい社会的ネットワークの内部における成熟（テレギンのテーマ）と、古ヨーロッパとの新たな交流の始まり（ラサマキンのテーマ）の双方が含まれていたのだ。

◎スレドニー・ストク文化の起源と発展

スレドニー・ストクだけでなく、ほかのどんな考古学上の文化も、あらゆる場所に同時期に出現または消滅したなどと想像すべきではない。テレギンはその進化のなかで四つの大まかな様相《フェーズ》（Ⅰa、Ⅰb、Ⅱa、Ⅱb）を定義したが、一つの様相は一部の地域では、ほかの地域よりも長くつづいたかもしれない。彼の理論体系では、ドニエプル川沿いのスレドニー・ストクとストリリチャ・スケリヤは早期の様相（Ⅰa）を代表するもので、ラサマキンはこれをスケリヤ文化と呼んだ。この様相の土器には縄目を押しつけた装飾が見られない。ドニエプル川沿いのデレイフカ（Ⅱa）とモリューハヴ・ブゴール（Ⅱb）は土器に撚った縄の押捺文があり、後期の様相を表わしていた（図11・7）。初期のスレドニー・ストク（Ⅰ相）は、トリポリエB1の動乱の時代とドナウ川流域の危機と同時代だった。トリポリエB1の彩文土器はストリリチャ・スケリヤで出土している。後期スレドニー・ストク（Ⅱ期）を特徴付けた様式の変化は、おそらくドナウ川流域の危機がつづいた時代に始まったとはいえ、後期スレドニー・ストク時代の大半は、古ヨーロッパの崩壊後のことだ。外部からもち込ま

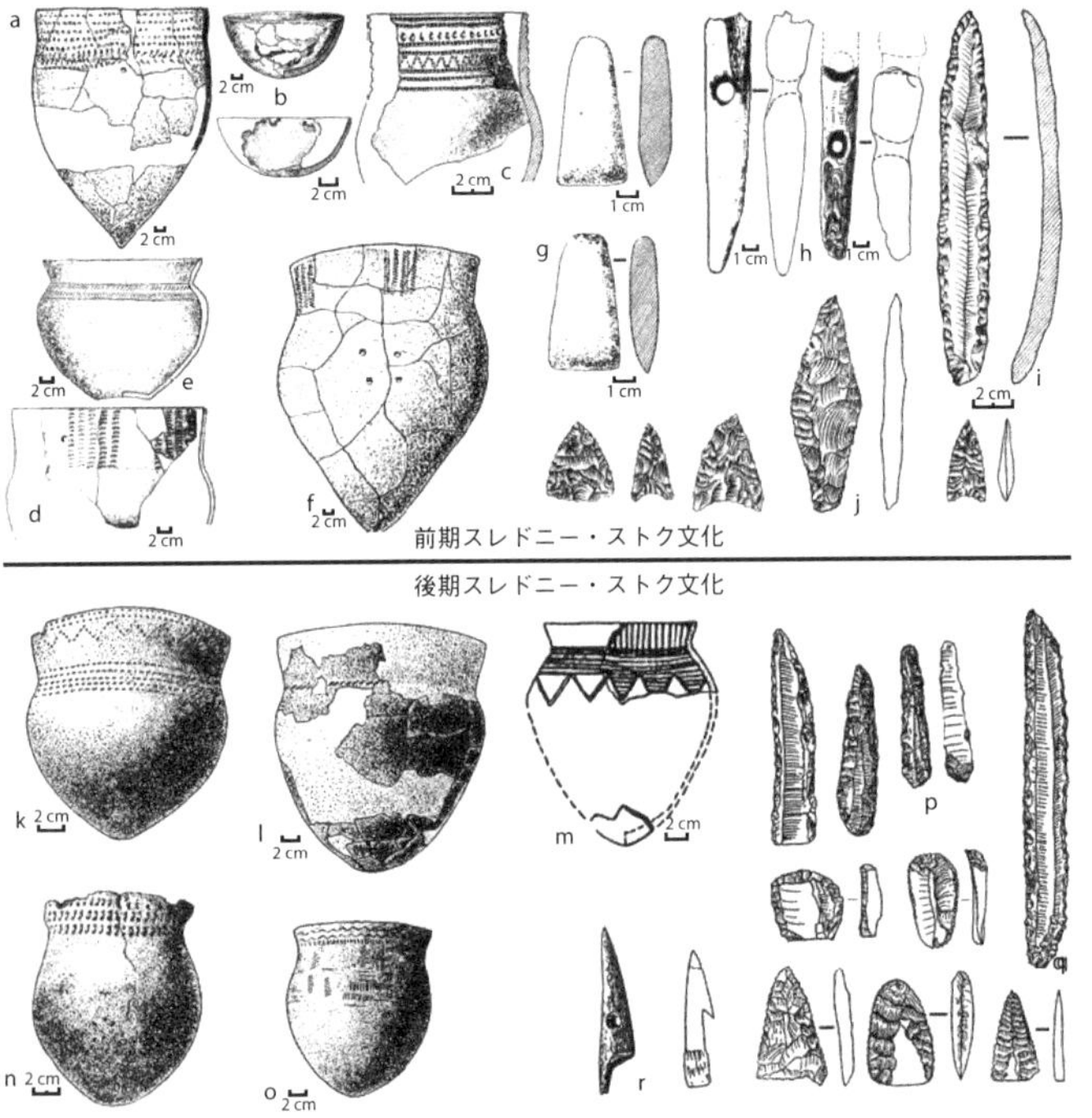

図11・7　スレドニー・ストク前期と後期の土器と道具。(h) のような孔を穿った骨角器は、馬のハミのチークピースとされていたが、この比定には疑問が残る。出典：Telegin 2002: 図3.1

れたトリポリエB2の鉢が、デレイフカとイグレニのⅡa相の墓地にある墓から見つかり、トリポリエC1の器はⅡb相のモリューハヴ・ブゴールの集落址から発見された。デレイフカの集落（Ⅱa相）は10試料の放射性炭素年代から前4200年から前3700年のあいだと測定されている（表11・1）。スレドニー・ストクの晩期（Ⅱb）は、ドニエプル川沿いのペトロフスカヤ・バルカで4試料の放射性炭素年代から前3600―3300年までとされている。前期スレドニー・ストクは、前4400年ごろに始まったと思われる。後期スレドニー・ストクはドニエプル川沿いのいくつかの場所で、前3400年までつづいただろう。

スレドニー・ストク文化の起源はほとんど分かっていないが、ヴォルガ川沿いのステップからきた東部の人びとが、どうやら一役買ったようだ。丸底で胎土に貝殻の混じるスレドニー・ストクの土器は、砂混じりの胎土で平底である前期金石併用時代のDDⅡの土器とはかなり異なっていた（図9・5参照）。初期のスレドニー・ストクの土器はほぼすべて丸底か尖底で、口縁部は広がって、外反していた。平底の土器は後期になって初めて登場した。食器だったと思われる簡素な広口の鉢もよく見られる器形で、通常は無装飾だった。スレドニー・ストクの土器は櫛状の道具を押しつけた櫛目文の列と、三角形の沈線、および縄目文で、器の上部三分の一だけが装飾されていた。縄を巻きつけたU字形の道具で付けられた、〔ごく緩い〕U字の「芋虫」押捺文が典型だった（図11・7d）。胴部が丸く、垂直に伸びた短い頸部に垂直方向の櫛目文で装飾が施された一つの器形は、よくあるトリポリエB1型式をそのまま真似たものだ。丸底で胎土に貝殻を含む土器は、アゾフ＝カスピ海かヴォルガ川流域の東方からの影響を反映するようだ。こうした地域では、貝殻入りの胎土に丸底で、口縁が外反し、押捺文のある土器の伝統が、新石器時代に始まり、金石併用時代のフヴァリンスクにいたるまで長くつづいていた。

スレドニー・ストクの葬送儀礼もやはり新しいものだった。スレドニー・ストクの新しい埋葬姿勢（仰臥位で膝を立てる）と標準的な方向（頭を東北東に向ける）は、ヴォルガ川沿いのフヴァリンスク文化の習慣を真似たものだった（図11・8）。DDⅠⅡ時代の共同の集合墓は使われなくなり、個人ごとの単独墓がそれに取って代わった。墓地の面積もずっと狭くなった。デレイフカの近くのDDⅠⅡの墓地には173人が埋葬されており、その大半は大きな共同墓坑に埋められていた。デレイフ

表11・1　ドナウ川下流から北カフカース地方の後期金石併用時代の文化の放射性炭素年代

研究所番号	BP 年代	標本	較正年代
1. スレドニー・ストク文化			
デレイフカ、ドニエプル川流域			
Ki 2195	6240±100	集落、貝殻	前 5270-5058
UCLA 1466a	5515±90	集落、骨	前 4470-4240
Ki 2193	5400±100	集落、貝殻	前 4360-4040
OxA 5030	5380±90	墓地、2号墓	前 4350-4040
KI 6966	5370±70	集落、骨	前 4340-4040
Ki 6960	5330±60	集落、骨	前 4250-4040
KI 6964	5260±75	集落、骨	前 4230-3990
Ki 2197	5230±95	集落、骨	前 4230-3970
Ki 6965	5210±70	集落、骨	前 4230-3960
UCLA 1671a	4900±100	集落、骨	前 3900-3530
Ki 5488	4330±120	宗教儀式の馬頭骨？	前 3300-2700
Ki 6962	2490±95	宗教儀式の馬頭骨	前 790-520
OxA 7185	2295±60	ハミ痕のある宗教儀式の馬の歯	前 410-200
OxA 6577	1995±60	宗教儀式の馬の近くにあった骨	前 90-後 70
アレクサンドリヤ、ドネツ川流域			
Ki- 104	5470±300	?	前 4750-3900
2. 北カフカース地方金石併用時代			
スヴォボドノエ集落			
Le-4531	5400±250		前 4500-3950
Le-4532	5475±100		前 4460-4160
3. ヴァルナ文化、ブルガリア、ドナウ川下流			
ドゥランクラク遺丘の集落			
Bln-2122	5700±50	集落、5層	前 4600-4450
Bln-2111	5495±60	集落、7号家屋	前 4450-4250
Bln-2121	5475±50	集落、4層	前 4360-4240
パヴェリヤノーヴォ1遺丘の集落			
Bln-1141	5591±100	集落	前 4540-4330
4. グメルニツァ文化、ルーマニア、ドナウ川下流			
ヴルカネシュティⅡ、ボルグラード集団			
MO-417	5110±150	集落	前 4050-3700
Le-640	5300±60	集落	前 4230-4000
グメルニツァ、遺丘の集落			
GrN-3025	5715±70	集落、木炭	前 4680-4450
Bln-605	5675±80	集落、木炭	前 4620-4360
Bln-604	5580±100	集落、木炭	前 4540-4330
Bln-343	5485±120	集落、木炭	前 4460-4110
GrN-3028	5400±90	集落、焦げた穀物の粒	前 4340-4050
5. スヴォロヴォ集団、ドナウ川下流			
ジュルジュレシュティ、墓地、プルト川下流／ドナウ川			
Ki-7037	5398±69*	?	前 4340-4050

＊この年代は Telegin et al. 2001 では 4398±69BP と印字されていたが、これは誤植で実際に報告された年代は 5398±69BP であると聞いた。

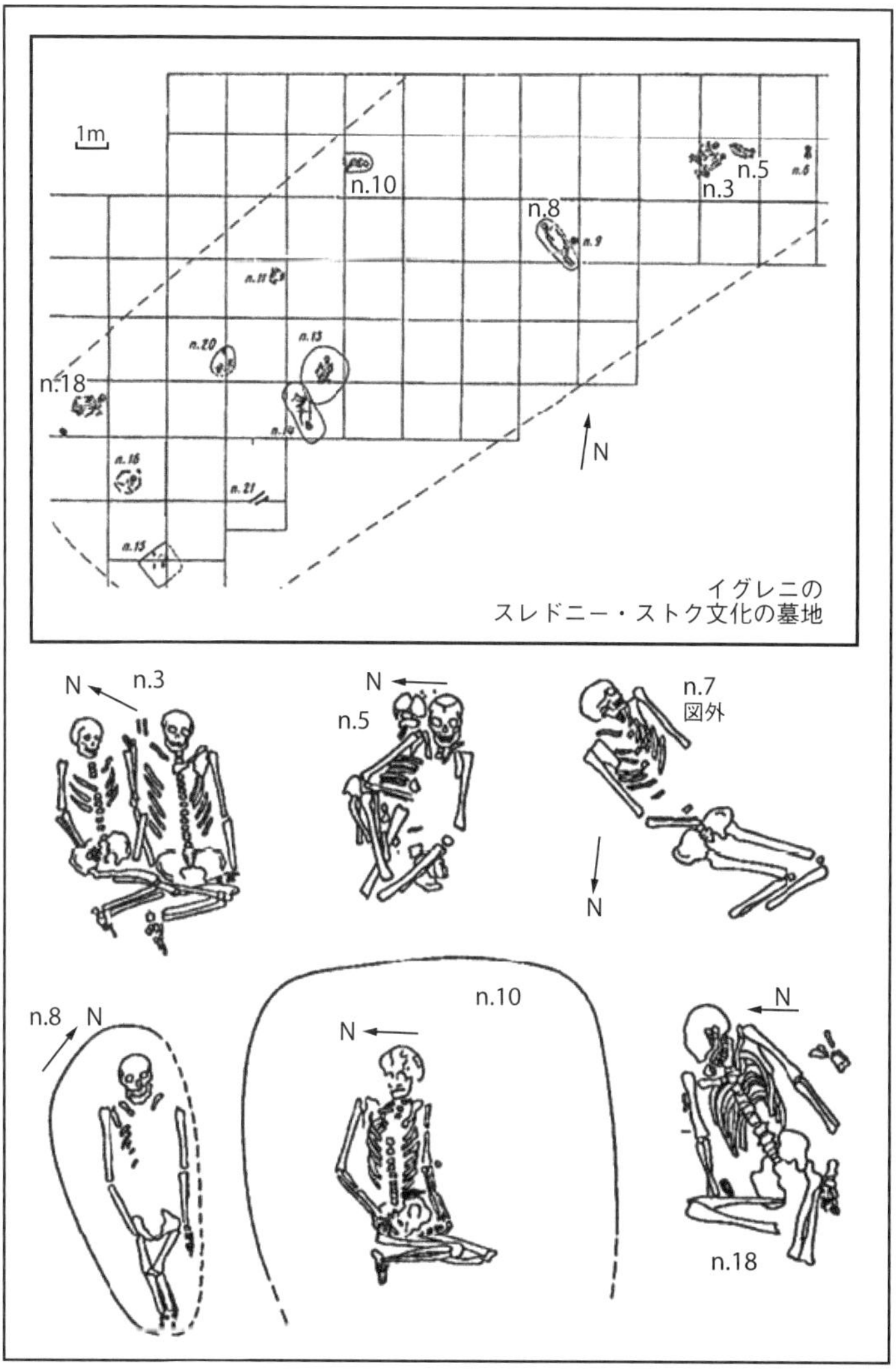

図 11・8　ドニエプル急流域のイグレニ墓地にあるスレドニー・ストクの墓。墓はかなり点在していた。出典：Telegin et al. 2001

カ近くのスレドニー・ストク文化の墓地には12基の墓があるだけで、いずれも単独墓だった。スレドニー・ストクの共同体は規模が小さく、移動を重ねるものだったのだろう。墓は、デレイフカの場合のように、地表になんの目印もないものもあれば、新たな処置が地表に施されていることもあった。なかには、小さな環状に並べた石で囲み、丈の低い石で覆いをするか、クヴィトヤナやマイオルカのように、土で塚——ごく質素なクルガン——が築かれたものもあった。これらはおそらく、ステップに築かれた最初のクルガンだったのだろう。環状の石と塚は個人をその他の人びとから区別し、強調するための地物だった。合葬から単独の葬送儀礼への移行は、社会の価値観がより公然と自己権力を拡大する方向へ全般的に変化したことの表われだったのだろう。これは、後述するスヴォロヴォ＝ノヴォダニロフカ型式の一連の豪華な墓にも反映されたものだった。

スレドニー・ストクの頭骨タイプも、新しい特徴を示していた。DDⅡの人びとは、プロト・ユーロポイドの形態である非常に幅広で骨太の顔をした、一つの均一なタイプの住民だった。スレドニー・ストクの住民には、ほっそりした骨格で顔の横幅は中程度の、統計学的にはフヴァリンスクの住民といちばんよく似た人びとを含んでいた。ヴォルガ川からの移住者は、DDⅡからスレドニー・ストクへの移行が始まった時期にドニエプル＝アゾフのステップへやってきたと思われ、それによって葬儀の風習や土器製作に変化が引き起こされたのだろう。彼らは馬に乗ってやってきたのかもしれない。*35

スレドニー・ストクが始まった時代には、人びとが住む場所や墓地を設ける場所に目立った変化はなかった。スレドニー・ストクの集落は、ドニエプル急流域近くとドネツ川沿いのいくつかの場所では、DDⅡの集落の上層に位置していた。スレドニー・ストクの墓は、マリウポリ、イグレニ、デレイフカでは、DDⅡの墓地の近くにあった。石器にも連続性が見られた。フリントの剥片石器、フリント製の三角形〔基部が平らで無茎〕の石鏃、アーモンド形の大きなフリント製尖頭器は、どちらの時代にもつくられた。長い片刃のフリント製石刃は、DDⅡの遺跡に意図的に埋めて隠されていた埋蔵物からときおり見つかるが、スレドニー・ストクの遺跡ではるかに多く見つかる。スレドニー・ストクでは、1カ所の埋蔵物（ゴンチャロフカ）から最長で20センチにもなるフリント石刃〔リシック〕が100点以上も出土した。これらの石刃はスレドニー・ストクの墓でよく見られる副葬品だった。同様の長いフリント石刃は東欧一帯で盛んに交易される品となり、ポーランドの漏斗状ビーカー文化（TRB）の遺跡と、ハンガリーのボドログケレストゥールの遺跡からも出土している。

◎スレドニー・ストクの経済——馬と農耕兼牧畜

スレドニー・ストク文化の集落址からは、ドニエプル川流域のDDⅡの集落址よりも平均して二倍は多くの馬の骨が見つかった。研究されてきた大半の遺構はこの地域にある。食糧として馬の利用がこれだけ増したことは、前4200—3800年に気候が寒冷化したことと結びつけられるかもしれない。家畜の馬は、牛や羊よりも雪の降る状況では飼育が容易だからだ（第10章）。もちろん、動物を飼育することとの利点は飼い馬の場合にのみ得られただろう。馬はデレイフカのスレドニー・ストク文化の集落では、圧倒的に最も重要な肉の供給源だった。V・ビビコヴァが数えた2408本の馬の骨は、少なくとも51頭の馬（最小個体数）からのもので——この遺跡で解体された哺乳類の半数以上——肉の重量は9000キログラムになった。[*36]

家畜の牛、羊、豚は、スレドニー・ストクⅡのデレイフカ、アレクサンドリヤ、モリューハウ・ブ

（全獣骨に占める割合　同定標本数NISPでの%/最小個体数MNIでの%）

	馬	牛	羊・ヤギ	豚	犬	野生動物
スレドニー・ストクⅡ	7/12	21/12	61/47	2/6	3/11	7/22
デレイフカ	63/52	16/8	2/7	3/4	1/2	17/45
アレクサンドリヤ	29/24	37/20	7/12	—	—	27/44
モリューハヴ・ブゴールⅡ	18/9	10/9	—	2/6	—	70/76

表11・2　スレドニー・ストク文化からの哺乳類の骨

ゴールの集落址で発見された骨の12%から84%（同定標本数）を占めた（表11・2）。馬を家畜として数えるのであれば、これらの集落〔から出土した獣骨〕における家畜の割合は30%から93%に増す。馬の骨の割合は出土したすべての骨の7%から63%を占める（同定標本数の平均で54%だが、ばらつきが多い）。最も割合が高かったのは（哺乳類の骨の同定標本数の63%、哺乳類の最小個体数の52%）デレイフカで、ここは獣骨の標本サイズが最大の場所でもあった。[*37] 最南端の場所で、最も乾燥したステップの環境であるスレドニー・ストクでは、羊またはヤギが群を抜いて最も一般的な動物だった（哺乳類の61%）。狩猟の獲物がいちばん重視されていたのは（哺乳類の70%）最北端の、最も森林の多い環境であるモリューハヴ・ブゴールだった。森林資源が豊かな北部では、シカ狩りが重要でありつづけ、ステップの河川流域で拠水林が谷底にしかない場所では、必然的に羊の牧畜が食糧の多くを供給していた。

デレイフカはスレドニー・ストク文化の集落で、考古学的に最も広く、2000平方メートルにもおよぶ地域が発掘されている。ここはステップ北部のドニプル川の西に位置していた。スレドニー・ストク文化の12基の墓が散在する墓地が、集落から500メートル上流で見つかった。[*38] 縦12メートル、横5メートルほどの浅い楕円形の住居跡が3カ所、土器製造やフリント加工などの作業に使われた空き地のまわりを囲んでいた（図11・9）。淡水貝（イシガイ属とタニシ科）がうずたかく積もった貝塚が一方を塞いでいた。集落の一部しか発掘されなかっ

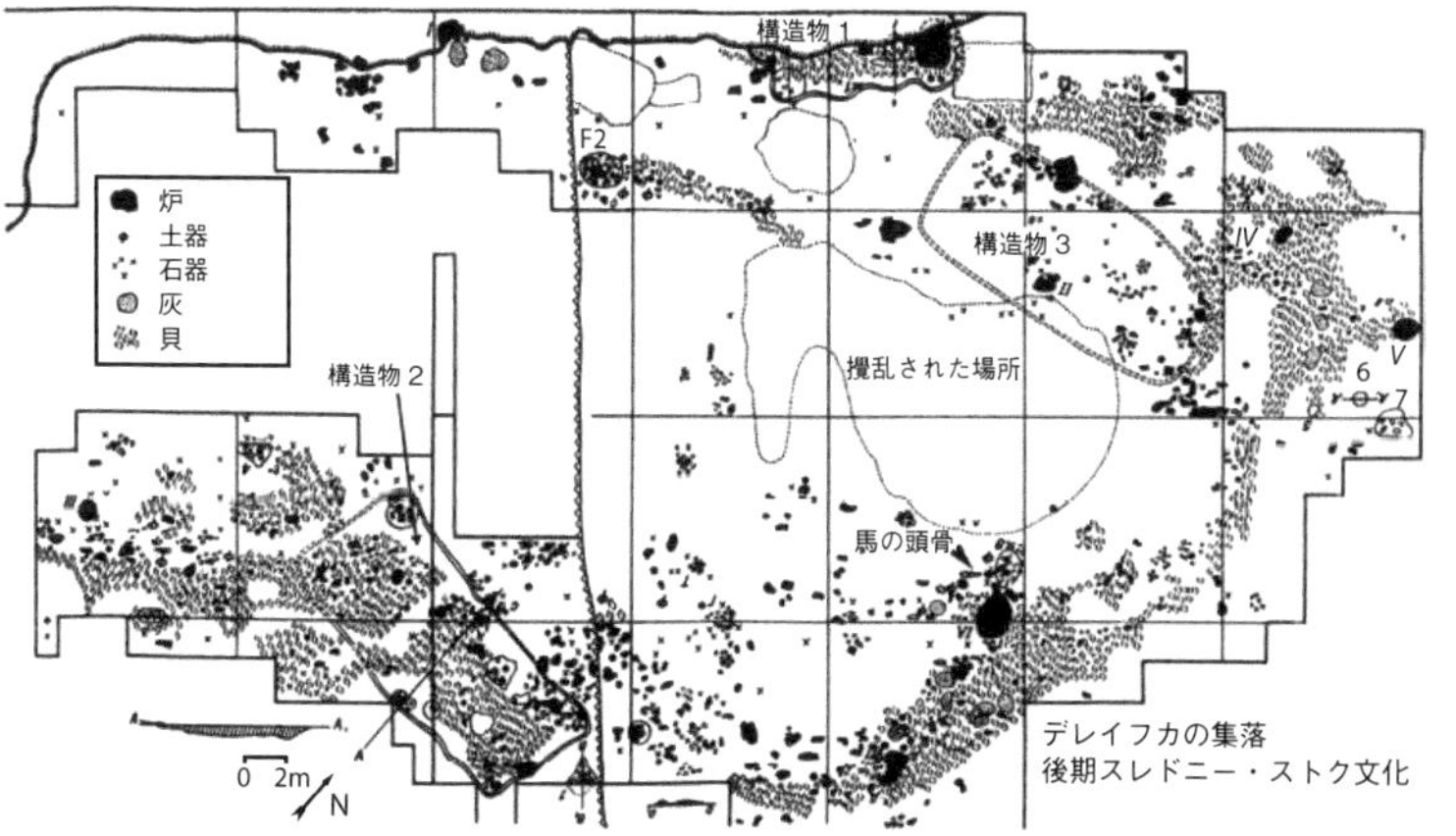

図11・9　デレイフカにある前4200-3700年のスレドニー・ストク文化の集落。ハミ痕のあった馬の頭骨が侵入していた場所が記されている。上端は浸食した川岸。
出典：Telegin 1986

たので、どれだけの広さなのかはわからない。哺乳類の骨の量からすると、一軒当たり1キロの肉を、3軒の家のために、8年以上にわたって毎日提供するほどあり、デレイフカは何度も、もしくは多年にわたって人が居住していたことを示している。一方、デレイフカの建築物の残骸は耐久性のない材質のものしかなく、近くの墓地も小規模であることから、ここが恒久的な集落ではなかったことが窺える。おそらくデレイフカは馬（同定標本数の62%）と牛（同16%）の群れを飼い、アカシカを狩り（同10%）、カモを罠で捕まえるか弓で射て（マガモとオナガガモ）、ヨーロッパオオナマズとパイクパーチを捕獲し、少々の穀物を栽培する人びとが長年、訪れつづけたお気に入りの場所だったのだろう。

デレイフカの集落址からの土器は、植物種子の圧痕の体系的な調査はなされていないが、デレイフカには鎌光りするフリント石刃、楕円形の平たいすり臼が3点、片岩の磨製の臼が6点あった。栽培種の小麦、大麦、およびキビ（*T. dicoccum*, *T. monococcum*, *H.*

vulgare, P. miliaceum）が、モリューハヴ・ブゴールのⅡｂ相の集落から出土した土器の圧痕から同定されている。おそらくデレイフカでもいくらか穀物の栽培が行なわれていて、それがドニエプル川の東で最初に実践された穀物の栽培なのだろう。

スレドニー・ストク文化の人びとは馬に乗っていたのだろうか？　ハミ痕がなく、騎乗に関連したそれ以外の病変も見つかっていないので、確信をもつことはできない。デレイフカからの遺物で、ハミを付けるための枝角製のチークピースと一時考えられていたもの（図11・７ｈ）は、別の用途がありそうだった。[*39] この問題に対処するための一つの方法は、後期金石併用時代のステップ社会が騎馬の民らしい行動を取っていなかったかどうか、考えてみることだ。私には彼らがそうであったと思われる。移動力の拡大（墓地の規模の縮小が示唆するもの）、遠隔地との交易、傑出した人物の名声と権力の増加、地位を表わす武器の墓からの出土、定住した農耕共同体とのあいだの紛争の増加はいずれも、乗馬が始まって以降に生じるだろうと予想されることで、そうした事態はスヴォロヴォ＝ノヴォダニロフカ型式の墓地に最も明らかに見て取れる。

ドナウ川流域への移住

前４２００年ごろ以降に、ドニエプル川流域からきたと思われる牧畜民が、ドナウ川の三角州の北端に姿を現わした。三角州の北にある湖水地方には当時、ボルグラード文化の古ヨーロッパの農耕民が住み着いていた。ステップの民が現われるとすぐに、彼らはこの地を去った。移住者はクルガンの墓を築き、馬頭形に削った石の槌頭付きのメイスを携えていた。これは古ヨーロッパのいくつかの町にも、たちまち出現するようになった品だ。彼らは交易によってか、略奪によってか、ドナウ川下流域の遺丘の町から銅を手に入れた。銅の多くは、ドニエプル川下流周辺のステップへもち帰られた。ドナウ川下流域へのステップの民の移住は、移住者が話していた前アナトリア語方言を、ステップの故郷の共同体で使われていた古体印欧祖語から分離させた歴史上の出来事だったのだろう。

　この出来事を裏付ける考古学は、過去50年間に断片的情報として文献に登場するようになったが、まだ広く知られてはいない。移住に関連したステップの文化は、スケリヤ文化、スヴォロヴォ文化、ウトコノソフカ集団、ノヴォダニロフカ文化などと、さまざまに呼ばれてきた。私はこれをスヴォロヴォ＝ノヴォダニロフカ複合体《コンプレックス》と呼ぶことにする（図11・6参照）。移住者が築いた墓群の一つは、ドナウ川三角州近くに集中していた。これがスヴォロヴォ集団だった。北ポントス・ステップの故郷にいた彼らの親戚が、ノヴォダニロフカ集団だった。どちらの集団も墓しか知られていない。約35から40カ所の墓地がこの複合体のものとされており、その大半は墓が10基未満しかなく、ノヴォダニロフカそのものと同様、多くはただ1基の贅沢な墓だけが設けられていた。こうした墓地はまず、前４３００－４２００年ごろの前期スレドニー・ストクの時代に登場し、前３９００年より前に墓の建設が終わったと思われる。

　テレギンは初期の論考のなかで、ノヴォダニロフカの墓（彼の用語）をスレドニー・ストク文化内の裕福な上層部のものと解釈していた。のちに彼は考えを変えて、これらを別々の文化のものとした。私は彼の当初の見解に同意する。スヴォロヴォ＝ノヴォダニロフカ複合体は、スレドニー・ストク文化内の首長のような上層部の人びとの存在を表わしている、というものだ。ノヴォダニロフカの墓は、スレドニー・ストクのものとされた墓や集落と同じ領域に点在しており、埋葬儀礼やフリント石刃《リシック》は多くの面でそっくりだ。スヴォロヴォ＝ノヴォダニロフカのエリート層は古ヨーロッパが崩壊する直前のトリポリエB1時代に、ドナウ河下流域で襲撃と交易にかかわっていた[*40]。

これらの墓に埋葬された人びとは、円板状の貝殻ビーズ、銅ビーズ、馬またはシカの歯のビーズでつくった長いベルトと首飾りのほか、銅環、貝殻の形の銅のペンダント、銅の螺旋状の腕輪を身に着けていた（図11・10）。彼らは太い銅線を曲げて首輪（「トルク」）をつくって貝殻ビーズで飾り、銅製の目打ちを使い、ときには銅の中実鋳物の柄孔付き斧《シャフトホール・アックス》（上下一組の鋳型で鋳造）を携えていることもあり、濃い色の木材でこしらえた槍や投げ槍《ジャベリン》の周囲に銅や金の接続金具を付けていた。1998年に、N・リンジーナがスヴォロヴォ＝ノヴォダニロフカの30基の墓から、362点の銅製品と1点の金製品を数えている。被葬者は、馬頭形をはじめ、いくつかの形状に削られた磨製石器の槌頭も携えていた（図11・5参照）。彼らは大きな三角形のフリント製尖頭器を、おそらくは槍か投げ槍用に使用していた。底部が丸い小型のフリント製斧の刃先は、鋭く研がれていた。さらに長いフリントの剥片石器もあった。これはしばしばドネツ川沿いの露頭から採石した灰色のフリントでつくられていた。

スヴォロヴォ＝ノヴォダニロフカの大半の墓からは土器は見つかっていないため、土器型式で結びつけるのは難しい。もっとも、外部からもち込まれた土器が複数の墓で見つかっている。プルト川とドニエストル川のあいだのカイナリ・クルガンには、トリポリエB1の壺があった。カイナリからさほど遠くないコプチャク・クルガンには、後期グメルニツァ文化の器があった。プルト川下流のジュルジュレシュティにある2号墓からも、やはり後期グメルニツァの器が発見された。そして、北カフ

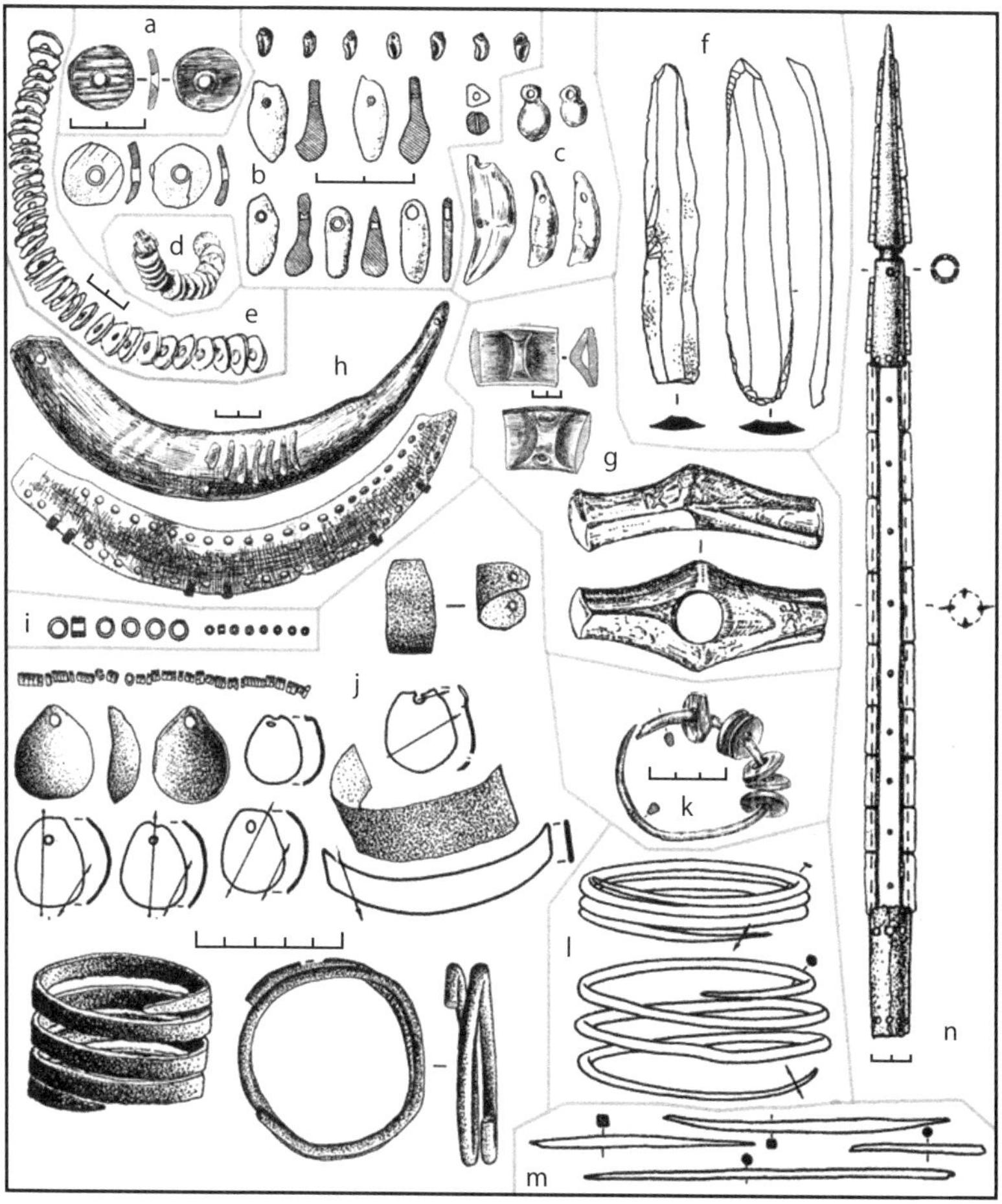

図11・10　前4200-3900年ごろのスヴォロヴォ＝ノヴォダニロフカの装飾品と武器（aとc）ヴィノグラドニーの貝とイヌ科動物の歯のビーズ、(b) スヴォロヴォの貝とシカの歯ビーズ、(d) デチェア・ムレシュルイの貝ビーズ、(e) クリヴィ・リフの貝ビーズ、(f) チャプリのフリントの剥片石器、(g) ペトロ・スヴィストノヴォの骨製ボタンと鋳銅の斧、(h) ペトロ・スヴィストノヴォのイノシシ牙（上）、ジュルジュレシュティの銅で覆ったイノシシの牙（下）、(j) チャプリの銅の装飾品、ザルガイ科の貝を銅で模した品を含む、(i) ウトコノソフカの骨ビーズ、(k) カイナリの貝殻ビーズ付きの銅製「トルク」、(l) ペトロ・スヴィストノヴォの銅製腕輪、(m) スヴォロヴォとアレクサンドリヤの銅製目打ち、(n) ジュルジュレシュティの植刃器の槍の穂先、フリントの細石刃が骨にはめ込まれ、管状の銅の接続金具が付いている。出典：Ryndina 1998: 図76; Telegin et al. 2001

カースのスヴォボドノエ型式の、遠距離を運ばれてきた壺が、ドニエプル＝アゾフのステップにあるノヴォダニロフカの墓から見つかった。外部からもち込まれたこれらの土器はいずれも、おおよそ前4400—4000年と測定される同時代のものなので、編年という意味では役立つが、墓に葬られた人物がどの文化に属するのかに関しては、なんら光明を投じてはいない。墓を築いた人びとによって実際につくられたと思われる土器は、破片がわずかに残るのみだ。スヴォロヴォの主要な墓の一つ（1号墓）には、貝殻入りの灰色の胎土でできた土器の小片が二つあり、小さな鋸歯状の押し型と斜線の沈線で装飾されていた（図11・11）。類似の壺が、スヴォロヴォの近くのウトコノソフカの第3クルガン、2号墓で見つかった。これらの土器片はククテニCの土器に似ていた。丸い胴部に丸底、外反した口縁部、貝殻入りの胎土、斜線の沈線と櫛目文が表面に装飾として施されていた。[*41]

　ドナウ川三角州周辺のスヴォロヴォの墓はいずれも、墳丘すなわちクルガン（古墳）を築いて目印にしていた。そうすることで支配権をめぐって係争中の境界地帯でよく目立つようにしたのだろうが、おそらくドナウ川下流域の遺丘《テル》にたいして、視覚に訴えた対抗措置でもあったのだろう（図11・11）。スヴォロヴォの墳丘はステップに築かれたごく初期のクルガンだった。故郷のドニエプル＝アゾフのステップでは、ノヴォダニロフカの墓の大半はやはりなんらかの地表の目印が設けられていたが、墓の上に石を積んだケルン（チャプリ、ヤマなど）のほうが、土を盛ったクルガンよりも一般的だった。ドナウ・ステップのクルガンは直径が10メートルを超えることはまずなく、環状に並べた小さな石や、大石の環状列石（擁壁）で囲まれているものが多い。墓坑は一般に長方形だったが、楕円形のものもある。スレドニー・ストク式の埋葬姿勢（仰向けで膝を立てた姿勢）がほとんどだが（チョングラード、チャプリ、ノヴォダニロフカ、ジュルジュレシュティ、スヴォロヴォ7号墓）、それがすべてで

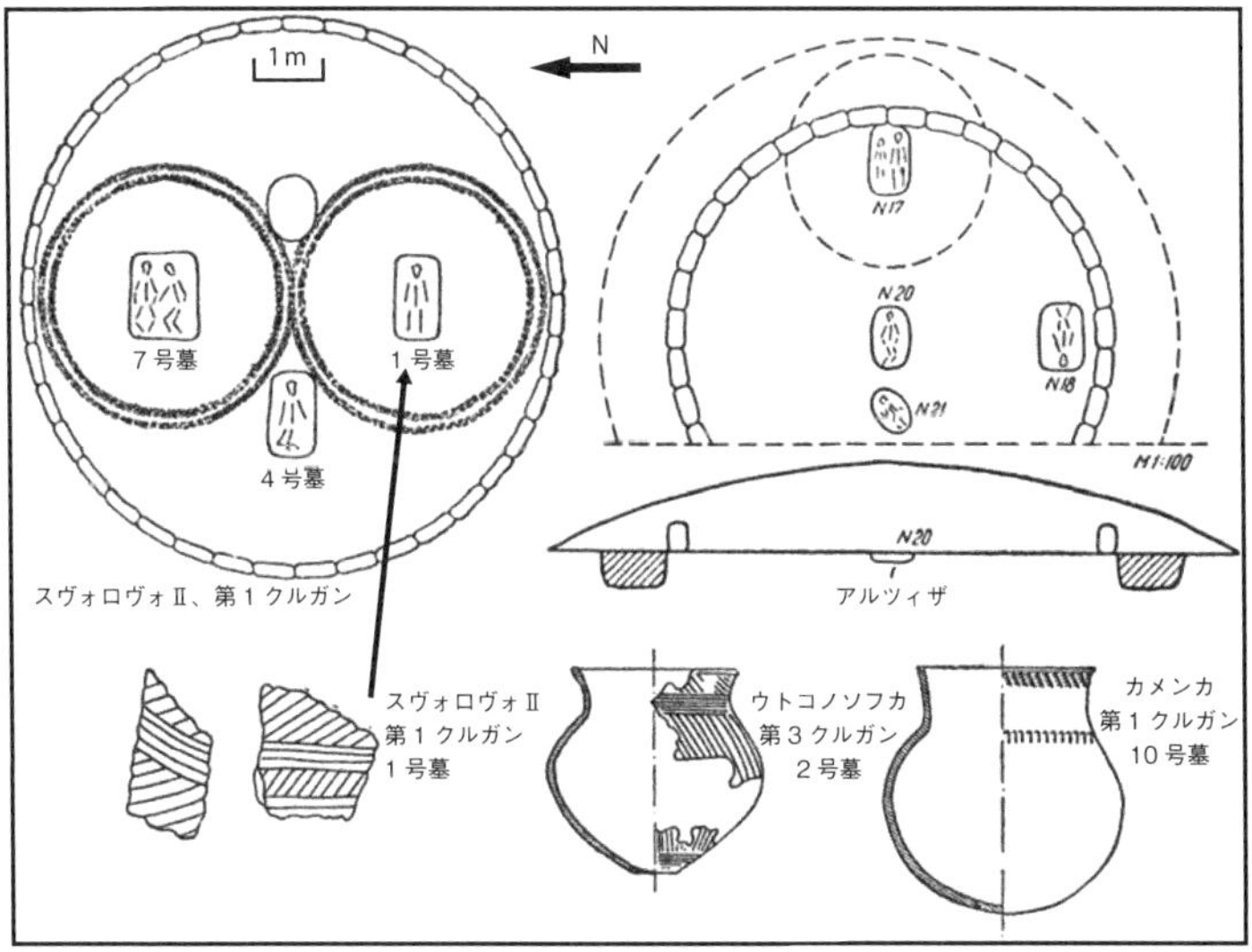

図 11・11　スヴォロヴォ型式のクルガンの墓と土器。スヴォロヴォの墓の大半には土器はないか、ほかの文化でつくられた土器があったので、ここにある自家製と思われる若干の土器は重要だ。左、スヴォロヴォ墓地Ⅱ第1クルガン。右、アルツィザ・クルガン。下、墓から出土した土器と破片。出典：Alekseeva 1976: 図1

はない。なかには体を伸ばした状態の伸展葬（スヴォロヴォ1号墓）や、片側を向いた屈葬（ウトコノソフカ）のものもある。動物供儀は一部の墓に見られる（ジュルジュレシュティでは牛、チャプリでは牛と羊、クリヴィ・リフでは牛）。黒海ステップのノヴォダニロフカの墓の被葬者は、スレドニー・ストクの主流のような、顔幅の広いプロト・ユーロポイド系の人物だったが、ジュルジュレシュティなどのスヴォロヴォの墓の被葬者の少なくとも一部は細面で頭骨が華奢であり、地元の古ヨーロッパの民と異民族間で結婚していたことが窺える。[*42]

スヴォロヴォ＝ノヴォダニロフカの墓で見つかった銅は、この墓の年代を測定する一助になる。ドナウ川下流のジュルジュレシュティとスヴォロヴォ、および黒海ステップのチャプリとノヴォダニロフカの銅の微量元素は、バルカン半島のブルガリアの銅鉱山（アイ・ブナルやメドニ・リド）に典型的なもので、これらの鉱山は古ヨーロッパが崩壊したときに突如として生産が止まっていた。東欧の銅の交易は前4000年以降、トリポリエB2の時代に化学的に特徴のあるハンガリーとトランシルヴァニアの鉱石へ鞍替えしていた。[*43] したがって、スヴォロヴォ＝ノヴォダニロフカは銅から、前4000年以前のものと年代測定されている。一方、スヴォロヴォのクルガンはドナウ川三角州の北にいたボルグラード集団の集落址に築かれているが、ここはトリポリエB1の前期、すなわち前4400―4300年以降もまだ人が居住していた。これら両側の本立て（ボルグラードの放棄後で、古ヨーロッパの大規模な崩壊の前）から、スヴォロヴォ＝ノヴォダニロフカはおよそ前4300年から前4000年のあいだの時代に限定される。

馬頭形をした磨製石器の槌頭は、ドナウ川三角州地域にあるスヴォロヴォとカシムチャの主要な墓から見つかった（図11・5）。同様の槌頭はトリポリエB1時代の二カ所の集落と、後期カラノヴォⅥの二カ所の集落からも出土しているほか、ドナウ川を遡ったサルクツァⅣの集落でも見つかっている。いずれもスヴォロヴォ文化が侵略した同時代の、古ヨーロッパの町だ。似たような馬頭形槌頭は、ヴォルガ＝ウラルのステップでも、テレク川の北にあるカルムイク・ステップのテレクリ＝メクテブでも見つかった。[*44]「耳付き」の石の槌頭はフヴァリンスク文化（フヴァリンスク、クリヴォルチエ）のいくつかの墓地で最初に出現し、少しのちにスヴォロヴォ＝ノヴォダニロフカと同時代のいくつかのステップ東部の場所（ノヴォオルスク、アルハラ、スリャチョフスコエ）と、トリポリエB1の二つの町にも現われた。十字形の槌頭は最初にドニエプル川のニコリスコエにあるDDⅡの首長の墓に出現し（図9・6参照）、数世紀のちにスヴォロヴォの人びとがトランシルヴァニアへ移住した際に、デチェア・ムレシュルイとオクナ・シビウルイに再び出現した。プルト川沿いのトリポリエの集落

（ブルラレシュティ）からも一例が見つかっている。

磨製石器のメイスは、前５０００―４８００年ごろから始まり、フヴァリンスク、ヴァルフォロミエフカ、ＤＤⅡにまで遡る、威信を高めるための典型的な高級品だった。それ以前のトリポリエやグメルニツァの社会では、メイスはとくに典型的な高級品ではなかった。[*45] 馬頭形につくられたメイスはおそらく、馬が力の象徴であった民によってつくられたのだろう。馬の骨はトリポリエＢ１の集落では、平均して哺乳類の３―６％を占めたに過ぎず、グメルニツァではさらに低かったので、古ヨーロッパ人の食生活では馬は重要ではなかった。馬頭形のメイスは、ちょうどスヴォロヴォの民が出現した時代に、馬が新しく象徴的地位を占めるようになったことを告げていた。ドナウ川流域までスヴォロヴォの人びとが馬で乗り込んでいなかったとすれば、古ヨーロッパの集落で馬が急に象徴的な重要性を増したことを説明するのは難しい。[*46]

◎移住の原因と目的

前４２００年ごろを境に、内陸のステップでは冬が厳しくなり始めた。ドナウ川三角州の湿地帯は、ヴォルガ川の西ではヨーロッパ最大の湿地帯だ。有史以来、黒海ステップでは遊牧民が低湿地を越冬地に選んできた。こうした場所なら冬場もよい牧草が得られ、牛が風をしのげる藪もあるからだ。ドナウ川三角州は、黒海沿岸のほかのどの場所よりも、こうした資源に富んでいた。ドナウ川三角州の北端に前４２００―４１００年ごろ最初に姿を現わしたスヴォロヴォの牧畜民は、とりわけ寒い冬の時期にドニエプルのステップから牛の一部を南へ移動させたのかもしれない。

もう一つの誘因は、古ヨーロッパの町からもたらされた豊富な銅だった。考古学者のスーザン・ヴイークは、西暦1250年ごろアメリカ南西部のグレートプレーンズで気候が悪化したことに関連して紛争の度合いが増すと、高価な贈り物（部族間抗争で同盟を結び維持するため）の需要が増え、それゆえに威信を高める高級品を求めて遠隔地交易が盛んになったと主張した。[*47] しかし、スヴォロヴォの移住者は、ステップの民とククテニ＝トリポリエの民の関係として私が仮説を立てたような贈り物の交換を実践してはいなかった。むしろ、移住者は地元民を追いだしてしまったようなのだ。

ドナウ川三角州の北にあったボルグラード文化の30の集落は、スヴォロヴォの移住者がやってきた直後に放棄され焼かれた。これらの小さな農村は8軒から10軒の半地下の家で構成され、焼き締められた粘土の炉にベンチがあり、床穴に大きな保存用の甕を置いていた。黒鉛で彩色した精製土器と多数の女性小像に、グメルニツァ（アルデニⅡ型式）とトリポリエAの特徴が見られる。[*48] これらの村はトリポリエA時代におもに人が住んでいて、トリポリエB1前期の、おそらく前4200―4100年ごろに放棄され、焼かれた。集落の放棄はおおむね計画的なものだった。家財道具はほとんどもち去られているからだ。しかし、放射性炭素年代で前4200―4100年（5300±60BP）と測定されたヴルカネシュティⅡは急いで放棄されており、多数の土器がそのまま残され焼かれていた。これがスヴォロヴォの移住者がやってきた年代かもしれない。[*49]

次の、見たところ規模の小さな移住の波は、第一波から分かれて、西方のトランシルヴァニア高原まで突っ走り、それからハンガリー東部の銅の産地であるムレシュ川流域へと下った。これらの移住者はムレシュ川流域のデチェア・ムレシュルイと、ハンガリー東部の平原のチョングラードに墓地を残した。デチェア・ムレシュルイの重要な銅鉱脈の近くには、15基から20基の墓があった。被葬者は仰臥位で、本来は膝を立てていたが左右のいずれかに倒れたと思われ、ベンガラで染まり、イシガイ属の貝殻ビーズを付け、長いフリント石刃（最長で22センチ）と銅製の千枚通し、銅の棒でつくった「トルク」、および4方向に突起がある黒い磨製石器の槌頭（図11・10参照）が副葬されていた。移住者は前4000－3900年ごろ、ティサポルガール文化の時代の終わりからボドログケレストゥールの時代の始まりにかけて到来したが、地元文化の伝統を崩すことはなかったようだ。ハンガリー東部のヘンシダとモイグラードからは、不穏な状況であったことを示す故意に埋められた古ヨーロッパ型式の金と銅の装飾品の埋蔵遺物が大量に見つかっているが、それ以外はティサポルガールとボドログケレストゥールまでは、文化的な連続性が随所に残されていた。[50] これは民族の大移動ではなく、小集団による一連の長距離移動であり、まさしく騎馬の部族なら考えうるような動きだった。

◎スヴォロヴォの墓

スヴォロヴォ・クルガン（スヴォロヴォⅡ第1クルガン）は直径が13メートルで、金石併用時代の4基の墓の上を覆っていた[51]（図11・11参照）。墳丘底部の周囲には1メートルの高さで環状列石が築かれていた。環状列石の内側には、南北軸に沿って二つの小円を描くように石が積まれ、それぞれが中央の墓を囲んでいた（7号と1号墓）。7号墓は成人男女の二人用墓で、膝を立てた仰臥位（仰臥屈葬と訳す）で、東向きの頭位で埋葬されていた。墓の床面はベンガラ、白亜、木炭の黒い破片で覆われていた。馬頭形と思われる磨製石器の見事なメイスが、男性の骨盤の上に置かれていた（図11・5参照）。女性の腰からは、円板状の貝殻ビーズのベルトが垂れ下がっていた。この墓にはバルカンの銅で製造された目打ちが二本とフリントの剝片石器が3点あったほかフリント製の（皮なめし用）掻器《エンドスクレイパー》もあった。もう一方の1号墓からは、伸展位の成人男性と、胎土に貝殻の混じる土器片が二つ見つかった。

プルト川河口に近いジュルジュレシュティにあるスヴォロヴォの墓地は、焼かれた獣骨が大量にあった炉の周辺に、5基の墓が集まっていた[*52]。成人男性が埋葬されていた4号墓の上には、牛の頭骨と骨がさらに堆積していた。4号墓、5号墓はそれぞれ成人の男性と女性のもので、1号、2号、および3号墓には3人の子供が埋葬されており、どうやら家族のようだった。これらの墓は塚で覆われていたが、塚が墓のために盛られたのか、後世につくられたのか、発掘者には定かにはわからなかった。5基の墓のうち4基の埋葬姿勢は仰臥屈葬で（2号墓の骨はバラバラだった）、墓の床面にはベンガラが塗られていた。二人の子供（1号、3号墓）と成人女性（5号墓）は、合計で螺旋状の銅の腕輪を19点、イノシシの牙のペンダントを5点、身に着けており、ペンダントの一つは銅板で覆われていた（図11・10h参照）。2号墓には後期グメルニツァの壺があった。子供たちと成人女性の墓には、多数の銅製ビーズ（正確な個数は未発表）、円板状貝殻ビーズ、アカシカの歯のビーズ、エーゲ海のサンゴのビーズがあったほか、フリント石刃とフリントの石核も見つかった。N・リンジーナが分析した8点の金属器のうち6点は、典型的なヴァルナ＝グメルニツァのバルカンの鉱石からつくられていた。腕輪と環、各一点は、意図的に砒素を混ぜた銅合金（砒素銅）（それぞれ1・9％と1・2％の砒素を含有）からつくられていた。ヴァルナやグメルニツァの金属には見られなかったものだ。4号墓に埋葬されていた成人男性は、金の環を二つと、植刃器二点が副葬されていた。いずれも長さが40センチ以上あり、骨製の尖頭器の側縁部に掘った溝に、フリントの細石刃をはめ込んだもので、銅と金の環状の接続金具で飾られていた（図11・10n参照）。植刃器はおそらく二本の投げ槍用のもので、スヴォロヴォの騎乗者はこの武器を好んだのかもしれない。

クルガンはドナウ川南のドブルジャ地域のカシムチャにも出現した。ここでは成人男性がベンガラに染まった墓に、仰臥屈葬されており、馬頭形の磨製石器のメイス（図11・5参照）と、三角形のフリント斧5点、三角形のフリント尖頭器15点、およびフリントの剝片石器3点が副葬されていた。ヴァルナに近いデヴニャの古いヴァルナ文化の墓地にも、別のスヴォロヴォの墓がある。この単独墓には成人男性がベンガラに染まった墓で仰臥屈葬されており、副葬品には金環が32点、銅斧が1点、銅製装飾ピンが1点、断面が四角い長さ27センチの銅製の錐1点、長さ1・64メートルの曲げた銅線1本、フリントの剝片石器36点、三角形のフリント尖頭器5点があった。

同時代の別の（約80―90キロ離れている）クルガン群も、トリポリエの境界地帯に近いプルト川とドニエストル川の流域に位置していた（カイナリ、アルツィザ、コプチャク）。トリポリエB1のノヴィ・ルシエシュティの集落から十数キロしか離れていないカイナリでは、単独墓の上にクルガンが築かれており、銅製「トルク」にイシガイ属の貝の円板状ビーズが吊るされていた（図11・10k参照）ほか、フリントの長い剝片石器に赤鉄鉱〔ベンガラ〕、およびトリポリエB1の壺が見つかった。

◎ノヴォダニロフカ集団

黒海北部のステップの故郷では、上層部の人びとは螺旋状の銅製腕輪、銅の環と腕輪、数種類の銅製ビーズ、貝殻の形をした銅製ペンダント、銅製目打ちとともに埋葬されていた。いずれもバルカン産の銅の微量元素を含み、ジュルジュレシュティやスヴォロヴォの遺物とそっくりの技法でつくられていた。[*53] 貝殻の形をした銅製ペンダントは、ステップの非常に典型的な装飾型式で、ノヴォダニロフカ（チャプリ）とスヴォロヴォ（ジュルジュレシュティ）の双方の墓から出土した（図11・10j）。

墓の床面にはベンガラまたは赤鉄鉱の塊が撒かれていた。死者は仰臥屈葬で、頭位は東または北東を向いていた。地表の目印は小さなクルガンか石のケルンで、大半は環状列石に囲まれていた。なかでも豪華な墓は以下のようなものだった。

ノヴォダニロフカ　ドニエプル川とアゾフ海のあいだの乾燥した丘陵地にあるノヴォダニロフカに、石を並べてつくった箱式石棺墓に二人の成人が、螺旋状の銅製腕輪2点と、100個以上のイシガイ属の貝殻ビーズ、フリントの剥片石器15点、および北カフカースのスヴォボドノエ文化からもち込んだ壺とともに埋葬されていた。

クリヴィ・リフ　ドニエプル川西のインフレツィ川流域にあり、2基の墓（1号、2号墓）をクルガンが覆っていて、フリントの石斧と剥片石器、螺旋状の銅製腕輪1点、螺旋状の銅の環2点、銅製ビーズ数百個、金管の柄用接続金具1点、イシガイ属の円板状貝殻ビーズなどが副葬品となっていた。

チャプリ（図11・10参照）はドニエプル急流域の北端にあり、5基の豪華な墓があった。なかでも豪華なのは（1aと3a号墓）子供の墓で、螺旋状の銅製腕輪2点、貝殻形の銅製ペンダント13点、300個以上の銅製ビーズ、銅の薄片製のヘッドバンド、200個以上のイシガイ属貝殻ビーズ、フリントの剥片石器1点、およびジュルジュレシュティで出土したようなイノシシの牙のペンダント1点が副葬されていた。

ペトロ＝スヴィストノヴォ（図11・10参照）は、ドニエプル急流域の南端にある12カ所の環状列石からなる墓地だが、浸食によってかなり破壊されている。1号墓だけでも螺旋状の銅製腕輪が2点、100個以上の銅製ビーズ、フリント石斧3点、フリントの剥片石器1点が出土し、その他の墓からはさらに3点の螺旋状の腕輪と、ヴァルナのものに似た大きな鋳銅の斧が1点、チャプリとジュルジュレシュティの遺物に似たイノシシの牙のペンダントが発見された。

およそ80カ所のスレドニー・ストク文化の墓地も、埋葬儀礼では非常に似通っており、所在する地域も同じだが、氏族の首長たちの墓と思われるノヴォダニロフカの墓から出土した高級品は含まれていなかった。首長たちはバルカンからもち込んだ富の一部を再分配していた。たとえば、デレイフカのスレドニー・ストクの小さな墓地からは、1号墓に小さな銅製ビーズが3個、4号墓にはトリポリエB1の鉢が見つかった。その他の墓には、副葬品は何もなかった。

戦争、気候変動、言語交替

前4200から前3800年にかけて気候が寒冷化したために、古ヨーロッパの農耕経済はおそらく衰退し、それと同時にステップの牧畜民がドナウ川河口周辺の低湿地と平原に押し入ってきた。気候変動はその後の危機において重大な役割を演じていただろう。ヨーロッパ南東部のドナウ川下流域、バルカン半島、エーゲ海沿岸（シタグロイⅢの終焉）だけでなく、ギリシャでも（テッサリアの後期新石器時代Ⅱ）でも、遺丘の集落に居住していた文化はほぼすべて、前4000年ごろに放棄されているからだ。[*54]

しかし、気候の寒冷化と不作が、広域にまたがる遺丘の放棄の重大な原因であったに違いなくても、それだけが唯一の原因だったわけではない。ユナツィテとホトニツァの虐殺は、紛争が起きたことの証だ。磨製石器のメイスは、頭をかち割ったことをたたえ、地位を象徴する武器だ。スヴォロヴォ＝ノヴォダニロフカの多数の墓からは、一連のフリント製の槍状尖頭器と、フリント石斧が見つかっているし、ジュルジュレシュティの首長の墓からは、銅と金で装飾が施された、40センチの恐ろしげな投げ槍の穂先が2点出土した。襲撃と戦争が常態化すれば、定住の集落は戦略的に不利な立場に置かれただろう。紀元6世紀に、同じ地域で起きたスラヴ部族による襲撃によって、100年に満たない期間でビザンティウム時代のギリシャの都市は放棄された。戦争によって不作は深刻化し、より移動可能な経済への移行を促しただろう。[*55]その移行が生じるにつれて、ステップの牧畜民はむさ苦しい移住者や蔑まされた襲撃者から、新しい経済が必要とする家畜という資源を潤沢にもつ首長や保護者に変貌を遂げたのだ。しかも、彼らは大きな群れを管理する新たな方法を知っていたのであり、何よりも馬に乗って家畜を移動させていた。

スヴォロヴォの首長たちは、東アフリカのアチョリ族のあいだで言語の交替を促進することになった行動の多くを示していた。すなわち、彼らは新しい埋葬イデオロギーと関連した新しい葬送信仰を導入したのだ。彼らは葬儀での会食を、かねてより同盟を築き、同盟者を募る場となってきた催しとして開いた。彼らは権力の象徴（石のメイス）を見せびらかし、戦争を賛美していたと思われる（彼らは地位を象徴する武器とともに埋葬されていた)。ドナウ川流域で牧畜経済への移行を促したのは、彼らが示した経済的手本だったのだろう。原印欧の宗教と社会構造は、どちらも誓約に縛られた約束にもとづくもので、それは保護者(もしくは神々)が被護者(もしくは人間)に、保護・加護と牛や馬の贈り物を与えることを義務付けるものだった。この義務を確かなものにする誓約(*$h_1$óitos)は、原則として、古ヨーロッパの遺丘からの被護者にも向けられた。

古体印欧祖語は、アナトリア諸語の祖先であり、前4200−3900年前後の戦争と転移、移住、および経済の変化の時代に、ヨーロッパ南東部へと拡大した。似たような状況で、パキスタン西部のパターン〔パシュトゥーン〕とバルーチーの境界における慢性的な戦争状態のなかで、フレデリック・バースは農業を営んでいたパターン人が次々に土地を失って境界を越え、牧畜民であるバルーチー族に加わった流れについて描いた。土地を失ったパターン人は、まともな地位を得るのに土地が必要なパターンのほかの村では、自分たちの地位を取り戻すことはできなかった。古ヨーロッパの地位の序列においても、遺丘とその固定された農地制度は似たような制限的役割をはたしたのかもしれない。牧畜を営む保護者に庇護され、労働奉仕と引き換えに保護と報酬をもらうことは、子供の世代には垂直方向の社会移動を約束する代案なのだった。印欧祖語の話し手は、偉大な行為や略奪行為、思いがけず手に入れた戦利品に付与される名誉と贈り物について語っており、手柄にもとづいて名誉と富が得られたことが示唆される。[*56] 慢性的な戦争状態で遺丘を追われた住民は、牧畜経済を採用するにつれて、印欧祖語を話す保護者とその言語を受け入れたのかもしれない。

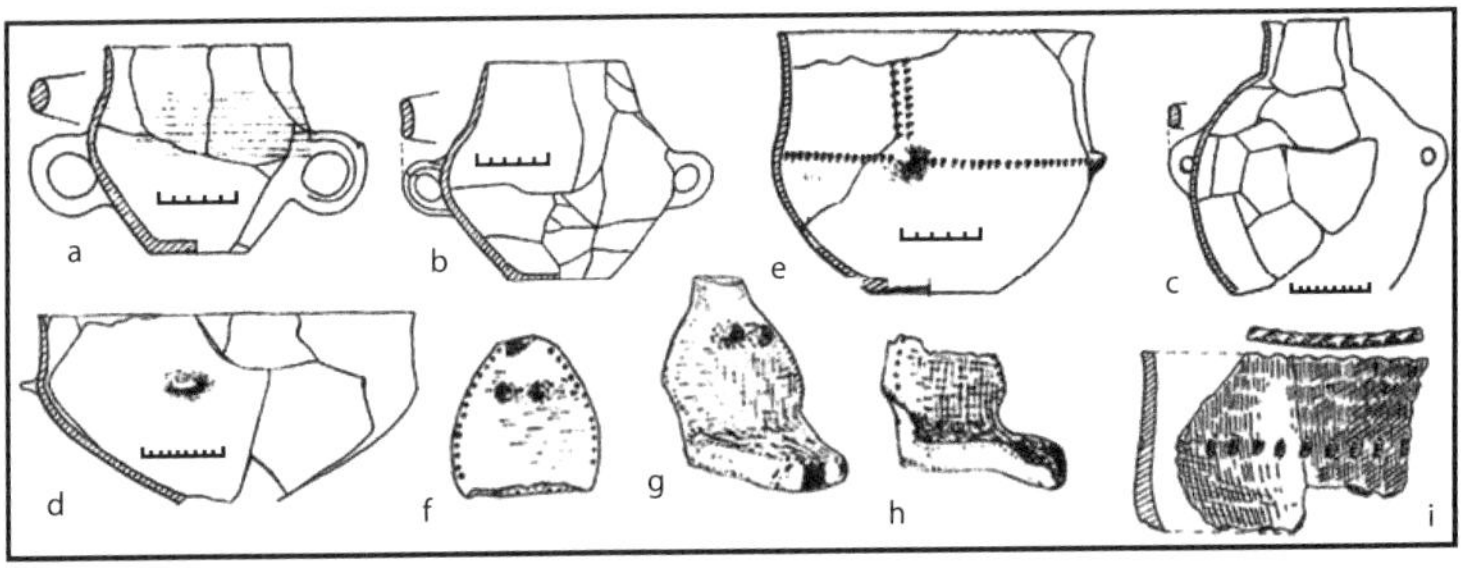

図11・12　ドナウ川下流域、チェルナヴォダI集落からの、前3900-3600年ごろの黒または灰色の表面の土器。把手が2本の大型ジョッキを含む。出典：Morintz and Roman 1968

崩壊後

前4000年以降の数世紀にわたって、チェルナヴォダI型式の集落がドナウ川下流域一帯に広がった（図11・12）。チェルナヴォダIは、ドナウ川下流を見下ろす崖の上に築かれた集落だった。チェルナヴォダIの物質文化は、ステップからの移住者が遺丘を立ち退いた地元民に同化したことを表わしていたのだろう。チェルナヴォダIの土器は、ブルガリア中北部のペヴェッツとホトニツァ＝ヴォドパダ、およびプルト川下流域のレニーIIから出土した。これらの集落は、5軒から10軒の竪穴式住居があるだけの小さなもので、防御設備があった。チェルナヴォダIの土器は、ブルガリア北西部のテリシュIVのように、別の文化型式の集落からも見つかっている。チェルナヴォダIの土器には、後期グメルニツァの器形を簡素化したものが含まれ、表面は一般に暗色で装飾はないが、胎土には貝殻が混じっている。U字形の「芋虫」のような縄目文（図11・12i）に暗色の表面、そして貝殻入りの胎土は、スレドニー・ストクまたはククテニCの典型だった。[*57]

これらの表面が暗色で、貝殻入りの胎土の新しい土器群で目に付くのは、ループ状把手のある杯と、「シャイベンヘンケル」と呼ばれる大型ジョッキだった。これは新しい様式の液体容器で、ピッチャーでもあり、ドナウ川の中流域と下流域一帯に広まっていた。アンドルー・シェラットはシャイベンヘンケル・ホライズンを、酔わせる飲料を飲む新しい習慣を明らかに示す最初の兆候と解釈した。[*58] ふんだんに装飾が施された貯蔵と給仕用の容器が、簡素な杯に取って代わったことは、新しい上層部の酒を飲む儀式が、古い家庭内の晩餐と交代したか、脇に追いやったことを意味するのかもしれない。

チェルナヴォダⅠの経済はおもに羊とヤギの牧畜にもとづくものだった。多くの馬の骨がチェルナヴォダⅠで見つかっている。このとき初めて、飼い馬がドナウ川中流域と下流域の家畜の群れに、日常的に加わるようになったのだ。[*59] ドナウ川中流におけるハスケル・グリーンフィールドの動物学研究もまた、この時代に初めて、家畜があちこちの高地や低地で、さまざまな年齢で殺され、解体されるようになったことを示していた。これは、牧畜民が家畜を季節ごとに高地と低地の牧草地に移動させ、「移動遊牧」と呼ばれる形態の牧畜を営んでいたことを暗に示す。新しい牧畜経済は、おそらくは馬に乗るようになったおかげもあって、新たな、より移動可能な方法で実践されていたのかもしれない。[*60]

クルガンの墓は、スヴォロヴォが侵入してきた当初のみ造営された。その後、移住者の子孫はクルガンをつくるのをやめている。オストロヴル・コルブルイの平墓の墓地は、この移住期のものと思われ、63基の墓があり、その一部は仰臥屈葬で、残りは横臥屈葬の姿勢〔横向きになって身体を丸める〕で、見捨てられた遺丘の廃墟に埋葬されていた。チェルナヴォダⅠの平墓もやはり、ブライリツァの墓地に出現しており、ここでは男性はステップのノヴォダニロフカの人びとのような幅広の頭骨と顔をしているが、女性は古ヨーロッパのグメルニツァの人びとのように華奢な、地中海型の顔だった。

前3600年ごろには、チェルナヴォダI文化はチェルナヴォダⅢ文化に発展した。チェルナヴォダⅢはその後、東欧で最大かつ最も影響力のある広域文化、すなわちバーデン＝ボレラーズ・ホライズンと結びついた。ドナウ川中流（ハンガリー）を中心とし、年代的には前3600—3200年ごろのものだ。この文化の杯にはかなり高い位置に紐状把手があり、灰色から黒の胎土が磨かれて艶だしされており、頸部に丸溝ひだの装飾があった。いくらか似たような杯のセットが、オーストリア東部とモラヴィアからドナウ川河口まで、さらに南はエーゲ海沿岸まで（ディキリ・タシュⅢA—シタグロイⅣ）つくられていた。馬の骨はほぼどこからも、巻毛羊《ウールシープ》と考えられている大型の羊とともに出土した。ドナウ川中流域の低地では、羊／ヤギの60—91％は成獣になるまで生きていたので、羊毛と思われる二次的産物のために飼育されていたことが暗示される。同様に、ポーランド南部の高地にある同時代（シャルケンブルクとブロノチツェ）の後期TRBの二つの遺跡では、ヤギ属の動物の40—50％は成獣だった。前3600年以降、馬と巻毛羊は東欧でどんどんありふれた存在になっていった。

前アナトリア語は前4200—4000年ごろにはおそらく、スヴォロヴォの移住者によってドナウ川下流とバルカン半島へ導入されただろう。彼らの子孫がいつアナトリアへ移動したかはわからない。前アナトリア語の話し手は、前3000年ごろにアナトリア北西部にトロイIを築いたのかもしれない。のちにヒッタイト人が唱えた祈禱では、天の太陽神であるシウス（Sius、ギリシャ語のZeusと同根語）は海から昇る太陽として表現されていた。これはつねづね、大海の西に位置していた前ヒッタイトの初期の原郷から使われつづけ、化石化した儀式の語句として解釈されてきた。[*61] スヴォロヴォの墓は黒海の西に位置していた。スヴォロヴォの民は馬に乗って沿岸を走り、昇る太陽に祈っていたのだろうか？

（下巻につづく）

56　原印欧人の略奪，儲け，戦利品については Benveniste 1973: pp. 131−137 を，パターン族のあいだの言語交替については Barth 1972 を参照.

57　チェルナヴォダ I については，Morintz and Roman 1968，Roman 1978 のほか，Georgieva 1990，Todorova 1995 および Ilčeva 1993 を参照．近年のよい要約は Manzura 1999 にある．オストロヴル・コロブルイのこれらの墓地については，Nikolova 2002，2000 を参照.

58　Sherratt 1997b, 1997c を参照．前 4000 年から前 2500 年までの時代の杯は，蜂蜜（蜂蜜酒の原料）と穀物（ビールの原料）を供するために使われたのだろうとシェラットは主張した．どちらも前期青銅器時代の鐘状ビーカーに直接の証拠がある．蜂蜜はわずかな量しか手に入らないので，内輪だけの儀式や集まりで，その発酵飲料を分配されるエリート層の管理下に置かれていたかもしれない．印欧祖語には，蜂蜜（*melit-）と蜂蜜飲料を意味する派生語（*medhu-）が含まれていた.

59　チェルナヴォダ I から後期レンギェルの馬については Peške 1986 と Bökönyi 1979 を参照.

60　牧畜については，Greenfield 1999，Bökönyi 1979，および Milisauskas 2002: p. 202 を参照.

61　シウスへの祈りについては Puhvel 1991 を参照.

nicka et al. 1997 を参照．これらの副葬品は，バルカン半島の鉱山が前 4000 年ごろに閉山されたため，カルパティア山脈の鉱石に移行したことを物語っていた．

44　ヴォルガのステップからの馬頭形工芸品は，サマーラに近いオレンブルクとレビャジンカから出土した．磨製石器の槌頭については Kriukova 2003 を参照．

45　古ヨーロッパの武器については Chapman 1999 を参照．

46　*Equus hydruntinus*〔英語名 European ass〕はヴァルナとドゥランクラクの墓地で特別な儀礼上の地位を与えられていたが，食糧としては重要ではなく，絶滅の危機にあった．ウマ（*Equus caballus*）は，チェルナヴォダ I 時代以前は，金石併用時代の集落と墓地からはめったに，あるいはまったく出土していない．例外はボルグラードの分派の遺跡だった．グメルニツァに関連したボルグラードの遺跡では，獣骨の約 8% が馬の骨だった．ドナウ川流域のほかの古ヨーロッパの遺跡からは，馬の骨は見つかっていない．ヴァルナとドゥランクラクのウマ科動物については，Manhart 1998 を参照．

47　南西部で抗争と遠隔地交易が盛んになったことについては，Vehik 2002 を参照．Di-Cosmo（1999）はステップにおける抗争の増加が，既存の制度における組織的な変化を促進し，こうした変化がのちに遊牧民による大きな軍隊を可能にしたと述べた．

48　後期トリポリエ A／前期 B1 の集落とボルグラード文化との接触は Burdo 2003 にまとめられている．接触の大半は後期トリポリエ A からトリポリエ AⅢ2 とⅢ3 の年代である．

49　ボルグラードの遺跡については，Subbotin 1978，1990 を参照．

50　貫入していた墓地については，Dodd-Opriţescu 1978 を参照．金と銅の埋蔵遺物については，Makkay 1976 を参照．

51　スヴォロヴォのクルガン群については，Alekseeva 1976 を参照．コプチャク・クルガンは Beilekchi 1985 に説明がある．

52　ジュルジュレシュティは Haheu and Kurciatov 1993 に簡単な説明がある．ジュルジュレシュティからの放射性炭素年代は 1 例だけ発表されている．Ki-7037，5380±70 BP，較正すると前 4340–4040 年である．Telegin et al. 2001，p. 128 では年代に誤植があると，私は伝えられている．

53　ノヴォダニロフカの墓は孤立したもので，墓地にあったわけでなく，Telegin 1973: p. 113 に記載されている．ペトロ・スヴィストノヴォとチャプリについては，Bodyans'kii 1968 と Dobrovol'skii 1958 を参照．

54　前 4000–3500 年ごろの地域全体のテルの放棄については Coleman 2000 に述べられている．これがなぜギリシャ語の話し手がギリシャにやってきた出来事になりうるのか私にはわからない．ギリシャ語はインド・イラン語派と多くの特徴を共有しており（第 3 章の終わりを参照），インド・イラン語派はずっと後世に出現したからだ．前 4000 年の危機は，前アナトリア語の話し手をヨーロッパ南東部に移動させたのだろう．

55　ローマ帝国崩壊後のブルガリアの都市の衰退については Madgearu 2001 を参照．Mace（1993）は，穀物の生産高が落ちた場合に，牛が飢えないための保険になると指摘する．紛争時でも牛ならば保護された地域へ移動させられる．農産物の収穫が落ち，紛争が激しくなるような状況下で，牧畜への依存度を増やすことは，経済的に大いに意味をなしただろう．

のスレドニー・ストク起源については，pp. 111–112 を参照．テレギンの編年の概要は Telegin 1987 において英語で説明されている．

34　ラサマキンの新モデルに関する最も長く詳細にわたる英語版の論文は 123 ページの論文，Rassamakin 1999 である．スレドニー・ストク文化についてのテレギンの 4 様相（Ⅰa, Ⅰb, Ⅱa, Ⅱb）は，少なくともラサマキンにとっては，以下の 3 つの別々の連続した文化を表わしていた．(1) スケリヤ文化，前 4500–4000 年（テレギンにとってはスレドニー・ストクのⅠb 相であるストリルチャ・スケリヤに因んで名付けられた），(2) クヴィトヤナ文化，前 3600–3200 年（クヴィトヤナをテレギンはⅠa 相の遺構としたが，ラサマキンはこれをテレギンの最終相であるⅡb 相に相当するとした），(3) デレイフカ文化，前 3200–3000 年（テレギンはⅡa 相の遺構とし，放射性炭素年代では前 4200–3700 年と測定）である．テレギンは層序と墓との関連，放射性炭素年代に忠実であったようで，一方，ラサマキンは様式にもとづく議論を根拠としていた．

35　スレドニー・ストクの土器については，Telegin 1986: pp. 45–63 および 1973: pp. 81–101 を参照．骨格の研究については Potekhina 1999: pp. 149–158 を参照．

36　モリューハヴ・ブゴールの種子については Pashkevich 1992: p. 185 を，デレイフカの遺物については，Telegin 1973: pp. 69, 43 を参照．ビビコヴァは実際には 2,412 点の馬の骨と，最小個体数で 52 頭の馬を報告していた．私は「宗教儀式の牡馬」の下顎，頭骨，中手骨 2 本を除外した．

37　スレドニー・ストクでは集落址からの獣骨は 4 標本しか報告されていない．その大半は不安になるほど小さな標本（骨が数百点）で，発掘に当たって篩は使われていなかった（現在も使われていない）ので，発掘調査ごとに骨の回収率が異なる．そのため，発表された獣骨の割合はおよその目安としてしか使えない．動物相の報告の英訳は，Telegin 1986 を参照．

38　Rassamakin（1999: p. 128）は，彼がデレイフカ 2 と呼んだデレイフカの墓地を，前 4000 年以前のスケリヤ時代のものと比定し，デレイフカの集落址は後期金石併用時代の前 3300–3000 年ごろのものとした．テレギンはこの墓地で発見されたトリポリエ B2 の鉢からの放射性炭素年代に従い，双方を同時代のものと比定した．

39　枝角製「チークピース」のさまざまな解釈については，Dietz 1992 を参照．

40　スヴォロヴォ＝ノヴォダニロフカ集団については，Nechitailo 1996 と Telegin et al. 2001 を参照．金属器は Ryndina 1998: pp. 159–170 を，英語の概要は pp. 194–195 を参照．スヴォロヴォ＝ノヴォダニロフカ集団に関する英語の考察はわずかにしかない．スヴォロヴォ＝ノヴォダニロフカを組み入れたスケリヤ文化についてのラサマキンの説明のほか，Dergachev 1999 と Manzura, Savva, and Bogotaya 1995 を参照のこと．Mallory and Adams 1997 にある「スヴォロヴォ」の項目は有意義だ．

41　Telegin 2000, 2001.

42　ノヴォダニロフカの墓の物理的な型式については Potekhina 1999: pp. 149–154 で論じられている．ドナウ川下流域の型式は Potekhina in Telegin et al. 2001 および Necrasov and Cristescu 1973 で説明されている．

43　Ryndina（1998: pp. 159–170）はジュルジュレシュティ，スヴォロヴォ，ノヴォダニロフカ，ペトロ・スヴィストノヴォ，およびチャプリの墓からの副葬品を検査した．Per-

しあげなければならず，しかも摑まるところがどこにもない．馬の後方の臀部に跨る騎乗者の絵図はおそらくただ，前1000年まで近東の芸術家は，とりわけエジプトの人びとは，馬ではなくロバに乗る人しか見慣れていなかったことを示すのだろう．ステップの乗り手がロバの乗り方を馬にも採用したという主張は，そもそもありえそうにない．こうした主張については，Drews 2004: pp. 40–55を参照．

24　古ヨーロッパとポントス・ステップの金石併用時代の文化とのあいだの相互依存と経済交流については，Rassamakin 1999: p. 112，およびManzura, Savva, and Bogotaya 1995; Nikolova 2005: p. 200を参照．ニコロヴァは，ブルガリアでは移動遊牧がすでに古ヨーロッパの経済の一部になっていたと主張したが，彼女が言及したヤゴディンスカ洞窟は放射性炭素年代で前3900年ごろと測定されている．つまり，崩壊のさなかか，その直後である．高地の牧畜定住地は小規模で，テル時代の経済ではさほど重要な側面を占めておらず，深刻な危機によってのみそれが新しい経済の基盤となった．

25　Ewers 1955: p. 10.

26　ギヴ・アンド・テイクについてはBenveniste 1973: pp. 53–70を，ヒッタイトの単語についてはとくにpp. 66–67を参照．引用はp. 53から．ヒッタイト語のpaiは動詞前辞のpe-と*ai-，すなわちトカラ語のaiにおいて「与える」を意味する発達形からなる．Mallory and Adams 1997: pp. 224–225の「ギヴ」の項目も参照のこと．

27　Keeley 1996を参照．線帯文土器の境界地帯の相互依存的なモデルはBogucki 1988を参照．食糧の相互依存的な交換でよく引用される民族誌学的な事例は，プエブロ・インディアンとグレートプレーンズでバイソンを徒歩で狩猟していた部族とのあいだの物々交換だ．しかし，スーザン・ヴィークによる近年の研究は，プエブロ・インディアンと平原のバイソン狩猟民とのあいだでは，地位を高める品々――フリント製石鏃，彩色土器，トルコ石――が交換されていたのであって，食糧ではなかったことを示していた．西暦1250年以降に平原で紛争が盛んになった時代に，交易は大いに増えた．Vehik 2002を参照．

28　Kershaw 2000を参照．

29　Mallory and Adams 1997: pp. 82–83の「婚資」を参照．

30　東アフリカでは，採集民と養蜂家の集団であるムコゴド族が牧畜民と交流し，異民族間で婚姻を結ぶようになったのち，家畜を手に入れざるをえなくなった．非ムコゴド族の求婚者が牛を贈ると言いだした場合に，ムコゴドの男性は蜂の巣を差しだしても妻を迎えられなかったからだ．牛のほうがともかく価値が高かったのである．ムコゴド族は子孫を残しつづけられるように，牧畜民になった．Cronk 1989，1993を参照．

31　Ewers 1955: pp. 185–187.

32　スレドニー・ストクの遺跡は，スレドニー・ストク1と2の2つの層からなる．下の層（スレドニー・ストク1）は前期金石併用時代DDⅡの居住層で，上の層は後期金石併用時代のスレドニー・ストク文化の標式遺跡だった．古い文献では，スレドニー・ストク文化はときおりスレドニー・ストク2（またはⅡ）と呼ばれ，スレドニー・ストク1（またはⅠ）から区別されている．

33　スレドニー・ストク文化はTelegin 1973で定義されている．スレドニー・ストク文化の主要な集落であるデレイフカは，Telegin 1986に英語の説明がある．ククテニC土器

(トリポリエ，トマショフカ）を使用する．トリポリエなど多くの地名は，ウクライナ以外の文献ではロシア語名で定着しているからだ．〔訳文では文化名についてはロシア語名称を優先したが，ウクライナの地名として知られるものなどはウクライナ語を優先した.〕

13　人口動態については，Dergachev 2003 と Masson 1979 を参照．ボルグラード＝アルデニの難民の逃走については，Sorokin 1989 を参照.

14　トリポリエ B1 における戦争全般については Dergachev 2003, 1998b; Chapman 1999 を，ドルツィ 1 については Ryndina and Engovatova 1990 を参照．この節におけるその他の情報の大半は，Chernysh 1982 による概説を拠りどころとした.

15　ククテニ C の名称は，胎土に貝殻が入った土器の型式のみを指す．ククテニの編年はククテニ B2 で終わっている．ククテニ C 土器はまずククテニ A3／トリポリエ B1 の時代とされる場所に現われ，最終的には土器全般を占めるようになった．Ellis 1984: pp. 40–48 を参照.

16　ククテニ C 土器に影響をおよぼしたステップ文化の発祥地に関しては，テレギンは前期スレドニー・ストク文化，Ib 相だと比定し，ラサマキンはスケリヤ文化だとしている.

17　貝殻を胎土に混ぜると，再加熱によって頻繁に熱衝撃にさらされる土器の耐久性と衝撃抵抗が高まるほか，蒸発による冷却効果も増すので，貝殻入りの土器は調理にも，冷たい飲料水の保存にも役立つ．ククテニ C 土器と精製彩色土器は，竪穴式住居でも二階建ての大きな地上家屋でも発見された．集落内でククテニ C 土器と精製土器が分布する場所にどんな違いがあったかは述べられていない．一部の遺跡では，ククテニ C 土器は唐突に出現したようだった．ポリヴァノフ・ヤルでは，トリポリエ B2 の居住層からグロッグ入りの昔からの粗製土器が出土したが，トリポリエ C1 では外形もデザインも異なる貝殻入りの C 土器に替わっており，一方，精製彩色土器は二様相にまたがり，明らかな連続性が見られた．Bronitsky and Hamer 1986，Gimbutas 1977，Marinescu-Bîlcu 1981 を参照.

18　馬頭形の槌頭については Telegin et al. 2001; Dergachev 1999; Gheorgiu 1994; Govedarica and Kaiser 1996 を参照.

19　頭骨の形状については Necrasov 1985 と Marcsik 1971 を参照．華奢な「地中海人」のトリポリエの頭骨は，トライアン（トリポリエ B2）の儀礼用の土台の堆積物から見つかった.

20　ミルノエについては Burdo and Stanko 1981 を参照.

21　東方への移住については Kruts and Rizhkov 1985 を参照.

22　遊牧の騎馬兵にたいする鉄器時代の画一的な見方が，非常に影響力のあった Merpert（1974，1980）と Gimbutas（1977）の一部の著作の背後にあったと思われる.

23　「ぎこちない騎座」仮説は，騎乗者を馬の尻にぎこちなく座る様子を描いた近東の絵図にもとづいていた．ロバに乗るのにより適した騎座である．ロバは鬐甲〔きこう，肩甲骨間の隆起〕が低く，臀部が広く高い．前方に乗ると，ロバが頭を下げた際に地面に落ちやすい．そのためロバに乗る場合は通常，尻に跨る．馬は鬐甲が高いため騎乗者は前方に跨り，おかげでたてがみに摑まることもできる．馬の尻に乗ろうと思えば体を押する．青銅製の袋穂式の鎌の出現と使用法については，Derin and Muscarella 2001 を参照．アラル海地域の前期鉄器時代の袋穂式鎌の目録と考察については，Itina and Yablonskii 1997 を参照．青銅製袋穂式の有銎矛の穂先は，前 2000 年にはステップでつくられており，前 1500 年ごろの後期青銅器時代なかばには，ステップの遺構にときおり小さめの袋穂式穂先が現われ始めたが，すぐさまその新しい可能性が利用されたわけではなかった．騎射のための理想的な弓，矢，および鏃は徐々に進化した．

41 部族間抗争については，Keeley 1996 を参照．

第 11 章　古ヨーロッパの終焉とステップの台頭

1 ヴァルナの金については，Bailey 2000: pp. 203–224 と Lafontaine and Jordanov 1988; Eleure 1989 を参照．

2 Chapman 1989.

3 ベレケトにあった遺丘外の集落については，Kalchev 1996 を，ポドゴリツァのものは Bailey et al. 1998 を参照．

4 前 4000–3800 年に日射量がどん底に落ちたことについては，Perry and Hsu 2000 と Bond et al. 2001 に記されている．スイス・アルプスのピオラ振動については，Zöller 1977 を参照．グリーンランドの氷床コアに見られた前 4000 年ごろの寒冷化の指標については，O'Brien et al. 1995 を参照．ドイツのナラの年輪に見られたヨーロッパ中部の気候変動については，Leuschner et al. 2002 を，ポントス・ステップについては Kremenetski, Chichagova, and Shishlina 1999 を参照．

5 洪水と耕作物の推移については，Bailey et al. 2002 を，過放牧と土壌浸食については Dennell and Webley 1975 を参照．

6 ジラヴァについては Comsa 1976 を参照．

7 花粉の変化は Marinova 2003 で説明されている．

8 鋳銅製品は前 4000 年ごろハンガリー西部で，ラシーニャ＝バラトン文化とともに頻繁に出現するようになった．Bánffy 1995 および Parzinger 1992 を参照．

9 Todorova 1995: p. 90，Chernykh 1992: p. 52．家が焼かれたのは，金石併用時代の意図的な儀式行為であったかもしれない．Stevanovic 1997 参照．しかし，ドナウ川下流域とバルカン半島で前 4000 年ごろに金石併用時代の町が最終的に火事で焼け尽くされたのは，地域全体が放棄され，文化が突如として変わったのちのことだった．北米の南西部（西暦 1100–1400 年）と，メソアメリカの後期古典期（西暦 700–900 年）マヤの支配地域では，大型定住地の地域一帯の放棄が激しい戦争と関連していた．Cameron and Tomka 1993 参照．前 4100–3800 年ごろドナウ川下流域を襲ったような気候変動は，テルの集落を人の住めない環境にしただろう．したがって〔その結果〕戦争になったというのが考えうる説明だろう．

10 カラノヴォ VI の時代に過放牧と土壌浸食があった証拠は，Dennell and Webley 1975 を，金石併用時代のユナツィテの破壊については Merpert 1995 と Nikolova 2000 を参照．

11 Todorova 1995.

12 土器工房については Ellis 1984 を，フリント石器工房については Popova 1979 を参照．私はウクライナ語の綴り（トリーピッリャ，トマショフカ）ではなく，ロシア語の綴りの風化の差異への彼らのコメントは Akhinzhalov, Makarova, and Nurumov 1992: pp. 28–29, 39 を参照.

32 カザフスタンのクステナイに近いトゥガイ・ステップを中心とした金石併用時代のテルセク文化の遺跡は，ボタイと同時代と年代測定されており，ここで見つかった一部の獣骨，とりわけクムケシュⅠで出土したものを，Logvin（1992）と Gaiduchenko（1995）は飼い牛と解釈した．別の動物学者，マカロヴァは，テルセクのウシ科動物を野生のバイソンと同定している（Akhinzhalov, Makarova, and Nurumov 1992: p. 38）．飼い牛は，ポントス・カスピ海ステップの牧畜民により近い，テルセクの関連の場所でいくらか飼われていたかもしれない．ボタイでは飼い牛は出土していない．クムケシュについては，Logvin, Kalieva, and Gaiduchenko 1989 を参照.

33 カフカース地方の馬については，Mezhlumian（1990）が会議で発表した論文に依拠した．若干の馬はカフカース山脈を通って，前 3000 年以前にイラン北部へ入ったかもしれない．テヘランの西にあるカブレスターンの遺跡から，馬の歯の可能性のあるものが数本見つかっており（Mashkour 2003 参照），ゴディン・テペでも馬の歯らしいものが 1 本検出された（Gilbert 1991）．イラン東部，中央アジア，インド亜大陸では，前 2000 年より古い年代が測定された地層からは，明らかに馬の遺骸とわかるものは検出されていない．その反対のことが主張されてきたのだが．この議論に関する概説は Meadow and Patel 1997 を参照.

34 ヨーロッパ中部の馬については，Benecke 1994; Bökönyi 1979; Peške 1986 を参照.

35 Khazanov 1994: p. 32.

36 戦争と威信を高める品の交易については，Vehik 2002 を参照.

37 アメリカ先住民のたとえは，Anthony 1986 で論じた．グレートプレーンズの先住民文化に乗馬と馬の飼育がもたらした影響の最も詳しい分析は Ewers 1955 にある.

38 前 1500 年以前の乗馬への反論の一つは，ステップの馬は人が乗るには小型過ぎるというものだった．これは正しくない．デレイフカとボタイの馬の 70% 以上は肩高が 136–144 cm，すなわち約 13–14 ハンドで，なかには 15 ハンドの馬もいた．これらの馬はローマの騎兵馬と同じ体格だった．そのほかにも，縄や革のハミは戦闘で馬を操作するには充分ではないという議論もあった．アメリカ先住民がそれを証明しているので，これもやはり正しくない．ニューヨーク州立大学コーブルスキル校の学生たちは，縄のハミで馬を操作するのに「問題はなかった」．さらに，ステップの騎乗者は馬の尻に乗っていたという主張もある．これはロバに乗る場合だけに適した方法だが，ステップにロバは生息していなかった．金石併用時代の乗馬にたいするこれらの疑念へは，Anthony, Brown, and George 2006 で反論した．金石併用時代の乗馬を疑う議論に関しては，Sherratt 1997a: p. 217; Drews 2004: pp. 42–50; Renfrew 2002; E. Kuzmina 2003: p. 213 を参照.

39 ヴォルガ川沿いのベレゾフカ，第 3 クルガンの 2 号墓は，前 1900–1750 年ごろと測定されたポクロフカ型式の墓で，ここから出土した弓の残骸は，軸部分が板状の骨で補強され，両端にも骨の先端部が付けられ，複合弓になっていた．遺物からは全長が 1.4–1.5 m だったことがわかる．Shishlina 1990 と Malov 2002 を参照．初期の弓術と弓については Zutterman 2003 を参照.

40 ムスカレラ博士には，鏃に関するこうした見解の一部を教えていただいたことに感謝

21　デレイフカについては Telegin 1986 を，馬の骨については Bibikova 1967, 1970; Bökönyi 1974, 1978, 1979; Nobis 1971 を参照．

22　デレイフカの馬が家畜であることを示していた従来の証拠への批判は，Anthony 1986, 1991b と Levine 1990 を参照．

23　キエフの動物学研究所における私たちの調査は，思慮深く寛大なナタリヤ・ベランに支えられたものだった．ロシアのサマーラでは，イーゴリ・ヴァシリエフに，カザフスタンのペトロパヴルではヴィクトル・ザイベルトにお世話になった．ブダペシュトでは，シャーンドル・ベケニーが優雅な振る舞いで迎えてくれた．彼のこうした振る舞いは広く知られており，いまでは大いに惜しまれている．プロジェクトは全米科学財団の助成金によって支えられていた．報告書は，Anthony and Brown 1991，Anthony, Telegin, and Brown 1991 を参照．

24　Häusler 1994 を参照．

25　デレイフカの「宗教儀式の牡馬」の年代の再測定については，Anthony and Brown 2000 を参照．Anthony and Brown 2003 にも再掲載した．

26　ボタイとテルセクの土器にはいずれも，ウラル南東部のステップ地帯にいた，アヤトゥスキー，リプチン，スルタンダとして知られる採集民からの影響が見られた．ボタイ゠テルセクはこれらの文化の南部のステップ地帯の分派を起源としていたのかもしれない．ボタイとテルセクの英語による説明は，Kislenko and Tatarintseva 1999 を，ロシア語は Zaibert 1993 を参照．ボタイの馬の遺骸と関連の遺跡についての考察は，Olsen 2003 と Brown and Anthony 1998 を参照．

27　コジャイ 1 からの馬の骨を最初に計測した際には（カザフスタンのペトロパヴルのホテルの部屋で行なった）3 mm の斜角のある歯が 1 本見つかった．そのため，コジャイの結果について 2006 年より前に書くことができた．コジャイ 1 からの 12 点の〔歯の〕鋳造物を Anthony, Brown, and George 2006 で再測定したところ，2.9 + の不明確な測定値だったものが実際には 3 mm であったため，結果としてハミ痕のある歯が 2 本になった．コジャイ 1 からはほかにも 2 本の P_2 が 2 mm 以上あり，野生馬にしては珍しく高い数値だった．

28　ボタイの馬を野生馬として説明したのは，Levine 1999a, 1999b; Benecke and von den Dreisch 2003; Akhinzhalov, Makarova, and Nurumov 1992 のなかの Ermolova だった．

29　Olsen 2003: pp. 98–101 も参照．

30　French and Kousoulakou 2003: p. 113.

31　新石器時代のアトバサルは，カザフ・ステップ北部のボタイに先立つものだった．Kislenko and Tatarintseva 1999 を参照．Benecke and von den Dreisch (2003: 表 6.3) は，カザフ・ステップのアトバサルの遺構で家畜の羊と牛の骨が見つかり，ボタイより古い年代であると報告していた．これは確かだが，しかし彼らが引用したロシアとカザフスタンの著者らは，これらの骨を後世の遺物が新石器時代の層に貫入したものとして説明していた．野生動物の骨よりも風化していなかったためだ．アトバサルの遺構の獣骨はアヒンジャノフ，マカロヴァ，およびヌルモフによって，野生馬，短角のバイソン，サイガ，ガゼル，アカシカ，および魚を捕獲して暮らしていた採集民の経済を表わすものとして解釈された．家畜はボタイ時代の最後に出現した．アトバサルの遺構で見られた骨

15　軟らかいハミを装着された3頭の馬の，実験前のハミ未使用時の〔歯の〕斜角値平均は1.1 mmで，ライシー出土のハミ未使用の更新世のウマ科動物と同様だった．3頭の標準偏差は0.42 mmだった．実験後の平均値は2.04 mmで，実験前の平均値にくらべ，〔当初の〕標準偏差の2倍以上になった．300時間までさらに騎乗すれば，私たちの考古学試料の閾値である3 mmの傾斜となったかもしれない．

16　ライシー出土のハミ未使用のウマ科動物の74本の歯は，標本サイズが大きいので当然ながら，私たちが収集した現代のハミ未使用の馬の31本のP_2よりも，はるかに多様性に富んでいた．測定値の分布は正常であり，私たちのハミ使用の標本とライシーの〔ハミ未使用の〕標本の平均値に見られる差をt検定で確かめたところ，有意差があった．考古学試料のハミ痕を見極めるための3 mmの閾値は，ライシーのデータからも裏付けられた．

17　ルヴィンは論文（1999b: pp. 11–12および2004: pp. 117–120）のなかで，私たちのハミ痕の研究に6つの問題点を挙げた．彼女は「誤った直接証拠」と名付けた範疇にこの研究を括り，型式がひどく異なり，機能はまったく推測にもとづくものでしかないいわゆる頭絡のチークピースと一緒にした．レヴィンの批判は事実誤認と歪曲，誤解によるものだと私たちは考える．彼女が挙げた6つの批判への回答は，Anthony, Brown, and George 2006を参照．ハミ痕の分析については，私たちは確信をもちつづけている．

18　馬の永久歯のP_2は，2歳から3歳のあいだに嚙み合わせる歯によって徐々に平らに「テーブル状」になった．ブラウンは，P_2のうち歯冠の高さが5.0 mmよりも上で，かつ咬合面の縦横比が2.1よりも大きい歯は，3歳以下の馬のものだろうと判断し，そのためハミ痕の研究からは除外すべきだと考えた（Brown and Anthony 1998: pp. 338–40）．ブラウンは歯冠の高さと咬合面の縦横比を組み合わせて，死亡年齢をこれだけ正確に推測した最初の研究者だった．彼女がこれを考えだしていなければ，2，3歳馬の歯を避けるために，標本の半数は除外せざるをえなかっただろう．クリスチャン・ジョージもブラウンの手法を使って，ライシーの標本から若い馬（3歳以下）の歯を除外した．ジョージが3.05 mmの斜角のあるP_2を1本発見したことは触れておくべきだろうが，これはおそらく3歳未満の馬のものだろう．

19　本書が印刷に入ったところで，Bendrey（2007）がイギリスとチェコのプラハの動物園にいたハミ未使用のモウコノウマからの新しい斜角の測定値を報告した．ベンドリーが該当年齢（3歳以上21歳未満）の15頭のモウコノウマからの29本のP_2を測定したところ，3 mmの斜角が3本，つまり10％未満見つかった．私たちが調べたハミ未使用の105本のP_2では，3 mmに近い斜角は1本，すなわち1％未満しかなかった．モウコノウマの斜角はいずれも，上顎側の反対のP_2との不正咬合によるものだった．3 mmの斜角の1例は，反対咬合のための獣医の処置を受けて削られていた．更新世のウマ科動物やネヴァダ州のマスタングにくらべ，動物園に飼われているモウコノウマには不正咬合がより多く見られた．動物園のモウコノウマはいずれも，野生から捕獲された15頭ほどの子孫で，これらの創始者のなかに珍しい不正咬合が見られたのかもしれない．また創始者は飼い馬とも掛け合わされていたので，歯と顎のサイズが異なる遺伝子が混じったのかもしれない．

20　Raulwing 2000: p. 61と参考文献を参照．

スを特定する主要な方法となっている．骨からは，ハーレム群でオスと識別できる個体は一頭しかいないだろう．

11　馬の死亡時の年齢は，臼歯冠の高さ，つまり歯根と歯根のあいだの分岐点から咬合面までの歯の長さを測ることで推定できる．この高さは歯がすり減るため馬齢とともに低くなる．シマウマにもとづくウマ科動物の歯冠の高さと年齢の統計を最初に発表したのは，Spinage（1972）だった．Levine（1982）はレントゲン写真からの測定値を使って少数の馬からなる標本の統計を発表した．私たちはより大きな標本で直接に測定することで，おおむねレヴィンの数値を確認した．しかし，歯冠の高さだけにもとづいた推定値では，不止確度がせいぜい±1.5年（3年間）にまでしか下がらないことを私たちは発見した．同じ馬の左右のP_2の歯冠の高さには5 mmほどもの違いがあり，これだけの差異なら通常，年齢にすると3歳以上の違いを示すと解釈されるだろう．以下の註18を参照．

12　Bibikova（1967, 1969）は雌雄が判別した下顎17点のうち15点はオスだったと指摘した．私は鉄器時代の侵入遺物だった「宗教儀式の牡馬」を除外し，16頭のうち14頭をオスとした．ビビコヴァはデレイフカの馬の骨の完全な統計を発表していないが，最小個体数が52頭で，この個体群の23%は1，2歳（おそらく長骨の癒着〔骨端軟骨の骨化〕を見たのだろう）であったことは記載していた．雌雄が判別した17点の顎片のうち15点は5歳以上のオスのもの，つまり犬歯の生える年齢の古馬だったが，非常に老齢の個体はなかった．レヴィンの死亡時年齢の統計は1998年にまだ残っていたすべての歯の歯冠の高さにもとづくもので，最小個体数はわずか16頭だった．当初のコレクションの3分の2は紛失していた．この残った標本のうちの7%だけが，長骨の癒着から判断すると1，2歳だった（1999b：p. 34）．レヴィンの死亡時年齢のグラフについては，Levine 1990, 1999a, 1999bを参照．

13　ライシーからのP_2の分析は，フロリダ大学地球科学科のクリスチャン・ジョージが修士論文の一環で実施した．150万年前のライシーのウマ科動物 *Equus "Leidyi"* は，エクウス・スコッティ（*Equus scotti*）の東部の変種であったかもしれない．これはランチョラブレア動物層の普通種で，本当のウマと歯の状態，食習慣，体格がよく似ていた．この遺構からの113本のP_2のうち，39本は年齢，損傷または病変のために省かれ，74本だけが計測された．George 2002，Anthony, Brown, and George 2006，およびHulbert, Morgan, and Webb 1995を参照．私たちのP_2のコレクションは，ペンシルヴェニア大学ニューボルトン獣医センター，コーネル大学獣医学部，ネヴァダ州ウィネマッカの土地管理局，および当時ペンシルヴェニア州立大学にいたロン・ケイパーの好意で集められた．

14　乗馬実験を支援してくれた全米科学財団と，この実験を主催し管理してくれたニューヨーク州立大学コーブルスキル校に感謝している．スティーヴ・マッケンジー博士がこのプロジェクトを監督し，「馬の訓練と行動プログラム」の二人の学生，ステファニー・スカーゲンスキーとミッシェル・ベリアが乗馬と記録を担当してくれた．骨のハミと枝角製のチークピースはポール・トロックがフリント製石器でこしらえた．麻縄はランターズ・ロープワークスのヴァン・ノードランドから提供された．メアリー・リタウアーとサンドラ・オルセンはハミと鋳型製造に関する貴重な提案をしてくれた．文責は筆者にある．

35　シエジジュの墓地のあるサマーラの新石器時代の文化は通常，フヴァリンスクよりも古いものとして考えられる．シエジジュの1基の墓からDDⅡ型式のものとそっくりなイノシシの牙の飾り板が出土したためだ．現在では，放射性炭素年代から前期フヴァリンスクが後期サマーラの新石器時代と（および後期DDⅡとも）重なることが示されている．サマーラの新石器時代のグンドゥロフカの集落からはフヴァリンスクの土器が見つかっている．サマーラ文化はフヴァリンスクよりも前に始まったかもしれない．Vasiliev and Ovchinnikova 2000を参照．シエジジュについてはVasiliev and Matveeva 1979を参照．獣骨についてはPetrenko 1984: p. 149とKuzmina 2003を参照．

第10章　馬の家畜化と乗馬の起源

1　Clayton and Lee 1984，Clayton 1985を参照．最新の情報はManfredi, Clayton, and Rosenstein 2005にある．

2　ハミ痕に関するこれまでの説明は，Clutton-Brock 1974とAzzaroli 1980にある．この種の磨耗が生じる原因についての疑念は，長らく発表が遅れた研究のなかでPayne（1995）が表明していた．

3　馬の骨は，スミソニアン博物館のメリンダ・ゼダー，コーネル大学の大型哺乳類獣医学施設，ペンシルヴェニア大学のニューボルトン獣医センター，ネヴァダ州ウィネマッカの土地管理局，およびペンシルヴェニア州立大学のロン・ケイパーから提供を受けた．鋳型の製作と鋳造の手順は，サンディ・オルセンとパット・シップマンから教わり，のちにジョンズ・ホプキンズ大学のメアリー・リタウアーから非常に貴重な助言をいただいたほか，彼女の比類のない蔵書を使わせてもらった．私たちの第一歩は，ウェンナー・グレン財団とアメリカ哲学協会からの助成金によって支えられた．

4　馬のミトコンドリアDNAについてはJansen et al. 2002とVilà et al. 2001を，馬のY染色体についてはLindgren et al. 2004を参照．

5　アナトリア半島のウマ科動物については，Summers 2001と，チャタル・ホユク・プロジェクトのオンライン報を参照．ヨーロッパの馬についてはBenecke 1994とPeške 1986を参照．

6　中石器と新石器時代の黒海・カスピ海地域の馬については，Benecke 1997，Vasiliev, Vybornov, and Komarov 1996，およびVasiliev 1998を参照．サマーラの新石器時代のイヴァノフスカヤ遺跡で出土した馬の骨はMorgunova 1988にある．同書のなかのI. Kuzmina 1988も参照のこと．

7　モンゴルの馬の飼育についてはSinor 1972，Smith 1984を参照．1886年の暴風雪のなかの馬と牛については，Ryden 1978: pp. 160–162を，野生化した馬については，Berger 1986も参照のこと．

8　これらの手法の概説はDavis 1987にある．騎乗に関連した脊椎の病変についてはLevine 1999bを，飼い葉桶を噛むことについてはBahn 1980とWhite 1989の批評を参照．

9　Benecke and von den Dreisch（2003）からのグラフは組み合わせて図10・3に再掲載した．Bökönyi 1974も参照．デレイフカへの批判的な見解はUerpmann 1990を参照．

10　ハーレム群における雌雄比は，未成熟個体を含めると，約2:1となるはずだが，未成熟のオスの性別は4，5歳になって犬歯が生えるまで見極められず，犬歯の存在がオ化」の範囲を広げてヴァシリエフカⅡまでを含めたが，ここではDDⅡ＝マリウポリの墓を定義付ける多くの特徴も人工物の型式も見られなかった．DDⅡの墓地は前5400–5200年以降の時代のものと確かに年代測定されている．ヴァシリエフカⅡは後期中石器時代のものである．

21 葬儀の会食については，Telegin and Potekhina 1987: pp. 35–37，113，130を参照．

22 人骨で測定されたフヴァリンスクの年代は，人骨内の^{15}Nの値がきわめて高いため補正した．測定値は14.8％で，平均して放射性炭素年代で408±52年分をこれらの年代から差し引いてから較正すべきであることになる（下巻補遺と第7章を参照）．この修正後，フヴァリンスクの墓地の年代は前4700/4600年から前4200/4100年となり，これはスレドニー・ストクと重なることになる．ウクライナとロシアの多くの考古学者は，様式と類型学的な根拠から重なるはずだと考えていた．これはまたヴォルガ川下流の後期フヴァリンスク（いまは前3600–3400年となった）と前期ヤムナヤの隙間を縮めることになる．Agapov, Vasiliev, and Pestrikova 1990とRassamakin 1999を参照．

23 フヴァリンスクⅡが発表されるまで，43基の墓の数値は条件付きである．これらの数値は会話のなかで教えてもらった．

24 牧畜経済における男性の地位の向上は，Holden and Mace 2003を参照．

25 Anthony and Brown（2000）では，フヴァリンスクの墓地の墓の上にあった12カ所の「供儀堆積物」のみにもとづく，少数の馬，牛，羊を報告した．のちに，Petrenko 1984; Agapov, Vasiliev, and Pestrikova 1990: 表1，2という2つの情報源から完全な獣骨の報告を編纂した．これらのデータは10号と11号の供儀堆積物にあった羊の数の説明に矛盾があったことを示しており，この食い違いが総数に影響して，羊の最小個体数は52匹または70匹となった．

26 フヴァリンスクⅠとⅡの金属器についてはRyndina 1998: pp. 151–159を参照．

27 装飾品についてはVasiliev 2003を参照．

28 最初の家畜が近東から北カフカースを越えてやってきた可能性については，Shnirelman 1992，Jacobs 1993，およびそれへの反論としてAnthony 1994を参照．

29 Yanushevich 1989.

30 ナリチクの説明はGimbutas 1956: pp. 51–53にある．

31 この墓はGei 2000: p. 193で言及されていた．

32 ジャンガルの獣骨は当初，飼い牛だけであったとして報告されたが，動物学者のパーヴェル・コシンツェフは2001年に私に，獣骨はすべてオナガーと馬のもので，家畜化の明らかな兆候はなかったと語った．

33 ヴォルガ川の東部，カスピ海沿岸低地北部の新石器時代の文化は，Melent'ev（1975）によって最初にセログラジフカ文化と呼ばれた．セログラジフカには，ジャンガルと似た新石器時代の採集民の野営地と，ヴァルフォロミエフカのような家畜の骨が出土した後世の遺跡が含まれていた．ユージンは1998年に，新しい名称として「オルロフカ文化」を家畜がいた前期金石併用時代の遺跡には適用すべきだと主張した．ヴァルフォロミエフカについてはYudin 1998，1988を参照．ラズドルスコエはKiyashko 1987に書かれている．古くなったが，まだ情報が多いのはTelegin 1981である．

34 オルロフカの遺跡はMamontov 1974によって最初に報告された．

14　カルブナの埋蔵遺物についてはDergachev 1998を参照.

15　この節で説明した前期金石併用時代の文化は，後期新石器またはネオ金石併用時代とも呼ばれる．Telegin（1987）はマリウポリ＝ニコリスコエ型式のDDⅡ墓の墓地を後期新石器時代としており，Yudin（1988）はヴァルフォロミエフカの1層と2層を後期新石器時代と比定した．しかし，1990年代からテレギンはDDⅡの遺構に「ネオ金石併用時代」の用語を使い始め，Yudin（1993）はヴァルフォロミエフカを金石併用時代の遺跡と呼び始めた．これらの変更を私は認めなければならないので，マリウポリ＝ニコリスコエ（DDⅡ）型式およびこれと同時代の遺跡は，フヴァリンスクとヴァルフォロミエフカを含め，すべて前期金石併用時代と称されている．後期新石器時代はどうやら消滅したらしい．本書の用語上の年代順は，前期新石器（スルスキー），中期新石器（ブーフ＝ドニエストル＝DDⅠ），前期金石併用（トリポリエA＝DDⅡ＝フヴァリンスク），および後期金石併用（トリポリエB，C1＝スレドニー・ストク＝レーピン）となる．ドニエプル＝アゾフ地域の主要な遺跡についてはTelegin and Potekhina 1987とTelegin 1991を参照．ヴォルガ川中流の遺跡についてはVasiliev 1981，Agapov, Vasiliev, and Pestrikova 1990を参照．カスピ海沿岸低地についてはYudin 1988, 1998を参照.

16　DDⅡの人骨の^{15}Nの平均値は11.8％なので，付録で説明した方法によると，補正値の平均は約－228±30 BPになる．私はDDⅡ文化の放射性炭素年から，放射性炭素年で228年を引いてから，再び較正した．早期のDDⅡの墓地（デレイフカ，ヤシノヴァトカ）からの未較正の年代は，較正すると最も古い年代範囲の前5500‒5300を示すが（表9・1参照），これらの年代はつねづね古過ぎるように思う．この年代だとDDⅡは，ブーフ＝ドニエストル中流やクリシュの文化と同時代のものになる．しかし，DDⅡはおおむねブーフ＝ドニエストルのあとの，トリポリエAの時代のものだった．ドニエプル＝ドネツⅡの修正された放射性炭素年代のほうが，ドニエプル＝ドネツⅡの遺跡で発見されたトリポリエAの土器片と層序学的データによりうまく一致する．年代のリストはTrifonov 2001，Rassamakin 1999，Telegin et al. 2002，2003にある.

17　動物相のリストはBenecke 1997: pp. 637‒638; Telegin 1968: pp. 205‒208にある．人骨内の^{15}Nに関しては，Lillie and Richards 2000を参照．欧米の読者は，DDⅡの経済が狩猟と漁労にもとづいていたという英語の説明に戸惑うかもしれない（Zvelebil and Lillie 2000: p. 77，Telegin, et al. 2003: p. 465，Levine 1999: p. 33）．DDⅡの人びとは，ごみ捨て場からの獣骨の30％から78％に相当する割合で牛と羊を食べていた．ドイツの動物学者のBenecke（1997: p. 637）は黒海北部の獣骨コレクションの多くをみずから検査しており，家畜は「ドニエプル＝ドネツ文化のⅡ層と同時代の動物層の遺物のなかで初めて明確になった」と断定した．家畜を飼った人びとはもはや狩猟採集者ではなくなった.

18　鎌光りする長さが5‒14 cmのフリントの石刃はTelegin（1968: p. 144）に説明がある．種子の圧痕が見つかったDDⅡの北西の集落は，Pashkevich 1992とOkhrimenko and Telegin 1982のリストにある．DDⅡの虫歯についてはLillie 1996に書かれていた.

19　Telegin 1968: p. 87.

20　ヴァシリエフカⅡの墓地は最近になって放射性炭素年代が測定され，後期中石器時代の前7000年ごろのものとわかった．この墓地はもともと墓の若干の造りと埋葬姿勢だけを根拠に，DDⅡ文化のものと比定されていた．Telegin et al. 2002は「マリウポリ文ロッパ）の用語の起源については Schuchhardt 1919 を参照．

4　ここに挙げた年代の大半は木炭か獣骨から測定されているので，補正の必要はない．ヴォルガ川沿いで最古の銅はフヴァリンスクのものだが，その年代は ^{15}N の高い値（平均 14.8%）が検出されている人骨で測定され，前 5200–4700 年となっており，やはりあまりにも古過ぎるようだ．これではフヴァリンスクの銅の産地と思われるヨーロッパ南東部のほとんどの銅よりも古くなってしまう．リザーバー効果を考慮して，私は当初の放射性炭素年代から 400 年を差し引いて，フヴァリンスクの墓地を前 4600–4200 年とした．それならば古ヨーロッパの銅器時代の全盛期とより一致し，意味をなすものとなる．

5　重い荷を定期的に引かされていたことを示す牛の骨の病変については，Ghetie and Mateesco 1973 と Marinescu-Bîlcu et al. 1984 を参照．

6　記号や表記法については，Gimbutas 1989 と Winn 1981 を参照．女性小像に関する最良の本は，Pogozheva 1983 である．

7　銅器はルーマニア南西部の前期金石併用時代のスラティナで見つかり，銅製装飾品と銅鉱石の塊（孔雀石）は，黒海沿岸のドナウ川三角州の南にあるドブルジャ丘陵の後期新石器時代のハマンジアⅡB で発見され，どちらもおそらく前 5000 年ごろと測定されている．ブルガリア内の古ヨーロッパの金属器については，Pernicka et al. 1997 を参照．ドナウ川中流域については Glumac and Todd 1991 を，金石併用時代の冶金全般の概説は Chernykh 1992 と Ryndina 1998 を参照．

8　金石併用時代の植生の変化については Willis 1994; Marinescu-Bîlcu, Cârciumaru, and Muraru 1981; Bailey et al. 2002 を参照．

9　Kremenetski et al. 1999，および Kremenetski 1997 を参照．印欧語起源データベースの「ブナノキ線」議論に関心がある方は，これらの花粉研究を見るとアトランティック期にブナノキの森はドニエストル川の高地まで広がり，ドニエプル川の西までもおそらく広がったことがわかる．

10　土器による年代順については，Ellis 1984: p. 48 と註 3 を参照．前ククテニⅠ相は当初，トライアン＝デアル・ヴィエイという 1 カ所からの土器にもとづいて定義されていた．似たような土器が少量，その他 4 カ所からも見つかっているので，これはおそらく様相と見なされるのだろう．トリポリエ文化の別の見方については，Zbenovich 1996 を参照．

11　Marinescu-Bîlcu et al. 1984.

12　南ブーフ川流域の一部のトリポリエ A の集落（ルガチ，ガルド 3）からはブーフ＝ドニエストルの土器が見つかり，それ以外の場所からはブーフ＝ドニエストルの形と似たフリント製細石刃が若干，検出された．これらの痕跡は，後期ブーフ＝ドニエストルの人びとが南ブーフ川流域でトリポリエ A の村に吸収されたことを示唆する．しかし，後期ブーフ＝ドニエストルの土器は胎土や捏ね方，焼き方，器形，装飾面でトリポリエの土器とはかなり異なったので，トリポリエの土器への移行は明白で意味のある行為だったのだろう．ブーフ＝ドニエストルの特徴がトリポリエの物質文化に欠如している点に関しては，Zbenovich 1980: pp. 164–167 を，ルガチとガルド 3 については Tovkailo 1990 を参照．

13　ベルナシェフカについては Zbenovich 1980 を，ルカ＝ヴルブレヴェツカヤのトリポリエ A の集落については Bibikov 1953 を参照．

年代からは前8000年に近い，早期中石器時代のものと測定された．ヴァシリエフカII とマリエフカは新石器時代として発表されたが，土器は出土せず，前6500–6000年という後期中石器時代の年代が測定されているので，おそらく後期中石器のものだろう．後期中石器と新石器時代のあいだに生じたと考えられている人の骨格形態の変化（Jacobs 1993）は，いまでは中石器時代の前期と後期のあいだに起こったと考えらえているようだ．編年におけるこうした改定は，一般には認められていない．放射性炭素年代については，Telegin et al. 2002，2003のほか，Jacobs 1993，およびAnthony 1994における私の返答を参照のこと．

31　ヴァルフォロミエフカについては，Yudin 1998, 1988を参照．

32　動物学者のビビコヴァはマトヴェーエフ・クルガンの前6400–6000年と年代測定された層で家畜の骨――羊，牛，馬――を識別している．今日では，ドイツの動物学者ベネッケもウクライナの考古学者のテレギンも，ウクライナで独自に動物が家畜化されていたとするビビコヴァの主張を信頼していない．マトヴェーエフ・クルガン（MK，クルガンではなく集落址）は，アゾフ海の北を流れるミウス川流域のマリウポリの近くにある．2つの遺跡は1968年から1973年にかけて発掘され，1号と2号と称された．どちらからもグレベンニコフ型式のフリントの細石器が検出され，同時代のものと考えられた．MK1からの2種類の放射性炭素年代は平均すると前6400–6000年だが，MK2からの1種類（骨から）の年代は前4400–4000年ごろだった．のちの時代には，この地域では羊を含む家畜が数多く飼われていた．すべての層からの人工物が，一つの文化的堆積物として分析され，報告されていた．しかし，MK1ではフリント石器と獣骨が最大数で見つかったのは40–70 cm（Krizhevskaya 1991：p. 8）の深さで，住居の床と炉は80–110 cm（Krizhevskaya 1991: p. 16）の深さで見つかった．MK1と2からの獣骨の大半は野生動物のもので，馬，オナガー，イノシシが中心だったが，これらは古い年代のものだろう．しかし，家畜の馬，牛，羊だと同定された骨は，のちの時代に関連した後世の層のものだったと思われる．Krizhevskaya 1991を参照．非常に古い家畜がいたとする黒海・ウラルの3カ所の遺跡，つまりラクシェチニー・ヤル，ムリーノ，およびマトヴェーエフ・クルガンはいずれも，層序学的な矛盾ゆえに報告が台無しになっている．

第9章　牝牛，銅，首長

1　宴についてはBenveniste 1973: pp. 61–63にある．Mallory and Adams 1997: pp. 224–225の与える（GIVE）の項目と，Fortson 2004: pp. 19–21の最近の短い概説も参照のこと．

2　ステップの金石併用時代の始まりを定める年代は，主として人骨にもとづいているが，古ヨーロッパからの年代はそうではない．金石併用時代のドニエプル＝ドネツII文化の始まりの前5200–5000年という年代は，放射性炭素年で228±30年分を較正前に差し引いている．これに関する考察は註16で後述する．

3　「古ヨーロッパ」はマリヤ・ギンブタスが復活させた用語で，もともとは新石器時代のヨーロッパの農耕文化を近東の文明と区別するものだったかもしれない．彼女はこの用語を，ヨーロッパ南東部をその他すべてのヨーロッパの新石器時代の地域と別扱いするために使用した．Gimbutas 1991, 1974を参照．編年，経済，環境，遺跡の説明については，Bailey and Panayotov 1995とLichardus 1991を，アルテウロパ（Alteuropa，古ヨーは考える．

21　ウクライナからの後期中石器と新石器時代の155試料からの放射性炭素年代は，Telegin et al. 2002，2003を参照のこと．

22　ブーフ＝ドニエストルの食用植物については，Yanushevich 1989とKuzminova, Dergachev, and Larina 1998を参照．ソロキI／1a層の中相からのキビと大麦の圧痕に関する報告は，Markevich 1965に含まれている．ヤヌシェヴィチは，栽培種の種子圧痕が見つかったブーフ＝ドニエストル遺構の1989年リストに，この場所は含めていなかった．ブーフ＝ドニエストルの遺構で，大麦とキビの圧痕の報告を私が見たのは，ここだけである．

23　ここでの年代は人骨からではないため，補正の必要はない．骨の比率はMarkevich 1974の表7とBenecke 1997から抽出した．ベネッケは，豚か牛，または双方が黒海北部地域で別々に家畜化されたとするソ連時代の主張を否定した．Telegin（1996：p. 44）もその意見に賛成している．南ウラル山脈のムリーノからは，前7000年という年代が測定されたとする飼い羊が検出され，中央アジアからの移住者の証拠として，Matiushin（1986）によって引用された．しかし，ラクシェチニー・ヤルの深層から出土したとされた羊のように，これらの羊は，ジェイトゥンにいたとされる親個体群よりも古いものとなり，在来の野生種はロシアには存在しなかった．羊の骨はおそらく後世の金石併用時代の層のものだったのだろう．マチューシンの報告は，層序学的に矛盾があるとして批判された．Matiushin 1986，彼にたいする批判であるVasiliev, Vybornov, and Morgunova 1985，Shorin 1993を参照のこと．

24　Zvelebil and Rowley-Conwy 1984.

25　拐われた女性たちがやたら几帳面に型どおりの行動を取ることに関しては，DeBoer 1986を参照．技術様式に関しては膨大な考古学の文献があるが，入門書としてはStark 1998がよい．

26　東カルパティアの山麓にあった線帯文土器文化は，前5500–5400年ごろクリシュ文化と重なり合っていた．これはグルマゼシュティやサハロフカのような後期クリシュの遺跡から，線帯文土器の破片が出土することから判明している．サハロフカからはブーフ＝ドニエストルの土器片も見つかっているので，この3集団はしばらく同時代に存在したことがわかる．

27　農耕民のあいだにも，気前のよさや分かち合いはもちろん見られるが，農耕民は食べ物になりうる一部の食糧が，食糧ではなく投資であることを理解している．農耕民のあいだでは，苦しい時期にも食べ物を分け与えることに実際的な制限があった．こうしたことは採集民ではおおむね見られない．Peterson 1993とRosenberg 1994を参照．

28　ドニエプル＝ドネツ文化の古典的な文献はTelegin 1968である．英語の論文には，Telegin and Potekhina 1987がある．本章では，第1相であるドニエプル＝ドネツIのみ論じた．

29　DD Iの打製斧については，Neprina 1970とTelegin 1968：pp. 51–54を参照．

30　ヴァシリエフカVはドニエプル＝ドネツIIの墓地として発表されたが，放射性炭素年代からはDD Iの時代のものとすべきであることがわかる．ヴァシリエフカIとIIIはおおむね前7000–6000年ごろの後期中石器時代のものとして発表されたが，放射性炭素これを強調している.

14　開拓者の農耕民と言語の拡散については Bellwood and Renfrew 2002; Bellwood 2001; Renfrew 1996, および Nichols 1994 を参照. 野生動物と家畜の象徴的な対比については, Hodder 1990 に書かれている.

15　大半の考古学者は, ギリシャの新石器時代がアナトリア半島からの農耕民の移住とともに始まったという Perles (2001) の主張を受け入れている. ギリシャからバルカン半島への当初の拡散については, Fiedel and Anthony 2003 のほか, Zvelebil and Lillie 2000 と van Andel and Runnels 1995 を参照. エーゲ海を新石器時代の無甲板船で渡った実際の航海については, Broodbank and Strasser 1991 のなかで論じられている.

16　牡牛, *tawro-s については Nichols 1997a: 付録を参照. 早期新石器時代のアフロ・アジア語との関連については, Militarev 2002 にある.

17　ブーフ゠ドニエストル文化に関するロシア語の古典的研究には Markevich 1974 と Danilenko 1971 があり, 英語による古典的な論考には Tringham 1971 がある. より最近のものであれば, Telegin 1977, 1982, 1996, Wechler, Dergachev, and Larina 1998 を参照.

18　黒海周辺にいた中石器時代の集団については, Telegin 1982 と Kol'tsov 1989 を参照. ドブルジャの中石器時代については Paunescu 1987 を, 動物学的分析は Benecke 1997 にある.

19　最古のエルシャンカの遺跡の年代のほとんどは貝殻で測定されているので, 古い炭素を考慮した補正が必要かもしれない. 補正すると, エルシャンカの年代は前 6500–6200 年程度に新しくなる可能性がある. Mamonov 1995 と, この論文集にあるほかの論文も参照のこと. 放射性炭素年代については Timofeev and Zaitseva 1997 を参照. このシルト／泥／粘土の土器の技術と製造については, Bobrinskii and Vasilieva 1998 に書かれている.

20　ラクシェチニー・ヤルの年代については Zaitseva, Timofeev, and Sementsov 1999 を, ラクシェチニー・ヤルの発掘調査については Belanovskaya 1995 を参照. ラクシェチニー・ヤルは深く層序をなす砂丘の遺跡である. Telegin (1981) は第 14 層が最古の文化的居住層であるとした. 一連の新しい放射性炭素年代は, 本書では考慮しなかったが, 9 層ないし 20 層より出土したとされる土器に付着していた有機物の残骸から測定された. 15 層から 20 層は最古の文化層の下になると思われるので, 土器がどのようなコンテクストにあったかは定かでない. これらの年代は較正された年代範囲で前 7200–5800 年 (7930 ± 130 から 6825 ± 100) にあった. これらが正しいとすれば, この土器はその他の土器よりも 1500 年は古いことになり, 家畜の羊はドン川下流に前 7000 年にはいたことになる. 飼い羊はいずれも, トルコ東部, シリア北部, イラクの山岳地帯に前 8000–7500 年ごろにいた羊の母系遺伝子プールに由来することが遺伝子学的に証明されている. そして, カフカース山脈, アナトリア北西部, またはヨーロッパのいずれの土地でも, 飼い羊は前 7000 年以前には出現していない. ラクシェチニー・ヤルの木炭からの最古の年代 (6070 ± 100 BP, 5890 ± 105 BP, 8 層) は前 5200–4800 年ごろと測定されており, ステップで検出されたその他の古い家畜の年代と一致している. 有機物の残留物が茹でた魚ばかりだったとすれば, 放射性炭素年で 500 年ほどの補正が必要かもしれない. そうなると, 最古の年代は前 6400–6200 年ごろとなり, いくらか妥当な数値になる. これらの年代はおそらく攪乱されていて, 上層の羊が下層と交じってしまったのだと私

2　印欧社会の三区分については，Dumezil 1958 と Littleton 1982 を参照．Mallory 1989: pp. 128–142 にも優れた概説がある．印欧の詩に 3 と 2 が織り交ぜられている見事な例としては，前 160 年に大カトーが残した伝統的なラテン語詩「農地の清め」をカルヴァート・ワトキンスが分析したものがある．詩の構造は，一連の〔似た意味の〕対の言葉が繰り返され，三部からなっている．Watkins 1995: pp. 202–204.

3　モウコノウマ（プルジェヴァリスキーウマ）〔ポーランド読みはプシェヴァルスキー〕は，1881 年に最初にこの野生馬について正式に報告したポーランド〔ロシア帝国〕の大佐に因んで名付けられた．ロシア貴族のフリードリヒ・フォン・ノファリツ＝フェインと，ドイツの動物収集家のカール・ハーゲンベックが 1899 年と 1901 年に数十頭のモウコノウマをモンゴルで捕獲した．現代のモウコノウマはいずれも，このときの 15 頭ほどの馬の子孫である．野生のモウコノウマは第二次世界大戦後に狩猟され尽くして絶滅した．最後の一頭は 1969 年に目撃されている．動物園育ちの個体群が 1992 年にモンゴルの 2 カ所の自然保護区に再導入され，そこで再びモウコノウマは繁殖するようになった．

4　ウラル東部とウラル西部の後期旧石器時代の文化の差違に関しては Boriskovskii 1993 と Lisitsyn 1996 を参照．

5　氷河期のカスピ海とフヴァリニア海，黒海に関する，「ノアの箱船」仮説を含めた幅広い研究については，Yanko-Hombach et al. 2006 を参照．

6　牛の牧畜民のあいだで母系制が衰退したことについては，Holden and Mace 2003 を参照．

7　早期のヨーロッパの牛の Y 染色体については，Gotherstrom et al. 2005 を，ミトコンドリア DNA については Troy et al. 2001 と Bradley et al. 1996 を参照．

8　農耕の境界地帯の人口統計については，Lefferts 1977 と Simkins and Wernstedt 1971 を参照．

9　ドナウ川下流域の最古のクリシュの遺跡については Nica 1977 を，ベオグラードの北の平原にあったスタルチェヴォの集落については Greenfield 1994 を参照．

10　東カルパティア山脈にいたクリシュの移住者に関しては，Dergachev, Sherratt, and Larina 1991; Kuzminova, Dergachev, and Larina 1998; Telegin 1996; Ursulescu 1984 を参照．30 カ所という遺跡の数は発掘された場所を指す．クリシュの土器は，Ursulescu 1984 のリストにある，地表面に露出したはるかに多くの未発掘の場所からも見つかっている．ハンガリー東部におけるクリシュの経済については，Vörös 1980 を参照．

11　新石器時代のパンについては，Währen 1989 を参照．クリシュの人びとは，4 種類の栽培種の小麦，ヒトツブコムギ（*Triticum monococcum*），エンマーコムギ（*T. dicoccum* Shrank），スペルトコムギ（*T. spelta*），パン小麦（*T. aestivocompactum* Schieman）のほか，大麦（*Hordeum*），キビ（*Panicum miliaceum*），エンドウ（*Pisum*）を含む農地を耕作していた．いずれも東ヨーロッパの在来種ではない．植物の証拠については，Yanushevich 1989 と Pashkevich 1992 を参照．

12　Markevich 1974: p. 14.

13　東カルパティアのクリシュ文化の起源に，同化した採集民がはたしたと思われる役割については，Dergachev, Sherratt, and Larina 1991 を参照．Zvelebil and Lillie 2000 はさらに

24　言語と生態系については Hill 1996 と Nettle 1996 を参照．ヒルの論文はのちに Terrell 2001: pp. 257–282 で発表されている．Milroy 1992 も参照のこと．

25　生態系によって決まる言語の「拡散ゾーン」の概念は，Nichols 1992 による．乾燥地帯と言語の拡大に関する同様の考えは，Silver and Miller 1997: pp. 79–83 に見られる．Renfrew（2002）は拡散ゾーンの用語を急速に言語が拡散したあらゆる地域に当てはめ，生態系は問わず，とりわけ開拓者の農耕民に適用した．だが，Campbell（2002）はこれらの定義を混ぜるべきではないと警告した．

26　中国に関しては，DiCosmo 2002 と Lattimore 1940 を参照．

27　アチョリ族の起源については，Atkinson 1989, 1994 を参照．

28　青銅器時代の首長制社会の発達に関する同様のモデルは，アトキンソンの事例研究よりずっと以前に，Gilman 1981 が発表している．

29　パターン族，バルーチー族間の言語交替については，Mallory 1992; Barth 1972; Noelle 1997 を参照．

第７章　死滅した文化を再構築する方法

1　クリスチャン・J・トムセンの三時代区分の歴史については，Bibby 1956 を参照．

2　私はサンクトペテルブルクの物質文化史研究所のヴィクトル・トリフォノフの金石併用時代と青銅器時代の編年におおむね従った．Trifonov 2001 を参照．

3　ヨーロッパの先史時代の理解に放射性炭素年代測定がもたらした影響については，Renfrew 1973 に詳しい．

4　淡水魚に見られる古い炭素の問題は，Cook et al. 2002，Bonsall et al. 2004 で説明されている．私は彼らの手法を用いて巻末の付録に掲載した補正目盛りを作成した．

5　ロシア考古学における放射性炭素年代測定の歴史についての優れた概説は，Zaitseva, Timofeev, and Sementsov 1999 にある．

6　歴史的状況の変化に呼応して，文化的アイデンティティが移行した好例については，Haley and Wilcoxon 2005 を参照．状況的政治だけでは，文化的アイデンティティへの感情的結びつきを説明するには不充分だとする，エリック・ウルフとアンソニー・スミスの見解については，Cole and Wolf 1974: pp. 281–282 と Smith 1998: 7 章を参照のこと．

7　技術様式と文化の境界については，Stark 1998 を参照．

第８章　最初の農耕民と牧畜民

1　ここで名前を挙げた空の三神はほぼ間違いなく，印欧祖語の名前だと考えられるものだ．なかでも確かなのは，Dyeus Pater，すなわち空／天の父である．雷／戦争の神は方言ごとに異なった名称が付けられているが，どの語派でも雷鳴と稲妻，ハンマーまたは棍棒，戦争と結びつけられている．聖なる双子は同様に語派ごとに名称が異なる．インド語派ではナーサティヤ，ギリシャ語ではカストールとポリュデウケース，バルト語ではディエヴァ・デーリとなる．この双神は幸運と結びつけられ，聖なる牝馬の子である双子の馬の姿でよく描かれる．トリト〔三人目の者〕については，Watkins 1995，および Lincoln 1981: pp. 103–124 を参照．より最近のものとしては，Lincoln 1991: 1 章がある．双神については，Puhvel 1975 と Mallory and Adams 1997: pp. 161–165 に書かれている．

11　イロコイ族についてはWolf 1982: p. 167; 1984: p. 394を参照．それと対比して，Tuck 1978; Snow 1994; Richter 1992も参照のこと．Moore (2001: p. 43) もアメリカ先住民の異民族間の婚姻を，文化と言語の総合的な混合の指標として使った．「これらの［婚姻］データは，人びとの連続的な移動を示し，それゆえに彼らの遺伝子，言語，文化が社会から社会へ移動しているのである」(強調は筆者)

12　機能ゾーンの境界についてはLabov 1994を，機能ゾーンについてはChambers and Trudgill 1998とBritain 2002を参照．

13　Cole and Wolf 1974: pp. 81-282とBarth 1969を参照．コールとウルフは，イタリアにおける恒常的な境界地帯に関する鋭い分析を著わし，その後1982年にウルフが彼の代表作となる本を出版した．そのなかで彼は，ヨーロッパ外の部族の境界は，もっと隙間のある，変化しやすいものだっただろうと述べた．この主張をするに当たり，彼は自身の現地調査とは矛盾した意見を発表していたように，私には思える．

14　ビリヤード・ボールの比喩については，Wolf 1982: pp. 6, 14を参照．移住のプロセス全般については，Anthony 1990，1997で論じた．アメリカ南西部の考古学者は移住理論を，世界のどの地域にも増して展開させてきた．一例はSpielmann 1998を参照．イロコイ族の考古学における移住理論については，Sutton 1996を参照．

15　植民地時代の地方ごとの文化については，Fischer 1989; Glassie 1965; Zelinsky 1973を参照．人類学は1980年代，90年代には文化地理学からそれてしまったが，歴史学者と民俗学者はこれを研究しつづけた．Upton and Vlach 1986とNoble 1992を参照．北米の文化地理学への歴史学者の関心についての概説は，Nash 1984を参照のこと．

16　Clark 1994.

17　Kopytoff 1987.

18　ヌエル族についてはKelley 1985を参照．最低限の自給自足経済に婚資の変化がもたらす影響は，Cronk 1989を参照のこと．

19　入植者に見られる方言の平準化については，Siegel 1985; Trudgill 1986; Britain 2004を参照．平準化の度合いは，社会，経済，言語的な多数の要因による．Mufwene 2001を参照．アメリカ大陸におけるスペイン語の平準化については，Penny 2000にある．アメリカ英語の方言の歴史については，Fischer 1989に詳しい．

20　創設集団についてはPorter 1965とBreen 1984を参照．オハイオ州におけるドイツ移民については，Wilhelm 1992を，ニューイングランドの清教徒の創設集団については，Fischer 1989: pp. 57-68を参照．マヤ族については，Fox 1987にある．ただし，移住にもとづくフォックスの理論に関しては現在では批判がある．先端一族についてはAlvarez 1987を，プエブロ族についてはSchlegel 1992を参照．

21　入植者のあいだの物質文化に見られる平準化と簡素化については，Noble 1992とUpton and Vlach 1986を参照．Burmeister (2000) は，住宅建築の外観は一般的な規範に従う傾向があり，民族性は内装や装飾品の細部に表現されていたと指摘した．

22　ボアズ式の境界へのアプローチは，Bashkow 2004で概説されている．

23　フランスの地方についてはChambers and Trudgill 1998: pp. 109-123，マサイ族についてはSpear and Waller 1993，ビルマについてはLeach 1968, 1960，またビルマの別の解釈についてはLehman 1989を参照．

Wilson（1999: pp. 45–46）はボーダーを一般または非専門的な用語として使用するプレスコットの見解に従っている．私の考え方は，Barth 1969 の古典的研究に多くの恩恵を受けてきた．民族の境界の考古学的な扱いについては，Shennan 1989 と Stark 1998 を参照．

2 中世ヨーロッパの地域的アイデンティティの発達に関しては，Russell 1972 と Bartlett 1993 を参照．部族と境界のある文化に関する人類学上の脱構築については，Fried 1975 と Wolf 1982, 1984，および Hill 1992 と Moore 2001 を参照．民族性にたいするこの境界の脱構築的アプローチの考古学への活用に関しては，Wells 2001; Florin 2001; MacEachern 2000; James 1999 を参照．

3 Hobsbawm 1990; Giddens 1985; Gellner 1973 を参照．Giddens（1985: p. 120）は国民国家を，「境界のある権力の器」と呼んだことで知られる．古代の部族と境界に関する異なった解釈については，Smith 1998 を参照．彼は「原初主義（primordialist）」〔国民（nation）の概念が太古からの自然現象だとする考え〕になることを非難する．スミスへの弁護は第 7 章に述べた．Armstrong 1982 も参照．

4 南アフリカにおける尖頭器と言語の語族については，Weissner 1983 を参照．物質文化と民族性に関するよい概説は，Jones 1997，とくに 6 章にある．

5 ニューギニア人については，Terrell 2001, Terrell, Hunt, and Godsen 1997 を参照．生物学，文化，言語は別個の独立したものだというそもそもの議論については，Boaz 1911 の序章を参照．カリフォルニアに関しては，Jordan and Shennan 2003 を参照．その他の事例については，Silver and Miller 1997: pp. 79–98 を参照のこと．

6 恒常的な境界地帯は，1970 年代に相次いで研究の対象となった．Spicer 1971，およびスパイサーに捧げられた Castile and Kushner 1981 を参照．これらの論文の焦点は，蔑視された少数派のアイデンティティの維持にあった．考古学では，先史時代の「文化領域」の長期にわたる恒常性は，ずっと以前に Ehrich 1961 によって論じられていた．この問題は再び Kuna 1991 と Neustupny 1991 に取りあげられた．このテーマに関する私の最初の論文は，Anthony 2001 だった．

7 ハドソン川流域のイロコイ族／アルゴンキン族間の境界地帯の恒常性については，Chilton 1998 を参照．線帯文土器文化の境界地帯については，Zvelebil 2002 を参照のこと．ヤストルフとハルシュタットの境界地帯については，Wells 1999 にある．

8 Emberling（1997）は物質文化の境界に関して，「確固たる（robust）」の代わりに，物質文化の複数のカテゴリーで見られたものとして，「重複する（redundant）」の用語を使っていた．この重複性こそ，これらの境界が社会的にとりわけ重要であったことを示唆するものだと彼は考えた．

9 ウェールズに関しては，Mytum 1994 と John 1972 を参照．ウェールズとイングランドの境界地帯における遺伝子的な境界については，Weale et al. 2002 にある．スイスのバーゼル近くの境界については Gallusser 1991 を，ブルトン人の文化については Jackson 1994 と Segalen 1991 を参照．イタリアにあるドイツ語／ロマンス語の境界地帯については，Cole and Wolf 1974 を参照のこと．

10 ウカヤリ川の引用については，DeBoer 1990: p. 102 を参照．言語と遺伝子の相関関係については Jones 2003 にある．

れ，初期のゲルマン，ケルト，ラテン語に鉱石や稲妻を表わす単語とともに借用された「鳥の名前の言語」と，(3)「重複子音の言語」で，これは印欧語ではかなり変則的な音声にのみ残っている．主としてゲルマン語にあるが，若干のケルト語の単語にも借用されており，語尾の二重子音とノッブ（knob）のような語頭の［kn-］などが含まれる．Schrijver 2001; Venneman 1994; Huld 1990; Polomé 1990; Krahe 1954 を参照．

9　印欧祖語を北部ヨーロッパに限定したブナノキとサケ科の魚については，Thieme 1958 を参照．Friedrich 1970 は，いくつかの語派ではブナノキの語根がブナノキ，オーク〔コナラ属〕，ニワトコを意味することを示した．また，いずれにせよカフカース山脈にヨーロッパブナは分布するので，特徴的な北部ヨーロッパの木の単語としては，これは利用できないことになった．Diebold 1985 はサケ（salmon）が地理的に限定する用語とならない証拠をまとめている．ミツバチの議論に関しては Carpelan and Parpola 2001 に優れた研究がある．Mallory and Adams 1997 のサケとブナに関する項目も参照．

10　印欧祖語の *peku についてのこの解釈は Benveniste 1973: pp. 40–51 による．

11　原印欧の社会に関するこの再構築は，Benveniste 1973 と Mallory and Adams 1997 のさまざまな項目，および Gamkrelidze and Ivanov 1995 にもとづく．

12　印欧祖語とウラル祖語との関連については，Carpelan, Parpola, and Koskikallio〔編〕2001，とりわけ Koivulehto と Kallio の論文のほか，以下も参照のこと．Janhunen 2000; Sinor 1988; Ringe 1997.

13　エニセイの原郷については Napol'skikh 1997 を参照．

14　Koivulehto 2001.

15　Janhunen（2000）はいくつかの代名詞にやや異なる形式を示す．ニコルズはメモ書きのなかで，-m と -n の共通の屈折はさほど明確ではなく，共通する屈折の枠組み全体だけが見分けられると，私に指摘した．また，鼻子音は高頻度で出現し，どうやら文法上の語尾に出現しやすいため，ここで実際に重要となるのは代名詞なのだ．

16　Nichols 1997a.

17　声門化音説（glottalic theory）については，Gamkrelidze and Ivanov 1973; Hopper 1973 を参照．彼らの現在の見解は Gamkrelidze and Ivanov 1995 にある．

18　声門化音説の論考は，Diakonov 1985; Salmons 1993; Szemerényi 1989 を参照．

19　セム語と印欧祖語，カルトヴェリ語・セム語と印欧祖語の借用語に関する重要な議論については，Diakonov 1985: pp. 122–14，および Nichols 1997a 付録を参照．カルトヴェリ祖語の分散または分裂の編年については，Harris 1991 を参照．

第6章　言語の考古学

1　私の定義は Prescott 1987 から採用したものだ．別の一連の定義が Parker 2006 によって提案されている．彼は一般的用語として boundary を提案（私が境界 border と呼ぶもの）を提案し，border は政治的・軍事的な boundary だとして特殊な用語と見なした（私が境界線 boundary と呼ぶものとおおむね一致）．パーカーは，これらの単語が日常語として使用されるうえでの理解に一部もとづいて定義を試みたのである．立派な目標だが，日常語の使用方法になんらかの一貫性があると思わないので，私は定評のある定義を使用するほうを好む．ボーダーランドの文献に関する概説のなかで，Donnan and

は，Shnirelman 1995, 1999; Chernykh 1995; Kohl and Tsetskhladze 1995 を参照．アーリア系ヨーロッパ「人種」を信じる考えについては，Kühl 1994 と Poliakov 1974 を参照．

2　ポントス・カスピ海ステップの原郷仮説は，英語では以下の論文によって最も明確に擁護された．Gimbutas 1970，1977，1991; Mallory 1989，改訂版は Mallory and Mair 2000．原郷に関するギンブタスの解決案に私は同意するが，彼女の編年と拡大の原因に関する見解，およびクルガン文化の移住という彼女の概念については意見が異なり，その点は Anthony 1986 で詳しく説明した．

3　Dixon 1997: pp. 43–45 を参照．同様に，Zimmer 1990: pp. 312–313 でも，「再構築は場所や年代を特定できない，まったくの抽象概念であって……再構築された用語の文献学的な解釈はどれも不可能である」としている．

4　系統樹は地域的な収束は排除せず，否定もしていない．すべての言語は，分岐する構造と隣接する言語との収束の双方にもとづいた要素を含む．地域的な借用については Nichols 1992 を参照．

5　Thomason and Kaufman 1988; Nichols 1992; Dixon 1997 を参照．いずれも印欧の言語が印欧祖語から派生したことを支持する．Dixon（1997: p. 31）は，一部の系統樹モデルをつくるために用いられた基準には批判的ではあるが，「系統樹モデルに描かれる印欧諸語の発生的関連性は，大いに証明されている」と述べた．収束の問題へのさまざまなアプローチに関する簡潔なよい概説は以下にある．Hock and Joseph 1996: pp. 388–445.

6　隣接する言語間で徐々に生じる収束は，社会的な状況しだいで種類の異なるいくつかの類似性を示す結果になりうる．ピジン言語は業界用語から発達するか，植民地における〔異民族間の〕遭遇で，宗主国側のターゲット〔目標〕言語が，ピジン言語の内容のほとんどを提供するものを指す．クレオール言語は，ピジン言語から進化することもあれば，多民族からなる強制労働者の共同体のなかから不意に生みだされることもある．業界用語や近隣言語の単語をただ組み合わせただけでは，交易や物々交換のために会話をするにはとうてい充分ではない．ピジン語とは異なり，クレオール語には自然言語の基本的な文法構造はあるが，縮小された簡易形式になっている．もちろん，自然言語に劣らず，歌や詩や比喩などで表現力に富んだものにはなりうるので，文法的に簡単であることは，その言語の価値について述べているわけではない．こうした話し言葉はいずれも，文法のいちじるしい簡素化という障壁をくぐり抜ける．印欧語の文法はクレオール言語の文法とはまるで違う．Bickerton 1988; Thomason and Kaufman 1988 を参照のこと．

7　現代のロマンス語でコーヒーを表わす単語に応用された比較用法では，古典的ラテン語からコーヒーを指すラテン語の間違った語根が引きだされるだろうと，1959 年に Pulgram が述べている．しかし，パルグラムの主張にはホールが反論した（Hall 1960, 1976）．パルグラムの議論はレンフルーに引用された（Renfrew 1987: pp. 84–86）が，ディアコノフによって誤りを訂正されている（Diakonov 1988: 註 2）．

8　バルト・スラヴ諸語に見られる印欧祖語の基層の用語については，Andersen 2003 を参照．ギリシャ語と前ギリシャ語の地名については，以下を参照．Hester 1957; Hainsworth 1972; Renfrew 1998．北部ヨーロッパでは，死語となった非印欧の言語が少なくとも 3 種類は突き止められている．(1) おもに非印欧語の河川名に残されている「古ヨーロッパの河川名の言語」，(2) クロウタドリ，ヒバリ，サギなど数種の鳥の名前に残さカートにくらべ，ワゴンでは1.6倍の牽引力が必要であることが判明した．Ryder 1987を参照のこと．

10 最古の車輪付き乗り物については，Bakker et al. 1999とPiggott 1983を参照．ヨーロッパの車輪については，Häusler 1992とHayen 1989にある．メソポタミアについては，Littauer and Crouwel 1979とOates 2001を参照．ステップ車葬墓に関する最も総合的な分析は，未発表ではあるが，Izbitser 1993によるもので，サンクトペテルブルクの物質文化史研究所の論文である．イズビツェルはニューヨーク・メトロポリタン美術館に移って，英語による改訂版に取り組んでいる．ステップのそれ以外の主要な資料としてはMel'nik and Serdiukova 1988と，Gei 2000: pp. 175–192のワゴンに言及した部分がある．

11 シェラットの小論はSherratt 1997に編纂され，改訂されている．ステップにおける乗馬は，ロバに騎乗する近東の習慣に感化されたものだと彼は主張しつづけた．1997のp. 217参照．SPR論への早期の批判はChapman 1983にある．

12 ロシアの新石器時代の橇については，Burov 1997を参照．その大半はほぞとほぞ穴で接合され，曲げ木の技で湾曲させた滑走部を備えていた．これは細木で車輪をつくるのに必要とされるのと同じ大工仕事だ．

13 ここで私が使用しているのは，レンフルーがRenfrew 2001で発表した仮説である．考古学者のあいだの同意見については，以下を参照．Zvelebil and Zvelebil 1988; Zvelebil 1995; Robb 1991, 1993; Robert Drews（2001）は別の立場から始めたが，レンフルーを支持する結果になった．

14 アナトリアの新石器時代の住民がシリア北部起源であることに関しては，Bar-Yosef 2002を参照．これらの初期の農耕民が言語学的にアフロ・アジア言語に属していた可能性については，Militarev 2002を参照．

15 Balter 2003が概説しているGray and Atkinson 2003を参照のこと．言語学者のL. Traskがグレイとアトキンソンの手法を批判しており，グレイは自身のホームページでそれに応じている．2004年3月に更新〔2017年5月現在は確認できない〕．http://www.psych.auckland.ac.nz/psych/research/Evolution/GrayRes.htm

16 回る，回転する，巻く，転がるに関する印欧の単語については，Buck 1949: p. 664にある．回る（車輪＝回るもの）から車輪が独自に発展したというグレイの議論は，印欧祖語で再構築された車輪の単語が2つあることでさらに複雑になっている．もう一方の単語は，印欧祖語の動詞 *reth-「走る」（車輪＝走るもの）にもとづき，意味において異なる発達を遂げた．

17 Renfrew 2001: pp. 40–45; 2000. 印欧祖語が非常に長期間，何千年にもわたって存在したというレンフルーの仮説は，一部の言語学者に支持されている．印欧祖語が中石器時代から縄目文土器時代の終わりまで，すなわち前6000–2200年ごろまで存在したという見解については，Kitson 1997，とくにpp. 198–202を参照．

18 Childe 1957: p. 394.

19 Mallory 1989: pp. 145–146; Anthony 1991a. アフリカについては，Nettles 1996を参照．

第5章　印欧祖語の原郷の場所

1 原郷論については，Mallory 1989: 6章を参照．ソ連における過去の政治利用についてすべての羊が古代の2度の家畜化の試みによる子孫であることを示している．ヨーロッパと近東のすべての羊を含む(B)群は，アナトリア半島東部かイラン西部の野生の *Ovis orientalis* の子孫である．もう一方の(A)群は，イラン中北部にいた別の *Ovis orientalis* の個体群の子孫である．旧世界にいたほかのヒツジ属の動物，アルガリ（*Ovis ammon*）とウリアル（*Ovis vignei*）は，飼い羊の遺伝子には無関係だった．Hiendleder et al. 2002 を参照．羊の家畜化に関する一般的な議論は，Davis 1987 と Harris 1996 を参照．

3　ウルクⅣのエアンナ神殿（前3400–3100年）では，布をつくる女性が描かれている．後期シュメール語では暦の月を表わす名称に羊の毛をむしる用語が含まれている．動物学による証拠は，暦の月にこうした名称が付けられたのは後期ウルク以降であって，それより前ではないことを示唆する．

4　近東における羊毛生産の動物学的証拠についての概説は，Pollack 1999: pp. 140–147 にある．アルスランテペについては Bökönyi 1983 を参照．巻毛羊に関する古い年代は，若干の個別の遺物によって示されるかもしれない．ユーフラテス川沿いのハシネビの，前4100–3800年と測定されるA相居住層からは，軽く伸ばす必要がある羊毛を紡ぐのにちょうどよい重さと思われる紡錘車が見つかった．Keith 1998 を参照．イラン西部のテペ・サラブ（ケルマンシャー）出土の土器の羊は巻毛羊を表わしているようだ．これは前5000年ごろと測定された層から見つかった．一般的な議論については Good 2001 を参照．

5　フヴァリンスクのヤギ亜科動物（羊とヤギ）については，Petrenko 1984 を参照．ペトレンコはフヴァリンスクの墓地で見つかったヤギ亜科の全個体の死亡年齢は報告していないが，年齢が報告された12例のうち6例は成獣だった．11号供儀埋蔵物にはヤギ亜科動物の成獣が4匹，亜成体が5匹からなる139点の骨があり，平均肩高は78 cm と，ヨーロッパ新石器時代のほかのヤギ亜科動物よりも15 cm 近く高かった．スヴォボドノエの羊については Nekhaev 1992: p. 81 を参照．ハンガリーの羊は Bökönyi 1979: pp. 101–116，ポーランドの羊は Milisauskas 2002: p. 202 を参照．

6　ノヴォスヴォボドナヤの羊毛については，Shishlina, Orfinskaya, and Golikov 2003 を参照．カフカース北部ステップの横穴墓時代の羊毛（前2800–2200年ごろと測定）の証拠については，Shishlina 1999 を参照のこと．羊毛に関するシェラットの新しい解説は，古い Sherratt 1997a の論文の改訂版に含まれている．

7　ハブまたは轂（hub/nave）を表わす語はほかのリストによく含まれているが，印欧祖語では「臍」（navel）も意味したので，その正確な意味ははっきりしない．車輪とワゴンの語彙については Specht 1944 を参照．それ以降で影響力のある3つの改定は以下のとおり．Gamkrelidze and Ivanov 1984: pp. 718–738; Meid 1994; Häusler 1994．このテーマでは Anthony and Wailes 1988 で最初に発表したあと，Anthony 1991a，1995a でも論じた．本書で扱った大半のテーマ同様，印欧の車輪語彙に関する優れた概説は Mallory and Adams 1997 にある．

8　ドン・リンジは1997年に手紙のなかで hurki- を疑問視する見解を伝えてくれた．ビル・ダーデンは Darden 2001 でアナトリア語派の単語について論じている．

9　メアリー・リタウアーが注意を喚起してくれたおかげで，1838–40年に実施された異なる路面でのワゴンとカートの牽引実験について知ることができた．実験では同重量の

11　Lehrman 2001. レーマンが印欧語特有だと見分けた10種類の新用法には，2つの音韻的特徴（喉頭音の喪失など）と，動詞における5つの形態的特徴があった.

12　インド・ヒッタイト語仮説についてはSturtevant 1962を参照．アナトリア語派を印欧祖語のごく初期の娘言語と見なすことに関しては，Puhvel 1991を参照．Lehrman（2001）は，通常は基礎語彙の一部と考えられる「男」に，アナトリア語は印欧祖語ではない単語が使われていたことを指摘した．アナトリア語の「男」（*pāsna-）には「ペニス」も意味する語根が用いられており，かたや印欧祖語の「男」（*wĭro-）は「力」も意味する語根を使っていた．だが，アナトリア祖語と印欧祖語は祖父と娘を表わす同根語を共有していたので，両者の親族を表わす語彙は重なっていた．最盛期の印欧祖語とアナトリア諸語は，印欧祖語の方言の連鎖のなかで，時代も場所も異なったところから出現したのだろう.

13　前ギリシャ（諸）語についてはHainsworth 1972とFrancis 1992を参照.

14　インド語派の最古の言語については，インド・アーリア語の用語の代わりに，古インド語という名称を私は使う．今日の標準的な用語体系では，インド・イラン語が親言語で，アヴェスター・イラン語がイラン語の長女言語，インド・アーリア語がインド語の長女言語となっている．しかし，アーリアという呼称をインド語に付与する必要はない．これらはいずれもアーリア語だったからだ．『リグ・ヴェーダ』の言語と歴史についてはErdosy 1995を参照.

15　ミタンニ人のあいだで見られた古インド語の単語については，Thieme 1960；Burrow 1973およびWilhelm 1995を参照のこと．ミタンニの名前に関するマイケル・ウィツェルのコメントに感謝する.

16　ザラスシュトラに関する前1000年以前の年代についてはBoyce 1975とSkjærvø 1995を参照のこと．古代ギリシャの情報源から広まった「従来」の500年後の年代については，Malandra 1983に書かれている.

17　Clackson（1994）とHamp（1998）は，前アルメニア語はギリシャ・インド・イラン・ブロックに関連していたと論じた．Antilla 1972: 図15.2の等語線図も参照のこと．共通の語彙の多くに関しては，Mallory and Adams 1997で論じられ説明されている．．リチャード・ディーボルドが1994年10月に長文の手紙でギリシャ語／インド・イラン語の関係を分析してくれたことに感謝する．手紙のなかで彼は，ギリシャ語とイラン語は共通の新用法で結ばれており，インド語ではそれがいくらか少ない点を指摘していた.

18　半過去に共通する詩的な機能については，Rijksbaron 1988とDrinka 1995を参照のこと．詩，共通の語句，武器関連用語は，Watkins 1995: 2章: pp. 435–436で概説されている.

19　Ringe et al. 1998，およびRinge, Warnow, and Taylor 2002を参照．同様の分岐学的手法が，Rexová, Frynta, and Zrzavý 2003で純粋に語彙として集められたデータに応用された.

第4章　羊毛，車輪，印欧祖語

1　羊毛を表わす語の語源についてはDarden 2001，とくにpp. 201–204を参照．実際の繊維製品については，Barber 2001, 1991とGood 1998を参照.

2　「紡げない」の引用はBarber 2001: p. 2より．現代の飼い羊のミトコンドリアDNAは，祖語の一部の方言では，*kʷ と*p のあいだの変化はすでに生じていたのだろう．

12　再構築された意味への疑問は，Renfrew 1987: pp. 80, 82, 260 を参照．同根語を比較するには，比較された語の意味にかなり厳密な制限が必要だとする議論については Nichols 1997b を参照．

第3章　印欧祖語の最後の話し手

1　Swadesh 1952, 1955 と Lees 1953 を参照．

2　ここで引用した置換率は，現代英語の基礎語彙と古英語，つまりアングロ・サクソン語の基礎語彙を比較している．古英語の基礎語彙のほとんどは古ノルド語によって入れ替わったが，古ノルド語もまたゲルマン語であるため，基礎語彙のほとんどはゲルマン語でありつづける．だからこそ，英語の基礎語彙の 96% はゲルマン語であり，同時に基礎語彙の置換率は 26% と高いと言えるのだ．

3　この節にある情報のほとんどは，Embleton 1991, 1986 による．McMahon and McMahon 2003，および Dyen, Kruskal, and Black 1992 も参照のこと．異文化間でも基礎語彙が見つかるという主張に，多くの言語学者は反論する．たとえば，オーストラリアの先住民の諸言語には基礎語彙が存在しないようであり，すべての語彙が同じくらい移り変わりやすい．理由はわからない．論争の双方の主張が Renfrew, McMahon, and Trask 2000 に紹介されている．

4　Meid 1975，Winfred 1989，および Gamkrelidze and Ivanov 1984: pp. 267–319.

5　Ivanov はヒッタイト語（アナトリア半島北部）とルウィ語（アナトリア半島南部）は印欧祖語から別々に，じかに派生し，あいだに介在する祖語はなかったと考え，そのため両者はケルト語とギリシャ語ほど異なっていたと考えた．その他大半の言語学者は，アナトリアの言語はすべて共通の源泉であるアナトリア祖語が起源であるとしている．Melchert 2001 と Diakonov 1985 を参照．古典古代にアナトリア半島の西岸で話されていたリュディア語は，ヒッタイト語と同じ方言集団を起源とするかもしれない．南西岸で話されていたリュキア語は，ルウィ語と同じ方言に由来するかもしれない．どちらも古典古代に死語となった．これらすべての問題については，Drews 2001 を参照．

6　アナトリア諸語については以下を参照．Fortson 2004: pp. 154–179; Houwink Ten Cate 1995; Veenhof 1995; Puhvel 1991; 1994. 声門化音説については，Gamkrelidze and Ivanov 1995 を参照．

7　ウィルシャはヒッタイトの王国の西にある都市だった．ウィルシャはトロイアであり，トロイア人はルウィ語を話していた可能性が非常にある．Watkins 1995: pp. 145–150，および Latacz 2004 を参照のこと．

8　基層言語の非印欧語がルウィ語におよぼした影響は，「膠着語によるクレオール化……ここでアナトリア語に生じたことは，ハイチのような場所でフランス語に起こったことを想起させる」と，Jaan Puhvel（1994: pp. 261–262）に述べられている．ヒッタイト語にも同様の非印欧の基層言語の影響が見られ，話し手の数は少なく，Zimmer（1990: p. 325）が「全体として，アナトリアの印欧化は失敗した」と指摘している．

9　Melchert 2001.

10　Fortson 2004; Baldi 1983: pp. 156–159.

とはできない．印欧祖語における動詞の時制標識については議論がつづいているし，関係代名詞は不確かであり，印欧祖語の補文の正確な構文（羊は馬が荷を背負うのを見た）はわかっていない．言語学者はこうしたことはまだ昔からの課題だと考えている．Bynon 1977: pp. 73–74 および Mallory 1989: pp. 16–17.

2　この章はおおむね基本となる 4 冊の参考書（Bynon 1977; Beekes 1995; Hock and Joseph 1996; Fortson 2004）と，Mallory and Adams 1997 で取りあげた印欧文化事典の項目にもとづく．

3　Embleton 1991.

4　Pinker 1994.

5　音韻体系，つまり発音における変化が，形態体系，つまり文法に変化をおよぼした一例は英語に見られる．ドイツ語には主語〔主格〕か目的語〔与格と対格〕か，所属を表わす〔属格〕かを区別する名詞と代名詞の格語尾の複雑な体系があり，英語にはない動詞の語尾変化がある．中英語の特別な方言であった古ノーサンブリア方言がこうした特徴を失ってしまったために，英語にはそれがない．古ノーサンブリア方言を話していた人びとはおそらく裕福な毛織り物商人で，中世ロンドンの話し言葉に多大な影響を与え，それがたまたま現代英語となっていまに伝えられているのだろう．古ノーサンブリア方言を話していた人びとは，ほとんどの接尾辞でゲルマン語の語尾の n と m を省いた（「食べる」を意味する essen の代わりに esse' など）．後期古英語ではすでに多くの短母音の発音（そのため生じた語尾の e など）が，一つの母音（言語学者がシュワー〔ə の音〕と呼ぶ，ソファの〈uh〉音）に統合されていた．発音におけるこの 2 種類の交替は，多くの名詞がすでに特徴的な〔格変化する〕語尾をもたなくなったことを意味し，不定詞であれ，接続法の複数の動詞であれ，語尾に特徴はなくなった．のちに 1250 年から 1300 年のあいだに，語尾のシュワーは英語の話し言葉ではほとんど消え，それによってさらに 2 つの文法上のカテゴリーの違いが消滅した．主語と目的語の違いを示すものがほとんどなくなったため，語順が固定され，to，of，by といった補助的な語が，不定詞などの形を区別するために使われるようになった．発音におけるこれらの交替が，現代英語の文法が簡素化した大半の原因となった．Thomason and Kaufman 1988: pp. 265–275 を参照．

6　グリムの法則については，Fortson 2004: pp. 300–304 を参照．

7　印欧祖語の語根は k ではなく，kh- 式の無声軟口蓋摩擦音から始まったと主張する言語学者もいる．そのためには最初の子音がサテム語のように前方ではなく，ケントゥム語のように後方へ動く必要があっただろう．この点を指摘してくれたビル・ダーデンに感謝する．Melchert 1994: pp. 251–252 を参照．

8　Hock and Joseph 1996: p. 38.

9　再構築された印欧祖語の「現実性」を悲観する研究は Bynon 1977 と Zimmer 1990 を，楽観的な見解については Hock and Joseph 1996: pp. 532–534 および Fortson 2004: pp. 12–14 を参照．

10　Hall 1950, 1976.

11　Bynon 1977: p. 72. これが記録された前 1350 年ごろミケーネ語は移行期にあった．ミケーネ語では，k^w で始まる印欧祖語の単語の一部はすでに k 音に推移していた．印欧

原註（上）

［　］は原著者による付記，〔　〕は訳者による付記を示す．

第1章　母言語がもたらす期待と政治

1　Bloch 1998: p. 109.

2　Sapir 1912: p. 228 を参照.

3　Cannon 1995: pp. 28–29.

4　Poliakov 1974: pp. 188–214.

5　Veit 1989: p. 38.

6　Grant 1916.

7　『リグ・ヴェーダ』のなかの「外来起源」に関する箇所については Witzel 1995 を参照.「土着起源」については以下の雑誌に掲載された N. Kazanas の論考を参照. *Journal of Indo-European Studies* 30 号，註 3–4（2002）; 31 号，註 1–2（2003）.

8　ナチが追究したアーリア人の考古学については，Arnold 1990 を参照.

9　女神と印欧人については Anthony 1995b; Eisler 1987, 1990, Gimbutas 1989, 1991 を参照. アーリアのアイデンティティをめぐるロシアの政治については Shnirelman 1998, 1999 を参照.

10　Heidegger 1959: pp. 37–51 と Boaz 1911 の対比.『リグ・ヴェーダ』に見られる非アーリア的要素については，Kuiper 1948, 1991 を参照.

11　Harding and Sokal 1988.

12　『アメリカ・ヘリテッジ英語辞典』は付録に 1300 語におよぶ印欧祖語の固有の語根を収録している. しかし，同一の語根の形態素から再構築される単語は複数ある. 独自の意味をもち，再構築された単語数は，固有の語根数よりもはるかに多い.

13　祖語と系統樹にたいする疑念は Lincoln 1991 と Hall 1997 を参照. 系統樹に関する微妙に異なる見解が Stewart 1976 にある. 印欧祖語が「クレオール化」，または収束によって生みだされたとする考えは以下を参照. Renfrew 1987: pp. 78–86; Robb 1991 および Sherratt and Sherratt 1988.

14　世界の構築（フレーミング）については Lakoff 1987: pp. 328–37 を参照.

第2章　死語をどう再構築するか

1　物語の内容は以下のとおり.

> 毛を刈られた一匹の羊が何頭かの馬を見た. 一頭は重い荷車を引き，もう一頭は大きな荷を背負い，もう一頭は急ぎ足で人を運んでいた. 羊は馬たちに言った.「人間が馬を操るのを見るのは私には辛い［字義どおりには，「心臓が縮んでいる」］」. 馬たちはこう言った.「お聞き，羊よ. 飼い主の人間が羊の毛を自分用の温かい衣服に仕立てて，羊にはもう毛がないのを見るのは辛いんだ！」. それを聞くと，羊は走って牧草地へ行った.

これだけの完全な文を，部分的にしかわかっていない言語で，確信をもって構築するこ

【ラ行】

【マ行】

【ヤ行】

【ナ行】

【タ行】

索引

著者　デイヴィッド・W・アンソニー David W. Anthony
ハートウィック大学考古学・人類学教授。東欧から中央アジアにかけての先史文化の専門家。著書に『The Lost World of Old Europe : The Danube Valley, 5000-3500 BC』がある。本書で二〇一〇年アメリカ考古学会賞を受賞。

訳者　東郷えりか（とうごう・えりか）
翻訳家。上智大学外国語学部フランス語学科卒業。訳書にフェイガン『人類と家畜の世界史』、マクレガー『100のモノが語る世界の歴史』、ダートネル『この世界が消えたあとの科学文明のつくりかた』ほか多数。

馬《うま》・車輪《しゃりん》・言語《げんご》（上）　文明《ぶんめい》はどこで誕生《たんじょう》したのか

二〇一八年五月三〇日　初版第一刷発行

著　者　デイヴィッド・W・アンソニー
訳　者　東郷えりか
発行者　山野浩一
発行所　株式会社　筑摩書房
東京都台東区蔵前二―五―三　郵便番号一一一―八七五五
振替　〇〇一六〇―八―四一二三
装幀者　間村俊一
印　刷　株式会社精興社
製　本　株式会社積信堂

乱丁・落丁本の場合は左記宛にご送付下さい。送料小社負担でお取り替えいたします。
ご注文、お問い合わせも左記へお願いいたします。
筑摩書房サービスセンター
さいたま市北区櫛引町二―六〇四　〒三三一―八五〇七
電話　〇四八―六五一―〇〇五三
　Printed in Japan
ISBN978-4-480-86135-1　C0020